RESPONSABILIDADE MÉDICA EM DIREITO PENAL

(Estudo dos Pressupostos Sistemáticos)

ÁLVARO DA CUNHA GOMES RODRIGUES
Juiz Desembargador
Mestre em Direito

RESPONSABILIDADE MÉDICA EM DIREITO PENAL

(Estudo dos Pressupostos Sistemáticos)

ALMEDINA

RESPONSABILIDADE MÉDICA EM DIREITO PENAL

AUTOR
ÁLVARO DA CUNHA GOMES RODRIGUES

EDITOR
EDIÇÕES ALMEDINA. SA
Avenida Fernão de Magalhães, n.º 584, 5.º Andar
3000-174 Coimbra
Tel.: 239 851 904
Fax: 239 851 901
www.almedina.net
editora@almedina.net

PRÉ-IMPRESSÃO • IMPRESSÃO • ACABAMENTO
G.C. – GRÁFICA DE COIMBRA, LDA.
Palheira – Assafarge
3001-453 Coimbra
producao@graficadecoimbra.pt

Março, 2007

DEPÓSITO LEGAL
254884/07

Os dados e opiniões inseridos na presente publicação
são da exclusiva responsabilidade do(s) seu(s) autores.

Toda a reprodução desta obra, por fotocópia ou outro qualquer processo,
sem prévia autorização escrita do Editor,
é ilícita e passível de procedimento judicial contra o infractor.

AGRADECIMENTOS

01. O estudo que agora se publica reproduz, com algumas alterações e actualizações, a minha dissertação de Mestrado em Direito, opção Ciências Jurídico-Criminais, que defendi em 2003 na Faculdade de Direito da Universidade Católica Portuguesa, em Lisboa, perante um Júri constituído pelos Ilustres Professores Doutor Germano Marques da Silva que presidiu, Doutora Maria Fernanda Palma (arguente) e Doutor Américo Taipa de Carvalho.

Optei por alterar o título originário da obra, que era *Erro Médico e Culpa* (*estudo sobre a responsabilidade criminal do médico*), para *Responsabilidade Médica em Direito Penal* (*Estudo dos Pressupostos Sistemáticos*), já que, na verdade, tratando do problema do comportamento médico penalmente responsável, a referida tese trata de muito mais do que do erro médico e da culpa, abordando a pluralidade dos pressupostos da responsabilidade criminal, primeiro em geral, e depois no que tange à actividade médica com as suas especificidades, por se me afigurar ser esta a metodologia mais aconselhável à perspectivação e ao estudo de tão delicada e complexa matéria.

Aliás, importa ter presente que o chamado erro médico (*ärztliche Kunstfehler,* na terminologia jurídica alemã), constitui o denominador comum de quase todo o comportamento médico punível a título de negligência, marcando presença no estudo de todos os pressupostos da responsabilidade penal profissional, pelo que dificilmente se justificaria o seu relevo conceptual hegemónico em obra tão abrangente.

Razões várias, entre as quais pontificam as exigências da minha vida profissional de Juiz da Relação e, durante ainda algum tempo após a defesa da Tese, de Inspector Judicial, com as inerentes ausências em comarcas, só agora me possibilitaram a publicação do estudo em referência.

***

02. Importa, todavia, não por uma questão de mera praxe, mas por genuíno sentimento de gratidão *ex imo pectore*, registar aqui alguns agradecimentos a pessoas cujo contributo foi, não apenas relevante, mas perfeitamente essencial para a realização do presente trabalho.

A primeira palavra de agradecimento é dirigida, como não podia deixar de ser, ao Senhor Professor Doutor Germano Marques da Silva, cujo humanismo e perfil ímpar de docente se revelou de extraordinária valia, principalmente numa altura em que atravessei um transe extremamente penoso da vida, altura em que, com rara felicidade, pude contar com a compreensão generosa e com o estimulo da palavra amiga deste Ilustre Mestre, que a essas qualidades, não frequentes nos dias que passam, sabe aliar o seu elevado saber.

O meu agradecimento também aos Ilustres Mestres de Coimbra Prof. Doutor Figueiredo Dias e Prof. Doutor Manuel Costa Andrade que foram meus Professores nos Cursos de Pós-Graduação em Direito Penal Económico e Europeu e Direito de Medicina, em Coimbra. Ao primeiro, pelas sempre amigas e entusiásticas palavras com que estimulou a minha vontade de prosseguir os estudos académicos, não obstante a inteira dedicação que venho emprestando à actividade da carreira que abracei como Magistrado, a ponto de me facultar o acesso a livros da sua biblioteca pessoal, nunca regateando o esclarecimento de qualquer dúvida ou dificuldade que era submetida ao seu profundo saber.

Ao segundo, pelas simpáticas e estimulantes palavras que me dirigiu na altura em que foi meu arguente no Curso de Pós-Graduação em Direito de Medicina, onde defendi um estudo sobre a relevância do Consentimento Informado em Direito Penal.

Também não posso deixar de agradecer à Ilustre Professora da Faculdade de Direito de Lisboa, Doutora Maria Fernanda Palma, arguente da dissertação, pelo vivo e enriquecedor debate que estimulou e pelas profundas reflexões que a sua magistral arguição me suscitou.

Uma especial palavra de agradecimento ao meu Ilustríssimo Colega e excelso Amigo Dr. Nuno Manuel Pires Salpico, cujas qualidades pessoais se revestem de uma nobreza hoje cada vez mais rara, quer facultando-me uma bibliografia de valor inestimável para a consulta necessária à elaboração do presente trabalho, quer trocando comigo impressões a todas as luzes estimulantes e salutares, quer ainda concedendo-me todo o apoio quando dele careci, no ano de 2000, apoio esse que não encontra palavras de agradecimento suficientemente expressivas.

Propositadamente deixei para o fim, uma palavra de gratidão especial ao meu Amigo e *compagnon de route* na actividade inspectiva aos serviços judiciais, ao longo de vários anos, o Sr. Secretário Judicial Manuel Luís Marreiros dos Reis, a quem se deve um trabalho paciente e carinhoso no processamento informático do texto deste estudo, sendo certo que quaisquer palavras seriam insuficientes para exprimir todo o sentimento de gratidão que lhe é devido.

Portimão, Dezembro de 2006

Álvaro da Cunha Gomes Rodrigues

SIGLAS E ABREVIATURAS

AAFDL	– Associação Académica da Faculdade de Direito de Lisboa
AA.VV	– Autores Vários
Ac.	– Acórdão
ADPCP	– Anuario de Derecho Penal y Ciencias Penales
BFDC	– Boletim da Faculdade de Direito da Universidade de Coimbra
BGH	– Bundesgerichtshof
BMJ	– Boletim do Ministério da Justiça
C.P.C.	– Cuadernos de Política Criminal
C.D.O.M.	– Código Deontológico da Ordem dos Médicos
C.J.	– Colectânea de Jurisprudência
D.R.	– Diário da República
E.O.	– Estatuto da Ordem dos Médicos
E.D.M.	– Estatuto Disciplinar dos Médicos
E.P.C.	– Estudios Penales y Criminologicos
NJW	– Neue Juristische Wochenschrift
OStGB	– Österreichische Strafgesetzbuch (Código Penal austríaco)
RDE	– Revista de Direito e Economia
R.G.	– Reichgericht
R.I.	– Revista Iuridica
RMP	– Revista do Ministério Público
StGB	– Strafgesetzbuch (Código Penal alemão)
Rel.	– Relação (Tribunal da Relação)
ROM	– Revista da Ordem dos Médicos
RPCC	– Revista Portuguesa de Ciência Criminal
STJ	– Supremo Tribunal de Justiça
ZStW	– Zeitschrift für die gesamte Strafrechtswinissenschaft

1. INTRODUÇÃO

O denominado «*Direito Penal Médico*[1]» não se emancipou ainda, nem sequer rompeu o cordão umbilical com o direito penal clássico, o que implica que o traçado dogmático e o enquadramento sistemático das suas figuras e institutos não prescinda do precioso contributo da doutrina geral do crime ou teoria da infracção criminal e, de um modo geral, dos subsídios de toda a ciência global do direito penal, de onde recebe a seiva vivificante.

---

[1] A própria expressão Direito Penal Médico não está suficientemente estabilizada, pois além de não fazer parte dos currículos das Faculdades de Direito, como disciplina com foros de cidadania, ainda vai suscitando dúvidas e hesitações no seu uso pelos especialistas da matéria, preferindo alguns falar de um Direito Penal da Medicina, chegando o eminente Professor Albin Eser, da Faculdade de Direito de Freiburg im Breisgau e, na altura, ainda Director do afamado *Max Planck Insititut für ausländisches und internationales Strafrecht*, na sua conferência *Perspectivas do Direito (Penal) da Medicina*, realizada na Universidade de Coimbra, integrada no Colóquio Internacional sobre as Novas Tarefas e Fronteiras deste "ramo" do Direito Penal em 21 de Março de 2002, (abordando as perspectivas deste sector do saber jurídico, indagando do seu futuro, como do próprio Direito da Medicina em geral, isto é, se este continuará a ser sectorial ou, antes, integrativo), a colocar o termo *Penal* entre parênteses.

A referida conferência deste eminente especialista alemão, como aliás as restantes do aludido Colóquio, foi publicada na Revista Portuguesa de Ciência Criminal, ano 14, n.ᵒˢ 1 e 2, pag. 11-63.

Porém, as expressões *Medizin Recht* (Direito da Medicina), que é até o título de uma conhecida revista científico-jurídica alemã (*Med R*), *Strafrecht des Arztes* (título da conhecida obra de Paul Bockelmann) e mesmo *Arztstrafrecht* (relativamente à obra de Klaus Ulsenheimer *Arztstrafrecht in der Praxis*, publicada em 1988 em Heidelberg, pela editora C. F. Müller Verlag), têm reunido algum consenso na Alemanha, e consequentemente, entre nós, tem sido usada, de forma pacífica, a correspondente expressão Direito Penal Médico, é dizer, aquele conjunto de normas, de conceitos e de proposições jurídico-penais que têm por objecto a actividade médica (e dos profissionais de saúde autorizados legalmente) que realiza os ilícitos-típicos previstos na lei penal, isto é, que lesa ou põe em perigo de lesão os específicos bens jurídicos tutelados penalmente pela ordem jurídica.

Não se vislumbra, desta sorte, qualquer heresia ou inconveniente na continuação do seu uso, antes pelo contrário!

Porém, a fonte primordial há-de ser, necessariamente, a dogmática penal, pois, não obstante possuirmos um código penal dos mais avançados em matéria de delitos médicos, é extremamente parco, ainda, o contributo jurisprudencial português para a compreensão da problemática jurídico--penal médica, como é reconhecido, e, consequentemente, para a edificação e consolidação dos pilares e traves mestras deste edifício que, a pouco e pouco, se vai construindo.

Assim sendo, afigura-se-nos a todas as luzes preferível começar pelo estudo e análise dos denominados pressupostos da responsabilidade penal em geral, que afinal se aplicam inteiramente à responsabilidade médica, para, de seguida, apetrechados com esta visão global, se tentar a incursão em terreno específico da actuação médica, examinando então os aspectos particulares que o estudo de cada um dos pressupostos referidos convida a excogitar.

Não é de estranhar, destarte, que, por vezes, se tenha a sensação de uma aparente falta de uma linha de continuidade entre os temas abordados.

Na verdade, ela é só aparente, já que o método categorial – classifi-catório que elegemos para o estudo analítico dos diversos pressupostos da responsabilidade criminal médica, se tem por si, como ensinava o saudoso Professor de Coimbra, Eduardo Correia, a vantagem inegável de determinar os conceitos pela enumeração dos seus elementos e a explicação das coisas decompondo-as nos seus elementos mais simples[2] ou, se, nas palavras de Heimsoeth, «*assim como todo o ser e todo o "processus" mais complexos se devem decompor em elementos mais simples e assim como todo o múltiplo se explica pelas suas partes, assim também todo o " mais elevado", no edifício da realidade, deve ser reduzido "ao menos elevado" como complexidade decrescente, constituindo nosso a sua expli-cação*[3]», tal método tem também, a desvantagem de estratificar a realidade contínua e aparentemente una.

Porém, tal como em anatomia se procede ao estudo descritivo e topográfico dos diversos órgãos e na fisiologia médica se estudam as funções dos mesmos, sem nunca se olvidar que todo esse estudo se refere ao Homem, como ser holístico e indivisível que é, também, em Direito Penal, o estudo fraccionado ou cindido em artificiais categorias sistemático--dogmáticas (para comodidade da sua intelecção), não poderá deixar de

---

[2] Eduardo Correia, *Direito Criminal I, com a col. de Figueiredo Dias,* Reimpressão de 1968, pg. 198

[3] Heimsoeth, *A Filosofia do sec. XX,* apud Eduardo Correia, op. cit na nota anterior, ibidem.

Por outro lado, convém, aqui e desde agora, precisar melhor a razão por que optamos por efectuar uma resenha dos pressupostos da responsabilidade em geral, para só depois, se passar ao estudo dos mesmos no plano jurídico-penal médico.

A actividade médica tem aspectos muito concretos no seu exercício, não comuns às outras actividades profissionais e que se traduzem em nuances ou especificidades no plano da responsabilidade.

Por isso, e *brevitatis causa,* diremos que nos pareceu conveniente gizar primeiro um enquadramento jurídico geral dos pressupostos da responsabilidade penal e demais aspectos relevantes deste estudo, para depois, traçado o perfil geral desse institutos e figuras jurídicas, se ingressar no estudo mais aprofundado da sua refracção no plano da responsabilidade penal médica.

É que, importa nunca esquecer, que esta é uma tese de Mestrado, e como tal aqui serão analisados vários aspectos inerentes à <u>problemática da conduta médica punível</u>, aparentemente isolados, mas, na verdade, interligados para a sustentação de um juízo de responsabilização criminal, pelo que havia que eleger entre enveredar pelo estudo sistemático de tais aspectos da conduta médico-penal, comuns aos crimes cujos bens jurídicos tutelados são a vida e a integridade física dos pacientes ou, antes, pela elaboração de uma monografia sobre um ou vários tipos legais de crimes médicos, que o nosso compêndio penal substantivo cataloga.

Decidimos pela primeira opção, até por já haver algumas monografias interessantes e bem elaboradas sobre os crimes tipificados no Código, nada ou pouco existindo sobre uma *teoria geral* da responsabilidade médica no nosso país e, para tanto, o caminho que escolhemos afigurou-se melhor.

Não, evidentemente, que se pretenda apresentar ou, sequer, esboçar, uma «teoria geral», desde logo porque essa não é a função de uma Tese, mas porque dotando os interessados de um instrumental de labor jurídico-hermenêutico sobre os prolegómenos da responsabilidade criminal do médico mediante o estudo dos seus pressupostos, algum contributo pensamos poder dar para que a conversão da *law in books* em *law in action,* possa ser mais efectiva, a bem de todos.

Não é de admirar que, a cada passo, se faça referência a conceitos normativos ou expressões terminológicas alemãs já que, como se sabe, de

ter presente, que, no seu conjunto, elas reportam-se unicamente à conduta global do *homo medicus* penalmente relevante, o que, como desde já se entrevê e se distinguirá melhor adiante, reveste-se de alguma complexidade e de especificidades emergentes da sua própria natureza.

há muito a dogmática portuguesa, como aliás a de outros países, designadamente, da Espanha, do Brasil e restantes países da América latina, se encontra ligada por sólidos laços à germânica.[4]

Depois porque, como com inteira razão observa Figueiredo Dias: *«quem queira despir-se de preconceitos, não poderá deixar de reconhecer que à dogmática alemã continua a pertencer o primeiro e indisputado lugar na construção da doutrina do crime; e que quem se disponha a desconhecê-la ou minimizá-la incorrerá num sério risco de avançar com reflexões que já foram feitas e, assim se situar num estádio já ultrapassado (se não caduco) da ciência global do direito penal».*

Acrescentando, mais adiante: *«um certo chauvinismo, hoje infelizmente de novo em moda, pretende prevenir contra o perigo das importações "estrangeiradas" em geral e, em particular, recusar a predominância do referente alemão no direito penal português. O que a meus olhos – e ainda que guardadas as devidas proporções – é coisa tão irracional e sem sentido como se, por exemplo, o pensamento filosófico ocidental pudesse recusar como "estrangeirado" o referente da filosofia grega antiga ou do idealismo alemão!».*[5]

Claro que não se tem a veleidade de abarcar no âmbito de uma dissertação de Mestrado a vastíssima gama de temas e reflexões que a análise de cada um desses pressupostos suscita.

Tal seria, além de temerário, incomportável num empreendimento deste âmbito e dimensões.

Pelo contrário, tem-se a perfeita noção de que um trabalho desta envergadura para se tornar completo, inserir-se-ia em vários volumes de um tratado de direito penal médico e, mesmo assim, demandando permanente e constante actualização.

Aliás, uma tese, sendo o repositório actualizado do saber, mas que, em essência, está em permanente evolução e, por isso, demanda a busca sempre recomeçada da verdade e nunca a sua posse, é tradicionalmente constituída pelo levantamento e discussão de problemas bem delimitados, embora no caso vertente, pela amplitude intrínseca do objecto da mesma, a problemática atinente aos pressupostos da conduta médica punível seja desdobrada ao longo da exposição.

---

[4] Cfr. Teresa Serra, *Problemática do Erro sobre a Ilicitude*, Almedina, Coimbra, 1991, p. 16.

[5] Figueiredo Dias, *Sobre o Estado actual da Doutrina do Crime (2.ª Parte)* R.P. C.C., ano 2, Jan/Mar, 1992, n.º 1, p. 44.

Introdução 15

É, pois, com a consciência esclarecida de tais limitações, que nos propomos afoitar neste terreno, a um tempo tão complexo como aliciante.

Efectuadas estas considerações preliminares, é altura de avançarmos na senda da nossa investigação!

Compêndio de ciência e arte[6], a medicina dos nossos dias é, em muitos planos, substancialmente diferente da praticada há apenas pouco mais de um quarto de século.

Diferente nos meios que utiliza, diferente nos conhecimentos e técnicas de que se serve para a elaboração do diagnóstico, para a terapêutica e para o acto cirúrgico, diferente na própria organização dos serviços médicos, com predomínio para o trabalho em equipa e multidisciplinar, mas diferente também, no plano da responsabilização jurídica dos seus profissionais, tanto na área cível, como na esfera penal.

Mesmo em Portugal, onde há bem pouco tempo o silêncio sobre casos de responsabilidade médica era quase absoluto e profundo, actualmente, as manchetes dos jornais e noticiários televisivos concedem honras de primeira página e espaço largo em horários nobres, muitas vezes na sofreguidão de uma caudalosa torrente informativa, infelizmente nem sempre fundada e fundamentada, sobre casos de insucesso médico, rotulados à partida, sem apelo nem agravo, como casos de «negligência médica» num perfeito *trial by newspapers* de consequências, muitas vezes, devastadoras.

O fenómeno não é exclusivamente pátrio, como se sabe, antes se inscreve na globalização da sociedade de informação dos nossos dias e da democratização das actividades profissionais.

Afirmava recentemente o Professor chileno Yáñez Perez que em praticamente todos os países, a maior parte dos casos de erro profissional sujeitos à apreciação dos tribunais dizem respeito ao exercício da medicina e a própria doutrina jurídica serve-se frequentemente de exemplos médicos nas suas elaborações sobre as infracções profissionais culposas.[7]

---

[6] Com efeito, a Medicina desenvolve-se em dois planos distintos, um, no qual formula proposições universais, com pretensão de validade geral, é o que os filósofos gregos denominaram *"episteme"*, ciência.

No outro plano, desenvolvem-se juízos adequados às situações particulares em que se aplicam ao caso concreto as proposições universais, devidamente adaptadas. É o que se chama *"techene"*(técnica) ou arte (de aplicação prática).

Sobre tal tema cfr. a interessante comunicação de Diego Gracia Guillén *Jurisprudencia y Lex Artis*, in *Responsabilidad del Personal Sanitario*, Madrid, 1995, p. 53.

[7] Sergio Yáñez Perez da Universidad Central de Santiago del Chile, *Renforcement de la Responsabilité Profissionelle par le Droit Pénal?*, comunicação apresentada no 22.º Colóquio de Direito Europeu, sob a égide do Conselho da Europa, em La Laguna, 17-19 de Novembro de 1992, in Actas do Colóquio, p. 20.

A Medicina dos nossos dias não actua unicamente entre os limites tradicionais da profilaxia e da terapêutica, posto que estes mesmos conceitos se tornaram cada vez mais abrangentes, abarcando realidades diversas.

É dogmática verdade que as chamadas ciências da vida ocupam uma plataforma cimeira entre os diversos ramos do saber que mais têm progredido nos últimos anos.

Como afirmou João Álvaro Dias *«os caminhos abertos pela ciência nas últimas décadas, relativamente à manipulação biológica do ser humano em função de múltiplas motivações e finalidades, revelam-se tão surpreendentes quanto aterradoras»*[8].

São disso mesmo exemplo a inseminação assistida medicamente, a fecundação *"in vitro"*, a detecção de anomalias genéticas por via da amniocentese, as operações de mudança de sexo, os avanços da cirurgia estética e reparadora, designadamente a neurocirurgia, a microcirurgia e a cirurgia a *"laser"*, os progressos registados nas técnicas de cirurgia torácica especialmente a cardiovascular, os enxertos e transplantações de órgãos, os processos de transexualidade, a manipulação genética, o tão falado, recentemente, processo de clonagem dos genes, etc.[9]

É evidente que todo este progresso cientifico-tecnológico, envolvendo técnicas extremamente melindrosas e susceptíveis de produzir efeitos capazes de questionar os valores comumente aceites na sociedade contemporânea, levanta questões até há pouco dificilmente figuráveis, despertando a atenção dos pensadores dos mais variados quadrantes, dos sociólogos, dos cientistas, dos teólogos e, naturalmente, dos juristas.

Há ainda hoje, contudo, como informa Figueiredo Dias, quem defenda a não responsabilização jurídica do médico, com a alegação de que *«o pensamento dos juristas, sendo de tipo formal, abstracto, todo ele orientado para a prevenção da legalidade, não se adequa ao julgamento da intervenção médica, porque condicionada pelo bem concreto que se trata e se não pode generalizar, e sempre de acordo com a máxima "não há doenças, mas doentes"»*.[10]

---

[8] João Álvaro Dias *Procriação Assistida e Responsabilidade Médica*. STUDIA IURIDICA, Bol. Fac. Direito (Univ. Coimbra), p. 7

[9] Cfr. Jean Penneau *La Responsabilité du Médecin*, Dalloz, col "Connaissance du Droit" 2eme edition, p. 1.

[10] Cfr. Figueiredo Dias, *O Problema da Ortotanásia: Introdução à sua Consideração Jurídica*, in As Técnicas Modernas de Reanimação; Conceito de Morte; Aspectos Médicos, Teológico-Morais e Jurídicos, 1973, p. 34 e ss.

Introdução 17

Por força disso, há quem propugne que, dada a relação de confiança recíproca entre médico e doente, que tem necessariamente de existir, tais decisões deveriam ser insindicáveis no plano jurídico, criando-se um espaço vazio de direito, onde elas livremente se desenvolveriam, um *Rechtsfreier Raum* que, no conceito de Kaufmann «*é aquele em que um facto não se pode considerar proibido nem permitido, lícito nem ilícito; não existirá uma autorização ou um direito subjectivo, mas o facto também não estará juridicamente impedido – tratar-se-á numa palavra de uma zona livre de valoração jurídica, em nome da liberdade, pluralismo e auto-responsabilidade dos indivíduos*».[11]

É certo que a actividade profissional do médico é, pela sua própria natureza, potenciadora de diversos riscos, aquela que afecta valores fundamentais – especialmente tutelados pelo Direito Penal – do ser humano, como a saúde, a integridade física, a liberdade e até a vida das pessoas.[12]

Por tudo isso, juristas de nomeada, alguns deles também médicos, especialmente na Alemanha, mas também na França, Itália e Espanha, para além dos variadíssimos autores americanos e britânicos, têm dedicado centenas de páginas aos problemas da responsabilidade médica, pontificando no idioma alemão os nomes de Eberhard Schmidt, Paul Bockelmann, Karl Engisch, Arthur Kaufmann, Albin Eser, Werner Niese, Hans Kampfs, Klaus Ulsenheimer, entre muitos outros, na França, Jean Penneau, V. Kornprobst, Gérard Mémeteau, Yvonne L. Faivre, Paul Monzein, na Itália, Alberto Crespi, Paolo Della Sala, Grispigni, De Martini, na Espanha, Romeo Casabona, Silva Sánchez, M.ª del Carmen Gómez Rivero, Pilar Pavón, Agustín Jorge Barreiro, Enrique Bacigalupo, Jacobo Barja de Quiroga, Diego Gracia Guillén, etc.

Em Portugal, além da notável obra do Prof. Costa Andrade, especialmente a sua dissertação de doutoramento[13] e dos valiosos estudos do

---

[11] Kaufmann, *Rechtsfreier Raum und Eigenverantwortliche Entscheidung*, apud Maria da Conceição F. Cunha, *Constituição e Crime, Uma Perspectiva de Criminalização e de Descriminalização*, UCP Editora, 1995,p. 398.

[12] C. M. Romeo Casabona*, El Médico y el Derecho Penal I*, 1981, p. 13 e 14

[13] Trata-se de uma obra de indiscutível relevo e absolutamente indispensável para o estudo da responsabilidade criminal do médico, intitulada *Consentimento e Acordo em Direito Penal (Contributo para a Fundamentação de um Paradigma Dualista)*, publicado pela Coimbra Editora, no ano de 1991.

Na verdade, apesar de o objecto de referida dissertação não ser propriamente a responsabilidade médica, nem mesmo se tratar de uma obra que, no seu conjunto, verse sobre o Direito Penal Médico, mas antes o paradigma dualista de F.Geerds, *Einwilligung und Einverständniss* (Consentimento/Acordo), em nossa opinião é das

Prof. Figueiredo Dias, diversas monografias e teses, designadamente de Mestrado, têm sido dedicadas ao estudo específico de determinados aspectos da responsabilidade do médico (transplantes, procriação assistida) cujo nome dos autores só aqui não indicamos, apesar do seu relevante valor, dado o risco de involuntária omissão de algum.

Trata-se, efectivamente, de uma área fecunda a requerer intensa lavoura, sobretudo nos dias de hoje, em que a velha «arte silenciosa», a *muta ars* de que falava Virgílio[14], chegou ao fim quanto ao seu silêncio e começam a despontar na barra dos nossos tribunais, diversos casos de responsabilidade penal do médico.

Tal todavia não significa, como refere Casabona «*uma caça às bruxas de bata branca*»[15], embora seja inegável que, como adverte o

---

mais completas obras bibliográficas sobre a complexa e plurifacetada temática da responsabilidade médica, visto que dedica cerca de uma centena de páginas à temática da responsabilidade criminal médica, embora sob o enfoque das intervenções e tratamentos médico-cirúrgicos arbitrários, portanto no plano da violação da autodeterminação individual, contendo ampla, rica e criteriosamente seleccionada indicação bibliográfica.

Para além desta obra, destaque merecido impõe-se a outro excelente estudo de Costa Andrade denominado *Direito Penal Médico / Sida: Testes Arbitrários, Confidencialidade e Segredo* e ainda à sua intervenção no Colóquio Internacional dedicado ao tema *Novas Tarefas e Fronteiras do Direito (Penal) Médico*, realizado na cidade do Mondego em 21 e 22 de Março de 2002, intervenção essa intitulada *Consentimento em Direito Penal Médico – O Consentimento Presumido*, publicada, tal como as demais do referido Colóquio, na Revista Portuguesa de Ciência Criminal, n.ºs 1 e 2 do ano 14 (Janeiro-Junho de 2002), pgs. 117-148.

Podem ainda indicar-se, nesta área da Ciência Jurídica, para além das anotações do insigne Professor no Comentário Conimbricense do Código Penal, designadamente aos art.ºs 150.º e 156.º, um estudo já mais antigo, do mesmo autor, *Direito Penal e Modernas Técnicas Biomédicas*, publicado na Revista de Direito e Economia, no ano de 1986 e ainda outro de 1999, *Experimentação Humana: Perspectiva Jurídico-Criminal in «A Excelência da Investigação na Essência da Universidade. Homenagem a Egas Moniz»*, Coimbra. 1999, pg. 69 e ss.

[14] *Virgílio chamava à medicina "muta ars" por oposição às artes da oratória, como a Governação e o Direito.*

A Medicina, como Risco, eram tarefas que se desempenhavam em silêncio. Mas as coisas mudaram; levou dois mil anos, mas mudaram.

*E agora, para os médicos, o silêncio... acabou. (*Gullherme de Oliveira,"*O Fim da Arte Silenciosa"(O Dever de Informação dos Médicos)*, Revista de Legislação e de Jurisprudência, ano 128 (1995), p. 70-2 e 101-4 e também em Temas de Direito da Medicina, Coimbra Editora, 1999, p. 100.

[15] C. M. Romeo Casabona, *El Médico ante el Derecho (La Responsabilidad Penal y Civil del Médico)*, Ministerio de Sanidad y Consumo, 3.ª Reimp., Madrid, 1990, p. 8.

Doutor Guilherme de Oliveira «*está a chegar ao nosso país, vindo do outro lado do mar, o fenómeno a que já se chamou «a desmistificação da bata branca». A crescente responsabilização dos médicos com base na falta de cuidado era inevitável, por força da explosão tecnológica, da má utilização dos meios em casos clamorosos, da despersonalização do acto médico que, por ironia, veio implicada com o ideal do* welfare state *em matéria de cuidados de saúde».*[16]

Desta sorte, devem ser os próprios médicos, em primeira linha, a ter sempre presente, face ao princípio hipocrático *primum non nocere* e dado que a uma medicina cada vez mais eficaz, mas também cada vez mais agressiva, corresponde inegável aumento das situações de risco, a pretender conhecer os limites jurídicos da sua actuação, é dizer, da sua responsabilidade e procurar pautar-se em conformidade com o intangível princípio de igualdade dos cidadãos perante a lei, trave mestra de qualquer democracia contemporânea.

O presente estudo pretende ser um contributo para a renovada dogmática da responsabilidade criminal do médico.

Não se visa uma teorização *"l'art pour l'art"*, mas uma perspectiva, a um tempo, teorética e praxiológica, voltada para as realidades da vida, para o quotidiano das nossas clínicas e hospitais onde, a todo o instante, o médico se confronta com os limiares do direito penal.

Também virado para a actividade dos nossos tribunais, de tão discreta actividade jurisprudencial neste domínio, quanto é certo que, já no presente e, em crescimento exponencial num futuro próximo, os nossos magistrados serão inelutavelmente chamados a decidir os complexos problemas da responsabilidade médica.

Não nos embrenharemos pelos corredores dos novos temas da biomedicina e da bioética, sem dúvida aliciantes, mas a cujo estudo sério e profundo, várias monografias, de notável valia, vão sendo, ciclicamente, dedicadas.

A intenção é ventilar, à luz de um direito positivo tão avançado em matéria de responsabilidade criminal médica, como é o nosso compêndio penal substantivo actual, os diversos aspectos desta responsabilidade, para o que não achamos melhor trilho do que o traçado entre as diversas

---

[16] Guilherme de Oliveira, *Estrutura Jurídica do Acto Médico, Consentimento Informado e Responsabilidade Médica*, Intervenção do I Seminário sobre Bioética – Consentimento Informado e Responsabilidade Médica – Organizado pelo Conselho Nacional de Ética para as Ciências da Vida, em Lisboa, 30-31 de Março de 1992 e publicado in Temas de Direito da Medicina, 1, Coimbra Editora, 1999, p. 59 a 72.

20 Da Responsabilidade Médica em Direito Penal

figuras e pressupostos da responsabilidade penal, vale dizer, caminhar pela via rasgada pela própria doutrina geral do crime.

Esperemos que, paulatinamente, a guerra fria entre médicos e juristas vá dando lugar a uma saudável ética de convivência, sem que isso implique, necessariamente, a criação de espaços vazios de direito ou o reconhecimento do *right to be alone* reclamado por (alguns) médicos na suas relações com o doente.

Seja-nos permitida, pela sua indiscutível e perena verdade, transcrever as palavras do Director do Centro de Direito Biomédico de Coimbra:

«Nenhum sistema jurídico consegue prever todos os casos concretos, que são sempre diferentes. Os médicos terão sempre de se mover dentro destes conceitos indeterminados, com o risco de os aplicarem mal e com a angústia que a incerteza provoca. Restar-lhes-á a confiança de que os juizes, por um lado, dependem das orientações e das informações da prática médica para o preenchimento desses conceitos; por outro lado, não exigirão dos médicos mais do que aquela diligência que o mero brio profissional leva os profissionais a exigir de si próprios, quando se entregam aos melindrosos e sofisticados cuidados da carne em que se tornaram hoje as simplórias artes de Esculápio».[17]

---

[17] Guilherme de Oliveira, *O Direito do Diagnóstico Pré-Natal,* Palestra realizada no 2.º Curso de Medicina Fetal, na Maternidade Bissaya Barreto, em 18.12.98, publicado na R.L.J., ano 132.º, 1999, p. 6-16 e também em *Temas de Direito da Medicina 1, Coimbra Editora, 1999, p. 203-223.*

2. DA RESPONSABILIDADE MÉDICA EM GERAL

2.1. **A Responsabilidade Médica em 3 Planos de Refracção Jurídica: Civil, Disciplinar e Criminal**

No plano jurídico, especial relevo assume a problemática da responsabilidade do médico, nas suas diversas modalidades, relevo esse que, como veremos com maior detalhe, decorre, por um lado, da evolução dos conceitos, da técnica e dos meios instrumentais utilizados e, por outro, do salutar esclarecimento das populações por via da difusão da literatura especializada e da comunicação social em geral.[18]

Em 1984, falando da responsabilidade profissional dos Advogados em Portugal, o Dr. L. P. Moitinho de Almeida afirmava: *«a complexidade e a intensidade da vida contemporânea já não se coaduna com as velhas usanças a que os lesados atribuíam os seus danos, à pouca sorte, ao acaso, ao fado».*[19]

---

[18] G. Nicolas retrata este salutar esclarecimento do seguinte modo:

«Há apenas trinta anos, o interesse da sociedade pelos assuntos relacionados com a medicina era muito limitado e reservado a alguns ansiosos, fiéis leitores do "Larouse médico", único documento então acessível ao leigo. A situação é hoje totalmente inversa, as revistas sobre problemas de saúde são inúmeras, geralmente bem documentadas, e os meios de comunicação no seu conjunto estão ávidos de informações médicas. Além disso, é dada uma larga difusão ao espectacular e aos grandes feitos, quando, de facto, não passam de propósitos ou de hipóteses de investigação sem repercussões práticas, pelo menos no imediato.

A população, abundantemente informada, por vezes sobreinformada, e bem imbuída dessa medicina «triunfante», tem por vezes tendência para se apropriar e querer beneficiar dela. Não é de estranhar, pois, que a sua atitude seja exigente e as suas esperanças frustradas. Todos os médicos vivem esse fenómeno na sua prática quotidiana, face a doentes que lhes dão parte daquilo que leram ou ouviram. Chega a acontecer, e o fenómeno não é raro, que o médico tome conhecimento desta ou daquela «novidade» por intermédio de um dos seus paciente». (Guy Nicolas, *A Responsabilidade Médica*, Instituto Piaget, 1999, p. 69).

[19] L. P. Moitinho de Almeida in *A Responsabilidade Civil dos Advogados*, Coimbra Editora, 1985, p. 7.

Esta afirmação tem também inteiro cabimento no que à responsabilidade médica concerne.

Com efeito, num interessante trabalho elaborado pelos ilustres docentes da U. de Coimbra, Prof. Figueiredo Dias e, o então assistente, Dr. Sinde Monteiro, em 1983, estes conceituados jurisconsultos, depois de notarem que em Portugal, era ainda extremamente reduzido o número de acções em que se colocam problemas da responsabilidade civil ou penal do médico, o que, na prática, equivalia a não se ter produzido ainda a *«democratização da responsabilidade profissional»* na conhecida expressão de Christian von Bar *("Demokratisierung der Berufschaftung")* afirmavam:

«Não obstante, tem-se verificado nos últimos anos um grande acréscimo de interesse pelos problemas da responsabilidade profissional do médico, traduzido não apenas num maior número de acções, cujas sentenças nem todas estão publicadas (ainda assim nos últimos cinco anos, não temos conhecimento de mais do que uma meia dúzia de acções de pequeno montante; de assinalar que duas delas, uma das quais curiosamente intentada por uma súbdita inglesa, atingiram o Supremo Tribunal de Justiça), mas igualmente um maior número de estudos doutrinais sobre o problema, em noticias aparecidas na imprensa sobre a prestação voluntária de uma indemnização por Hospitais Públicos, bem como em inquéritos a alguns «acidentes» nestes verificados».[20]

Apesar do recrudescimento do interesse público pela problemática da responsabilidade médica, aqueles autores acrescentam que a efectivação por via judicial de tal responsabilidade assume ainda formas embrionárias de pouco ou nulo significado, dizendo que *no momento presente, o sentimento dominante perante o sofrimento de um dano, mesmo daqueles que atingem directamente a própria pessoa e não apenas o seu património (como é o caso típico da responsabilidade médica), é o da resignação, não o de pedir contas ao responsável.*[21]

Presentemente, embora não tenham, por enquanto, sido elaboradas estatísticas fidedignas (a nível nacional) sobre a jurisdição cível concernente a tais matérias, cremos que não será temerário avançar que ainda é relativamente exíguo o número de acções cíveis neste domínio.

No que concerne à jurisdição penal, pendem termos vários processos contra médicos, ainda em fase de inquérito ou de instrução, grande parte

---

[20] F. Dias e Sinde Monteiro *Responsabilidade Médica em Portugal*, BMJ, 332, 68-69.

[21] Ibidem.

Da Responsabilidade Médica em Geral

deles, o que deixa antever a possibilidade de, em momento oportuno, os eventuais lesados virem pedir as indemnizações a que se julguem com direito que, por força do *princípio de adesão,* acolhido no art.º 71.º do Código de Processo Penal, não podem fazer valer em separado.

Como quer que seja, parece que em Portugal o verdadeiro problema não reside na falta de interesse público pelas questões inerentes à responsabilidade dos médicos, mas antes em aplicar na prática os princípios teóricos, ou, como dizem F. Dias e Sinde Monteiro[22] *em tornar a "law in the books" em "law in the action."*

Embora constitua insofismável verdade que *toda a caminhada de sofrimento humano garantiu à medicina um estatuto superior e estabilizado que não se compadecia com a humana prestação de contas* como refere o Doutor Guilherme de Oliveira[23], a verdade é que já no famoso Código de Hammurabi, cerca de 1000 anos A. C., se cominavam penas severas para os médicos que causassem danos graves, por imperícia ou negligência.

Se um médico trata de um homem livre, duma ferida grave, com um buril de bronze e o mata, ou se o buril de bronze lhe vasa um olho, corta--se-lhe a mão[24], dispunha aquele antiquíssimo monumento jurídico.

Contudo, durante séculos, a actividade médico-cirurgica impôs-se aos olhos do leigo, como algo de índole mítico-mágica, sendo impensável colocar um médico num *banco dos réus,* ainda que manifesto autor de grave imprudência, por forma a fazê-lo *responder* pelo resultado.

Não resistimos à tentação de transcrever, pelo seu interesse, a seguinte afirmação do Prof. Pinto da Costa: *O velho médico de aldeia participava da vida familiar dos doentes e ninguém lhe pedia responsabilidade. Havia também os médicos descendentes de famílias ricas e que exerciam a medicina quase gratuitamente, sendo recompensados com o respeito das populações e com presentes ingénuos em certas épocas do ano. A profissão médica perdeu muito do carácter humanista que lhe é próprio, e em*

---

[22] F. Dias e Sinde Monteiro, *Responsabilidade Médica na Europa Ocidental-Considerações – de lege ferenda –* relatório integrado na *Medical Responsability in Western Europe,* investigação realizada sob os auspícios do European Science Foundation, publicado in Scientia Jurídica tomo XXXIII, 1984.

[23] Guilherme Freire Falcão de Oliveira, *Estrutura Jurídica do Acto Médico, Consentimento Informado e Responsabilidade Médica,* Rev. Leg. Jur. 3815, Ano 125, 33.

[24] Sobre a responsabilidade do médico nos primórdios da antiguidade oriental, cfr. as recentes obras do Prof. J. Pinto da Costa, *Responsabilidade Médica,* ed. Felício § Cabral, Porto e, *A Responsabilidade dos Médicos do Prof. J. A. Esperança Pina, LIDEL, edições técnicas.*

grande parte o sentido hipocrático desapareceu. A medicina passou a ser encarada como uma profissão igual a outra, mas devido ao tipo de valores com os quais se lida exige-se-lhe muito mais. O doente reclama ser tratado sem admitir erros a uma profissão que emprega critérios científicos que não são exactos como os da matemática.[25]

Foi, sobretudo, neste século que se começaram a debater, pelo menos no plano teórico, as diversas questões relativas à responsabilidade médica.

É, actualmente, inquestionável a responsabilidade médica é pluridimensional, como pluridimensional e complexa é a própria vida social.

Se, por um lado, o acervo de conhecimentos vai progressivamente aumentando, aparecendo o médico de hoje apetrechado com melhores e mais variados meios de diagnóstico e de terapêutica, a verdade é que, por força do célere avanço das ciências médicas e das tecnologias auxiliares, decorre uma exigência de conhecimentos que não permite, aos médicos, afastados dos grandes centros de investigação, abarcar tal mundo de conhecimentos o que faz com que, por mais prudente e cuidadoso que seja, *o risco de cometer erros face aos últimos dados da ciência aumenta.*[26]

O médico contemporâneo, mesmo o mais competente e esforçado, não está livre de cometer um erro de tratamento o que, face ao ordenamento jurídico em vigor, gera o dever de indemnizar, se tiver causado dano, no campo jurídico-civil e o dever de se sujeitar a uma pena, pelo menos em princípio, na área jurídico-criminal. Todavia, ainda hoje as acções de responsabilidade civil contra médicos têm um cunho *ad hominem* na consciência colectiva[27] e daí que, cada vez mais, se imponha a necessidade de um seguro de responsabilidade profissional dos médicos.

Presentemente, a responsabilidade médica pode exprimir-se em três planos:

I) Responsabilidade Civil
II) Responsabilidade Criminal
III) Responsabilidade Disciplinar

Relativamente à responsabilidade disciplinar há que distinguir[28].

---

[25] Prof. Pinto da Costa, op. cit. p. 10.

[26] Cfr. António Henriques Gaspar *A Responsabilidade Civil do Médico*, in Col. Jur., ano III, 1978.

[27] F. Dias e S. Monteiro, *Responsabilidade Médica na Europa Ocidental*, S.S. 1984, 101.

[28] Sobre esta matéria veja-se o interessante trabalho do Dr. Rui Pereira *A Responsabilidade Médica*, in *Introdução ao Estudo da Medicina Legal, Deontologia e Direito*

a) Responsabilidade disciplinar profissional ou corporativa
b) Responsabilidade disciplinar administrativa
c) Responsabilidade disciplinar laboral

No presente estudo propusemo-nos versar, com algum aprofundamento, a temática da responsabilidade criminal do médico. Daí que não consintam, nem a natureza nem a dimensão do mesmo, desenvolvidos excursos sobre a responsabilidade civil e disciplinar.

Em todo o caso, por isso que a responsabilidade jurídica é um fenómeno essencialmente cultural e complexo, e por que é cada vez mais ténue a fronteira divisória das diversas formas de responsabilidade, a ponto de haver quem questione se não é chegada a altura de se criar um verdadeiro direito comum de responsabilidade, como meio de evitar que o mesmo agente venha a responder pelos mesmos factos, mais do que uma vez, embora em sede de ordenamentos jurídicos diferentes, seja-nos consentida uma brevíssima referência a esses dois ramos ou modalidades da responsabilidade médica que são a civil e a disciplinar, cingindo-se apenas ao ordenamento jurídico português.

2.1.1. *Responsabilidade Civil*

Os juristas da velha Roma legaram à humanidade um património de incalculável valor civilizacional: o direito romano.

Ulpiano formulou três regras básicas de convivência social: *"honeste vivere"*, *"neminem laedere"* e *"suum cuique tribuere"* sem as quais, não seria possível a própria vida em sociedade.

Ora a responsabilidade civil tem a ver com a regra *"alterum non laedere",* no sentido de que o prejuízo causado a outrem deve ser reparado.

Uma das questões de inegável importância no estudo da responsabilidade civil médica é, sem dúvida, a determinação da espécie ou forma da mesma, dada a dualidade de regimes consagrados nos ordenamentos jurídicos como o nosso.

Desde já podemos assentar que a responsabilidade civil dos médicos admite ambas as formas previstas na lei, a responsabilidade contratual ou obrigacional e a responsabilidade extracontratual, delitual ou aquiliana.

Médico, vol. I, dos Prof. Lesseps Reys e Dr. Rui Pereira, edição da AAFDL, 1990, p. 43 a 60.

No domínio da responsabilidade chamada extracontratual, é de excluir, salvo disposição legal em contrário, a responsabilidade pelo risco, dado o carácter especial desta modalidade, consagrado, entre nós, no n.º 2 do artigo 483.º do Código Civil que estatui *expresis verbis* que «*só existe obrigação de indemnizar independentemente da culpa nos casos especificados na lei*»

Obviamente que excluída está também a responsabilidade pelos factos lícitos danosos, pela mesma razão.

Resta assim e apenas, no terreno da responsabilidade aquiliana, a responsabilidade por factos ilícitos que, a par da responsabilidade contratual, integra a dualidade de regimes aplicáveis à responsabilidade civil médica.

Questões bem diferentes são as de saber qual das modalidades apontadas tem maior aplicação no caso das lesões causadas por médico no exercício da *arte de Esculápio*, isto é, da sua actividade profissional e se é possível o chamado concurso de responsabilidades.

Em Portugal, a Relação de Coimbra decidiu no sentido de concurso de responsabilidades, no seu Acórdão de 4 de Abril de 1995 assim sumariado (na parte que interessa):

> I. *O médico que realiza diagnóstico errado, por observação descuidada do paciente, ou o cirurgião que descura negligentemente os cuidados técnicos adequados à operação, responde tanto por violação do contrato de prestação de serviços, como delitualmente, por ofensas à integridade física do paciente.*
>
> II. *Sendo a obrigação do médico uma obrigação de meios e não de resultado, o ónus da prova recai sobre o lesado, tal como na responsabilidade extracontratual.*
>
> III. *Além do nexo de imputação do facto ao sujeito, tem de existir sempre, para haver responsabilidade civil, um nexo de imputação objectiva entre o facto e o dano.*

É claro que nem sempre as coisas são fáceis de equacionar, levantando mesmo complexas dificuldades de enquadramento jurídico, como v. g. nos casos da chamada medicina convencionada, em que trabalhando os médicos em regime liberal, prestam serviços à Segurança Social e outros subsistemas de Saúde, dos quais beneficiam os utentes que se dirigem aos seus consultórios.

Por exemplo, em Portugal, interessaria saber que tipo de relação se estabelece entre os serviços públicos de Segurança Social e o utente, pois a considerar-se haver uma relação contratual impunha-se ter em consideração, sem necessidade de lançar mão ao regime da responsabilidade aquiliana relativamente ao médico lesante/demandado, o disposto no artigo 800.º do Código Civil.

Verdadeiramente, a dualidade de regimes legais da responsabilidade, não afecta a identidade dos sujeitos e do facto lesivo, ou seja, entre os mesmos sujeitos da relação preexistente, verifica-se uma única conduta ilícita e o mesmo dano, qualquer que seja o ângulo em que se coloca, isto é, quer do da responsabilidade contratual, quer do da responsabilidade aquiliana.

Não há dois danos distintos nem há duas condutas diferentes, nem do ponto de vista naturalístico, nem no plano jurídico.

O que há são dois regimes legais de protecção do lesado que prevêem tal conduta e visam reparar tal dano, mas cada regime com a sua teleologia própria.

Assim sendo, à unidade de conduta e de dano, corresponderá necessariamente a unidade de pedido indemnizatório e de indemnização.

Como refere a doutrina alemã, não se trata de várias pretensões concorrentes (*Anspruchskonkurrenz*), mas do concurso de normas que fundamentam a mesma pretensão (*Anspruchsnormenkonkurrenz*).

No domínio da responsabilidade extracontratual, relevante interesse oferece o estudo dos seus pressupostos, designadamente do dano, assim como das teorias, de origem jurisprudencial, de *perte de chance de guérison ou de survie,* ou de *res loquitur per ipsa.*

Como é evidente, não podemos no presente estudo desenvolver a problemática da responsabilidade civil, visto que se trata de uma dissertação no âmbito do direito criminal.[29]

2.1.2. *Responsabilidade Disciplinar*

Os médicos podem estar sujeitos à responsabilidade disciplinar em dois planos distintos:

---

[29] Para maiores desenvolvimentos sobre a temática da responsabilidade civil médica cfr. o nosso estudo *Reflexões em Torno da Responsabilidade Civil dos Médicos,* publicado na Revista *Direito e Justiça* da Faculdade de Direito da Universidade Católica Portuguesa, vol. XIV, 2000, pg. 161-251 e, para maiores desenvolvimentos, *inter alia,* a excelente colectânea *Responsabilidade Civil dos Médicos*, Autores Vários, edição do Centro de Direito Biomédico da Faculdade de Direito de Coimbra; Coimbra Editora, 2005.

a) Responsabilidade ético-profissional perante os órgãos tutelares da actividade médica

b) Responsabilidade disciplinar *"stricto sensu"*

Pública
ou administrativa

Privada ou laboral

A responsabilidade disciplinar decorre da violação das regras específicas da profissão previstas nos diplomas de natureza jurídico-disciplinar.

Relativamente aos médicos portugueses, a responsabilidade ético-profissional perante a Ordem dos Médicos emerge de violação do Estatuto Disciplinar dos Médicos aprovado pelo Dec. Lei 217/94 de 20 de Agosto.

Este diploma não traça um conceito compreensivo da infracção disciplinar, ainda que necessariamente amplo, dada a inexistência do princípio da tipicidade no direito disciplinar, dispondo o art.º 2.º que *«comete infracção disciplinar o médico que, por acção ou omissão, violar dolosa ou negligentemente algum ou alguns dos deveres decorrentes do Estatuto da Ordem dos Médicos, do Código Deontológico, do presente Estatuto, dos regulamentos internos ou das demais disposições aplicáveis».*

Todavia, o art.º 11.º considera direito subsidiário o Estatuto Disciplinar dos Funcionários e Agentes da Administração Central Regional e Local e as normas gerais do direito penal e do processo.

Assim sendo, o conceito de infracção disciplinar há-de buscar-se no art.º 3.º do Dec. Lei 24/84 de 16/01 que é, justamente, o diploma disciplinar da Função Pública.

Desta forma, para além dos deveres específicos decorrentes dos diplomas referidos no art.º 2.º *"maxime"* do Código Deontológico, os médicos estão sujeitos ainda aos deveres gerais de zelo, de lealdade e de correcção previstos no diploma da função pública.

Para os médicos vinculados à Administração Pública, aplica-se o referido Dec. Lei 24/84 de 16/01 como *«lex generalis»* e o Estatuto Médico aprovado pelo Dec. Lei 373/79 de 8 de Setembro.

Finalmente para os médicos do sector privado da Saúde, vinculados às respectivas entidades empregadoras por contrato individual de trabalho, a responsabilidade disciplinar é a que está consagrada nos diplomas específicos do Direito do Trabalho, *"maxime"* no Código de Trabalho, aprovado pela Lei n.º 99/2003 de 17 de Agosto, com diversas alterações posteriores, e, antes do referido diploma legal, pelo Dec. Lei 49.408 de 24.11.69 (Regime Jurídico do Contrato Individual do Trabalho, habitual-

Da Responsabilidade Médica em Geral 29

mente conhecido pela Lei do Contrato de Trabalho ou, mais frequentemente, pela sigla LCT).

2.1.3 *Responsabilidade Criminal*

Dado que o presente estudo se ocupa, todo ele, da responsabilidade criminal do médico, não se justifica o desenvolvimento do presente *item* com autonomia.

Apenas se pretende anotar que esta é uma das modalidades da responsabilidade profissional do médico, porventura a mais gravosa, por via do carácter, se não estigmatizante, pelo menos traumático, da audiência de julgamento penal e, além disso, dada a possibilidade de aplicação de pena criminal efectiva ao médico condenado, mas também a mais complexa em termos dogmático-sistemáticos, desde logo porque, sendo a larguíssima faixa de feitos penais médicos introduzidos em juízo, imputáveis ao agente a título de negligência, a dificuldade da prova, aliada ao ainda relativamente pouco sedimentado desenvolvimento da dogmática da negligência jurídico-penal, especialmente médica, suscita dificuldades técnico-científicas não desprezíveis que, de alguma forma, explicam o elevado número de absolvições nos nosso tribunais.

Outrossim, como, com inteira razão, observou o Prof. João Lobo Antunes, se o erro médico é de consequências menores, passa muitas vezes despercebido ao doente. E o ilustre médico e escritor referido, acrescenta: «*na maioria dos casos de erro de maior gravidade, o doente não apresenta queixa porque não deu por ele, ou porque minimiza as suas consequências, ou porque «gosta» do seu médico, ou, quem sabe, porque não aprecia particularmente os advogados[30]*»!

Importa, outrossim, não esquecer que, frequentemente, ao paciente e à sua família interessa muito menos a punição criminal do médico, do que uma compensação monetária pelas lesões sofridas, recorrendo, por isso, mais amiúde, ao foro cível.

Isto porque, embora o pedido cível possa e deva ser, em regra, formulado em processo penal, por força do princípio de adesão obrigatória da acção cível à acção penal, consubstanciado no art.º 71.º do nosso compêndio adjectivo penal, a verdade é que, em processo penal, o pedido

---

[30] J. Lobo Antunes, *Sobre o Erro, in Um Modo de Ser*, Gradiva, Lisboa, 10.ª edição, 1999, 84.

30   *Da Responsabilidade Médica em Direito Penal*

indemnizatório carece de ser sempre fundado na prática de um crime, de forma que a apreciação do pedido só pode prosseguir se o mesmo se estribar na responsabilidade civil extracontratual e nunca na obrigacional (por todos, cfr. o Ac. STJ de 25 de Janeiro de 1996 in Col. Jur, Acs. STJ, 1996, t I, 189).

Ora formando – se entre o médico e paciente, na generalidade dos casos, um vínculo que consubstancia um contrato de prestação de serviços médicos, cujo conteúdo da prestação debitória é a obrigação de tratamento por parte do médico, não sendo viável a dedução do pedido cível indemnizatório em processo penal com base em responsabilidade contratual, como vimos, e, doutra banda, sendo o regime da responsabilidade contratual mais favorável ao autor, quer em matéria do ónus da prova, dada a presunção da culpa do devedor a que alude o art.º 799.º do Código Civil, quer em matéria de prazo prescricional, este é um dos factores que decisivamente contribuem para a preferência pelo foro cível[31].

Ao longo do presente estudo, debruçar-nos-emos sobre este tipo de responsabilidade médica.

2.2. Os *"Topoi"* Fundamentais para a Teoria da Responsabilidade Criminal do Médico

É de toda a conveniência, recensear para efeitos de uma teorização da responsabilidade criminal do médico, alguns tópicos por onde passará, necessariamente, o fio de Ariane[32] do discurso legitimador de toda a matéria da responsabilidade criminal do médico, em que importa esgrimir conceitos cuja prévia compreensão deve ser supostamente adquirida para um cabal entendimento e global visão de toda esta vasta problemática.

Alguns tópicos fundamentais merecerão tratamento aprofundado ao longo do presente estudo, pelo que deles não curaremos neste capítulo preliminar.

---

[31] Sobre as questões deste tipo de responsabilidade, o nosso já referido estudo *Reflexões sobre a Responsabilidade Civil dos Médicos,* revista *Direito e Justiça,* da Faculdade de Direito da Universidade Católica Portuguesa, vol. XIV, pg. 161-251.

[32] Tal como a filha de Minos e de Pasífae entregou ao seu amado Teseu um fio que permitiu ao herói ateniense não se perder nos corredores sinuosos do Labirinto e matar o Minotauro, importa também fazer uso de um fio condutor entre os diversos, variados e, por vezes, até aparentemente antagónicos tópicos da responsabilidade criminal do médico, essenciais ao presente estudo.

São disso exemplo os conceitos de *acto médico*, do *consentimento informado* e do *erro médico* que se desenvolvem ao longo deste estudo, sem que, todavia, haja qualquer impedimento na sua referência como simples afloramento, ainda neste capítulo, se tal se vier a revelar necessário.

Alguns tópicos são de índole prevalente ou exclusivamente médica, pertencendo a sua delimitação à ciência da medicina.

Outros são de natureza prevalentemente jurídica, cuja adaptação à ciência e à técnica médicas requer especiais cautelas na sua modelação. Uns e outros serão aqui abordados por se revelarem essenciais à exposição sobre a específica matéria da responsabilidade médica, numa área que está ainda muito longe de se encontrar satisfatoriamente explorada como é a da responsabilidade penal dos profissionais da medicina.

Trataremos, aqui e agora, dos tópicos referentes ao diagnóstico, ao prognóstico, ao dever de esclarecimento, ao tratamento médico curativo, ao dever de assistência, e às *leges artis*, que se afiguram essenciais para o estudo que nos propusemos efectuar.

2.2.1 *Diagnóstico Clínico*

O diagnóstico é, na expressão de Alberto Crespi, *o momento central da actividade típica do profissional médico, enquanto este, para poder estabelecer um tratamento deve verificar se efectivamente existem sinais morbosos objectivos, e a existirem, qual a natureza da enfermidade e a sua gravidade.*[33]

Trata-se, efectivamente, de um dos aspectos mais melindrosos da negligência profissional médica, por isso que deriva de um conjunto de raciocínios e intuições dificilmente controláveis, segundo o mesmo autor.[34]

Por isso, com razão afirma Ulsenheimer que não existe diagnóstico absolutamente seguro, mas apenas um maior ou menor conhecimento do quadro clínico do doente.[35]

Quintano Ripolles escreve a propósito da falibilidade do diagnóstico clínico: «*O cálculo de resistência de materiais de uma ponte que resulta errado, ocasionando o seu desabamento, é uma questão de facto que*

---

[33] A. Crespi, *La Responsabilità Penale del Trattamento Medico-Chirurgico con Esito Infausto*, G. Priulla Editore, Palermo, Itália, p. 74.

[34] A. Crespi, op. cit., 127.

[35] K. Ulsenheimer, *Arztstrafrecht*, apud Agustín Jorge Barreiro, *La Imprudencia Punible en la Actividad Medico-Quirurgica*, Tecnos, Madrid, 1995, p. 55.

apenas oferece dúvidas. Ao invés, decidir se o diagnóstico foi equivocado ou se a operação se levou a cabo com a diligência e a perícia devidas resulta, a maior parte das vezes, impossível, pelo menos com o grau de certeza requerido por uma condenação criminal».[36]

Como nota A. Jorge Barreiro: *Tudo isso, especialmente o argumento de que a medicina é uma ciência inexacta, unido ao já conhecido princípio de liberdade de terapêutica, faz com que a jurisprudência penal tenda a exonerar o médico da responsabilidade criminal, quando se trate de erros de diagnóstico.*[37]

E o mesmo autor refere um aresto do Tribunal Supremo de Espanha proferido em 8 de Outubro de 1963, onde se sentenciou: *«O que se incrimina e dá origem à responsabilidade criminal médica, não são os erros de diagnóstico nem tão pouco, a falta de perícia extraordinária no desenvolvimento das actividades cirúrgicas, por não ser exigível nestas, nem em nenhum aspecto da vida social a infalibilidade, mas apenas a culpa decorrente de um comportamento inadequado a determinadas exigências médias e ordinárias.*[38]

Presentemente, com o desenvolvimento tecnológico dos meios complementares de diagnóstico, tanto em equipamento como nas técnicas utilizadas, a álea do risco de erro diminuiu francamente e grande percentagem de entidades nosológicas são geralmente identificáveis com precisão nos centros hospitalares públicos e privados devidamente apetrechados.

Isto não significa, todavia, que o diagnóstico deixe de ser passível de erro, desde logo, dada a grande dificuldade de acesso aos meios avançados modernos em centros médicos do interior ou distantes das grandes cidades. Depois, porque todo o diagnóstico comporta, em derradeira instância, uma avaliação com elevado coeficiente subjectivo do próprio médico, o que não exclui a emissão de um juízo desconforme à realidade.

Finalmente, não é de menosprezar o custo elevado de tais exames o que, por razões de índole económica, inibe a sua realização num largo número de casos, optando-se por meios de diagnóstico economicamente mais acessíveis.

---

[36] Quintano Ripolles, *Derecho Penal de la Culpa (Imprudencia)*, 1958, p. 504.

[37] A. Jorge Barreiro, *La Imprudencia...* cit. p. 55.

[38] Sentencia del Tribunal Supremo del 8 de Octobre de 1968, in op. cit. no numero anterior, notas de rodapé 122. O Supremo espanhol acolheu esta doutrina invariavelmente nos seus arestos de 23.02.79, 25.11.80, 5.02.81, 8.06.81 e outros, segundo refere o mesmo autor.

Da Responsabilidade Médica em Geral 33

Como reflecte Guy Nicolas *todo o médico cometeu erros de diagnóstico, enganado por vezes por sintomas atípicos ou falsamente tranquilizadores, desconcertado por uma evolução imprevisível, surpreendido por uma reacção desusada, ou ainda enganado pelo resultado de um exame complementar*[39]

A actividade de observação e diagnóstico consiste *no reconhecimento e distinção da enfermidade em cada caso clínico* como escreve, entre nós, A. H. Gaspar.[40]

A elaboração do diagnóstico funda-se no exame do paciente que, já não é feito *a capite ad calcem*, como diziam os antigos, pelo menos por via de regra. Vários são os actos médicos praticados na fase de diagnóstico de clínica geral, entre os quais, de acordo com o esquema de Surós,[41] se destacam:

- ➢ Interrogatório (anamnese);
- ➢ Inspecção (primeiro a *geral*, somática – atitude, facies, estado nutritivo, altura, cor da pele, etc. e depois a *local* ou topográfica como do tórax, abdómen, etc.);
- ➢ Palpação;
- ➢ Mensuração;
- ➢ Percussão;
- ➢ Auscultação; e
- ➢ Métodos complementares de diagnóstico.

Claro que nem sempre se seguirá exactamente este roteiro diagnóstico, mas ele vale, sem dúvida, como modelo esquemático a ter presente.

---

[39] Guy Nicolas, *La Responsabilité Médicale* (trad. port. *A Responsabilidade Médica*, Instituto Piaget, 1999, p. 29).

[40] António Henriques Gaspar, *A Responsabilidade Civil do Médico*, Col. Jur. 1978, ano III, Tomo 1, p. 335-355.

Escreve, com efeito, este autor: *«O diagnóstico é "grosso modo" a determinação da doença. Perante o doente que se queixa, o médico utiliza os seus conhecimentos para determinar o mal do doente e, uma vez determinado, lhe ministrar o tratamento adequado.*

A elaboração do diagnóstico pode não ser fácil; é mesmo na sua elaboração que mais se pode evidenciar a inteligência, os conhecimentos, a capacidade, a perspicácia e a intuição do médico. Elabora-.se através do estudo dos sintomas que são a sua necessária premissa».

[41] J. Surós, *Semiologia Médica Y Tecnica Exploratoria*, Salvat Editores, S.A, Barcelona-Madrid, 1.

34   *Da Responsabilidade Médica em Direito Penal*

Como é evidente, uma falta de cuidado normal ou de atenção é susceptível de produzir um diagnóstico errado, com inevitáveis consequências nos resultados terapêuticos.

A.H. Gaspar observa que *na sua apreciação, em caso de erro ou de falha, não se poderá atender a critérios positivamente fixados, que nem existem. Sendo o diagnóstico uma simples hipótese, uma mera possibilidade, só uma ignorância indesculpável ou esquecimento das mais elementares regras profissionais, que se revelam de modo evidente, poderão determinar a responsabilização por erro de diagnóstico.*[42]

Sempre que a técnica exploratória seguida, os exames laboratoriais e imagiológicos pedidos e outros meios auxiliares de diagnóstico utilizados, sejam também requisitados, com alguma frequência, por outros médicos em situações análogas, não se mostrará indiciado erro de diagnóstico responsabilizador do médico, salvo se ocorrer um interpretação dos resultados grosseiramente errada.

Também Carlos Romeo Casabona considera que *«o diagnóstico implica um aspecto muito delicado e difícil na hora da determinação da responsabilidade penal, posto que estribado tradicionalmente, além de em critérios científicos, em verdadeiros juízos intuitivos (o chamado "olho clínico"). É, portanto, uma matéria complexa, conjectural, e que comporta os maiores riscos de erro, erro que pode manter-se em certos casos, dentro dos limites do tolerável».*[43]

Porém, o mesmo autor adverte que, apesar de tais características do diagnóstico médico, tal não deve levar, sem mais, a arredar do âmbito da responsabilidade penal por negligência o erro de diagnóstico, vale dizer, a realização defeituosa de determinado diagnóstico, ainda que se aceite uma ampla margem em que se há-de valorá-lo, dada a dificuldade e a insegurança como genericamente é aceite para a formulação de um diagnóstico correcto.

Se após exame atento do paciente e cautelosa avaliação dos resultados obtidos pelos meios complementares (análises clínicas, bioquímicas e outros testes serológicos, exames imagiológicos etc.) o juízo formulado estiver equivocado, ainda assim haverá que apurar se tal erro é ou não indesculpável, isto é, se envolve ou não negligência grosseira, e só então, na falta de violação do dever objectivo de cuidado *(Sorgfaltswidrigkeit)* é que o erro de diagnóstico não assumirá relevância penal.

---

[42] A. H. Gaspar, op. cit., 347.

[43] Carlos M. Romeo Casabona, *El Medico ante el Derecho (La Responsabilidad Penal y Civil del Medico)*, Madrid, 1990, p. 73.

Da Responsabilidade Médica em Geral 35

Casabona aponta algumas situações típicas de responsabilidade penal por erro de diagnóstico que, pelo seu interesse, nos permitimos transcrever:

a) Quando o médico estabelece o diagnóstico sem haver visto ou examinado o doente.

b) Se, para a emissão do diagnóstico, não foram utilizados, sendo possível, os instrumentos e aparelhos que costumam ser usados, para tal efeito, na prática médica.

c) Quando não são tomadas em consideração, ao formular o diagnóstico, as eventualidades mais remotas, mas que podem verificar-se e são consideradas tanto no plano científico, como no experimental.

E acrescenta: *Mas também pode verificar-se responsabilidade, quando tendo praticado todos os actos exploratórios e análises necessárias, os resultados dos mesmos não são tidos em conta ou não são suficientemente valorados no momento da formulação do diagnóstico.*[44]

Voltaremos a incidir particular atenção sobre o *erro de diagnóstico* quando abordarmos a temática do erro médico em geral.

Não podemos, no entanto, terminar a abordagem do *topos* do diagnóstico sem extrair duas notas finais indispensáveis.

A primeira é que, na actualidade, o *"olho clínico"*, de ainda indiscutível relevância no campo médico, vê-se cada vez mais substituído pelos exames multidisciplinares (radiografias, análises clínicas, tomografias axiais computorizadas (T.A.C.), tomodensitometrias, exames de ressonância magnética nuclear, ecografias, ultra-sonografias Doppler etc.), o que implica a exacta leitura do resultado destes sofisticados testes científicos.

Como adverte Edmundo de Oliveira *se por um lado os exames e testes científicos tornam mais seguro o diagnóstico médico, por outro lado a necessidade de lhes interpretar o resultado aumentou a responsabilidade do profissional de medicina ao responder à confiança em si depositada.*[45]

Tal implica seguramente, de um lado, um maior acervo de conhecimentos por parte do médico para uma adequada e cabal interpretação dos resultados obtidos por esses avançados meios de diagnóstico, e de outro, uma permanente actualização de tais conhecimentos, interpretação

---

[44] Idem, ibidem.
[45] Edmundo de Oliveira, *Deontologia, Erro Médico e Direito Penal*, Ed. Forense, Rio de Janeiro, 1998, p. 93.

essa que pode mesmo ser divergente ou não inteiramente concordante com a dos "relatórios" dos médicos ou técnicos que efectuam tais exames (dado que o médico assistente possuirá, por via de regra, outros elementos decorrentes da anamnese e do historial clínico do doente, além da própria visão clínica da situação, que permitam tal divergência).

Ora se o médico assistente ou encarregado do doente não estiver, ou não se sentir, suficientemente habilitado para a emissão de um tal diagnóstico, em face dos elementos obtidos poderá e deverá consultar um Colega, ou um especialista, atento o disposto no Código Internacional da Ética Médica (adoptado na 3.ª Assembleia Geral da Associação Médica Mundial, reunida em Londres em Outubro de 1949), segundo o qual *quando um exame ou tratamento estiver além da sua capacidade, deverá o médico convidar outro médico que tenha a necessária habilidade para realizá-lo.*

Tal dispositivo não se aplica apenas à fase do tratamento, mas também à própria fase do diagnóstico.

Também, a consulta à opinião de um Colega experiente ou mesmo uma conferência médica podem mostrar-se indicadas para um adequado estabelecimento do diagnóstico mediante a observância do dever geral de cuidado, nos casos mais difíceis e complexos.

A outra nota importante a ter em conta é a de que actualmente grande número de técnicas exploratórias de diagnóstico representa métodos invasivos do organismo do paciente.

Estarão neste caso os cateterismos, designadamente, das coronárias, as punções (camerulares, esternais ou outras para colheita de medula óssea para exames citológicos, as lombares para recolha do líquido cefalorraquidiano com fins de diagnóstico) as endoscopias diversas e tantos outros.

Tais exames não são anódinos e, por isso que efectuados directamente no organismo do paciente, ainda que para fins meramente diagnósticos, deverão ser convenientemente explicados ao paciente ou seu representante, com vista à obtenção do consentimento informado, sob pena de o médico, que assim não proceda, poder incorrer em intervenção médica arbitrária, que, entre nós constitui ilícito penal autónomo do das ofensas corporais, tipificado no artigo 156.º do Código Penal como teremos ocasião de verificar.

2.2.2. *Prognóstico Clínico*

O Prognóstico consiste na apreciação do grau da gravidade e da evolução ulterior de uma doença, incluindo o seu desfecho.[46]

Segundo Crespi, a prognose médica é um juízo sobre o processo e o desenlace futuro da enfermidade.[47]

Tal como acontece com a anamnese, o juízo de prognose, ainda segundo Crespi, não constitui qualquer momento autónomo da actividade médica, estando intimamente ligado à averiguação diagnóstica.

Um prognóstico fatal «*só pode ser revelado ao doente com as precauções aconselhadas pelo exacto conhecimento do seu temperamento, das suas condições específicas e da sua índole moral*» de acordo com o disposto no n.º 2 do artigo 40.º do Código Deontológico da Ordem dos Médicos.

Todavia, nos termos deste mesmo preceito deontológico, o prognóstico fatal «*em regra deve ser revelado ao familiar mais próximo que o médico considere indicado, a não ser que o doente o tenha previamente proibido ou tenha indicado outras pessoas a quem a revelação deva ser feita*».

Este imperativo deontológico encontra ressonância no nosso Código Penal que no seu artigo 157.º dispõe, sob a epígrafe «dever de esclarecimento» que o médico deve esclarecer o paciente sobre o diagnóstico e a índole, alcance, envergadura e possíveis consequências da intervenção ou do tratamento (aqui se devendo incluir o prognóstico) *salvo se isso implicar a comunicação de circunstâncias que, a serem conhecidas pelo paciente, poriam em perigo a sua vida ou seriam susceptíveis de lhe causar grave dano à saúde, física ou psíquica* (caso de prognóstico fatal).

Esta excepção à regra do dever de esclarecimento, constitui o que doutrinalmente é designado como *privilégio terapêutico*.[48]

A sua inobservância, como veremos mais adiante, é susceptível de fazer incorrer o médico em responsabilidade criminal.

Sendo o prognóstico a avaliação médica do curso e do resultado provável de uma doença, o mesmo baseia-se nos dados existentes sobre a doença (v. g. 98% das pessoas com determinado tipo de carcinoma do pulmão morre num prazo de cinco anos após o aparecimento da situação),

---

[46] Dicionário Médico, Climepsi, Editores, 2000, p. 491.

[47] A. Crespi, *La Responsabilità Penale...* cit. p. 75.

[48] Tradução da expressão original americana *therapeutic privilege*. Também na Alemanha se refere ao *Therapeutische Privileg*.

na experiência que o médico tem do tratamento da doença e no estado geral e idade do doente.[49]

Haverá, todavia, que ter sempre presente que um prognóstico é, apesar de tudo, apenas uma previsão, pelo que existe sempre a possibilidade de, em cada caso, a doença evoluir de forma inesperada[50]

Diversas designações são utilizadas para qualificar os prognósticos segundo o seu grau de gravidade: prognósticos reservados, sombrios, fatais etc.

O prognóstico fatal, a que se refere o n.º 2 do artigo 40.º do C.D.O.M. em nosso entender, não deve restringir-se às situações de previsão de morte como desfecho do processo patológico, mas também à irreversibilidade de doença grave que diminua significativamente a qualidade de vida do doente, como é o caso, v. g., de cegueira incurável, de paraplegia irrecuperável etc..

Pensamos que, também nestes casos, o "privilégio terapêutico" deverá funcionar, pois a comunicação de tal fatalidade prognosticada ao doente, já de si fragilizado, poderá ter efeitos perniciosos, designadamente no agravamento da situação existente ou no cometimento de qualquer acto contra a própria vida.

Aqui, como em quase tudo, o bom senso e a ponderação deverão ser os critérios norteadores do médico no exercício da sua actividade.

2.2.3. *Dever de Esclarecimento* (Aufklärungspflicht)

Outro tópico relevante na área da responsabilidade médica e, designadamente, da responsabilidade penal é o dever de esclarecimento (*Aufklärungspflicht*) do doente ou do seu legal representante.

Este *item* primordial será tratado, desenvolvidamente, a propósito do consentimento esclarecido, e far-se-á alusão ao mesmo em várias passagens deste estudo, atenta a sua manifesta importância no domínio da responsabilidade penal dos profissionais da medicina.

É, no entanto, necessário que, neste momento em que percorremos os diversos e significativos aspectos do arquétipo desta responsabilidade específica, se teçam considerações sobre o mesmo, designadamente quanto à sua índole, conteúdo e extensão.

---

[49] Enciclopédia de Medicina, Selecções do Reader's Digest, p. 888.
[50] Idem, ibidem.

Dispõe o artigo 157.º do Código Penal que o consentimento só é eficaz quando o paciente tiver sido *devidamente esclarecido sobre o diagnóstico e a índole, alcance, envergadura e possíveis consequências da intervenção ou do tratamento* ressalvando as situações em que a comunicação de tais circunstâncias podem colocar em perigo a vida ou, de forma grave, a saúde (física e psíquica) do mesmo.

Por sua vez, o artigo 38.º n.º 1 do C.D.O.M. impõe ao médico o dever de procurar esclarecer o doente, a família ou quem legalmente o represente, acerca dos métodos de diagnóstico ou de terapêutica que pretende aplicar.

O artigo 40.º n.º 1 do referido diploma deontológico impõe ao médico o dever de revelar ao doente o prognóstico e o diagnóstico, salvo se o médico, por motivos que em sua consciência julgue ponderosos, entenda que o não deve fazer.

Do cumprimento deste dever de informação, melhor, do dever de esclarecimento,[51] depende a validade do consentimento do paciente pois, como resulta óbvio, só um consentimento estribado no conhecimento e compreensão do significado, alcance e riscos da intervenção médica (para efeitos de simples diagnóstico ou terapêuticos) poderá ser excludente da tipicidade do ilícito penal das intervenções ou tratamentos médico-cirúrgicos arbitrários (artigo 156.º) ou justificativo de ofensas corporais, v. g., em caso de violação das *leges artis* (artigo 150.º *a contrario).*

Com efeito, como adiante melhor se verá, para que qualquer tratamento ou intervenção médica não se considere ofensa à integridade física são

---

[51] Preferimos abertamente a expressão *"dever de esclarecimento"* à de *"dever de informação"*, já que não é uma simples informação superficial, mero cumprimento formal de uma imposição legal que está em causa.

Para o paciente poder prestar validamente o seu consentimento, deve o mesmo ser convenientemente esclarecido sobre o diagnóstico, a índole, o alcance, a envergadura e as possíveis consequências da intervenção ou tratamento, como dispõe o artigo 157.º do nosso Código Penal.

A latitude de tal informação variará de acordo com a própria preparação psicológica e cultural do paciente, não se estabelecendo grelhas pré-fixadas ou "standardizadas".

Por isso as "meias verdades" ou as *soft answers* (respostas adocicadas) não integram o esclarecimento para efeitos de consentimento penalmente relevante.

A expressão "dever de informação" é decorrente da locução inglesa *informed consent*, traduzida em português por "consentimento informado" devendo, como se referirá mais adiante, ser substituída com vantagem por "consentimento esclarecido" a que, como reverso, corresponde o pertinente dever de esclarecimento.

40 Da Responsabilidade Médica em Direito Penal

necessários quatro requisitos cumulativos: ser efectuado por médico ou pessoa legalmente autorizada, com intenção curativa, ser medicamente indicado e ser realizado *lege artis*.

Se este último requisito faltar (ou qualquer dos outros três) estaremos perante ofensas corporais típicas, que poderão ver excluída a sua ilicitude através do consentimento válido do ofendido, *in casu* do paciente (artigos 31.º n.ºˢ 1 e 2 al. d) e 38.º do Código Penal).

A partir dos finais do século XIX, a doutrina alemã começou a falar do *Aufklärungspflicht*, tendo esta temática conhecido largo desenvolvimento jurisprudencial neste país, como em vários outros, designadamente na França e nos Estados Unidos.

Agustín Jorge Barreiros formula as seguintes considerações esquemáticas sobre o dever de esclarecimento, que não resistimos a transcrever:[52]

a) Há-de ser o médico que conhece o estado do paciente quem deve informá-lo sobre o alcance da intervenção cirúrgica;

b) Estamos perante um dever relacionado com o respeito pela liberdade do paciente, que deve ser cumprido pelo médico – pelos seus conhecimentos profissionais – numa situação de primazia. Nesta perspectiva, verifica-se a intima relação entre a exigência de esclarecer o paciente e o seu direito à autodeterminação, isto é, em definitivo, com a sua dimensão constitucional, como é a relacionada com a liberdade e dignidade pessoais;

c) O dever de esclarecimento pode supor uma base contratual entre o paciente e o médico que vincule este a informar o doente sobre o tratamento médico a realizar, podendo dar lugar, em caso de incumprimento, a uma indemnização pelos prejuízos decorrentes; e

d) O dever de esclarecimento do médico possui especial significado no âmbito penal: a informação médica, indicada por exigências terapêuticas é exigível ao médico no exercício das suas funções para cumprimento dos seus deveres de diligência. No entanto, este mesmo autor reconhece que, nesta perspectiva, abre-se caminho na doutrina penal moderna para a ideia de que tal esclarecimento médico é, para ele, mais uma carga (*Aufklärungslast*), do que uma mera obrigação legal.

---

[52] A. Jorge Barreiro, *La Imprudencia Punible...* cit. p. 89.

Quanto ao objecto do esclarecimento, pode dizer-se que o mesmo se refere, na sequência dos exames médicos, à situação do paciente e da intervenção médica como tal.

A informação do médico deve ser encaminhada de forma a dissipar as dúvidas e formular oportunas explicações sobre o diagnóstico e o tratamento (processo, riscos, consequências acessórias, diagnóstico, prognóstico e alternativas de tratamento).[53]

Relativamente à extensão do dever de esclarecimento, diz A. Barreiro, que nesta matéria seguimos de perto, que há que ter em conta que o consentimento do paciente se estende até onde de acha esclarecido. Desta forma, segundo este autor, deve haver um equilíbrio entre o respeito pelo direito de autodeterminação do doente e a exigência de "uma carga razoável" sobre o médico e, sobretudo, pela necessidade de protecção da saúde (e da vida) do enfermo.

O que por todos é aceite é que em caso algum estará o médico obrigado a discutir todos os detalhes possíveis inerentes à execução de qualquer tratamento médico-cirúrgico.

Não se requer, da parte do médico, uma dissertação técnico-científica sobre a moléstia e o tratamento do paciente, nem é aconselhável o uso de terminologia técnica ou uma linguagem hermética inacessível à generalidade das pessoas.

Tal forma de expressão desvirtuaria, antes do mais, a própria finalidade do esclarecimento que é de permitir a livre e consciente decisão do destinatário do esclarecimento.

Agustín Barreiro sugere que, para a delimitação do conteúdo do dever de esclarecimento médico, se tenham em conta os seguintes factores:

a) De carácter subjectivo:

O médico deve informar o paciente ponderando determinados factores subjectivos concorrentes, como o nível cultural, a idade, a situação pessoal, familiar, profissional e social do doente.

É esta também a posição de Eb Schmidt na sua já clássica obra *Der Arzt im Strafrecht*.[54]

Adverte o autor espanhol citado que neste contexto, particular relevância terá o esclarecimento sobre a incidência do tratamento no plano

---

[53] Idem, ibidem.

[54] Eb. Schmidt, *Der Arzt im Strafrecht*, Leipzig, 1939, Verlag von Theodor Weicher,1939 p. 103.

da actividade profissional do paciente, pois poderá condicionar o seu consentimento.

b) De carácter objectivo:

Ainda segundo o autor que vimos de referir, o grau de precisão do esclarecimento deve estar, segundo importante sector da doutrina penal, em razão inversa da urgência do tratamento que se mostra medicamente indicado.

De entre os factores objectivos, contam-se, além do mais, um maior ou menor perigo da intervenção médico-cirúrgica, a maior ou menor oportunidade de esclarecimento tendo em conta a gravidade da situação etc.

Desta forma, a informação deverá ser tanto mais ampla quanto menos urgente for e menos indicado se mostrar o tratamento médico.[55]

Ponto que merece particular detalhe é a questão da inclusão do diagnóstico no dever de esclarecimento do médico.

A este propósito, Costa Andrade anota que a jurisprudência e os autores alemães têm-se mostrado preocupados em saber *se o diagnóstico deve ou não figurar entre os tópicos cujo esclarecimento é pressuposto de um consentimento eficaz; e, para a hipótese afirmativa, em que medida a comunicação do diagnóstico deve ceder face às contra-indicações ou perigos que ela comporta, questão já mais directamente atinente ao problema de* privilégio terapêutico.[56]

E mais adiante, após afirmar que a jurisprudência alemã dos tribunais superiores vêm-se pronunciando afirmativamente, citando mesmo o caso de uma velha decisão do R.G. (1932) que sentenciou *«mesmo no caso das doenças mais graves, como o cancro, o paciente tem interesse e assiste-lhe o direito de ser informado com verdade sobre a natureza do seu mal».*

O mesmo ilustre Professor acrescenta: *«a jurisprudência vem, contudo, evoluindo para posições mais mitigadas, aproximando-se tendencialmente da doutrina maioritária. De acordo com o* Strahlen-Urteil, *já será lícito – mas só será lícito – ocultar o verdadeiro diagnóstico nos casos em que a comunicação da doença viesse a produzir* "um dano grave e irreversível para a saúde do paciente". *São, precisamente, o compromisso e o relativismo*

---

[55] A. J. Barreiro, op. cit., p. 93.

[56] Costa Andrade, *Consentimento e Acordo em Direito Penal (Contributo para a Fundamentação de um Paradigma Dualista)*, dis. de doutoramento, Coimbra Editora, 1991, p. 460, nota de rodapé 292.

que, em geral, caracterizam as respostas da doutrina, sendo cada vez mais raras as posições extremadas.[57]

Em Portugal a questão não se coloca, já que tanto a lei penal (artigo 157.º do C. P.) como a norma deontológica (artigo 40.º n.º 1 do C.D.O.M.) impõem ao médico o dever de revelar ao doente o diagnóstico, embora exceptuando as situações de privilégio terapêutico.

Impõe-se notar que o *privilégio terapêutico* a que se refere o artigo 157.º do Código Penal é exclusivo do diagnóstico, isto é, fica o médico dispensado de revelar o diagnóstico ao doente quando tal revelação seja susceptível de pôr em perigo a vida deste ou de lhe causar grave dano à saúde.

Sucede, porém, que também fora do âmbito do diagnóstico releva a questão do privilégio terapêutico, onde assume autonomia dogmática e relevo prático-jurídico.[58]

É o caso da revelação dos riscos de uma operação cirúrgica melindrosa, a uma pessoa, cuja sucumbência ou grave dano para a saúde seja previsível perante tal revelação.

Parece que, dada a identidade dos potenciais efeitos decorrentes de semelhantes revelações (risco de vida ou de dano grave para a saúde do paciente), o tratamento jurídico-penal deve ser também idêntico pois, em ultima instância, o legislador procura acautelar a própria saúde e vida do indivíduo, sem o que não fará sentido, sequer, falar em direito à auto-determinação do paciente.

Há aqui um nítido *favor vitae vel salutis*, perfeitamente consentâneo com a dignidade da pessoa humana, de que, aliás é tributário, pois de outra forma verificar-se-ia uma hetero-colocação em perigo do paciente pela ordem jurídica através do próprio médico, o que seria insustentável.

Costa Andrade explica: «*O esclarecimento não tem de obedecer a um modelo único de densidade e de intensidade. Ele pode ser reduzido em maior ou menor medida ou ser, pura e simplesmente recusado. E isto logo em nome do "favor vitae vel salutis" que aflora em muitos outros aspectos do regime jurídico-penal das intervenções médico-cirúrgicas.*

Uma experiência que pode ditar a não comunicação dos factos ou circunstâncias quando o seu conhecimento pelo paciente pode pôr em perigo a sua vida ou integridade física. É a este propósito que se fala em privilégio terapêutico, uma ideia a que a lei penal portuguesa acordou

---

[57] Idem, ibidem.
[58] Costa Andrade, *Consentimento e Acordo*, p. 461, nota 293.

44   *Da Responsabilidade Médica em Direito Penal*

guarida expressa ao dispensar a "comunicação de circunstâncias que, a serem conhecidas pelo paciente, poriam em perigo a sua vida ou seriam susceptíveis de lhe causar grave dano à saúde, física ou psíquica"».[59]

No capítulo reservado ao estudo do "consentimento informado" abordaremos outros aspectos relativos ao dever de esclarecimento (*Aufklärungspflicht*), designadamente outras situações que, para além do privilégio terapêutico, constituem excepções à regra do dever de esclarecimento (renúncia do paciente ao esclarecimento, tratamentos de rotina e estádios terminais).

2.2.4. *Tratamento Médico Curativo (Ärztliche Behandlung)*

De acordo com uma antiga definição que se deve a Carl Stoos (1898) tratamento médico é *a acção benéfica para a saúde da pessoa exercida sobre o seu corpo.*[60]

A amplitude de semelhante definição não é mais reduzida em Crespi que considera tratamento médico-cirúrgico como *a acção levada a cabo por médico no exercício da sua actividade profissional, destinada a favorecer as condições de vida de um ser humano vivente.*[61]

Mais adiante, todavia, este consagrado autor italiano traça um conceito mais compreensivo do tratamento médico-cirúrgico, definindo-o como *uma actividade destinada a eliminar, atenuar ou a tornar possível a eliminação ou atenuação de um estado anormal do corpo ou da mente de uma pessoa, ou o melhoramento do aspecto exterior da mesma, através de procedimentos praticados por cirurgião, de acordo com os conhecimentos e com o exercício da ciência e da prática médica, que sejam aptos a influenciar de modo relevante – ainda que não necessariamente duradouro – a integridade do organismo humano ou o curso do seu processo biológico.*[62]

---

[59] Costa Andrade, *Comentário Conimbricence,* ...cit. Tomo 1, p. 399, anot. ao art.º 157.º (§ 12).

[60] Stoos *"Chirurgische Operation und ärztliche Behandlung"*, apud. C. Romeo Casabona, *El Médico y el Derecho Penal*, I, p. 3/4.

[61] A. Crespi, *La Responsabilità Penale...* cit., p. 6.

[62] Op. cit. supra, p. 8. De inteiro interesse é também a definição de Jiménez de Asúa, segundo o qual, o tratamento médico-cirúrgico «*é toda a intervenção no organismo humano com fins de assegurar ou restaurar a saúde física ou psíquica de uma pessoa ou melhorar o seu aspecto estético, mediante o uso dos meios adequados*». J. Asúa, Tratado de Derecho Penal IV, p. 657.

Da Responsabilidade Médica em Geral 45

É também de registar a definição de Romeo Casabona que define o tratamento médico-cirúrgico como *aquela actividade profissional do médico destinada a diagnosticar, curar ou aliviar uma enfermidade, a preservar – directa ou indirectamente – a saúde ou a melhorar o aspecto estético de uma pessoa.*[63]

A amplitude das definições recolhidas atesta bem a preocupação dos juristas, por um lado, em abranger no conceito definido as próprias intervenções cirúrgicas reparadoras (cirurgia plástica) em que o beneficiário seja o próprio paciente e, por outro lado, a possibilidade de, a partir de tais definições, se extraírem três notas ou requisitos essenciais de todo o tratamento médico-cirúrgico curativo:

a. A finalidade curativa
b. A indicação médica
c. A execução de acordo com as *leges artis*

Concedamos algum detalhe a cada um destes requisitos, sem prejuízo do ulterior estudo mais aprofundado ao longo deste trabalho.

a) Finalidade curativa
É praticamente consensual a posição dogmática que concebe a intervenção ou o tratamento médico com o objectivo exclusivo ou predominante de servir a saúde do paciente, isto é, em que o próprio paciente, em cujo organismo a intervenção é praticada, é o beneficiário da mesma. Daí que se exclua, como teremos ocasião de melhor constatar quando se proceder ao estudo do artigo 150.º do nosso Código Penal, todo o tratamento com finalidade exclusiva ou predominantemente experimental (experimentação pura).

Dirigido essencialmente ao melhoramento do estado de saúde do paciente,[64] visando o restabelecimento funcional do organismo humano em termos de normalidade (tratamento terapêutico), ou simplesmente destinado a aliviar o sofrimento psico-fisiológico do doente em situações incuráveis ou irreversíveis (tratamento paliativo), o tratamento médico (nele se incluindo as intervenções cirúrgicas) compreende um conjunto de meios químicos, físicos, biológicos e psíquicos utilizados para curar, atenuar ou abreviar uma doença ou o próprio sofrimento.

---

[63] Carlos Maria Romeo Casabona, *El Médico y el Derecho Penal I*, p. 12.

[64] De acordo com a definição da Organização Mundial de Saúde de 1946 «*saúde é o estado de completo bem-estar físico, mental e social, que não consiste somente na ausência da doença ou enfermidade*».

Todo o tratamento ou intervenção médica, porém, comporta um coeficiente de experimentação.

Com efeito, a partir dos resultados obtidos *in concreto* em determinado doente, é possível extrair conclusões ou outros juízos valorativos sobre a aplicação terapêutica de tal procedimento em outros pacientes, designadamente através da observação e do estudo de reacções favoráveis e adversas, proporcionando assim apreciáveis vantagens para o equacionamento dos riscos/benefícios *in genere*.

Tal, porém, não lhe retira a qualificação de *tratamento curativo*.

A experimentação pura tem por finalidade precípua o estudo sistemático de aplicações terapêuticas destinado à verificação e investigação dos efeitos dos medicamentos ou das técnicas médicas, visando a determinação da sua eficácia e segurança, mediante avaliação dos riscos e das vantagens (riscos/benefícios).

O paciente não é o beneficiário directo e imediato, por via de regra, do estudo experimental.

A intenção curativa não basta, segundo Eb. Schmidt, para se poder falar em actividade médica com finalidade curativa, pois segundo este eminente autor alemão, torna-se necessária a concorrência da tendência objectiva de tal tratamento para o favorecimento da saúde do paciente e a conformidade do tratamento com as regras da arte médica (*leges artis*).[65]

Em nossa opinião, porém, a observância das regras da arte médica e a indicação médica objectiva constituem elementos ou requisitos destinados a caracterizar a intervenção ou tratamento médico, requisitos esses, contudo, que ganham autonomia em relação à finalidade curativa.

Na verdade só o conjunto destes três requisitos aliado ao da qualificação médica do agente, podem integrar o conceito do tratamento médico curativo mas, cada um dos sobreditos elementos ou requisitos conserva a sua autonomia, não se confundindo com os demais.

Mais aprofundadamente discutiremos esta questão quando procedermos à análise do artigo 150.º do Código Penal.

b) Indicação Médica

A finalidade curativa é, essencialmente, um requisito subjectivo, por isso que se inscreve no plano das intenções com que o tratamento é aplicado (intenção terapêutica).

---

[65] Eberhard Schmidt, *Der Arzt im Strafrecht*, Leipzig, 1939, p. 70.

Da Responsabilidade Médica em Geral 47

Já a indicação médica é de ordem estruturalmente objectiva, isto é, independentemente de qualquer intenção do médico, um concreto tratamento que deve ser o objectivamente indicado para uma determinada situação patológica de certo paciente.

A este propósito refere Mantovani *«requer-se a real idoneidade curativa do tratamento adoptado, quer dizer, a sua utilidade terapêutica, a qual só pode ser determinada através de um prévio conhecimento, segundo o actual estado da ciência médica, dos previsíveis benefícios e riscos do tratamento, assim como da relação e proporção entre os mesmos, por forma a que os benefícios devam superar os riscos».*[66]

Para o estabelecimento da indicação terapêutica, haverá que equacionar e ponderar os riscos e benefícios do tratamento, o que pressupõe um conhecimento tão exacto quanto possível da natureza do próprio tratamento (efeitos colaterais, reacções adversas, benefícios terapêuticos etc.) e do estado do próprio paciente (debilidade, alergias, intolerâncias ou hipersensibilidades medicamentosas, outras patologias etc.).

Hans Lüttger, referindo-se às intervenções cirúrgicas, escreve a propósito da indicação médica: *«tais operações resultarão indicadas... somente quando, segundo os conhecimentos e as experiências médicas, sejam o único ou o melhor meio para manter a vida do paciente ou para restabelecer a sua saúde. Trata-se da ponderação de interesses: decisivo será saber se a realização da operação se leva a cabo no interesse de salvar a vida ou de curar o paciente».*

E, mais adiante, escreve Lüttger: *«as bases de tal juízo a formular são os conhecimentos científicos e as experiências práticas da medicina. Com auxílio de tais critérios deverá resultar um ponderação técnica de todos os aspectos: do curso que será de esperar que siga a enfermidade, da falta de esperança em outros tratamentos, assim como das "chances" e riscos da operação. O resultado de tal avaliação deve proporcionar um saldo positivo para o paciente, extraído das consequências que decorreriam sem a realização da intervenção médica e as possibilidades que se lhe oferecem mediante a realização da mesma.*[67]

---

[66] F. Mantovani ,*I Trapianti e la Sperimentazione Umana nel Diritto Italiano e Straniero*, apud. Agustín Jorge Barreiro, *La Imprudencia Punible...* cit., p. 18.

[67] Hans Lüttger, *Medicina y Derecho Penal,* trad. espanhola do alemão por Enrique Bacigalupo, Universidade Complutense de Madrid, (Instituto de Criminologia) 1984, p. 118/121.

O mesmo Mestre alemão recorda que a indicação médica «*é um prognóstico que, pela sua própria natureza, deve ser formulado a partir de uma situação concreta e "ex ante".*

Consequentemente – prossegue – *a indicação não depende do resultado realmente alcançado, isto é, de esta ter sido feliz ou não. A valoração "ex post" não é decisiva. Nem tal podia ser de outro modo, dado que os pressupostos de justificação de uma cirurgia têm de se verificar no momento em que o médico deve actuar.*

Não podem permanecer suspensos até que o tempo decorra e até que se conheçam os resultados posteriores.»[68]

Referindo-se à distinção entre os ensaios curativos com novos tratamentos e os ensaios clínicos experimentais, Lüttger assinala que a dogmática penal alemã, apoiada na jurisprudência dos tribunais superiores, traçou tais limites pela forma seguinte: haverá um ensaio curativo (com novas técnicas ou medicamentos) quando «*decisivo for o fim terapêutico (concreto), enquanto que se estará ante uma experimentação clínica quando o fim, que surge em primeira linha, for o da investigação (em geral); dito por outras palavras, o ensaio curativo serve em primeiro lugar, e preponderantemente, o doente sob tratamento, enquanto que a experimentação clínica serve, pelo contrário, o progresso da ciência, por via de regra, sem conexão directa com o tratamento de determinado paciente».*[69]

Entre o tratamento curativo medicamente indicado e a experimentação pura, verifica-se a existência de um *tertium genus* que é o de experimentação terapêutica, e é a propósito desta figura que surgem as dificuldades para a sua integração na chamada «indicação médica».

A actividade terapêutica ou clínica, também denominada *experimentação ou investigação curativa,* situa-se numa posição intermédia entre o tratamento ou actividade curativa e a experimentação pura, designando--se em idioma germânico, por *Heilversuch.*

Segundo Albin Eser «*É característico da investigação curativa que, por um lado, a terapia adoptada represente uma possibilidade de salvação de vida à falta de outro método ou procedimento eficaz; e, de outra banda, não está suficientemente comprovada, todavia, a sua eficácia (positiva ou quiçá negativa) a par das consequências acessórias desfavoráveis.*[70]

---

[68] Idem, ibidem.

[69] Idem, ibidem.

[70] A. Eser, *ZStW 97,* (1985), cit. por A. Jorge Barreiro, *La Imprudencia Punible* ... cit. 21.

De acordo com Agustín Jorge Barreiro[71], a experimentação ou investigação terapêutica caracteriza-se pelas seguintes notas:

1. É efectuada, tal como o tratamento curativo propriamente dito, no interesse directo e imediato da saúde do paciente, ainda que se lhe acrescente uma finalidade de investigação científica.
2. Desenvolve-se mediante o emprego de meios ou tratamentos ainda experimentais, isto é, em que os efeitos positivos ou negativos são desconhecidos ou incertos.
3. Tal como sucede com a actividade terapêutica, é dirigida ao doente necessitado de cuidados, articulando-se directamente com a enfermidade e destinado à cura da mesma.

Trata-se, portanto, de um conceito híbrido que reúne, em si, características do tratamento médico curativo e da experimentação pura.

Também, a este propósito, assinala H. Lüttger para postular o carácter de indicação médica de tais experiências, rejeitando assim a opinião de que tais actividades não são medicamente indicadas: «*por um lado, como se tem sublinhado na doutrina, com razão, também os resultados da investigação de um pioneiro da medicina constituem "conhecimentos e experiências das medicina", posto que, todavia, não se hajam convertido em elementos de uso habitual; nem tal poderia ser de outro modo, numa ciência orientada para o progresso. Por outro lado, todo o novo tratamento alicerça-se em conhecimentos e experiências levadas a cabo até ao momento. Este ponto de vista goza, actualmente, de reconhecimento geral.*

Por último, os novos tratamentos apoiam-se em verificações laboratoriais e ensaios nos animais e não meramente em reflexões teórico-científicas.»[72]

Também este tema voltará a ser abordado quando se tratar do artigo 150.º do Código Penal.

c) A Execução de Acordo com as *"Leges Artis"*

Esta é, com efeito, a terceira nota a extrair do amplo conceito de «tratamento médico-cirúrgico curativo».

Dado que, mais adiante, abordaremos outro *topos* essencial da responsabilidade médica que é, justamente, o das regras da arte médica (*leges artis medicinae),* não iremos desenvolver este *item*, aqui e agora, reservando a sua apreciação justamente para o estudo das referidas "regras de arte".

---

[71] Op. cit. na nota anterior, 21.
[72] H. Lüttger, op. cit. p. 122.

2.2.5 *Dever de Assistência* *(Fürsorgepflicht)*

Se o ser humano é um *"ser para a morte"*, um *Sein zum Tode*, na expressão de Heidegger para quem a morte configura *«a possibilidade mais autêntica do homem»*[73], não se pode olvidar que ele é, por outro lado, o destinatário final de toda a conquista civilizacional, dada a indiscutível dignidade da pessoa humana proclamada solenemente, nos nossos dias, em quase todos os textos fundamentais das ordens jurídicas dos Estados de Direito.

> *«A dignidade pertence ao Homem, pelo simples facto de que é um Homem e é inerente à sua qualidade de membro da família humana.*
> *E o seu corpo não é qualquer coisa, como qualquer coisa do mundo, mas faz parte integrante da sua própria pessoa. Por isso se reveste da maior importância o respeito pelo corpo humano que é também o respeito devido à própria pessoa. Somos iguais, mas simultaneamente únicos e insubstituíveis».*[74]

O direito à integridade física pressupõe o direito à saúde que, tal como o direito à vida, se inscreve no quadro dos direitos fundamentais.

É desta perspectiva de étimo marcadamente liberal e humanista, que emerge o axioma axiológico e antropológico do primado da pessoa humana sobre a sociedade, proclamado *inter alia* no art.º 2.º da Convenção para Protecção dos Direitos do Homem e da Dignidade do Ser Humano face às aplicações da Biologia e da Medicina: Convenção sobre os Direitos do Homem e a Biomedicina aprovada para ratificação pela Resolução da Assembleia da República n.º 1/2001 e publicada no D. R., I Série de 3 de Janeiro de 2001, que dispõe:

> *O interesse e o bem-estar do ser humano devem prevalecer sobre o interesse único da sociedade ou da ciência.*

Ao direito à saúde de cada pessoa, contrapõe-se, como o reverso da medalha, o irrenunciável dever de assistência dos profissionais de Saúde, dever mais amplo do que o simples dever de tratamento *(Behandlungspflicht)* o alfa e o omega de toda a actividade profissional da medicina.

---

[73] Costa Andrade, *Consentimento e Acordo*, ... cit.,p. 455, nota 278
[74] Paula Martinho da Silva, in Introdução à *Convenção dos Direitos do Homem e da Biomedicina, Anotada*, Cosmos, 1997, p. 27.

Da Responsabilidade Médica em Geral

O dever de assistência médica engloba o dever de tratamento mas *summo rigore* não se circunscreve a este, embora, em linguagem vulgar e até mesmo técnica, ambas as expressões se apresentem em sinonímia ou, pelo menos, em equivalência, dada a centralidade do tratamento médico no plano assistencial.

O dever de assistência engloba o dever de preparação do próprio médico, o dever de elaboração do diagnóstico, o dever de tratamento *stricto sensu* como seu núcleo principal e o dever de vigilância ou de acompanhamento (*devoir de surveillance)* susceptível de se protrair mesmo à fase de convalescença ou pós-operatória, consoante a natureza do caso.

É o dever de assistência que, frequentemente, entra em rota de colisão com aqueloutro, tanto ou mais importante, que é o dever de esclarecimento, ainda nos dias de hoje.

É, na verdade, difícil a compatibilização de ambos estes deveres, considerados por muitos como antagónicos ou, pelo menos, dificilmente conciliáveis entre si, o que tem estado na base da *"guerra-fria"* referida por Kulendhal (*kalte Krieg zwichen Juristen und Arzten),* como veremos mais adiante.

Na expressão desse eminente Jurista e também médico que foi Karl Engisch «*uma colisão de interesses, nomeadamente com o interesse curativo e o interesse da autodeterminação ou, noutros termos, entre o dever de assistência do médico (Fürsorgepflicht) e o dever de esclarecimento».*[75]

---

[75] K. Engisch/Hallermann, *Die ärztliche Aufklärungspflicht,* cit. por Costa Andrade, *Consentimento e Acordo...,* cit. p. 402, nota 115. Pelo seu incontestável interesse, permitimo-nos transcrever esta opinião do referido Professor de Coimbra, exarada na nota indicada: «*Neste contexto, não deixarão de abundar situações em que o esclarecimento reclamado pela autonomia e a liberdade pode comprometer irremediavelmente o êxito da operação ou mesmo desencadear, só por si, consequências drásticas e irreversíveis para a integridade física, a saúde ou a vida do paciente. Situações em que a conhecida antinomia entre a "salus aegroti" e a "voluntas aegroti" – recorrente no discurso de médicos e juristas – assume densidade verdadeiramente aporética. Bastará ter presente o que em geral se passa com o tratamento do cancro que, como Engisch acentua, "coloca o médico num beco sem saída" (Fest. Bockalmann, p. 528). Na verdade, explicita o autor, (verifica-se aqui um conflito entre os diferentes deveres do médico, nomeadamente: encorajar o paciente a submeter-se à terapia desejada; e, ao mesmo tempo, não lhe infligir nenhuma lesão física ou psíquica e respeitar o seu direito de autodeterminação, propiciando-lhe, para o efeito, o necessário esclarecimento». Um conflito que se agudiza sobremaneira quando se tem presente, por um lado, que o cancro provoca directamente a morte se não for tratado. E, por outro lado, que a simples comunicação ao paciente do respectivo diagnóstico ou dos riscos da intervenção pode desencadear um efeito de choque de consequências irremediáveis.*

52 Da Responsabilidade Médica em Direito Penal

O dever de assistência, posto que mais amplo que o dever de tratamento, começa para o médico com a própria aceitação do doente ou a afectação deste àquele nos serviços clínicos ou hospitais onde o médico exerce funções, e só termina, em princípio, com a cura do doente, a irreversibilidade do seu estado ou o falecimento do mesmo.

O artigo 40.º do Código Deontológico da Ordem dos Médicos, como melhor se verá adiante, permite que o médico evite o que se convencionou apelidar de "encarniçamento terapêutico" *(acharnement thérapeutique)* ou obstinação terapêutica sem esperança em caso de doença de prognóstico seguramente infausto, limitando a sua intervenção à assistência moral ao doente ou ao tratamento paliativo em caso de sofrimento (v. g. nas doenças do foro oncológico) permitindo-se, v. g., o desligamento dos aparelhos de suporte artificial da vida nos casos em que tal suporte constitui unicamente um entrave ao direito à morte do doente com dignidade (ortotanásia).[76]

É, por isso, com pertinência que Engisch se interroga sobre a responsabilidade penal do médico pelos danos provocados (ofensas corporais ou homicídio) com uma menos ponderada comunicação do diagnóstico subjacente ao tratamento proposto ou dos riscos que este eventualmente comporte. E, numa postura mais radical, confronta a ordem jurídica com as suas contradições: por um lado, pretender submeter a prática médica ao imperativo "nihil nocere" e por outro e ao mesmo tempo, obrigar a um esclarecimento que pode originar formas penalmente censuradas de sacrifício dos bens jurídicos envolvidos».

[76] É de toda a conveniência transcrever aqui o Documento aprovado pelo Conselho de Ética das Ciências da Vida e que, nos termos do art.º 12.º do Dec. Lei 12/93, de 22.04 foi publicado com a designação de *Declaração da Ordem dos Médicos* subscrita pelo respectivo Bastonário, no D. R Série I-B de 11 de Outubro de 1994, sobre os critérios da morte cerebral, que é do seguinte teor:

CRITÉRIOS DE MORTE CEREBRAL

A certificação de morte cerebral requer a demonstração da cessação das funções do tronco cerebral e da sua irreversibilidade.

I – Condições Prévias

Para o estabelecimento do diagnóstico de morte cerebral é necessário que se verifiquem as seguintes condições.

1. Conhecimento da causa e irreversibilidade da situação clínica.

2. Estado de coma com ausência de resposta motora à estimulação dolorosa na área dos pares cranianos.

3. Ausência de respiração espontânea.

4. Constatação de estabilidade hemodinâmica e da ausência de: hipotermia, alterações endocrino/

metabólicas, agentes depressores do sistema nervoso central e ou de agentes bloqueadores neuromusculares, que possam ser responsabilizados pela supressão das funções referidas nos números anteriores.

2.2.6. "Leges Artis", *Um Tópico Fundamental da Responsabilidade Médica*

Um dos conceitos nucleares de todo o direito referente aos médicos é, sem sombra de dúvida, a da chamada *«lex artis ad hoc»*.

Segundo L. Martinez/Calcerrada y Gomez *«a lex artis ad hoc, é o critério valorativo da correcção de um concreto acto médico executado por um profissional da medicina (ciência ou arte médica) – que tem em conta as principais características do seu autor, da profissão, da complexidade e transcendência do próprio acto, do estado ou da intervenção do doente, dos seus familiares e da própria organização sanitária – destinado a qualificar o referido acto como conforme ou não com a técnica normal requerida».*[77]

De acordo com tal conceito e segundo os autores citados, algumas notas se podem extrair e que aqui importa registar:

a) Como *lex*, tal implica uma regra de avaliação de conduta, segundo critérios e limites valorativos da mesma.

b) O seu objectivo é o de avaliar a correcção ou não do resultado da dita conduta ou a sua conformidade com a técnica normal

---

II – Regras de Semiologia
1. O diagnóstico de Morte Cerebral implica a ausência na totalidade dos seguintes reflexos do tronco cerebral:
a) Reflexos fotomotores com pupilas de diâmetro fixo;
b) Reflexos oculocefálicos
c) Reflexos oculovestibulares
d) Reflexos corneopalpebrais
e) Reflexo faríngeo
2. Realização da prova da apneia confirmativa da ausência de respiração espontânea.
III – Metodologia
A verificação da Morte Cerebral requer:
1. Realização de, no mínimo, dois conjuntos de provas com intervalo adequado à situação clínica e à idade.
2. Realização de exames complementares de diagnóstico, sempre que for considerado necessário.
3. A execução das provas de morte cerebral, por dois médicos especialistas. (em Neurologia, Neurocirurgia ou com experiência de cuidados intensivos).
4. Nenhum dos Médicos que execute as provas poderá pertencer a equipas envolvidas no transplante de órgãos ou tecidos e pelo menos um não deverá pertencer à unidade ou serviço em que o doente esteja internado.
[77] Luis Martinez/Calcerrada Y Gomez, *La Responsabilidad Civil Medico-Sanitaria*, Tecnos, Madrid, 1992, p. 10.

54   *Da Responsabilidade Médica em Direito Penal*

requerida ou seja, se tal actuação médica corresponde ou está conforme à generalidade das condutas profissionais em casos análogos.

c) Técnica: os princípios ou normas da profissão médica, enquanto científica, exteriorizam-se de acordo com a técnica e com a arte pessoal do seu agente.

d) Profissionalidade: o agente ou aplicador da *lex* deve ser um profissional médico.[78]

Importa não confundir nem sobrepor inteiramente o conceito da observância das *leges artis* com o da finalidade curativa (requisito subjectivo do tratamento médico *qua tale* ou com a indicação médica (requisito objectivo).

A indicação médica, como sublinhou Engisch *(Die rechtliche Bedentung der ärztlichen Operation,* p. 1524)[79] *«Questiona o <u>se</u> da intervenção médico-cirurgica, enquanto que a "lex artis" refere-se à problemática do <u>como</u> de tal intervenção».*

As *leges artis "ad hoc"* constituem, em suma, um complexo de regras e princípios profissionais, acatados genericamente pela ciência médica, num determinado momento histórico, para casos semelhantes, ajustáveis, todavia, às concretas situações individuais. Em caso de não se ter em conta uma determinada situação individual, a designação apropriada será a de *leges artis medicinae.*

Trata-se, enfim, das regras do *know-how* sobre o tratamento médico que devem estar ao alcance de qualquer clínico no âmbito da sua actividade profissional.

Regras de índole não exclusivamente técnico-científica, mas também deontológicas ou de ética profissional,[80] pois não se vislumbra qualquer razão, antes pelo contrário, para a exclusão destas da *arte médica.*

---

[78] Idem, ibidem.

[79] Cit. por A. J. Barreiro, *La Imprudencia Punible* ... cit. p. 25.

[80] Já nos afastados anos 60 o Professor espanhol Pedro Pons escrevia: *«O extraordinário progresso cientifico experimentado pela Medicina nestas últimas décadas não afrouxou o sentido humano e tradicional da profissão médica. Apesar destes avanços, a prática diagnóstica, desde o interrogatório até ao exame do doente e as análises laboratoriais, conservam o mesmo sentido hipocrático de outrora. Em contraste com a perdurabilidade da arte clínica, os modernos programas do ensino da Medicina, orientam-se para a criação de novas perspectivas, algumas eivadas de acentuada tendência experimental, com o consequente menosprezo das tradicionais que, apesar de tudo, conservam actualidade permanente»* (A. Pedro Pons, Prólogo à obra de Surós, Semiologia Médica, Salvat Editores, Madrid, Barcelona, VII).

Da Responsabilidade Médica em Geral 55

A observância das *leges artis* exclui, em princípio, o chamado erro médico *(ärztliche Kunstfehler)*, designadamente na sua modalidade, porventura a mais relevante, de "erro de tratamento" *(Behandlungsfehler)* definido por Schwalm como *«o tratamento médico não indicado ou realizado de modo não conforme à técnica curativa adequada a uma determinada finalidade terapêutica, segundo os conhecimento da ciência médica, tendo em conta as circunstâncias cognoscíveis do caso concreto no momento do tratamento; e a omissão do tratamento curativo correcto, que se afigure como objectivamente indicado à obtenção de uma determinada finalidade terapêutica – segundo os conhecimentos da ciência médica – nas circunstâncias do caso concreto e no momento necessário, desde que seja possível a realização do omitido»*[81]

Dizemos "em princípio" pois, se perfilharmos a noção amplíssima de erro médico que é gizada por Eb. Schmidt, segundo o qual *terá de considerar-se Kunstfehler todo o erro em que incorre o médico no tratamento dos seus doentes* (Eb. Schmidt, *Der Arzt in Strafrecht, 1939, 138)*, casos existem em que o erro é meramente acidental, inerente ao elevado risco do exercício da medicina, sem que se possa falar em qualquer violação das *leges artis* nem, tão pouco, em violação do dever objectivo de cuidado *(Sorgfaltswidrigkeit)* pois, apesar da maior diligência possível por parte do médico, existe sempre a possibilidade de um acidente imprevisível ou inevitável que não reflecte qualquer menosprezo pela observância das regras da arte médica.

O Prof. Costa Andrade, comentando o artigo 150.º do nosso Código Penal, ensina: *«No plano estritamente formal não deverá desatender-se o teor da verbalização do artigo 150.º em que o apelo às "leges artis" surge associado à execução do tratamento. Uma técnica legislativa que poderá denunciar a intencionalidade de estabelecer uma cisão na resposta jurídico-penal: a momentos com diferente significatividade no plano fáctico, corresponderiam referências normativas igualmente diferenciadas».*[82]

Noutro local, o mesmo ilustre Professor de Coimbra afirma: *«ao contrapor a indicação médica às leges artis o legislador português terá seguramente querido associar estas últimas prevalentemente à fase da execução do tratamento. Uma distinção, em qualquer caso, de índole fundamentalmente conceitual, já que tanto os erros cometidos ao nível do*

---

[81] G. Schwalm, *Zum Begriff und Beweis des ärztlichen Kunstfehlers*, Bockelmann -F. S., apud. A. Jorge Barreiro, *La Imprudencia Punible...* cit., p. 44.

[82] Costa Andrade, *Consentimento e Acordo...* cit., p. 483.

diagnóstico e da escolha da terapia (indicação médica) *como ao nível da execução (*leges artis) *excluirão o facto da figura e do regime dos* tratamentos médico-cirurgicos».[83]

A nossa posição, como deixamos expressa, é a de que, de todo o modo se deve evitar a integral sobreposição e, sobretudo, confusão, entre os conceitos de indicação médica e de observância das *leges artis*, não obstante se tratar de conceitos interdependentes que estão entre si numa relação biunívoca, isto é, numa interacção dialógica, material e formalmente necessária ao conceito do tratamento médico ou intervenção médico-cirurgica.

A indicação médica objectiva refere-se, como afirma Engisch, ao *se* do tratamento ou intervenção cirúrgica, enquanto a observância das regras referidas respeita ao *como* de tais realidades.

Certo que um tratamento medicamente indicado *in concreto* supõe a observância das *leges artis* e, portanto, a própria indicação médica se há-de fazer em conformidade com tais regras. Nisso se traduz, aliás, a objectividade de tal indicação. Simplesmente, a observância das regras da arte médica não se limita à fase da escolha do tratamento, antes se estende à própria aplicação do mesmo e também antecede a própria indicação médica, pois que tais regras de arte devem presidir à própria elaboração do diagnóstico e deverão continuar a marcar presença mesmo após a conclusão do tratamento propriamente dito, isto é, no acompanhamento ou vigilância da fase do pós-operatório ou da convalescença.

Só assim se compreende, efectivamente, que se possa falar de erro médico (que na maior parte das vezes é resultante da violação das *leges artis*) ao longo de toda a evolução diacrónica da actuação médica pois, de outra forma, o erro médico circunscrito ficaria à fase da execução do tratamento.

Será, por exemplo, ilustrativo do ora afirmado o caso do anestesista. Na verdade, o acto anestésico não se circunscreve exclusivamente ao momento em que a intervenção cirúrgica se efectua. O anestesista pode ser tão responsável na etapa pré-operatória, como na intra-operatória ou na pós-operatória. A sua prudência e diligência devem evidenciar-se em qualquer destas etapas.

Como escreve Fabiana Diez «*Há exames prévios que são obrigatórios e sem os quais não pode começar uma anestesia. Se estes não forem*

---

[83] Costa Andrade, *Comentário Conimbricence...* anot. ao art.º. 150.º (§25), p. 312.

efectuados e, como consequência disso se vier a produzir uma lesão na saúde de uma pessoa, o anestesista assumirá a respectiva responsabilidade. Existe nos nossos tribunais um antecedente de condenação de um anestesista por morte de um menor que havia sido submetido a intervenção cirúrgica ortopédica, sem antes se realizarem os estudos pertinentes para a comprovação do estado de vacuidade gástrica. Entre outros considerandos, o tribunal sentenciou: «É o médico anestesista quem deve realizar o exame clínico exaustivo para administrar a anestesia – por mais que o traumatologista tenho perguntado à mãe da criança sobre a vacuidade do estômago – e avaliar conforme tal exame se é possível uma anestesia geral e, em caso afirmativo, administrá-la, acções que, na realidade empreendeu salvo a omissão do correcto exame clínico, em que se funda a sua culpa».[84]

Mas a responsabilidade do anestesista não se limita à fase preliminar e da intervenção cirúrgica propriamente dita.

Também deverá continuar a sua prestação de cuidados na fase da recuperação dos sentidos do próprio paciente e até posteriormente se houver qualquer problema relacionado com os anestésicos. Como escreve Vazquez Ferreyra *«O anestesista deve eleger o procedimento necessário para insensibilizar o paciente, o que fará após prévio exame do mesmo e dos seus antecedentes de saúde; porém, deverá ocupar-se dele "à posteriori" de forma a obter a total recuperação dos sentidos o que se realiza uma vez terminada a intervenção. A tudo isto acresce a necessidade de este profissional realizar um exaustivo controlo do estado dos materiais, máquinas etc. com anterioridade em relação ao acto cirúrgico» (Daños y Prejuicios en el Ejercicio de la Medicina*, p. 52).[85]

Em todas estas situações é imprescindível a observância das *leges artis* em cada uma das etapas da actuação do anestesista.

Por sua vez, também o cirurgião terá de realizar vários exames preliminares para a determinação dos antecedentes e para a avaliação inicial do risco cirúrgico e designadamente nos doentes que não são de bom prognóstico, tais como idosos, possuidores de patologias crónicas, insuficientes cardíacos etc. Em todas estas situações o médico terá de se pautar pelas *leges artis*, embora não tenha ainda dado início à execução

---

[84] Fabiana Diez, *Responsabilidad del Anestesista,* in *Responsabilidad Profesional* (AA.VV.) sob direcção de Carlos Alberto Ghersi, Ed. Astrea, Buenos Aires, 1996, p. 55.

[85] Vazquez Ferreyra, apud. Fabiana Diez, cit. na nota anterior, p. 56.

da cirurgia. Nesta medida, parece-nos que a observância das *leges artis* a que se refere o artigo 150.º do nosso Código Penal deverá estar presente em todas as fases da intervenção médica, desde os actos necessários ao estabelecimento do diagnóstico até à cura, irreversibilidade da doença ou morte do paciente.

Neste sentido, também Teresa Quintela de Brito, comentando o Acórdão do S.T.J. de 7 de Janeiro de 1993, considera que *«afigura-se que dar instruções pelo telefone só pode significar recusa de uma intervenção médica imposta pelas "leges artis" (exame da paciente, eventual cesariana, mas, sempre acompanhamento da evolução do parto pélvico que, de per se, já implica um perigo para a vida ou de grave lesão da saúde da integridade física da mãe e do seu filho)».*[86]

Mais adiante refere a ilustre jurista citada que a Lei 65/98 esboçou o crime de violação das *leges artis* em termos que excluem o comportamento omissivo. (*exige-se, expressamente, que essa violação ocorra aquando da realização de uma intervenção ou tratamento médico-cirúrgico. Portanto, actualmente, a violação omissiva das "leges artis" só relevará enquanto "recusa de médico" (art.º 284.º)».*[87]

Pensamos que a relevância a que se refere a autora citada diz respeito ao tipo de ilícito autónomo da violação das *leges artis*. Fora, porém, desse ilícito típico, a ofensa às *leges artis* relevará também penalmente para exclusão do artigo 150.º do Código Penal, passando a intervenção ou tratamento médico a constituir ofensa à integridade física do paciente, como na generalidade da ordens jurídicas europeias.

Também o Professor chileno Sergio Yañez Pérez pronuncia-se neste sentido: *«a cada etapa da sua actuação – exame, diagnóstico, proposta de tratamento e efectuação do mesmo – um médico pode ser levado a violar as "regras de arte" e faltar à sua obrigação de vigilância, acarretando, assim, prejuízo para a saúde ou para a vida dos particulares».*[88]

O Código de 1982, na sua versão originária configurava, no artigo 150.º n.º 2, um tipo de ilícito penal autónomo, o da violação das *leges artis*, dispondo:

---

[86] Teresa Quintela de Brito, *A Tentativa nos Crimes Comissivos por Omissão: Um Problema de Delimitação da Conduta Típica*, Coimbra Editora, 2000, p. 60.

[87] Idem, ibidem.

[88] Sergio Yáñez Pérez, *Renforcement de la Responsabilité Professionnelle par le Droit Pénal?, Raport* apresentado no 22.º Colóquio de Direito Europeu *«Responsabilité Pénale et Responsabilité Civile des Professionnelles – Actualité et Avenir des Notions de Négligence et de Risque* (Actas do Conselho de Europa), La Laguna, 17-19, Novembro de 1992, p. 49.

Se da violação das "leges artis" resultar um perigo para o corpo, a saúde ou a vida do paciente, o agente será punido com prisão até dois anos.

A Reforma de 1995 (Dec. Lei 48/95, de 15 de Março) eliminou tal infracção do nosso catálogo penal fundamental.

Foi, todavia, repristinada pela Reforma de 1998 (Lei 65/98, de 2 de Setembro), embora com redacção diferente da primitiva.

Porém, como com inteira razão refere o Prof. Costa Andrade, qualquer intervenção médico-cirúrgica levada a cabo com violação das *leges artis*, e sobretudo violação dolosa, configura uma ofensa corporal típica e como tal deve ser tratada.

Na medida em que provoca um *perigo para a vida* o facto já é punível pelo artigo 144.º al. d) face ao qual o n.º 2 do artigo 150.º parece emergir como norma *subsidiária*.[89]

A este tópico voltaremos a referir *infra*, no estudo do artigo 150.º do Código Penal.

---

[89] Costa Andrade, op. cit. na nota anterior (§ 28), p. 313.

3. RELEVO DA DICOTOMIA CIVILÍSTICA *"OBRIGAÇÕES DE MEIOS/OBRIGAÇÕES DE RESULTADO"* NO PLANO DA RESPONSABILIDADE JURÍDICO – CRIMINAL DO MÉDICO.

Em 1930 o jurista francês René Demogue, no seu *Traité des Obligations en Géneral,* propunha a distinção entre *obrigações de meios* e *obrigações de resultado.*[90]

Haverá obrigação de meios quando «*o devedor apenas se compromete a desenvolver prudente e diligentemente certa actividade para a obtenção de determinado efeito, mas sem assegurar que o mesmo se produza*».[91]

E existe obrigação de resultado «*quando se conclua da lei ou do negócio jurídico que o devedor está vinculado a conseguir um certo efeito útil*».[92]

A partir desta classificação bipartida de Demogue, nada mais foi como dantes, na jurisprudência civil francesa, em relação à responsabilidade do médico.

Até aí, os tribunais franceses vinham entendendo, com a passividade da doutrina, que a responsabilidade civil do médico era de natureza extracontratual, pois ao errar, o médico atentava contra o direito absoluto do paciente à sua vida ou integridade física.

Por força disso, raras eram as acções contra os médicos, pois havia um certo pudor, e até temor, em equipará-los a meros delinquentes, ao *faquista* a que se referia Karl Binding na vizinha Alemanha.

Após o advento da obra de Demogue, a Cour de Cassation de Paris, num acórdão que fez história, de 1936, sentenciou:

> «*Forma-se entre o médico e o seu cliente um verdadeiro contrato... e a violação, mesmo involuntária, desta obrigação contratual é sancionada por uma responsabilidade da mesma natureza, igualmente contratual*» (Civ. 20 de Maio de 1936).

---

[90] R. Demogue, *Traité des Obligations en Géneral*, Tomo V, parte I, Paris, 1925, p. 536 e Tomo VI, Paris, 1931, p. 644.

[91] Prof. Almeida Costa, *Direito das Obrigações*, Almedina, 6.ª edição, p. 912 a 914, nota de pé de página com ampla indicação bibliográfica.

[92] Idem, ibidem, p. 913.

Sendo de natureza cível, especificamente obrigacional, a distinção formulada por Demogue, pela sua indiscutível relevância, tem substancial ressonância na esfera do direito criminal, no que tange à responsabilidade penal do médico.

Na verdade, ao médico não se exige a cura ou a melhoria do doente, o sucesso terapêutico de um tratamento ou o êxito de uma intervenção cirúrgica.

O *exitus lethalis* está potencialmente subjacente a qualquer tratamento e é dele indissociável, um corolário indesmentível da falibilidade do ser humano, um ser para a morte, *Sein zum Tode*, na expressão de Heidegger, embora a finalidade precípua de qualquer tratamento ou intervenção cirúrgica deva ser, fora dos casos meramente experimentais, a curativa ou, *in extremis*, a paliativa.

Com efeito, do médico apenas se exige e espera-se a melhor aplicação da sua *ars curandi*, mas não se lhe impõe o sucesso curativo, até porque, como se sabe, tal depende essencialmente de factores endógenos e exógenos estranhos ao próprio médico, e, muitas vezes, por este insuperáveis, tais como o estado do paciente, o seu nível etário, a sua colaboração, os efeitos adversos dos medicamentos, as reacções de hipersensibilidade inesperadas, as intolerâncias medicamentosas, o nível das resistências orgânicas, a natureza eventualmente maligna da patologia, a gravidade e o estado de avanço do processo patológico, etc.

Daí que a própria diligência do médico, a observância das *leges artis* e sobretudo, do dever geral de cuidado ganhem relevo por via de regra, exclusivamente à luz da obrigação de meios, que não de resultado.

É neste plano que se devem recortar os conceitos de negligência, imprudência ou imperícia médica e do próprio erro médico.

Aqui se desenham e pontificam os conceitos de *"medical malpractice"* (negligência profissional médica) que consiste na elaboração *contra legem artis* do diagnóstico e das diferentes etapas do tratamento e de *"medical maltreatment"* que se inclui naquele, e que diz respeito apenas à execução do tratamento com violação das regras da arte médica.

Porém, por isso que a obrigação do médico perante o seu doente é uma obrigação de meios, também do médico garante da evitação do resultado, nos termos do artigo 10.º n.º 2 do Código Penal, a acção esperada de "evitação do resultado", há-de focar-se no plano do seu dever de actuação, pois o resultado morte ou lesão da saúde do paciente, pode eventualmente sobrevir, não obstante toda a diligência empregada.

Por outras palavras, se a omissão do médico foi causal da morte ou da lesão da saúde do doente, segundo o conceito de causalidade hipotética que caracteriza a omissão penal, como defende uma parte da doutrina ou, mais exactamente, se ela criou ou incrementou um risco proibido que se actualizou ou concretizou no resultado infausto e esse risco se encontra no âmbito da tutela da norma que impõe o dever de cuidado objectivo médico, tal não pode ter o alcance de significar que, mediante a sua actuação, o doente necessariamente sobreviveria ou curar-se-ia, mas apenas de que a omissão do médico garante, é equiparada a um comportamento activo desencadeador daqueles resultados, embora, noutras circunstâncias, isto é, mediante a actuação daquele agente, possivelmente tais resultados não seriam de excluir.

Note-se, contudo, que esta classificação bipartida não é aceite pacífica e consensualmente pela doutrina nacional, pois, como defende o Professor Carlos Ferreira de Almeida no seu excelente artigo *Os Contratos Civis de Prestação do Serviço Médico,* publicado em Direito de Saúde e Bioética, ed. AAFDL, Lisboa, 1996, pg. 75-120, o Ilustre Professor, depois de alertar para o facto de que a classificação dicotómica de René Demogue, obrigações de meios/obrigações de resultados, pode constituir elemento de perturbação, face à presunção de culpa genericamente estabelecida pelo art.º 799.º, n.º 1 do Código Civil, apela para a dificuldade de conciliação da qualificação como *obrigação de meios*, com a qualificação do próprio contrato de prestação de serviços, que é tipificado pelo art.º 1154.º do CC, como aquele em que uma das partes se obriga a proporcionar à outra *certo resultado* e após relevante argumentação, conclui no sentido de que o conceito de *«obrigação de meios»* poderá gerar uma injustificada ideia de responsabilidade diminuída, sendo preferível, assim, segundo o Autor, a referência apenas à obrigação de tratamento, como conteúdo da prestação debitória do médico, obrigação esta de conteúdo inicialmente indeterminado, revestindo-se, por isso, o contrato celebrado de *particularização sucessiva da prestação característica.*

Sendo incontestavelmente exacta a posição do Ilustre Professor de Lisboa, a verdade é que a referida classificação, de origem francesa, assentou arraiais na doutrina e na jurisprudência portuguesa, como se colhe dos trabalhos dos nossos melhores civilistas e dos arestos dos nossos tribunais.

Efectivamente, já em 1944, o insigne civilista que foi o Prof. Gomes da Silva, afirmava na sua obra *O Dever de Prestar e o Dever de Indemnizar* que *«modernamente se sintetizam os problemas referentes à*

64 *Da Responsabilidade Médica em Direito Penal*

extensão do dever de prestar e do dever de indemnizar na questão de saber se a obrigação é " de meio" ou"resultado"[93].

Porém, o mesmo Professor ensinava e, para não atraiçoarmos o seu pensamento, utilizaremos as sua próprias palavras, que segundo Demogue *«quem se encarrega de praticar um acto unilateral, como o de transportar um volume ou o de construir uma casa, promete um resultado, e se este não for atingido, uma vez demonstrada a existência da obrigação e a falta desse resultado, está provada a responsabilidade do devedor, e será a este que cabe provar ter sido impedido de cumprir por um caso fortuito ou de força maior; pelo contrário, o médico não se compromete a alcançar a cura do doente, senão apenas a prestar-lhe assistência clínica, e se a cura não se conseguir, será ao doente ou aos herdeiros que incumbe o ónus de provar que o médico teve culpa em não se produzir o efeito desejado. Como se vê, nesta concepção admite-se a existência, no mesmo direito positivo, de obrigações de mero comportamento e obrigações de resultado.»*[94]

E advertia ainda que as obrigações de meio têm sempre um fim em vista, de modo que quando este falha por completo pode, em certos casos, presumir-se a culpa, e exemplificava a asserção com o exemplo do depositário que estando adstrito a uma obrigação de diligência, ou de meio, se perdesse a coisa depositada, dificilmente se isentaria de responsabilidade se não provasse que procedeu com toda a diligência[95].

Ainda recentemente, o nosso mais alto Tribunal proferiu um acórdão sobre a responsabilidade do cirurgião, assim sumariado:

> *«I – É de meios, não de resultado, a obrigação a que o cirurgião se vincula perante a doente com quem contrata a realização duma cirurgia à glândula tiróide (tiroidectomia) em determinado hospital.*
>
> *II – Por se reconhecer que existe então um dever de vigilância no período pós-operatório, deve entender-se que a obrigação complexa a que o cirurgião e, reflexamente, o hospital ficaram vinculados perdura para além do momento da conclusão da cirurgia.*

---

[93] Manuel Gomes da Silva *"O Dever de Prestar e o Dever de Indemnizar"*, Lisboa, 1944, pg. 233.

[94] Idem, pg. 235/6.

[95] Idem, pg. 206.

III – O médico cirurgião e o hospital não respondem civilmente se os danos morais, cuja reparação a doente exige, se traduzirem na angústia originada por uma complicação pós-operatória para cujo surgimento não concorreu qualquer erro cometido no decurso da operação.

IV – Ainda que a angústia da doente se tenha agravado por se sentir desacompanhada, subsiste a desresponsabilização do cirurgião e do hospital se antes de abandonar as instalações deste o cirurgião se tiver assegurado de que a doente, despertada da anestesia, respondeu com lógica, clareza e normalidade fonética a perguntas que lhe foram dirigidas para verificar isso e a correcção do acto cirúrgico, e se, apesar da ausência do cirurgião, lhe tiver sido facultada no período pós-operatório a assistência adequada às circunstâncias.»[96]

De todo o exposto deflui que, se o médico está vinculado a uma obrigação de meios (assistência clínica ou dever de tratamento) isso não constitui qualquer responsabilidade diminuída, pois que os meios devem representar o esforço tendencial para a consecução da cura ou melhoria da saúde do paciente (o fim em vista que a obrigação de meios supõe) que só não será lograda, se não estiver ao alcance da intervenção médica curativa.

São estas particulares características da actividade médica que o Juiz penal há-de ter em consideração, na sempre espinhosa missão de enquadrar a actuação perigosa ou lesiva dos bens jurídicos, por parte dos profissionais de saúde, no âmbito do direito criminal, como tudo melhor se verá, ao longo do presente estudo.

---

[96] Ac. STJ de 11 de Julho de 2006 in Col. Jur. (STJ) 2006, t II, pg. 144.

4. PRESSUPOSTOS SISTEMÁTICOS DA RESPONSABILIDADE CRIMINAL DO MÉDICO

A expressão «Responsabilidade Médica» ganhou, há muito, foros de cidadania em quase todo o mundo, não apenas na linguagem quotidiana, mas também no foro cientifico-jurídico.

Entre o longínquo ano de 1835, em que o *Procureur-Général* francês Dupin exclamava que «*não podiam dar lugar à responsabilidade os factos imputados aos médicos, saindo da classe daqueles que, pela sua natureza, são exclusivamente reservados às dúvidas e discussões da ciência*»[97] e os dias de hoje, muita tinta correu sobre tal matéria e, no estrangeiro, designadamente na Alemanha, na França, no Reino Unido, para já não referir os E.U.A., muitas decisões judiciais recaíram sobre tal temática, principalmente a partir da época em que a democratização social atingiu a própria responsabilidade profissional.

Entre nós, não é muito frequente, após o advento do Código Penal de 1982 a expressão «*responsabilidade penal*» e, menos ainda, a locução «*pressupostos da responsabilidade criminal*[98]».

---

[97] Guy Nicolas, *La Responsabilité Médicale*- trad. portuguesa, *A Responsabilidade Médica*, I. Piaget. 1999, pg. 8.

[98] Como já em 1982 salientava o ilustre Magistrado Dr. Manuel António Lopes Rocha, a temática da responsabilidade médica não tem merecido da nossa doutrina o enfoque devido, fora das obras de carácter geral, e menos ainda dos práticos de Direito, e acrescentava que «*o próprio tema da responsabilidade, quer civil, quer penal, em termos gerais, tem sofrido de um certo alheamento, só raramente quebrado por ocasião de alguns colóquios ou conferências, com reduzido impacto público.*

Enfim, a jurisprudência só raramente se tem debruçado sobre questões concretas da responsabilidade médica, geralmente relacionada com a problemática dos "erros técnicos" e as suas consequências para a saúde do doente.

O facto tem sido atribuído à mentalidade pouco reivindicativa da população portuguesa e a um generalizado sentimento de conformismo perante danos sofridos, ainda que estes atinjam a própria pessoa, revelando uma certa resignação dos lesados, o que tudo tem conduzido a uma inibição ou abstenção do uso dos meios legais desti-nados a efectivar a responsabilidade do médico» (MANUEL A. LOPES ROCHA, *Responsabilidade Civil do Médico, Recolha de Órgãos e Transplantações*, separata da revista

68   *Da Responsabilidade Médica em Direito Penal*

Na verdade, o novo Código veio referir-se antes aos *«pressupostos da punição»*, na esteira do seu congénere alemão que se refere aos *Grundlagen der Strafbarkeit*, e tem sido à volta desta expressão que os estudos doutrinários têm vindo a escalpelizar os diversos conceitos dogmáticos que a integram.

Todavia, tal expressão contemporânea não é substancialmente diferente daquela a que se referia o velho e monumental Código de 1886, de tão prolongada vigência entre nós, à sombra do qual inúmeras gerações de juristas desenvolveram fecunda actividade e a sociedade portuguesa viu tutelados, por tantos e tantos anos, os seus bens jurídicos fundamentais.

Falava, com efeito, o velho Código, em seus variados incisos, em *«responsabilidade criminal»*, que definia no seu artigo 27.º como *a obrigação de reparar o dano causado na ordem moral da sociedade, cumprindo a pena estabelecida na lei e aplicada por tribunal competente.*

À sua luz, o saudoso Prof. Beleza dos Santos desenvolveu o seu profícuo magistério *à sombra da velha Torre*, ensinando que *«a responsabilidade penal é a obrigação, imposta ao agente, de sofrer uma pena, verificados que sejam certos pressupostos».*[99]

Discorria, depois, o eminente Professor sobre tais pressupostos, referindo-se ao facto voluntário, à tipicidade da conduta, à ilicitude e à culpabilidade, com a clareza e a paciência próprias daquela época, em que o toque bom dos exemplos concretos deixou, certamente, marcas indeléveis no espirito ávido dos ouvintes daquela geração.

Tribuna da Justiça n.º 3, reproduzindo o texto de uma conferência apresentada pelo autor ao Congresso Internacional de Medicina Legal reunido em Vila Real em 16-19 de Outubro de 1086, pg. 37.

Não importa, aqui e agora, escalpelizar as razões de tal silêncio quase ensurdecedor, mas decerto que não lhe será alheio algum receio de ferir susceptibilidades, pessoais ou profissionais, pois que trata-se de matéria directamente conexionada com a temática da responsabilidade civil, criminal e disciplinar, cujo tratamento, mesmo relativamente às demais profissões em geral, tem sido, entre nós muito pouco abordada, antes sendo tratadas, no campo jurídico doutrinário, essencialmente nos manuais generalistas de Teoria Geral do Direito Civil, do Direito das Obrigações e nos manuais e folhas académicas policopiadas das lições de Direito Penal, escasseando bibliografia especializada nesta área científica.

[99] Prof. José Beleza dos Santos, *Lições de Direito Criminal*, ao Curso Complementar de Ciências Jurídicas no ano lectivo 1954/55, coligidas por Seabra de Magalhães e Correia das Neves, ed. policopiada da Faculdade de Direito de Coimbra MCMLV, p. 100.

Ainda hoje, porém, longe das margens do Mondego e, sobretudo, daqueles tempos, podemos continuar a falar legitimamente em pressupostos da responsabilidade penal que, com Taipa de Carvalho, que define a responsabilidade criminal como «*a sujeição do agente de um tipo de ilícito, cometido culposamente, à aplicação de uma sanção jurídico- -criminal estabelecida na respectiva norma penal, continuaremos a considerar, essencialmente, a ilicitude do facto e a culpa do agente*».[100]

Estes são, na verdade, os pressupostos irrenunciáveis da Responsabilidade Criminal.

Em boa verdade, pressuposto necessário da responsabilidade criminal é, antes do mais, a própria infracção criminal, o crime, como ensinava o Prof. Eduardo Correia.[101]

Mas o crime é um fenómeno complexo, mesmo no plano exclusivamente normativo e, portanto, decomponível nos diversos elementos que o integram.

Iremos, pois, debruçar-nos sobre tais elementos ou pressupostos da responsabilidade penal, expressão que reputamos preferível à de «pressupostos da punição» no domínio do direito penal médico, desde logo porque menos agressiva destes profissionais de saúde *no rosto da sua autorepresentação* na síntese impressiva e feliz de Albin Eser, pois a generalidade dos médicos são exemplos vivos de dedicação e amor ao próximo para quem a expressão «punição», necessidade última da ordem jurídica, poderá configurar desnecessária ameaça, sendo substituída, com vantagem, pela demarcação dos limites da sua responsabilidade, como entre pessoas conscientes e responsáveis deverá sempre acontecer.

É claro que no exercício da sua profissão, como fora dela, os médicos, como seres humanos que são, estão sujeitos a cometer os mesmos crimes que qualquer outra pessoa, a par de delitos específicos próprios da sua profissão ou agravados por mor desta.

Como dissemos na Introdução, não se tem a veleidade de abarcar no âmbito de uma dissertação de Mestrado toda a vasta gama de temas e reflexões que a análise de cada uma desses pressupostos suscita.

Um trabalho dessa natureza ocuparia volumes de um tratado, de uma enciclopédia que fosse, carecendo sempre de aditamentos de actualização.

Iremos, todavia, tratar, com o detalhe possível, dos pressupostos clássicos de acção, tipicidade, ilicitude e culpa, cônscios de que o conceito

---

[100] Taipa de Carvalho, *Polis, vol. 5*, p. 474-482.
[101] Eduardo Correia, *Direito Criminal I*, Reimp. 1997, p. 198.

70   *Da Responsabilidade Médica em Direito Penal*

de acção empalideceu quase totalmente na moderna concepção teleológico-
-funcional e racional do sistema penal, reservando-lhe, talvez, uma mera
função delimitadora, do mesmo passo que ocorreu um apogeu do conceito
de tipo de ilícito.

Especial atenção dedicaremos ao *consentimento informado*, expressão
do consentimento (esclarecido) do *ofendido* no direito penal da maioria
dos países europeus, onde as intervenções médicas são tipicamente enquadradas como ofensas corporais, mas desfrutando, no ordenamento penal
português, de um tratamento, ao nível da tipicidade penal, perfeitamente
consentâneo com a natureza relevantíssima da actividade médica na sociedade, pois desde que tais intervenções obedeçam aos requisitos assinalados no n.º 1 do art.º 150.º do C.Penal, não se consideram ofensas à
integridade física.

Todavia, o consentimento informado é um *topos* primordial na
discursividade jurídico-penal, como verdadeiro pressuposto da actividade
médica lícita, não já, entre nós, relativamente às ofensas ao corpo, saúde
ou vida do paciente, mas à sua autodeterminação individual que lhe
permite decidir sobre esses mesmos bens jurídicos de que é portador.

Constituirá tal estudo, o último capítulo da presente obra, antes das
conclusões finais.

4.1. Acção Delituosa
(nullum crimen sine actione)

4.1.1. *Em Torno da Conduta Activa Criminal*

Após a travessia de estádios tão variados da evolução dogmático-
-jurídica, desde a conformação naturalistica mecânico-causal de *modificação
do mundo exterior, ligada causalmente à vontade, cega e indiferente a
todo o juízo de valor* (concepção causalista) passando pela concepção normativista da escola neoclássica como *negação de específicos valores
jurídico-criminais* e perspectivada pela doutrina finalista como a *supra-
determinação final de um processo causal*, além das concepções tributárias
das chamadas doutrinas intermédias[102], o conceito de **Acção**, que atingiu

---

[102] Para além das conhecidas teorias sobre a acção, como a teoria causal que,
sob a forte influência do positivismo naturalista considera a acção como «conduta
(Verhalten) voluntária no mundo exterior; causa voluntária ou não impeditiva de uma

o zénite da sua trajectória evolutiva no sistema Liszt-Beling e que mesmo sob a influência da escola neoclássica não viu empalidecido o seu fulgor como conceito nuclear que estava na base da construção de toda a teoria do crime, tal conceito, na teoria da infracção criminal ou doutrina geral do crime, parece, pelo menos sua pureza, condenada ao ocaso pois, como refere o Prof. Figueiredo Dias *nos últimos anos, só raramente têm surgido tratamentos da doutrina do crime que arranquem de conceitos puros de acção. Pelo contrário, pode deles dizer-se que na sua generalidade, e quando medidas à luz daquelas concepções fundamentais, surgem como conceitos "intermédios.*[103]*"*

---

modificação no mundo exterior» na definição de Liszt (*Lehrbuch des Deutschen Strafrechts*) 20 ed. (trad. esp. de J. Asúa, 4.ª ed. 1999) p. 297, a teoria da acção como negação da valores (a especificidade dos valores jurídicos criminais adviria dos predicados de tipicidade e ilicitude) a teoria finalista (Hans Welzel -*Das neue Bild des Strafrechtssystems*, 1961) que configura a acção como o exercício de actividade dirigida voluntariamente a um fim, é imposto fazer referência, v. g. o conceito social de acção, que teve em Eb. Schmidt o seu corifeu (Der Arzt im Strafrecht, 1939, 75; Soziale Handlungslehre, Festschrift für K. Engisch zum 70. Geburstag 1969, 339 ss), e em Maihofer e Jescheck (Eb. Scmidt-E.S, 1961, 78) os seus continuadores.

A acção é configurada como *conduta voluntária dirigida ao mundo externo social* (Eb. Scmidt na sua reelaboração do Tratado de Liszt) cit por C. Roxin *Strafrecht, Allgemeiner Teil* (trad. esp. de Luzón Peña e outros Derecho Penal, Parte General, T 1 Civitas, 1997 -244) onde o tema é tratado com desenvolvimento.

Igualmente referência merecem o conceito negativo de acção e o conceito pessoal de acção.

Com vista a elaborar uma base sobre a qual se pudesse construir uma doutrina geral do facto, do activo como do omissivo, do doloso como do negligente, alguns autores (Herzberg, *inter alia*) pretenderam construir um conceito negativo de acção, segundo o qual *a acção no direito penal é o não evitar evitável de um resultado* (Fig. Dias/C Andrade – *Direito Penal, Questões Fundamentais, A Doutrina do Crime, 1996, 256 fasc. em curso de publicação*)

Relativamente ao conceito pessoal de acção, ele foi elaborado por Roxin (Strafrecht, AT) e consiste em ver a acção como *expressão de personalidade* abarcando nela *tudo aquilo que pode ser imputado a um homem como centro de acção anímico--espiritual.*

Não iremos, obviamente, tecer maiores considerações sobre cada um dos conceitos e doutrinas referidas, designadamente as suas vantagens e inconvenientes, por tanto exceder manifestamente o âmbito do presente estudo sobre a responsabilidade penal médica.

Uma síntese sistemática bem elaborada sobre as teorias causalistas (natural--positivista e neoclássica) e finalista (ôntico-final), pode ver-se em Germano Marques da Silva *Direito Penal Português, Parte Geral II, A Teoria do Crime,* Verbo, 1998, p. 44, nota n.º 3.

[103] Figueiredo Dias/Costa Andrade *Direito Penal 1996...* cit p. 244)

Porém, como reconhece o insigne Mestre de Coimbra *continua a subscrever-se a ideia tradicional do conceito de acção como base autónoma e unitária da construção do sistema, capaz de suportar as posteriores predicações de tipicidade, de ilicitude (antijuridicidade), de culpa e de punibilidade, sem todavia as pré-determinar*[104]

Assim sendo, e por isso que, renunciando embora à *colocação de um conceito geral de acção como elemento básico do sistema* como postulam os cânones da moderna construção teleológico-racional do crime[105] de cariz eminentemente funcional, pelo menos como *meio adequado de prospecção da espécie de actuação* (na expressão de Radbruch) deve, em nosso entender o conceito continuar a ser utilizado, ainda que integrando o *tipo-de-ilícito* e portanto, num sentido equivalente à realização típica do ilícito ou acção típica e ilícita.

E não se há-de olvidar que este conceito teleológico-funcional, assim perspectivado, há-de ter por substrato, designadamente no campo específico da responsabilidade penal médica, um concreto comportamento humano pois, como avisadamente observa o Prof. Germano Marques da Silva *a acção é sempre um acontecimento de ordem natural, produto da vontade humana, sobre o qual se molda o conceito de acção típica, antijurídica e culpável.*[106]

Não se desconhecem os escolhos que a análise dos fenómenos complexivos como o do crime sempre comporta, num ingente esforço teorético, muitas vezes não compensado pela recolha de frutos no terreno praxiológico.

Porém, este é o método categorial-classificatório que permite, pela decomposição dos fenómenos compósitos nos seus elementos, um conhecimento mais sistematizado (em profundidade e em extensão) de tais fenómenos, conhecimento esse essencial ao próprio exercício prático dos intérpretes e aplicadores.

Não se trata, assim, de uma prospecção dogmática *l'art pour l'art* a que se refere *Richard Schmid*[107], mas de uma arrumação sistemática,

---

[104] Ibidem

[105] Para além da obra que se vem citando nos n.[os] anteriores, é de todo o interesse sobre esta matéria o artigo do Prof. Costa Andrade *A «dignidade penal» e a «carência de tutela penal» como referência a uma doutrina teleológico racional do crime RPCC* ano II, 2.º, 73 ss. que, adiante nos voltaremos a referir.

[106] G. Marques da Silva *Direito Penal... cit.* pg. 46.

[107] Prólogo em *Kritik des Strafrechtform* apud Gimbernat Ordeig *Tiene Un Futuro la Dogmatica Juridico-Penal? In Problemas actuales de las ciencias penales y de la filosofia del derecho*, Ed. Panadille, B. Aires, 495-523.

sempre em busca de uma dimensão axiológica que necessariamente há--de informar todo o sistema de direito penal edificado com base na dignidade da pessoa humana.

Assente, destarte, que a acção delituosa a que nos vimos referindo, como pressuposto sistemático da responsabilidade penal do médico, tem o sentido inequívoco de realização típica do ilícito, ela desdobra-se, como é sabido, e adaptando o esquema traçado por Eduardo Correia[108] em:

I) Acção em sentido estrito (o agente faz algo que não deve):

a) Que não considera o resultado no preenchimento do tipo (crime de mera actividade);
b) Que considera o resultado no preenchimento do tipo (crimes de resultado).

II) Omissão (o agente não faz aquilo que deve):

a) Cujo resultado não interessa ao tipo preenchido (omissão pura ou própria);
b) Cujo resultado interessa ao tipo preenchido (comissão por omissão ou omissão impura ou imprópria).

Este breve e didáctico esquema tem o mérito de permitir a distinção, desde logo, entre crimes formais, aqueles a cuja consumação é indiferente o resultado ou evento material, pois a factualidade típica é preenchida pela mera execução de um determinado comportamento, e crimes materiais ou de resultado, aqueles a cuja consumação interessa o resultado material, pois, como se sabe, se é certo que em toda a actividade delitual consumada existe sempre um evento ou resultado jurídico (lesão ou prejuízo de lesão do objecto de tutela, o bem jurídico protegido), nem sempre existe ou é

---

[108] Eduardo Correia, Direito *Criminal, I*, 232. O saudoso Professor referia-se a *negação de valores* em vez de *tipo*, (...*que não considera o resultado na negação de valores)* mas sendo através do preenchimento dos tipos que emerge a negação de valores, pensamos que procurou o ilustre Mestre tratar exactamente do conceito de acção, na sua pureza, isto é, como pressuposto de toda a valoração jurídico-criminal, sem que ela própria se embebesse na valoração dessa natureza.

Isto mesmo parece fluir claramente do passo que se transcreve: *Se o conceito* (da acção) *tem de ser válido para toda e qualquer incriminação, ele tem forçosamente de estar* antes *da doutrina da tipicidade e da ilicitude, e mesmo* fora *dela, embora já dentro da construção do crime. Antes de um facto ser típico e ilícito, e para que o possa ser, tem ele de configurar uma acção* (op. cit., 232, 233).

74   *Da Responsabilidade Médica em Direito Penal*

relevante o evento material (objecto da acção), vale dizer, nem sempre o resultado criminoso material é valorado pelo tipo.[109]

Deste dualismo parte-se, facilmente, para aqueloutro que distingue entre os crimes por acção (*facere*) e os crimes por omissão (*non facere*), exigindo os primeiros uma conduta típica activa e os segundos um comportamento passivo, uma abstenção onde existe um dever de actuação.

Cruzando os vectores deste espaço topológico, resulta que, se a actividade delituosa se traduz numa mera actuação proibida pela lei penal (violação de norma proibitiva), estaremos perante crimes de mera actividade, sendo-lhes completamente irrelevante para efeitos incriminatórios (pelo menos ao nível do tipo fundamental) o evento material, podendo, no entanto, este interessar à determinação ou medida da pena.

Se, mediante comportamento activo, o agente preenche um tipo de ilícito ao qual interessa, como seu elemento integrante, um determinado resultado, deparamo-nos com os chamados crimes comissivos por acção.

Em caso de uma simples ausência de actividade esperada, isto é, uma abstenção de comportamento imposto pela ordem jurídica, ser suficiente para o preenchimento da *fattispecie* penal, independentemente do resultado material (que não interessa ao tipo), estamos perante os chamados crimes de omissão pura ou própria.

Estes traduzir-se-ão, então, numa violação directa de um preceito que impõe um certo comportamento positivo, independentemente de qualquer verificação de resultado.[110]

Exemplo paradigmático de crime de omissão pura ou própria, no que à responsabilidade penal do médico concerne, é o previsto no art.º 248.º do Código Penal que, com a redacção que lhe foi conferida pela revisão operada pelo Dec. Lei 48/95 de 15 de Março passou a designar-se por "*Recusa de Médico*", quando na versão originária do Código se intitulava "*Recusa de Facultativo*".

Como teremos ocasião de discorrer detalhadamente, adiante, sobre tal ilícito típico, a recusa de médico é, no fundo, uma especial omissão de auxílio ou assistência[111] e daí a necessidade de confronto deste crime

---

[109] Deve-se ao insigne penalista italiano Francesco Carrara, considerado, justamente, um dos maiores criminalistas de todos os tempos, a divisão dicotómica entre crimes formais e crimes materiais (*Corso di Diritto Criminale, 1886*)

[110] Teresa Beleza, *Direito Penal, II, 505.*

[111] Assim Teresa Beleza, op. cit. pg. 506 e Taipa de Carvalho *Comentário Conimbricence ao Código Penal* II, 1999, pg. 1023 (anot. ao art.º 284.º).

Pressupostos Sistemáticos da Responsabilidade Criminal do Médico   75

específico próprio com o do crime desenhado no art.º 200.º do mesmo diploma legal.[112]

Por isso, inteira razão tinha o Prof. Eduardo Correia, autor do ante-projecto do Código de 1982, quando, durante os trabalhos preparatórios, afirmava, após considerar que o inciso em referência correspondia ao artigo 250.º do C.P. de 1886 que *de alguma forma este tipo de crime significa uma agravação especial da violação do dever de auxílio* que se previa no art.º 269.º do ante-projecto e actualmente correspondente ao art.º 200.º n.º 1 do C.P. (Actas da Comissão Revisora....)

Porém, como se disse, melhor se verá o assunto quando voltarmos ao tratamento desta questão.

Caso o agente não leve a cabo uma actividade que evitaria a produção dos eventos descritos no tipo, isto é, se com a sua inacção não impediu o resultado típico que a lei procura evitar, estando a tanto obrigado, estamos perante os chamados crimes comissivos por omissão ou de omissão impura ou imprópria.

Desta sorte, constata-se patente sobreposição ou correspondência da categoria dos crimes formais com os chamados crimes de mera actividade e de omissão pura e da categoria dos crimes materiais ou de resultado com os denominados crimes comissivos por acção e por omissão.

Relativamente aos denominados crimes de mera actividade, a doutrina tradicional considera que a pedra de toque que os distingue dos crimes comissivos por acção é a inexistência de um resultado típico (ou tipicamente relevante) naqueles.

Este resultado típico ou evento material era referido pelo Prof. Beleza dos Santos como uma *modificação do mundo exterior*[113], expressão conceptual de genuíno sabor causal-naturalístico, que continuou a ser adoptada pelo seu dilecto discípulo, o Prof. Eduardo Correia, ao ensinar

---

[112] Note-se, aliás, que, como veremos detalhadamente adiante, as omissões de auxílio por parte dos médicos podem configurar uma violação do *dever específico de assistência médica* p.p. no art.º 284.º, uma violação do *dever de garante* (art.º 10.º n.º 2) ou ainda uma violação do *dever geral de auxílio* (art.º 200.º n.º 1) e *consequentemente, a sua não prestação de auxílio poderá configurar o crime de homicídio ou de ofensas corporais por omissão, o crime de "recusa de médico" ou o crime de "omissão de auxílio"* (Taipa de Carvalho, *Comentário Conimbricence II,* anot. ao art.º 284.º, § 3.º).

[113] Para o Ilustre Prof. de Coimbra crime formal era aquele *em que a lei não exige para a consumação um certo resultado, isto é, uma modificação do mundo exterior (Crimes de Moeda Falsa,* in Rev. Leg. Jur. 66, n.º 2484, 19).

que *na medida em que é indiferente a realização de um certo evento, no sentido de um certo resultado, de uma modificação do mundo exterior causada pela actividade contida num certo tipo legal de crime, denominam- -se os delitos que daí resultam, delitos formais. Estes abrangem, pois, os delitos de mera actividade e de omissão pura.*[114]

Num excelente estudo intitulado *Crimes de Mera Actividade*[115], Rui Carlos Pereira procurou demonstrar que também os crimes de mera actividade têm um resultado tipicamente relevante, conexionado logicamente com a descrição objectiva de uma conduta.

O autor distingue, antes do mais, entre resultado e consequência, servindo-se de argumentos lógicos poderosos, explicando tal "confusão" conceptual tradicional pelo entendimento daquele (resultado) como contra- posto logicamente à acção *e, simultaneamente, como separado espacio- -temporalmente – caso em que já é uma consequência.*[116]

Nesta perspectiva, resultado é a própria actuação proibida, tal como no envenenamento será a ministração de substâncias com aptidão letal ou lesiva da saúde ou na introdução em casa alheia, o acto do agente se introduzir em casa de habitação de outra pessoa, contra a vontade desta.

Para Rui Pereira os crimes de mera actividade não passam de incri- minações autónomas de tentativas (ou até de actos preparatórios) de outros crimes, como acontecia v. g. relativamente ao crime de envene- namento (art.° 353.° do C.P. de 1866 e art.° 146.° da versão originária do C.P. de 1982) que era, ao fim e ao cabo, uma autonomização da tentativa de homicídio ou de ofensas corporais graves e que a generalidade da doutrina considerava como crime formal, tal como o crime de moeda falsa[117-118] ou ainda de introdução em casa alheia.

---

[114] Eduardo Correia, *Direito Criminal I* Coimbra 1968, 286/287.

[115] Rui Carlos Pereira, *Crimes de Mera Actividade*, Revista Jurídica n.° 1, Out./ /Dez 1982, AAFDL, 7-53.

[116] Idem, pag. 24.

[117] Beleza dos Santos considerava o crime de moeda falsa, por isso que a lei exige para a sua consumação um certo resultado (que o referido penalista definia como *modificação do mundo exterior)* um crime de resultado ou material decorrente da produção da moeda falsificada (Beleza dos Santos, op. cit. (n. 11), pag. 19.

Eduardo Correia considerava este crime como formal na perspectiva da actividade e dos interesses que representa, mas material na perspectiva da actividade do agente (Direito Criminal I, pag. 288)

[118] Quanto ao crime de envenenamento, Eduardo Correia (Direito Criminal I, 287) e o seu sucessor na cátedra de Coimbra, Figueiredo Dias (Direito Penal, Coimbra, 1976, 142) consideram este crime substancialmente material (porque importa a produção

Pressupostos Sistemáticos da Responsabilidade Criminal do Médico   77

O autor referido considera que sob uma óptica de política criminal, a criminalização autónoma da tentativa de um delito corresponde à necessidade de reforçar a esfera de protecção de um determinado bem tutelado pelo Direito Penal. Para o efeito, o legislador recorre a uma técnica de «consumação antecipada». Por isso, à semelhança do que sucede nos crimes de perigo, também nos de mera actividade não é necessária a efectiva lesão do bem jurídico para o preenchimento do tipo.[119]

---

de um resultado) mas tipicamente formal (porque a verificação de tal resultado não é necessária para o preenchimento do tipo).

O crime de envenenamento, como tipo de ilícito autónomo, que se encontrava consagrado no vetusto Código de 1886 (art.° 353.°) e também no art.° 146.° do Código de 1982, vindo ainda dos tempos das Ordenações (titulo XXXV do Livro V), foi eliminado *qua tale* do actual compêndio penal substantivo, por força da revisão operada pelo D L 48/95 de 15/03, na sequência do disposto na Lei 35/94 de 15/09 (autorização legislativa).

Com efeito, na referida lei de autorização legislativa determinou-se a eliminação do art.° 146.° do Código/82 *por as condutas aí descritas carecerem de autonomia face à nova redacção proposta para este mesmo artigo, com a epígrafe Ofensa à integridade física qualificada* crime esse em que se prevê, como circunstância qualificativa, a prevista na al. f) (actual al. h) após revisão de 1998) do art.° 132.°

Tal como já acontecia, de resto, no domínio do velho Código de 86, também a legislação actual não proporciona uma noção legal de veneno, (embora o § único do art.° 353.° se referisse a *substâncias que podem dar a morte mais ou menos prontamente)* pelo que a doutrina e a jurisprudência, em consonância com o evoluir da ciência médica, vinham entendendo que tal conceito respeitava exclusivamente à Química Médica e à Toxicologia e *só essa ciência poderá dizer se uma determinada substância é ou não tóxica a ponto de poder causar a morte quando ingerida pelo organismo humano (*Maia Gonçalves, *Código Penal Português, Anotado e Comentado), 12.ª ed.,* 1998, pg. 449.

Exige-se, no entanto, aptidão letal ou, pelo menos, lesiva da saúde, isto é, potencialidade para causar a morte ou danosidade na saúde da vítima, compreendo-se nos meios utilizados tanto as substâncias de acção puramente química como as da acção físico-mecânica como, v. g., o vidro moído – (Ac. Rel. Porto de 16 Maio 79 in BMJ 290, 474).

Um aresto antigo da Rel. de Luanda sentenciou: "I. Veneno é toda a substância que, introduzida no organismo, é capaz de, mediante acção química ou bioquímica, lesar a saúde ou destruir a vida, sendo o seu emprego o elemento típico do art.° 353.° § único do C. P... III. Se a substância usada era inócua e segundo a experiência comum, salvo caso imprevisível, ninguém podia esperar que se produzisse o resultado típico previsto, isso determina a impossibilidade de verificação do crime, bem como da tentativa ou crime frustrado (Ac. Rel Luanda 23 Março 67 in *Acs. Rel de Luanda, 1967, pg. 37).*

[119] Rui Pereira op. cit. 26.

Questão de algum interesse, especialmente no terreno da aplicação do Direito, é a de saber se os crimes formais admitem a tentativa acabada, autonomizada, como se sabe, nos códigos europeus oitocentistas (incluindo o nosso Código de 1886) sob a figura jurídico-criminal de frustração.[120]

Como *execução começada e incompleta dos actos que deviam produzir o crime consumado* definia o antigo Código Penal português, no seu art.º 11.º, a tentativa, exigindo dois elementos que integravam o conceito: a intenção do agente e a execução incompleta dos actos destinados à consumação, ou seja o que a doutrina contemporânea designa por tentativa inacabada ou imperfeita.

Execução incompleta de tais actos caracterizava, pois, essa fase do *iter criminis* designada por tentativa, reservando-se a figura de frustração para a execução completa dos referidos actos, sem a superveniência da consumação por motivo estranho à vontade do agente.

Distinguindo-se no percurso trilhado pelo agente, desde o simples pensamento criminoso *(nuda cogitatio)* até à realização do tipo de ilícito, diversas fases, genericamente designadas por preparação (actos preparatórios), execução (tentativa) culminando ou não na produção da lesão ou perigo de lesão dos bens jurídicos tutelados (consumação)[121], na legis-

---

[120] O vetusto Código de 86 consagrava no seu art.º 10.º a figura de crime frustrado dispondo: *Há crime frustrado sempre que o agente pratica, com intenção, todos os actos de execução que deveriam produzir como resultado o crime consumado, e todavia não o produzem por circunstâncias independentes da sua vontade.*

Também o código italiano anterior ao ora vigente, conhecido por Código de Zanardelli (1889) contemplava a figura de *delitto frustrato*, eliminada pelo art.º 56.º do Código Rocco (1930) que se mantem em vigor e onde se incluem no *delitto tentato* as situações de execução incompleta e de não verificação do evento.

Também o anterior Código Penal francês (1810) considerava a figura de *délit manqué*, sendo certo que o art.º 121.º-5 do Código actual equipara tal figura à tentativa interrompida ou inacabada dispondo: *la tentative est constituée dès lors que, manifestée par un commencement d'execution, elle n'a été suspendue ou n'a manqué son effet qu'en raison de circonstances indépendantes de la volonté de son auteur.*

[121] É claro que a tentativa integra sempre uma negação de valores jurídico-criminais essencialmente pelo perigo de lesão dos bens protegidos (Faria Costa *Formas do Crime*, Jornadas de Direito Criminal, Ed. CEJ, 160), sem que atinja, no entanto, o grau de desvalor de acção que o modelo do comportamento descrito no tipo, integralmente preenchido, encerra, isto é, o desvalor do crime consumado.

No patamar do relacionamento entre os crimes de perigo concreto e os crimes de dano na forma tentada (tentativas de dano), Rui Pereira parece sufragar semelhante posição ao escrever: *Em qualquer incriminação de perigo concreto, a exigência de verificação de um risco efectivo de lesão do bem jurídico, conexionada causalmente com a conduta do agente, parece ser suficiente para caracterizar, no plano objectivo,*

Pressupostos Sistemáticos da Responsabilidade Criminal do Médico

lação actual a figura da "frustração" perdeu autonomia, distinguindo a doutrina apenas entre tentativa acabada (realização completa dos actos de execução) também designada por *delictum perfectum*[122] e tentativa inacabada ou imperfeita (realização parcial dos actos de execução).

O Código actual, como se sabe, trata unitariamente a tentativa (acabada e inacabada) no seu art.º 22.º n.º 1.

A distinção dogmática entre ambas as formas de tentativa merece, todavia, e quanto a nós, algum relevo, para a solução da questão atrás enunciada.

Como observa Rui Pereira a unanimidade gerada em torno da tese de que os crimes de mera actividade não comportam qualquer resultado tipicamente relevante impediu, inicialmente, a doutrina portuguesa de admitir a possibilidade de autonomização da tentativa.[123]

Embora considerável parte da doutrina e também da jurisprudência concedesse, no domínio do Código de 1886, que os crimes de mera actividade não comportavam a forma tentada[124], os nomes mais represen-

---

uma tentativa de dano, no quadro de um sistema penal que comporta a figura de tentativa inacabada e até determina a punibilidade da tentativa impossível, em certos casos. Para demonstrar o que acabámos de dizer, basta pensar na execução de uma ofensa corporal ou de uma exposição (ou abandono) adequadas à criação de um risco para a vida da vítima e praticados com dolo directo ou até necessário de homicídio – como conceber, nesta hipótese, a inexistência de tentativa de homicídio ? (Rui Pereira, *O Dolo de Perigo*, Lex pg. 76).

O perigo inerente à tentativa é, aliás, o fundamento da sua punição e punibilidade, é dizer, o seu «radical».

[122] A designação latina *delictum perfectum* talvez melhor se ajustasse à figura do crime consumado. Só que, se bem que a tentativa configure *prima facie* um crime incompleto, de certa forma, pelo menos no plano executivo, um *minus* relativamente ao crime consumado, no caso da tentativa acabada, isto é, de preenchimento de todos os actos de execução com vista à obtenção de um resultado, sem que este se venha a verificar, tal tentativa configura, efectivamente, *do ponto de vista estrutural, um crime perfeito, porque apresenta todos os elementos da estrutura essencial do crime* (Germano Marques da Silva, *Direito Penal Português, Parte Geral II,* 239).

[123] Rui Pereira *Crimes de Mera Actividade...* cit pg. 36

[124] A título meramente exemplificativo Maia Gonçalves, no seu *Código Penal Português na Doutrina e na Jurisprudência,* 3.ª ed. 1977, escrevia em anotação ao art.º 353.º: *É duvidoso se no crime de envenenamento existe a forma imperfeita de tentativa.*

No sentido de tal inexistência também o Ac. da Relação de Goa de Junho de 1936, o Ac. da Rel. do Porto de 16 de Maio de 1958 e o Ac. do STJ de 5 de Novembro de 1978, publicados, respectivamente, na Col. Acórdãos Vol. 1936, 119, Jurisprudência das Relações IV, 622 e BMJ 81,305, todos referidos no citado estudo de Rui Pereira "Crimes de Mera Actividade, pg. 36" tativos na doutrina, tanto da Escola de Coimbra, como da de Lisboa (Beleza dos Santos, Eduardo Correia, Cavaleiro de Ferreira) sempre entenderam que a tentativa imperfeita era admitida nos crimes formais plurisubsistentes, embora fosse, e ainda é, unânime o entendimento de que a chamada tentativa perfeita (ou frustração, no dizer do velho código) seja inconsonante com tais delitos, já que *o último acto da execução coincide com a consumação e não é possível portanto, uma execução completa a que não se siga a consumação.*[125]

Por isso mesmo, entendemos que os crimes de mera actividade comportam a tentativa inacabada ou imperfeita, na medida em que o agente pode realizar um ou mais actos de execução, deixando de realizar outros, não perfazendo, destarte, a realização acabada do tipo legal.

É que os crimes de mera actividade esgotam-se com a realização dessa mesma sucessão de actos, realizando-se o resultado típico (que não é o mesmo que a lesão do bem jurídico, como acontece nos crimes de perigo concreto), sempre que o agente perfaz todo o itinerário do facto criminoso e, assim sendo, o agente pode, com ou sem vontade, deixar de preencher tal itinerário, a partir de certo momento.

Ponto é que se trate, no entanto, de crimes plurisubsistentes ou pluriexecutivos, isto é, cuja perfeição não se esgota num só acto.

Já nos parece manifesto que os crimes de mera actividade não são susceptíveis de comportar a tentativa acabada, por isso que o último acto de execução perfaz a própria conduta criminosa, isto é, realiza cabalmente, pelo preenchimento do seu *Tatbestand*, o ilícito típico ou, numa palavra, coincide com a própria consumação.

Toda a razão tem, pois, neste aspecto, Rui Pereira, quando afirma que os crimes de mera actividade não passam de incriminações autónomas de tentativas de outro crimes, como acima já se havia referido.

Por outras palavras, eles próprios são tentativas acabadas de outros crimes, que o legislador decidiu autonomizar em tipos legais, com vista á antecipação da tutela penal.

---

[125] Cavaleiro de Ferreira "Lições proferidas ao ano de 1940/41, Ed. Revista e actualizada por Brito Correia, 279 e ss.". Lapidar é também o exemplo do Prof. Beleza dos Santos quando no seu já referido estudo (Crimes de Moeda Falsa) escreveu a propósito da autonomização da tentativa e sua punibilidade no crime de envenenamento: *O crime de envenenamento só atinge a consumação com o emprego ou administração do veneno. Ora como pode haver actos de execução mesmo antes e sem esse emprego ou administração, é manifesto que pode existir tentativa como figura jurídico-penal autónoma. (RLJ... cit pg. 68).*

Pressupostos Sistemáticos da Responsabilidade Criminal do Médico 81

Em conclusão, diremos, com Antolisei, que o momento consumativo verifica-se em alguns crimes pela simples observância de uma determinada conduta, enquanto que em outros tal se verifica só ao produzir-se determinado resultado.[126]

A tentativa consiste, em suma, como bem ensinavam os juristas italianos medievais, em *cogitare, agere, sed non perficere*, e daí que ela comporte um desvalor social intrínseco, precisamente pelo perigo de lesão dos bens jurídicos tutelados pelos preceitos incriminatórios, perigo esse que constitui o próprio radical ou étimo da tentativa[127], tal como a violação ou lesão do mesmo bem jurídico constitui o radical da violação.[128]

É, no entanto, avisado, ter-se em consideração, como também justamente pondera Faria Costa, que o sistema jurídico-penal quer a protecção de todos os bens jurídicos que elegeu e cristalizou nos diferentes tipos legais de crime, desde que ofendidos sob a forma consumada. Todavia, se a ofensa ao bem jurídico for levada a cabo por meio de tentativa (aceite-se para já a ideia de que deste modo se verifica tão-só um pôr em perigo), nessa circunstância a ordem jurídica desvaloriza determinados bens, afastando liminarmente a punibilidade das condutas que os ofenderam sob aquela forma do iter criminis. De sorte que, de maneira transparente, se podem detectar na ordem jurídica bens jurídico-penais que usufruam de uma protecção penal quando violados nas formas de consumação e tentativa, ao passo que outros só merecem a tutela do direito penal se as condutas que os ofenderam se tiverem consumado. Nesta perspectiva, temos de admitir que há uma gradação da dignidade dos bens jurídico--penais.[129]

---

[126] F. Antolisei *Manual de Derecho Penal, Parte General* 8.ª Ed. (trad. espanhola de Manuale de Diritto Penale)˙ pg. 336.

[127] Figueiredo Dias claramente ensina que a tentativa *viola já o dever-ser jurídico--penal que fundamenta o respectivo tipo-de-ilícito* (*Direito Penal, 1975/76 pg. 11*), contrariando, assim, o entendimento anteriormente explanado por Eduardo Correia, para quem, na tentativa *o Direito Criminal alarga excepcionalmente a punição.* (*Direito Criminal I*, 251).

Faria Costa, citando H. Grotius na sua célebre obra *De Jure Belli ac Pacis*, recorda que *nem sempre tem sido destacado com a devida ênfase, diríamos mesmo parecer intencionalmente esquecido, o facto de ser o pensamento jusnaturalista do século XVII aquele que nos deixou, talvez pela primeira vez, claramente dito que uma vertente fundamental da tentativa se detecta na produção do perigo. F. Costa Tentativa e Dolo Eventual*, 1987, nota de rodapé n.º 115).

[128] Faria Costa, supra pg. 82/83.

[129] Faria Costa, supra, 20. 21.

82   *Da Responsabilidade Médica em Direito Penal*

O estudo desta figura jurídico-criminal suscita uma constelação de problemas do maior relevo dogmático e também praxiológico, tais como a questão da consonância da tentativa com o dolo eventual, o problema da desistência voluntária na tentativa, a temática da punibilidade da tentativa impossível, o conceito roxiniano da "tentativa falhada" e outros que não importa *hic et nunc* inventariar, pois não cabe no âmbito limitado deste estudo, essencialmente votado à panorâmica da responsabilidade criminal do médico, a escalpelização dos referidos problemas que não se compadecem com um tratamento superficial.

4.1.2 *Breve Excurso Sobre a Questão da Compatibilidade da Tentativa com o Dolo Eventual*

Em todo o caso, pelo relevo e pela frequência que a questão da compatibilidade da tentativa com o dolo eventual têm merecido na *praxis* jurisprudencial portuguesa, abordaremos, em termos necessariamente perfunctórios, o exame de tal questão, até pela sua incidência na temática central do presente trabalho.

Liminarmente é de toda a conveniência consignar que a figura dogmática de «dolo eventual» não tem merecido, por parte da nossa jurisprudência, designadamente até aos anos 80, uma atenção tão aprofundada quanto seria de desejar, muito provavelmente por só o Código de 1982 ter operado a sua consagração legal.[130]

---

[130] Durante bastante tempo a nossa jurisprudência mostrou-se refractária à aceitação do dolo eventual no direito penal português. Assim, v. g. no Ac. de 17 de Dezembro de 1952, publicado no BMJ n.º 34,268 o STJ considerou o dolo eventual como *conceito não definido na nossa lei penal e imprecisamente determinado na doutrina.*

Mais tarde no seu aresto de 27 de Abril de 1960, o mesmo mais alto Tribunal sentenciou dizendo que *não há ainda na doutrina um conceito, de aceitação unânime, sobre o que seja o dolo eventual.*

Trata-se de mera construção doutrinal, que a jurisprudência ainda não aceitou completamente, e ainda não admitida pelo nosso direito positivo (BMJ 96,188).

Esta orientação jurisprudencial sofreu, contudo, notória inflexão na década de 60. Assim, o Supremo passa a admitir, sem hesitação, a punibilidade do crime cometido com dolo eventual (BMJ 127,240; 163,222; 176, 113; 191,193), sentenciando, no Acórdão de 26 de Novembro de 1969 no sentido de que *sem dúvida, a jurisprudência e a doutrina admitem o dolo eventual em direito penal português. A resistência à sua aceitação parece ter sido insistentemente vencida na jurisprudência mais recente*

Pressupostos Sistemáticos da Responsabilidade Criminal do Médico

O Código de 1886 não fazia qualquer referência à locução "dolo", embora exigisse um nexo psicológico entre o agente e o facto, quer no seu art.º 1.º onde se referia na definição do crime a "facto voluntário", quer v.g. no n.º 7 do art.º 44.º em que considerava como causa de justificação a ausência de "intenção criminosa" e de "culpa".

Por sua vez, parte da doutrina nacional, especialmente o ensino da cátedra de Lisboa, pouca relevância parecia conferir a tal figura dogmática, tendo o eminente criminalista que foi o Prof. Cavaleiro de Ferreira escrito, nas suas lições sobre dolo eventual, proferidas ainda no domínio do velho Código: *O nosso Código Penal não se refere nem define o dolo eventual. Dolo eventual é, por isso, de considerar como simples designação doutrinária para prosseguir na tarefa de demarcar a zona limítrofe do dolo em relação à culpa.*

Com o nome de dolo eventual (ou também de dolo condicional, ou de dolo indirecto) é geralmente acolhido pela doutrina, e constitui matéria de intensa e confusa discussão.[131] Mais adiante o mesmo ilustre Prof. ensinava: Convém não esquecer que o dolo eventual não é, no direito positivo português, uma espécie de dolo, ou um conceito autónomo e diferenciado, mas apenas uma designação teórica para o esclarecimento do problema que suscita a delimitação inferior do dolo, no que respeita à inclusão no seu objecto de eventos previstos como possíveis consequências do facto querido.

Sendo assim, não se trata de alargar a noção de dolo, enfraquecendo-o na sua estrutura, ou alargando-o no seu objecto, mas tão-somente de fixar interpretativamente, em matéria que se apresenta mais duvidosa, a subsistência da estrutura e o verdadeiro objecto do dolo. Não poderá ser de outra maneira no Direito português e perante a ausência de preceito legal que expressamente se lhe refira, pois que a distinção pela doutrina do conceito legal do dolo equivaleria a punir como dolosos crimes culposos ou a incriminar factos que não seriam puníveis por culpa, com evidente violação da regra de interpretação imposta pelo art.º 18.º do Código Penal.[132]

---

deste Supremo Tribunal de Justiça. Por todos se cita o Acórdão de 3 de Abril de 1968, proferido no processos 33676, citado no Código Penal Português, do Dr. Maia Gonçalves, a pg. 4, e ainda, o publicado no Boletim do Ministério da Justiça de Maio do ano corrente. (BMJ 191,193).

[131] Cavaleiro de Ferreira, *Direito Penal Português I*, Verbo, 1982, pg. 479.

[132] Idem, pg. 480/81.

84   *Da Responsabilidade Médica em Direito Penal*

O que é certo, porém, é que apesar da figura do dolo eventual não encontrar no direito positivo da época a *consacratio legis*, a nossa jurisprudência, apesar de o art.º 11.º do CP de 86 exigir como elemento estruturante da tentativa a <u>intenção criminosa</u>, não viu qualquer impedimento em se pronunciar abertamente pela compatibilidade da tentativa com o dolo eventual.

Assim, a titulo meramente exemplificativo, no seu Ac. de 26 de Novembro de 1969, o Supremo Tribunal de Justiça declarou, num passo que não resistimos a transcrever, pelo seu patente interesse: *A frustração punível supõe que o agente tenha agido intencionalmente; outro tanto sucede na tentativa. Mas, esta intencionalidade apenas afasta a punição da frustração a título de negligência. Di-lo a lei, e confirma-o o Relatório ao declarar ter-se querido afastar a possibilidade de se punir a frustração por negligência. A intenção contida nos art.ºs 10.º e 11.º do Código Penal é tanto o dolo eventual, como o dolo directo, como o dolo necessário. Aceite, efectivamente o dolo eventual no Código Penal português, nenhuma razão há para o não admitir na frustração e na tentativa*[133]

A discussão porém, ganhou novos contornos após o advento do Código Penal de 1982.

O novo diploma, do mesmo passo que consagrou a *definitio legis* do dolo eventual (embora em subordinação a tal *nomen juris*), estatuindo no n.º 3 do art.º 14.º que haverá dolo *quando a realização de um facto for representada como uma consequência possível da conduta e o agente actuar conformando-se com aquela realização* dispôs que, para a existência da tentativa, o agente deverá praticar actos de execução *de um crime que decidiu cometer* sem que este chegue a consumar-se.

Logo após a publicação do novo Código, nas Jornadas sobre o novo Código Penal levadas a efeito pelo Centro de Estudos Judiciários, o Prof. Faria Costa, então ainda Assistente da Faculdade de Direito de Coimbra, pronunciou-se contra a consonância da tentativa com o dolo eventual, afirmando: *Afigura-se-nos, pois indispensável que se verifique a intenção directa e dolosa por parte do agente em que* parece *ser de excluir o dolo eventual, já que o agente, apesar da representação intelectual do resultado como punível, ainda se não decidiu. Estar-se-á, desta maneira, perante uma formulação que consagra, a nosso modo de ver, um critério objectivo mitigado.*

---

[133] BMJ 191,193

Quer isto significar em termos necessariamente esquemáticos – o que nos pode levar a cometer erros de delimitação conceitual – que o critério fundamental se nos apresenta como objectivo já que a tentativa tem sempre de integrar uma referência objectiva a certa negação de valores jurídico-criminais na forma de lesão ou perigo de lesão dos bens jurídicos protegidos mas a que há que adicionar o próprio plano do agente integrado da sua intencionalidade, volitivamente assumida, que, face ao texto legal e segundo a nossa opinião, não pode ser limitado ao mero papel de esclarecer o significado objectivo *do comportamento do agente, antes deve ser valorado em si* mesmo.[134]

A jurisprudência do Supremo Tribunal de Justiça não acompanhou a posição daquele ilustre Professor de Coimbra, persistindo na concepção de plena compatibilidade da tentativa com o dolo eventual[135], que já vinha defendendo, como se viu, no domínio do Código anterior.

Esta posição jurisprudencial tem também largo apoio na Doutrina, designadamente em Germano Marques da Silva que ensina: *se o dolo eventual é suficiente para consumação do crime é também bastante para a tentativa correspondente*[136] e também em Teresa Beleza que nas suas Lições de 79/80 (ainda no domínio do velho Código, mas tendo presente o anteprojecto do Código de 82) ensinava que *não se pode dizer que a tentativa não poderá ser praticada com dolo eventual*[137], acrescentando: *Esta é a posição do Supremo e é também da generalidade da doutrina, quer portuguesa, quer estrangeira.*[138]

Em 1987 o Prof. Faria Costa, dando à estampa o seu notável estudo *Tentativa e Dolo Eventual (ou da relevância da negação do Direito Penal)*[139] procurou combater a posição largamente maioritária da doutrina e da jurisprudência sobre tal questão, defendendo amplamente a tese que já sustentara na sua intervenção, atrás referida, nas Jornadas de Direito Criminal do CEJ.

---

[134] J. F. Faria Costa, *Formas do Crime* in Jornadas de Direito Criminal, «O Novo Código Penal Português e Legislação Complementar», Ed. Centro de Estudos Judiciários, Lisboa, 1983, pg. 160.

[135] Acs. STJ de 21.11.84, in BMJ 341,260, de 6.3.85 in BMJ 345, 222; de 8.1.92 in BMJ 413,402 "inter alia"

[136] Germano M. Silva, *Direito Penal Português II*, 241.

[137] Teresa Beleza, *Direito Penal, 2.º vol.* 392.

[138] Ibidem

[139] In Separata do número Especial do Boletim da Faculdade de Direito de Coimbra («Estudos em Homenagem ao Prof. Doutor Eduardo Correia», Coimbra, 1987, 160)

Faria Costa começa por recortar uma fragmentaridade e necessidade (*ultima ratio*) de segundo grau, retirada do estabelecimento pelo sistema penal da punibilidade da tentativa em determinados ilícitos penais, que não em outros, como resulta do disposto no art.º 23.º n.º 1 do actual Código Penal português, que apenas consente na punição de tentativa se ao crime consumado corresponder pena superior a três anos de prisão.

Após afirmar que o sistema jurídico-penal confere protecção a todos os bens que elegeu e cristalizou nos diferentes tipos legais, desde que ofendidos sob a forma consumada, o autor citado faz notar, que se tal ofensa for meramente tentada nos crimes não puníveis com pena superior ao limite estabelecido pelo inciso atrás referido, a ordem jurídica afasta liminarmente a punibilidade de tais condutas que colocaram os mesmos bens jurídicos em perigo, o que evidencia que se todos os bens jurídicos merecem tutela (pena) quando violados, já o mesmo não acontece quando a sua agressão for meramente tentada em muitos deles, concluindo pela admissão de uma gradação da dignidade dos bens jurídico-criminais.

Extrai, assim, o referido autor a ilação de uma fragmentaridade (e necessidade) de segundo grau, ou seja, a ordem jurídica fragmenta-se, em primeira linha, ao seleccionar de entre os bens jurídicos protegidos pelo Direito, aqueles que merecem relevância jurídico-penal (fragmentaridade de primeiro grau) e, por isso, a sua violação é punível com uma pena.

Depois, em segunda linha, volta a fragmentar-se, agora para seleccionar aqueles, de entre os primeiros, cujo simples pôr em perigo (tentativa), considera passível de pena (fragmentaridade de segundo grau).

Até aqui o pensamento do ilustre autor citado é de meridiana clareza, afigurando-se-nos irrefragável a sua argumentação.

De resto, a gradação da dignidade dos bens jurídico-penais parece-nos indiciada, desde logo pela própria variabilidade das molduras penais com que o legislador sanciona os diversos tipos de ilícito.

Já o pretendido afastamento do argumento de que o que vale para o crime consumado, vale também para o crime tentado[140], de acordo com a regra *a majore ad minus*, parece de mais tormentosa dificuldade.

Com efeito, ninguém ousará contestar que, pelo menos no plano puramente estrutural, a tentativa (como forma ou fase do crime que é) representa um *minus* em relação ao crime consumado.

---

[140] É, como se sabe, o argumento do Professor Germano Marques da Silva para admitir o dolo eventual na forma tentada do crime – supra nota n.º 126.

Desde *a nuda cogitatio* até à *meta optata*, o agente percorre, em regra, um considerável caminho *(iter criminis)*, pelo que é forçoso aceitar, por imperativo lógico, que a parte de tal percurso, qualquer que ela seja (configurada na tentativa) é sempre inferior ao todo (delito acabado ou consumado).

Porém, se a consumação representa um *maius* em relação à tentativa, daí não se retira logo, segundo Faria Costa, que nesta caiba também o dolo eventual, admitido indiscutivelmente na estrutura do crime consumado.

Para tanto seria necessário, segundo o ilustre Professor, que «*o círculo de coincidência entre o conjunto referente à tentativa e o que se refere à consumação abarcasse o dolo eventual*»[141], o que, segundo o mesmo eminente autor, não está demonstrado.

Confessamos alguma dificuldade na aceitação de tal argumento, ressalvado sempre o maior respeito e admiração pela douta opinião do eminente Professor de Coimbra!

Não descortinamos, na verdade, quer se considere o dolo como elemento do tipo, quer se veja nele uma simples modalidade de culpa, quer mesmo se aceite uma posição mais ecléctica de tipo-de-culpa doloso, como é que será possível configurar modalidade de dolo diferente (ou simples ausência deste), na tentativa, do que a que se verifica na consumação.

A mesma modalidade de dolo atravessará em regra, se bem vemos as coisas, toda a actividade delituosa do agente relativamente ao crime que «*decidiu cometer*», quer na fase do *conatus remotus*, quer na do *conatus proximus* ou seja, na preparação e, sobretudo, na execução, o que, a nossos olhos, permite afirmar que tal modalidade dolosa caberá sempre, como seu elemento subjectivo, no circulo de sobreposição ou de coincidência entre o conjunto referente à tentativa e o referente à consumação.

A exclusão do dolo eventual de tal circulo de coincidência, vale dizer, do âmbito da tentativa, só seria compaginável com uma forçada *césure* entre o momento genético da *intenção* e o da *decisão*, como parece defender o ilustre Professor Faria Costa quando escreve: *como se sabe, mesmo numa visão linear e cronológica do desenvolvimento do acto volitivo, entende-se que o momento da decisão precede imediatamente a execução ou a abstenção definitiva. É por isso perfeitamente legítimo entender-se que a "intenção", seria, consequentemente, a expressão dos*

---

[141] F. Costa *Tentativa... cit. pg. 78*

88   Da Responsabilidade Médica em Direito Penal

momentos anteriores de gestação desse mesmo acto volitivo. Ou seja: o que se reflectiria na representação primeira do acto a realizar e na assunção da tendência para o acto. O que implica que a decisão se postule como um momento final do qual não há retorno: ou se executa o acto projectado ou se petrifica a abstenção.[142]

Não é, porém, forçoso que assim seja. A nosso ver, a decisão não se cristaliza qualquer *point de non retour*, isto é, nem implica inviabilidade de retrocesso da conduta activa, nem petrifica uma abstenção, justamente porque a liberdade do agente permite-lhe a livre revogabilidade ou a mutabilidade das suas decisões.

Parece, assim, não ser necessário «*emprestar à intenção uma conotação de decisão*» para que o momento decisório coincida com o momento intencional da prática de actos de execução de um crime, pelo menos na acepção normativa.

Na fase da execução, a intenção direccionada para a comissão de um crime tem, para nós, como para a generalidade da doutrina e da jurisprudência, a mesma valência normativa da decisão.

O saudoso Prof. Cavaleiro de Ferreira, já nas suas lições ao ano de 1956/57 na Faculdade de Direito de Lisboa, ensinava que *exige-se que na tentativa o delito seja perfeito, completo, na intenção do agente. A realização da intenção fica aquém desta, mas o conteúdo do dolo deve abranger o crime consumado.*

Dá-se, assim, um fenómeno inverso do que dissemos verificar-se no crime preterintencional.[143]

Já à luz do Código Penal de 1982, o insigne Mestre de Lisboa, nas suas lições proferidas na Universidade Católica, afirmava: *A tentativa é um crime imperfeito, no seu confronto com o crime consumado, porque, relativamente a este, se verifica uma deficiência na estrutura essencial do facto ilícito.*

Pelo contrário, a culpabilidade na tentativa é a culpabilidade do crime consumado, isto é, a intenção (decisão) do agente é a intenção de cometer o crime consumado.

Justifica-se, portanto, que se inicie a indicação dos elementos essenciais da tentativa fazendo referência ao dolo ou intenção, que é o dolo ou intenção de cometer o crime consumado. Ora, é já repetitiva advertência,

---

[142] Idem, 88.

[143] Cavaleiro de Ferreira, *Direito Penal*, Lições ao 5.º ano jurídico de 1956/57 compiladas por Eduardo da Silva Casca, Ed. dactilografada e policopiada pela A.A.F.D.L, vol. 2.º, pg. 220.

o dolo ou a intenção criminosa na tentativa vai além do facto ilícito realizado, dirige-se e tem por objecto o crime consumado. O dolo, na tentativa, é o dolo do crime consumado.[144]

Exemplo claro de equiparação entre intenção e decisão, ou mesmo de sinonímia normativa de ambos os termos, colhe-se melhor, quanto a nós, através da figura de "tentativa falhada" admitida pela doutrina alemã (*"Fehlgeschlagene Versuch"*).

Com efeito, o § 24 1.1 do StGB declara que não será punido por tentativa, entre outros "aquele que voluntariamente desistir de prosseguir na execução do crime"[145], abarcando, portanto, tanto a desistência voluntária como a involuntária.

Para Roxin tentativa falhada é aquela em que o agente não pode prosseguir e da qual, por consequência, não pode desistir[146].

A tentativa falhada não se confunde nem com o crime frustrado em que o agente executa todos os actos necessários à consumação sem que o resultado sobrevenha, nem com a tentativa impossível.

Aqui o agente decide praticar e pratica parte dos actos de execução de um crime, deparando a dada altura do processo executivo com uma impossibilidade de continuar, pelo que não há qualquer desistência, pois esta só seria possível se o agente pudesse prosseguir os actos de execução.

No entanto, na execução dos actos realizados esteve, sem dúvida, presente na decisão do agente tanto a representação como a vontade de praticar o crime projectado, e, portanto, o dolo do crime consumado.

---

[144] Cavaleiro de Ferreira, *Lições de Direito Penal, Parte Geral, I, (A Lei Penal e a Teoria do Crime no Código Penal de 1982)*, Ed. Verbo, 1992, pg. 404.

[145] § 24 Rücktritt..1.1 Wegen Versuchs wird nicht bestraft, Wer freiwillig die weitere Ausführung der Tat aufgibt oder deren Vollendung verhindert.
2. Wird die Tat ohne Zutun des Zurücktretenden nicht vollendet, so wird er straflos, wenn er sich freiwillig und ernsthaft bemüht, die Vollendung zu verhindern.

[146] C Roxin, *"A Tentativa Falhada" simultaneamente, uma contribuição para o problema do retomar da execução* in Problemas Fundamentais de Direito Penal, 3.ª Ed. Vega/Universidade, pg. 337.
Um exemplo de tal "tentativa falhada" foi considerado pela jurisprudência alemã, o caso em que «o agente desiste de violar uma rapariga quando descobre que esta *está com o período*», entendendo Roxin que, neste caso, parece haver uma simples desistência involuntária.
Outro caso será o de a mulher, que o agente quer violar, decidir entregar-se voluntariamente, faltando assim, o constrangimento para a cópula, essencial ao crime de violação. Ambos os exemplos estão consignados na obra acabada de referir, sendo referentes a tentativas com dolo directo.

90 *Da Responsabilidade Médica em Direito Penal*

Dir-se-á que nos exemplos apontados na nota 45, extraídos da jurisprudência do BGH, se está perante casos de dolo intencional ou directo. Configuremos, então, dois casos diferentes.

Se um determinado agente lança fogo a uma barraca, representando como possível a morte de uma pessoa que aí dorme, conformando-se com tal resultado representado e sendo certo que o fogo é, no entanto, apagado por uns populares que por aí passavam, saindo ileso o habitante da barraca, deverá o agente ser punido por homicídio voluntário, na forma tentada, como dolo eventual?

Segundo o Prof. Faria Costa, a conformação do agente seria com o resultado, não se podendo daí concluir que a sua postura de consciência juridico-normativa se estende também à tentativa e, assim, se o habitante saiu ileso não obstante a situação de real perigo a que esteve sujeito, não há tentativa de homicídio.[147]

É nossa opinião que, se o agente representou o resultado (morte do habitante), como consequência possível do incêndio que deflagrou, embora não buscasse propositadamente nem o tivesse por necessário, deverá ser punido efectivamente, em concurso com o crime de incêndio, por tentativa de homicídio com dolo eventual.

A situação não é substancialmente diferente da que foi decidida pelo Supremo Tribunal de Justiça no seu Acórdão de 14 de Junho de 1995.[148]

No caso referido, dois indivíduos entraram em discussão numa taberna, tendo, segundo a factualidade apurada nas instâncias, durante essa discussão, o ofendido agredido voluntária e corporalmente o arguido na região frontal, com um murro. O arguido então partiu uma garrafa de cerveja e com ela empunhada agrediu voluntária e corporalmente o ofendido na face antero-lateral esquerda do pescoço. Em consequência necessária e directa desta agressão, o ofendido começou a sangrar abundantemente do pescoço. Passados cerca de cinco minutos o ofendido foi transportado ao Hospital, em ambulância do INEM, entretanto chamada por uma das pessoas presentes. Nesse estabelecimento hospitalar foi de imediato submetido a intervenção cirúrgica na região do pescoço atrás referida, onde foi encontrado um pedaço de vidro.

No acervo factual fixado, as instâncias consideraram ainda provado que «o ofendido só não faleceu por ter sido logo socorrido e submetido a intervenção cirúrgica no hospital» e que «ao agredir o ofendido no

---

[147] Faria Costa, *Tentativa... cit,* pag. 109
[148] Colectânea de Jurisprudência (Acórdãos do Supremo Tribunal de Justiça) ano III, Tomo 2, pg. 226-230.

pescoço, do modo descrito, o agressor previu a possibilidade de lhe causar a morte e não obstante isso praticou tal agressão por lhe ser indiferente a morte do ofendido e com tal resultado se conformar».

O Supremo, tal como as instâncias, condenou o agressor por homicídio voluntário, na forma tentada, cometido com dolo eventual, louvando-se, além do mais, em Jescheck que considera que *na tentativa, que exige o tipo subjectivo completo, o dolo pode caber igualmente na modalidade eventual sempre que este seja suficiente conforme ao tipo respectivo.*[149]

Note-se que para Stratenwerth é suficiente para que exista dolo eventual o simples tomar a sério o perigo. Assim, o referido autor suíço na sua célebre obra *Strafrecht, Allgemeiner Teil I* escreve: *Se o autor considera seriamente a possibilidade da produção do resultado, terá que decidir se o intento de levar a cabo a acção merece, do seu ponto de vista, em caso de tal ser necessário, o pagamento de semelhante preço: se, apesar de tudo, ele actua, terá que responder afirmativamente e, em consequência verificar-se-á o dolo eventual.*[150]

Ainda citando o aresto do Supremo Tribunal de Justiça, permitimo--nos transcrever uma passagem de Jescheck referida naquele acórdão e atrás identificado. Diz, com efeito, o eminente Mestre alemão: *considerar como sério esse perigo, quer dizer que o agente calcula como relativamente elevado o risco da realização do tipo. Desse modo se obtém a referência à magnitude e proximidade do perigo, necessária para a caracterização do dolo eventual. Também o dolo aparece assim como componente do injusto da acção, já que se manifesta na estimativa do perigo para o objecto protegido da acção. À representação da seriedade do perigo deve acrescentar-se, além disso que o agente se conforme com a realização do tipo. Entende-se por isso que se decida, para alcançar a realização do objectivo da acção que se propõe, por assumir a realização do tipo e suportar o estado de incerteza existente no momento da acção. Quem actua desta maneira ante o perigo de que se realize o tipo de acção punível denota uma postura especialmente reprovável frente ao bem jurídico protegido, no que, relativamente ao conteúdo de culpabilidade, cabe equiparar o dolo eventual à intenção e ao dolo directo*[151].

---

[149] Jescheck in *Lehrbuch das Strafrecht*, apud Acórdão do STJ supra mencionado de que foi relator o ilustre Conselheiro Lopes Rocha.

[150] Günter Stratenwerth, *Strafrecht Allgemeiner Teil I. Die Straftat* 2.ª ed., 1976, n.º 305 (trad. esp. *Derecho Penal, Parte General I. El Hecho Punible*, Edersa, Madrid, 1982, pg. 111).

[151] Supra nota 138.

92 *Da Responsabilidade Médica em Direito Penal*

Finalmente, a coroar este breve excurso sobre a questão da consonância da tentativa com o dolo eventual, uma última citação, agora, de novo, do Professor Cavaleiro de Ferreira nas suas lições sobre o Código de 1982: *A única dúvida, porventura possível, é acerca do dolo na tentativa. A "decisão voluntária" do agente na tentativa equivale só a dolo directo ou também ao dolo eventual?*

Não parece que tal dúvida tenha razão de ser suficiente. Tanto o dolo directo, como o dolo eventual são dolo, como são também decisão voluntária.[152]

Efectivamente, no caso exemplificado do incêndio atrás referido, como no caso da agressão com a garrafa de vidro partida, os agentes representaram como consequência possível do incêndio ateado ou da perfuração do pescoço da vítima com a garrafa quebrada, a morte dos ofendidos e representaram-na com seriedade. Mesmo assim, interiorizando tal representação, não se coibiram de lançar fogo à barraca, ou no caso da agressão com a garrafa, de espetar a parte quebrada do vidro no pescoço da vítima, criando-se destarte situações de patente perigo de vida, só não tendo a morte dos ofendidos ocorrido por facto estranho à vontade dos agentes. Porquê então a repugnância da subsunção no tipo legal de homicídio voluntário, embora de forma tentada, de tal conduta?

A indiferença pela vida da vítima traduz-se num enorme desvalor de acção, a que acresceria o desvalor de resultado se o crime se tivesse consumado.[153]

Com isto não se está a olvidar que o radical da tentativa é justamente o perigo e que este é uma entidade diferente do dano e, portanto, o "perigo de morte" não se confunde com a própria morte. Como escreve Faria Costa: *enquanto o dano permanece, o perigo, por sua natureza, ocupa sempre um lapso de tempo, mais ou menos duradouro, mas nunca por nunca, permanece. O perigo acontece; o dano permanece. Existe uma diferença essencialíssima entre as duas situações desvaliosas.*[154]

A nossos olhos, porém, o perigo apenas constituirá o étimo fundante da tentativa, no sentido de que nesse pôr-em-perigo radica a sua punibilidade, nunca se olvidando que, como forma incompleta de realização do tipo de ilícito, ela comungará sempre da ilicitude deste, ou seja que a ilicitude que se cristaliza no tipo é a mesma ilicitude da tentativa

---

[152] Cavaleiro de Ferreira, supra. nota 134.
[153] Neste sentido, *G. Stratenwerth, Strafrecht. A. T...* cit, n.º 694.
[154] J. F. Faria Costa, *O Perigo em Direito Penal*, Coimbra Editora, 1992, 323.

Pressupostos Sistemáticos da Responsabilidade Criminal do Médico   93

punível, na justa medida em que o bem jurídico tutelado e os elementos estruturantes do tipo (preenchido parcialmente pelo agente na tentativa) são idênticos, mas cuja "ofensividade" é punida, em certos crimes, até mesmo pelo simples "pôr-em-perigo" que constitui o radical da tentativa, por razões de política criminal.

Vistas as coisas de outro ângulo, diremos que o pôr-em-perigo em que consiste o étimo da tentativa sempre estará conexionado com a violação do bem jurídico tutelado pela norma, o que vale dizer, com o ilícito-típico, sendo mesmo uma das formas da sua ofensividade ou agressão[155].

Assim, pensamos que é neste sentido que o Prof. Figueiredo Dias considera que a tentativa «*viola já o dever jurídico-penal que fundamenta o respectivo tipo de ilícito*», acrescentando «*não ser necessário que a lei preveja expressamente a ilicitude da tentativa, mas só a sua punibilidade*».[156]

A tese de autonomia do tipo de ilícito na tentativa, para além da sua estrénua defesa pelo Prof. Faria Costa nos estudos jurídicos já atrás referidos «*Formas do Crime*» in Jornadas de Direito Criminal, CEJ, 153 ss.; *Tentativa e Dolo Eventual*, Sep. do BFDC, «Estudos em Homenagem ao Prof. Doutor Eduardo Correia», 1987; *O Perigo em Direito Penal (Contributo para a sua fundamentação e compreensão dogmáticas)*, Coimbra, 1992 (diss. de

---

[155] Acompanhamos, assim, o pensamento de Faria Costa quando, doutamente, afirma que *a diversidade prismática do dever-ser ético-penal, cristalizada na norma incriminadora permite ou mesmo implica que a violação se não faça por uma única forma.*

Tudo apontando para que aquela violação se traduza quer num pôr em perigo, quer numa violação propriamente dita. Por outras palavras e precisando: entendemos que o princípio da ofensividade se deve perspectivar e justificar normativamente enquanto cânone capaz de permitir perceber harmonicamente o pôr em perigo (radical da tentativa) e a violação (radical da violação). De que modo? Arrancando precisamente do domínio ou império do bem jurídico enquanto referente que deve iluminar todo e qualquer tipo legal de crime. Assim sendo, devemos sublinhar, agora em um corte horizontal, que o bem jurídico já é violado, nesta visão das coisas, quando se dá o seu pôr em perigo, como também quando se opera a sua nadificação, a violação propriamente dita, enquanto destruição ético-jurídica, quantas vezes até física, como no caso do homicídio, do bem jurídico tutelado pelo tipo legal de crime. (F. Costa *Tentativa e Dolo Eventual ... cit. pg. 82-83.*

[156] Figueiredo Dias *Direito Penal*, 1976, apontamentos de lições policopiadas ao 1.º ano do Curso Complementar de Ciências Jurídicas da Faculdade de Direito de Coimbra, 1975/76, pg. 11.

94 Da Responsabilidade Médica em Direito Penal

Doutoramento). designadamente na p. 194, nota 29), mereceu um interessante e bem estruturado estudo do Dr. Miguel Pedrosa Machado intitulado *Da Tentativa como Tipo de Crime. Um Parecer.*[157]

Se bem sintetizamos o pensamento deste ilustre Jurista, o mesmo começa por partir daquilo que considera como "noção objectiva de tentativa" que é formulada pelo art.º 22.º do Código Penal como prática pelo agente dos *actos de execução de um crime que decidiu cometer sem que este chegue a consumar-se.*

O Dr. Pedrosa Machado extrai de tal formulação a conclusão de que o Código não concebe a tentativa como a prática imperfeita de um crime a ela alheio (o que aconteceria se a disposição legal mencionada se referisse à prática de execução de *um tipo de crime (...),* e também, segundo o mesmo autor, tal se infere do n.º 2 do art.º 23.º do C. Penal, onde se colhe *a consagração expressa do carácter necessário ou obrigatório da remissão para os termos da atenuação especial.*[158]

O Dr. Pedrosa Machado avança depois no sentido de que a tipicidade pode ser expressa na lei penal de uma forma directa ou indirecta.

Haverá tipicidade directa, *summo rigore,* quando a lei penal contemple na norma incriminadora, tanto o tipo subjectivo como o tipo objectivo, apontando o autor, como exemplo, as previsões típicas de crimes com dolo específico ou as previsões típicas de crimes negligentes.

Já quanto, v. g., aos crimes com dolo genérico, torna-se necessário relacionar os mesmos, pela sua previsão na Parte Especial ou em leis complementares, com as normas gerais, evitando, assim, a repetição, em cada novo artigo, da referência ao dolo.

Finalmente, Pedrosa Machado, salientando que o conceito belingiano de «tipo dependente» não é necessariamente incompatível com a autonomia do tipo, o mesmo autor conclui que fora dos casos de tipicidade directa não há incompatibilidade entre aquelas duas realidades (tipo dependente e autonomia do tipo).

A tentativa estaria, assim, entre os casos de tipicidade indirecta, nada obstando a que, relativamente ao crime de referência, que seria o consumado, ela constituísse um tipo autónomo.

O distinto autor em referência remata assim as suas observações: «*Melhor se está, naturalmente, quando se ultrapassa o mero plano semân-*

---

[157] Publicado in *Formas do Crime (textos diversos)* da autoria do Dr. Miguel Pedrosa Machado, ed. Principia, Cascais, 1998, p. 12-26.

[158] Idem, ibidem, p. 20.

tico e se procura atingir a compreensão dos valores materiais (objectivos e subjectivos) em presença: aqueles valores que não só justificam como exigem a institucionalização da tentativa e não deixam relegar para o mero circunstancialismo acidental. Trata-se, rigorosamente, de encontrar o respeito pelo princípio da legalidade a que também a tipificação da tentativa não pode escapar. O crime tentado é um tipo de crime cuja tipificação (como, correspondentemente, sucede com a respectiva penalização) é indirecta».[159]

Não obstante as posições dos ilustres autores citados, afigura-se-nos que, ressalvando sempre o subido respeito por opinião contrária, que é muito, é difícil sustentar convincentemente, (considerando que o art.º 22.º n.º 1 do C. Penal traça uma noção legal de tentativa como sendo a *prática de actos de execução de um crime que se decidiu cometer*, sendo, portanto, o crime projectado (objecto da decisão do agente), o crime de referência para o qual se dirige o conhecimento e a vontade do agente), a autonomia do tipo de tentativa, para todos os efeitos, inclusive para a rejeição da admissão da sua compatibilidade com o dolo eventual, em relação a esse crime de referência.

A autonomia da tentativa é, perfeitamente, configurável no sentido de uma forma de aparecimento do crime *a latere* do delito de referência, isto é, do crime consumado, constituindo ambos formas de crime paralelas, e neste sentido autónomas, mas nunca como um «crime de tentativa».

Neste sentido exacto, aliás, Jorge Almeida Fonseca, tendo, no entanto este autor a preocupação de precisar tal ponto de vista, ao utilizar a expressão «delito de tentativa».[160]

Tal autonomia, todavia, não opera a ruptura do "cordão umbilical" que o liga ao crime de consumação, do qual, por isso, comunga da ilicitude circulante entre as duas figuras.

Na verdade, não vemos como, com segurança, escorar a absoluta impossibilidade da consonância do dolo eventual (que é uma das modalidades do dolo, admitido pacificamente para o mesmo crime de referência quando consumado), com a tentativa, pois ainda que esta se «autonomize» do tipo do crime consumado, v.g., *quod poenam*, sempre manterá com o mesmo alguns laços que se traduzem, justamente, nessa «dependência», aos quais não serão estranhas a identidade da consciência e da vontade do agente, que integram a resolução criminosa.

---

[159] Idem, Ibidem, p. 25.
[160] Jorge Carlos de Almeida Fonseca, *Crimes de Empreendimento e Tentativa*, Almedina, 1986, p. 145, nota de rodapé 153.

96 Da Responsabilidade Médica em Direito Penal

Se, no fim das razões vem a persuasão, como diria Wittgenstein (L. Wittgenstein, *Da Certeza, § 612)* cremos, desta forma, que não se encontra, ainda, convincentemente estruturada a tese da inconsonância da tentativa com dolo eventual, mesmo admitindo uma eventual autonomização do tipo da tentativa em relação ao tipo de crime consumado, posto que este é sempre o projectado e, como assim, o concebido e querido pelo agente que pratica os actos de execução decidido a cometê-lo.

Na lição de R. Maurach, Gössel e Zipf sobre o dolo na tentativa *«o dolo- igual nos demais elementos subjectivos do tipo- deve estar presente no momento de transpor o limite da tentativa; a sua supressão antes da consumação pode, eventualmente dar lugar a uma desistência, de acordo com o § 24.*

O tipo respectivo é determinante para se estabelecer se é suficiente o dolo eventual, ou se porventura importa exigir o dolo directo, ou mesmo uma intenção sobreposta ao dolo.

Os requisitos exigidos a respeito da resolução delictiva e do dolo excluem conceptualmente a possibilidade de uma tentativa culposa.[161]

Desta sorte, e pelos argumentos atrás expostos, perfilhados pela maioria da doutrina e pela jurisprudência do nosso mais alto Tribunal, perfilamo-nos entre os defensores da consonância da tentativa com o dolo eventual.

4.1.3 *Considerações sobre o relevo da omissão em direito penal*

4.1.3.1 *Generalidades*

A elaboração dogmática dos crimes omissivos, só mereceu os favores da doutrina a partir de Feuerbach que, na ciência jurídica alemã, procurou tratar sistematicamente os chamados «deveres jurídicos de evitação do resultado».[162]

Como pondera Stratenwerth: *A dogmática jurídico-criminal orientou--se, predominantemente, durante largo tempo, pelo modelo dos crimes de acção, de modo que os pressupostos e as formas de responsabilidade*

---

[161] R. Maurach, K. Gössel e H. Zipf *Strafrecht Allgemeiner Teil. T.2, (trad. cast. Derecho Penal, parte general, 2 Astrea, Buenos Aires, 1995, p. 36/37).*

[162] Paul Anselm von Feuerbach, *Lehrbuch,* 3.ª Ed. § 24, apud Jescheck, *Lehrbuch des Strafrecht,* trad. esp., 1.º vol., 826.

Pressupostos Sistemáticos da Responsabilidade Criminal do Médico 97

jurídico-penal nos delitos de omissão, resultam extremamente problemáticos em muitos dos seus aspectos.[163]

Para tanto contribuiu, desde logo, a própria concepção ontológica da omissão, que durante largo tempo, configurava a conduta omissiva como um simples nada e o nada só pode produzir nada (*ex nihilo nihil fit*).[164]

Franz Von Liszt, no seu Tratado, explicava que a omissão *consiste em não impedir voluntariamente o resultado,* e acrescentava que *a manifestação de vontade consiste aqui em não executar voluntariamente um movimento corporal que deveria ter-se realizado (e que era realizável).*[165]

Karl Engisch concebia a acção como *perda de energia numa determinada direcção,* enquanto que o não fazer seria uma *não perda de energia numa determinada direcção.*[166]

---

[163] Günter Stratenwerth, *Strafrecht, A. T. I* (trad. esp., 977).

[164] António Coelho de Barros no seu bem elaborado estudo *Sobre os Crimes Omissivos, Em Especial O Dever de Agir nos Crimes Omissivos Impróprios,* assim sintetiza o aparecimento e a prolongada duração do conceito de omissão como um **nihil facere**: «Se em cada época histórica a ideia de Direito e a sua expressão legislativa são, em larga medida, fruto das concepções politicas dominantes e das necessidades colectivamente sentidas, na análise dos crimes omissivos transparece com especial clareza essa influência. A sua punibilidade e fundamentação teórica exprimem com fidelidade o tipo de relações que entre o indivíduo e a sociedade se estabelecem.

Assim, e ao invés do que sucede durante o absolutismo, com o advento do regime liberal a cujo ideário se encontra intimamente ligada a ideia da máxima salvaguarda das liberdades individuais, o pensamento de que através da inactividade se podia produzir um resultado criminoso entrou em crise, ganhando ascendente a convicção de que a inacção nada pode produzir.

A este obstáculo logo se aliou a função garantidora dos direitos individuais que o Direito Penal passou a desempenhar com carácter primacial e através do qual se procurou pôr termo ao «arbítrio do poder punitivo do juiz penal através da lei do Estado».

O julgamento e punição dos crimes passou a efectuar-se de acordo com regras de legalidade estrita, reflectidas no princípio «nullum crimen sine lege» por via do qual o delito passou a ser «uma realização formalmente vinculada a uma norma penal positiva e prévia».

Perante tal situação, e sentida a irrecusável necessidade de punir certas formas negativas de comportamento, tornava-se necessário encontrar uma ponte de ligação com o «fazer positivo», tarefa extremamente complexa na medida em que, ao omitente, era imputado um resultado externo situado para lá dos limites da sua conduta corporal. Por este motivo, a doutrina iniciou «um desesperado esforço para transformar em algo o nada da omissão» (Revista Jurídica n.º 2 Out./Dez 1983, AAFDL).

[165] F. Von Liszt, *Lehrbuch des Deustchen Strafrechts,* trad. cast. de J. Asúa, Tratado de Derecho Penal, 2.º vol., 314.

[166] Karl Engisch *Vom Weltbild des Juristen,* 2.ª ed. 1965, nota 70, p. 38, apud Claus Roxin *Do Limite entre Comissão e Omissão* in *Problemas Fundamentais de Direito Penal,* 3.ª ed. 169.

Não é difícil lobrigar, nestas formulações conceptuais de omissão, um esforço da doutrina no sentido de encontrar um denominador comum, isto é, um conceito de comportamento que abarcasse tanto a acção propriamente dita (conduta activa) como a omissão (encarada como um comportamento passivo ou conduta negativa), isto é, como o inverso da acção (teoria da inversão) não só na estrutura, como nos próprios efeitos.[167]

É, sobretudo, a partir da obra de Armin Kaufmann *Die Dogmatik der Unterlassungsdelikte* publicada por este ilustre discípulo de Hans Welzel em 1959, que o panorama da dogmática dos crimes de omissão se altera substancialmente.

Na feliz síntese de Muñoz Conde *«a tese central de Kaufmann é que, assim como existe um conceito ontológico de acção (o da teoria finalista da acção), existe também um conceito ontológico de omissão, ao qual, como realidade pré-jurídica, está vinculado o legislador. Este conceito ontológico de omissão caracterizar-se-ia pelo facto de o sujeito que omite ter a concreta capacidade de acção e, apesar disso, não realizar essa acção. Ou seja, primeiro há que perguntar se, quando alguém omite algo, podia realizar esse algo que não faz.*

Este conceito é, portanto, independente de saber se o que se omite está ou não desaprovado ou é indiferente; é, por isso, um conceito ontológico, não normativo. «A capacidade de acção» seria, aliás, um requisito teórico do conceito de comportamento em geral e não só de omissão. Também, acção em sentido estrito supõe que o sujeito pode actuar, embora essa capacidade se dê obviamente por suposta desde o momento em que ele actua (cfr. Armin Kaufmann, Die Dogmatik, pp. 49-83)».[168]

Um dos maiores méritos de Kaufmann, se outros não houvesse, seria o de procurar estabelecer o que na sua perspectiva, constituem as estruturas lógico-objectivas de toda a dogmática jurídica, que, sendo suporte material das decisões jurídicas, seriam vinculantes para o legislador, juiz ou intérprete, *independentemente de qualquer consideração axiológica ou valorativa própria de cada país, momento histórico, cultura ou ideologia.*[169]

---

[167] Conceito comum este que vinha sendo afirmado pelos causalistas (Mezger, Baumann) embora negado por Radbruch e A. Kaufmann, entre outros.

[168] Francisco Muñoz Conde, *Do Vivo e do Morto na Obra de Armin Kaufmann*, Rev. Portuguesa de Ciência Criminal, ano II, 2.º pp. 269-279.

[169] Ibidem

Pressupostos Sistemáticos da Responsabilidade Criminal do Médico   99

Porém, se a falta de consenso entre os doutrinadores era evidente quanto ao conceito de omissão, maior dissídio se podia (e pode) apontar quanto à classificação bipartida dos crimes omissivos próprios ou puros e omissivos impróprios ou comissivos por omissão.

É sabido que tal distinção classificativa remonta a 1836 devendo-se a Luden (*Abhandlungen... T.II*)[170] mas, ainda hoje, não é pacificamente aceite[171].

Segundo um dos critérios utilizados, a distinção entre omissão própria e imprópria radica na circunstância de nos primeiros a lei descrever a conduta omissiva, isto é, estarem legalmente tipificados, enquanto nos segundos, não está tipificada a omissão, antes resultará da violação de um dever específico que recaia sobre o agente de evitar a produção de um resultado proibido, estando a tanto obrigado (critério tipológico).

---

[170] Heinrich Luden *Abhandlungen aus dem gemeiner deutschen Srafrecht,* apud. Jeschek, *Lehrbuch...* (trad. esp. Tratado de D. Penal, 2.º vol., 832).

[171] É de notar, como bem acentua Jescheck (Tratado... cit., II, p. 832, com ampla e valiosa citação bibliográfica em nota 38 ao § 58) que, actualmente, não é pacifica a aceitação da distinção terminológica entre a omissão pura ou própria e a omissão imprópria ou impura, também designada por comissão por omissão.

Efectivamente, tal distinção tradicional que remonta a Luden, é hoje questionada, designadamente na Alemanha, por vezes de vários quadrantes e até pela própria jurisprudência do BGH.

Desde logo, porque todos os delitos omissivos (próprios ou impróprios) se traduzem numa não realização da acção exigida por lei (assim BGH 14, 280 {281}, segundo o referido autor) e depois porque, formalmente, elas resultam da violação das normas preceptivas.

Assim, observa o citado autor, *não falta quem proponha a substituição dos termos dicotómicos tradicionais por, v. g., omissão simples e omissão qualificada. (Drost)* ou, como propõe Jakobs (*Strafrecht A. T,* trad, cast. *Derecho Penal, Fundamentos y Teoria de la imputación,* 2.ª ed., Madrid, 944) como primários os delitos de omissão própria, enquanto aos de omissão imprópria cabe, *a contrario,* a designação de secundários.

Entre nós, também a Prof. Teresa Beleza prefere a designação de omissões puras e impuras, ao dualismo próprias e impróprias, para se evitar a confusão com os conceitos de crimes específicos próprios e impróprios e, também, para afastar liminarmente a tentação de se considerar que os crimes omissivos impróprios não são verdadeiros crimes omissivos (Teresa Beleza, Direito Penal, 2.º vol., p. 50 nota de rodapé 409).

Teresa Quintela de Brito, v. g. com lauta argumentação defende a existência de três classes de delitos omissivos: os de omissão pura, os de comissão por omissão e os de «omissão e resultado».

Como exemplo destes últimos, aponta os previstos nos art.ºs 138.º n.º 1 al. b) e n.º 2, 140.º n.º 3, 277.º n.º 1 al. b) in fine, 284/85 todos do Código Penal (*A Tentativa nos Crimes Comissivos por Omissão: Um Problema de Delimitação da Conduta Típica* p. 158 e nota de rodapé 209).

100   *Da Responsabilidade Médica em Direito Penal*

Se a omissão pura, legalmente tipificada, não levanta especiais problemas hermenêuticos ao aplicador, já o mesmo não se pode dizer dos crimes comissivos por omissão, em que se verifica uma extensão de punibilidade de tipos legais moldados para os crimes por acção, aos crimes de omissão impura.

Desde logo, a própria questão da constitucionalidade da equiparação, *rectius* da norma que permite a equiparação da conduta omissiva (não tipificada) à acção, remetendo para o julgador o que devia ter sido definido pelo legislador por força do princípio *nullum crimen sine lege*.

Além da emergência da questão da constitucionalidade, a própria delimitação das situações em que recai sobre o agente o dever (jurídico) de evitar o resultado, isto é a sua caracterização como garante da não produção do evento, sempre que tal dever não seja expressamente imposto por lei e, especial densidade ainda assumem as dificuldades, quando se trata da equiparação da negação de valores dos crimes comissivos de execução vinculada, à conduta omissiva produtora de tais resultados proibidos.

Em termos de prática forense, a determinação do "quem" e do "que", isto é, de saber sobre quem recai o dever de evitar a produção do resultado mediante uma acção esperada e, por outro lado, da determinação de qual a acção esperada, nem sempre assume clareza desejável.

Talvez por isso, o Prof. Figueiredo Dias na sua intervenção nas Jornadas de Direito Criminal sobre o Código de 1982 justamente afirmava: *agora quase se contam pelos dedos os espécimes jurisprudenciais superiores portugueses em que a problemática da equiparação da omissão à acção foi especificamente considerada. É razoável pensar que no futuro a situação se modificará completamente e que, por conseguinte, começarão a surgir à plena luz as dificuldades reais de que aquela problemática ainda hoje, por toda a parte, se encontra recheada.*[172]

As dificuldades, porém, não se limitam à determinação do garante nos *delicta per omisionem comissa* mas estendem-se, não poucas vezes, às próprias situações concretas em que a distinção entre comissão e omissão surge nublosa.

No campo específico de que nos ocupamos, o da responsabilidade criminal médica, apontaremos três exemplos elucidativos:

---

[172] Figueiredo Dias, *Pressupostos da Punição,* Jornadas de Direito Criminal, Ed. CEJ, p. 53.

Pressupostos Sistemáticos da Responsabilidade Criminal do Médico · 101

a) O médico que desliga o "ventilador" que proporcionava ao doente respiração assistida, daí resultando a morte deste, pratica tal conduta por acção (desligamento da máquina) ou por omissão (interrupção da prestação de cuidados médicos)?

b) O médico que, sem desinfectar o instrumental utilizado opera o doente, advindo a este uma septicemia por via da qual vem a falecer, deve ser responsabilizado por crime cometido por acção (operar com material não esterilizado) ou por omissão (incumprimento do dever de se certificar da esterilização)?

c) O médico cirurgião que numa intervenção de grande cirurgia se esquece de uma peça instrumental na cavidade abdominal do doente, daí resultando complicações (peritonite) pode ser condenado por ofensas corporais à integridade física por negligência, nos termos do art.º 148.º n.º 2 al. a) do C. Penal actual. Por acção (ter operado sem o devido cuidado) ou por omissão (não ter retirado a peça que causou a complicação)?

As questões equacionadas, como facilmente se entrevê, longe de constituírem puro exercício de especulação teórica, assumem inequívoca relevância prática, até porque, não é indiferente na vertente das consequências jurídicas, isto é da medida da pena, ser o facto cometido por acção ou por omissão, visto que, no ordenamento português, por exemplo, a pena aplicada ao agente nos crimes de omissão imprópria pode ser especialmente atenuada.[173]

No caso referido na primeira hipótese, a diferença vai ao ponto de, se tratar-se de crime comissivo por acção, o agente ser, em princípio, condenado, ao passo que, tratando-se de um crime de omissão imprópria poder vir a ser absolvido por inexistência de ilícito típico, como se verá oportunamente.

As apontadas dificuldades projectam-se, como decorre do exposto, no próprio plano da delimitação conceptual.

---

[173] Entre nós, é doutrina aceite pacificamente, que a faculdade de atenuação especial da pena prevista no n.º 3 do art.º 10.º do C.P., assenta na consideração de que a comissão de um resultado por omissão envolve, em geral, um menor grau de ilicitude do que a comissão por acção.

Todavia, havendo certas situações em que a omissão venha a revelar um grau de ilicitude idêntico ou mesmo superior ao da acção, os tribunais não deverão fazer uso de tal faculdade. (Assim, Maia Gonçalves, *Código Penal Português, Anotado e Comentado*, anot. ao art.º 10.º; Leal-Henriques e Simas Santos, *Código Penal*, 1.º vol., 1997, 165).

102   *Da Responsabilidade Médica em Direito Penal*

Assim é que a omissão deixa de ser encarada como um nada (do qual nada deriva), ou mesmo como um *aliud agere (Luden)*[174], visões decorrentes de uma perspectiva puramente ontológica ou naturalistica da omissão, passando agora, numa perspectiva axiológico-normativa a ser entendida como um não fazer algo que se podia e devia fazer.[175]

Schmidhäuser prefere destinguir acção e omissão como formas de comportamento e comissão do facto criminoso como uma designação referente à realização por acção ou por omissão.[176]

Roxin, no seu conhecido estudo *Do Limite entre Comissão e Omissão*[177], sustenta a introdução de um *tertium genus* entre tais figuras e que seria a dos crimes omissivos por comissão ou de omissão «através de fazer»[178].

Tal designação respeitará, v.g., àquelas situações em que alguém adstrito a um dever de agir, impede mediante uma conduta positiva, o cumprimento do imperativo que ela própria havia posto em marcha[179] ou ainda àquelas em que se verifica uma participação activa num crime de omissão.

O ilustre Professor de Munique cita dois exemplos: o de alguém, obrigado a denunciar certos crimes por força do disposto no § 138 do Código Penal alemão (StGB) pôr no correio uma carta denunciando o plano criminoso às autoridades (alertando para um homicídio iminente) e que, mudando de ideias, consegue obter dos correios a devolução da carta que aí entregara e o de outra pessoa, vinculada ao auxílio de terceiros nos termos do § 323-C do mesmo diploma penal alemão[180], que tendo lançado

---

[174] Heinrich Luden *Abhandlungen aus dem gemeinen deutschen Strafrechts*, apud J. Sousa Brito, *Estudos para a Dogmática do Crime Omissivo* pg. 143.

Segundo Luden *o omitente faz necessariamente alguma coisa, e isso tem de ser sempre uma acção positiva, nem que ela tenha consistido num mero ficar-se a ver, ou numa ausência de local. E esta acção positiva é então a única causa do resultado criminoso.*

[175] Gimbernat Ordeig Sobre *los Conceptos de Omisión y de Comportamiento*, ADP, 1987, 579 ss.

[176] Muñoz Conde, *Do Vivo e do Morto...* cit, 272.

[177] Claus Roxin, *Do Limite entre Comissão e Omissão*, tradução do alemão de Ana Paula Natscheradetz, in Problemas Fundamentais de Direito Penal, 3.ª ed., Vega/ /Universidade, p. 169 e ss.

[178] Segundo Roxin, nota supra, tal categoria foi introduzida por v. Overbeck *Unterlasung durch Begehung* (1922 p. 319).

[179] Roxin *Do Limite...* cit. p. 174

[180] Na altura da publicação do artigo de Roxin, o autor referia-se ao § 330-C do StGB. Tal inciso, porém, corresponde ao § 323-C do diploma germânico actual e que, por sua vez, é correspondente ao artigo 200.º do actual Código Penal português.

Pressupostos Sistemáticos da Responsabilidade Criminal do Médico 103

uma corda a uma pessoa que está prestes a afogar-se, mudando de ideias, retira-a antes que o destinatário dela se apodere.

O que caracteriza os crimes de omissão «através de fazer», é que o agente provoca a ruptura ou interrupção do processo causal salvador ou eliminador do perigo, que ele próprio havia encetado ou pratica um acto que, de todo o modo, impede a realização da acção esperada.

No campo da responsabilidade médica seria, v. g. o caso do médico de urgência que, chamado a atender um doente em perigo de vida e informado do estado do mesmo, após se ter dirigido ao local, resolve retroceder, abandonando o doente à sua sorte, o qual vem a falecer por falta de cuidados médicos.

Em tal caso, no processo de preenchimento da conduta omissiva houve um *facere* do agente que foi o de se dirigir ao local onde era necessário, embora abandonando depois o paciente.

Neste caso, deverá o médico ser acusado apenas por um crime de "recusa de médico" (art.º 284.º do C. P.) ou também, ou antes, por um crime de homicídio voluntário, por omissão, ou por um crime de recusa de médico agravada p. p. no art.º 285.º do C.P.?

São questões a que, no momento próprio procuraremos dar resposta, adiantando, desde já, que este é um exemplo paradigmático dos crimes de omissão «através de fazer» que, segundo Roxin, embora não figure na maioria dos tratados, encontra cada vez mais partidários na doutrina alemã, nos últimos tempos.

Roxin afirma mesmo: *daí que tenha ganho terreno a possibilidade de que, na realidade pudesse suceder exactamente o oposto do que até hoje se supunha: isto é, que não existam crimes de comissão por omissão e sim, ao invés, crimes de omissão por comissão*[181].

A questão da delimitação da esfera de actuação nos crimes comissivos e omissivos nem sempre é, na prática, de fácil traçado e daí que, ainda na doutrina alemã não haja consenso no traçado da linha de fronteira destas figuras típicas.

Assim, por exemplo, Erich Samson *(Begehung und Unterlasung in Festschrift für Welzel (1974) pg. 579 ss)*[182] considera que existe comportamento activo quando o agente piora a situação do bem jurídico. Pelo

---

[181] Roxin *Do Limite...* cit. p. 170.
[182] E. Samson cit. por Teresa Quintela de Brito *A Tentativa nos Crimes Comissivos por Omissão: um Problema de Delimitação da Conduta Típica*, Coimbra Editora 2000, p. 48.

contrário, já se tratará de conduta omissiva se tal situação apenas não é melhorada.

Stratenwerth, na esteira de Samson, ensina que existe acção relevante (penalmente), quando o agente tenha produzido ou aumentado o risco que dá lugar ao resultado e, pelo contrário, haverá omissão, quando tal perigo não tenha sido reduzido[183].

Um último exemplo para uma cabal demonstração do interesse prático no recorte de tais figuras.

Um cardiologista do hospital que alertado pela enfermeira, para uma situação de crise cardíaca de um doente, em vez de o ir examinar e medicar, resolve dar instruções verbais à enfermeira, vindo o doente a falecer, não obstante a aplicação pela paramédica dos cuidados indicados verbalmente pelo facultativo, que se mostraram insuficientes ou, porventura, inadequados.

Poderá tal médico ser responsabilizado pelo crime de recusa de médico (crime de omissão pura)?

Em qualquer dos casos poderá também ser-lhe imputado um crime de homicídio, cometido por omissão (crime comissivo por omissão)?

A delimitação entre os crimes de omissão própria e imprópria, justamente pelo relevo que tais figuras assumem, também tem sido motivo de debate entre os cultores da dogmática penal e, por vezes, configura-se como um dos tormentosos problemas de enquadramento jurídico-penal nos tribunais.

Daí que, actualmente, perfilem-se três critérios visando tal delimitação:

a) O critério tradicional, segundo o qual a diferença entre os crimes omissivos próprios e impróprios reside na essencialidade do resultado ou evento material quanto aos segundos, que seriam, destarte, crimes de resultado, enquanto os primeiros seriam de "pura inacção", daí a designação de crimes de omissão pura.

b) O critério normológico, de acordo com o qual, o elemento diferenciador consiste na natureza da norma violada.

Assim, as omissões próprias ou puras violam uma norma preceptiva, isto é, que impõe um dever de agir, enquanto as omissões impuras ou *delicta per omissionem comissa* violam normas proibitivas.

Com inteira razão se pondera que *forçoso é reconhecer que este critério negligencia o postulado, segundo o qual estas duas infrac-*

---

[183] G. Stratenwerth, op. cit., nota 976, p. 289.

ções penais são espécies distintas de um género comum – o crime de omissão «lato sensu» – e, portanto, ambas violam normas preceptivas[184-185].

Como refere Kaufmann na sua já referida obra *Die Dogmatik der Unterlassungsdelikte* é de recusar que qualquer norma proibitiva abarque uma omissão imprópria, pois, *a omissão imprópria infringe, antes, um preceito diferente, um preceito não escrito.*[186]

c) O critério tipológico que distingue as duas figuras pela existência de um tipo legal incriminador *(Tatbestand)* nos crimes de omissão pura *constituindo a impropriedade das restantes omissões, na inexistência de um tipo legal escrito que se lhes refira expressamente.*[187]

Trata-se de um critério proposto por Kaufmann na sua crítica acerbada ao critério normológico, pois para este autor revolucionário da teoria da omissão em direito penal, a omissão imprópria não infringe qualquer tipo legal, antes um preceito não escrito.

Também este critério tem merecido, por parte da doutrina, designadamente da nacional, críticas contundentes pois, desde logo, parece olvidar que existem crimes de omissão imprópria tipificados na lei, de uma forma directa ou indirecta.[188]

---

[184] Marta Felino Rodrigues, *A Teoria Penal da Omissão e a Revisão Crítica de Jakobs,* Almedina, 2000, p. 16, onde a autora indica extensa e útil bibliografia sobre cada um dos critérios distintivos de ambas as espécies de delitos omissivos.

A referida autora acrescenta: *De facto, todos os crimes de omissão constituem a inobservância de normas preceptivas, não havendo razão do ponto de vista estrutural para excepcionar as omissões impuras que, per se, infringem também um mandato de actuar e não uma proibição de causar um resultado.*

[185] Também a Prof.ª Teresa Beleza considera que mesmo os crimes de omissão impura violam normas preceptivas, embora possa ocorrer uma violação "indirecta" de um preceito formulado em termos de proibição *(Direito Penal,* 2.º vol. AAFDL, 519).

[186] A. Kaufmann *Die Dogmatik. cit. p. 255-258,* apud Maria Leonor Assunção *Contributo para a Interpretação do art.º 219.º do Código Penal (O Crime de Omissão de Auxílio),* Coimbra Editora 1994, p. 22, nota 17.

[187] Idem, ibidem.

[188] Assim, Marta F. Rodrigues, ob. cit. p. 18. Esta autora apresenta como o exemplo de um crime de omissão imprópria directamente tipificado na lei, o antigo crime de abandono de sinistrado p. p. no art.º 60.º n.º 1 al. c) do anterior Código de Estrada aprovado pelo DL 39.672 de 20 de Maio de 1954.

Como exemplo dos crimes tipificados indirectamente indica *os casos que pressupõem a análise do sentido normativo expresso no art.º 10.º do CP.*

106   *Da Responsabilidade Médica em Direito Penal*

É, justamente, quanto a esses casos de "tipificação indirecta" que, em nosso entender, não configuram propriamente (como no caso português) uma tipificação, por isso que deixam em larga medida "ao prudente arbítrio do julgador" o preenchimento de situações de equiparação da conduta omissiva à activa (não se está a olvidar que nestes crimes há sempre que ter em conta o tipo incriminador da parte especial do diploma legal), que a excogitação de tal problema se torna mais espinhosa.

É que ela diz respeito essencialmente aos pressupostos de admissão de um dever de garante da não produção do resultado, que subjaz à omissão impura, como vamos analisar, já que como escreveu Kaufmann *a diferença entre delitos omissivos próprios e impróprios não consiste no facto de a lei descrever directamente a omissão ou não, mas segundo a omissão lese só um dever geral de auxílio ou dever de garantia*[189].

4.1.3.2. *A Problemática da Equiparação da Omissão à Acção nos Crimes Omissivos Impróprios*

Nos já longínquos anos 50, o Supremo Tribunal de Justiça assim sentenciou:

«*Pratica os crimes, em acumulação ideal dos art.ºs 250 e 368.º do Código Penal, o médico que, em caso urgente, recusa os seus serviços médicos, não indo nem se escusando legitimamente a comparecer para assistir ao parto de uma mulher em situação difícil e já com a bolsa das águas rebentada e que, em consequência da falta de intervenção oportuna, ocasiona a morte do nascituro.*[190]

Na altura, inexistia no nosso ordenamento jurídico-penal disposição similar à do actual art.º 285.º do Código Penal (recusa de médico agravada pelo resultado), pelo que a conduta descrita determinante da morte do nascituro só poderia ser subsumida na norma incriminadora do art.º 368.º do Código de 1866.

Abstraindo-nos, por ora, da questão da subsunção, também no tipo incriminador da "recusa de facultativo", que o velho Código previa, à

    É discutível se, nos casos denominados de "tipificação indirecta" é legítimo falar de tipificação (ainda que indirecta) ou se haverá antes apenas uma cláusula geral de equiparação da conduta omissiva à activa produtora de evento material.

[189] A. Kaufmann *Die Dogmatik ... cit. p. 277.*

[190] Ac. STJ de 27 de Abril de 1955, in BMJ 48, 448.

consciência jurídica não repugnará a equiparação deste médico omitente dos seus deveres, que assim causa passivamente a morte do nascituro, à de um outro, causador activo da morte de uma criança ou de outra pessoa qualquer, como no exemplo referido por Welzel, em que determinado médico entrega a uma enfermeira uma injecção de morfina de dose excessiva, destinada a um doente que vem a morrer em consequência da *overdose* do opiáceo[191].

Não curando agora, nem do grau de ilicitude, nem da diferença do titulo de imputação subjectiva que ocorre nos exemplo citados, a verdade é que, em ambos os casos, foi violado o preceito penal, constitucional, supranacional e até jusnatural, que se consubstancia no mandamento bíblico «não matarás», pois como ensinava Cavaleiro de Ferreira nos idos anos 50 *«o crime de homicídio viola o preceito penal que impõe um dever de abstenção, o dever de não matar. Ora esse dever pode ser violado positivamente, como uma acção (forma comissiva), ou pela inércia, como uma omissão, como, por exemplo, não alimentando uma criança de peito (forma omissiva) – crime comissivo por omissão»*[192].

Esta é, na verdade, uma das situações típicas em que *omissio pari passu cum comissione et actione positiva ambulat.*

Porém, desde o panorama liberal da Ilustração que caracterizou a doutrina jurídica oitocentista, apenas esparsas anotações sobre a equiparação da conduta omissiva à acção, nos casos de homicídio, se detectavam nas obras mais proeminentes, até ao advento da figura impar de Anselm Feuerbach, a quem, como se referiu, cabe o mérito do pioneirismo na demanda de soluções sistemáticas para os chamados «deveres de evitação de resultado»[193].

Efectivamente, o direito penal contemporâneo, cuja paradigma matricial foi gizado nos quadros do pensamento liberal, era essencialmente dominado, até um passado não distante, por uma mundividência de tutela prevalentemente proibitiva das acções agressoras dos bens jurídicos fundamentais, em que o supremo valor da liberdade apenas conhecia algumas contracções, mediante normas vedantes de comportamentos socialmente intoleráveis, sempre por imposição de um "não fazer".

---

[191] Hans Welzel, *Das Deutsche Strafrechts* (trad. cast. Derecho Penal Alemán, Chile, 1992. 4.ª ed. 122).

[192] Cavaleiro de Ferreira, *Direito Penal,* Lições de 1956/57 policopiadas, vol. I, AAFDL, p. 185.

[193] Jescheck. op. cit. II, 826.

108   *Da Responsabilidade Médica em Direito Penal*

O próprio Feuerbach, para quem *a vinculação originária do cidadão refere-se unicamente a omissões*[194], considerava apenas o contrato e a lei como fontes jurídicas da obrigação de evitar o resultado[195].

Vai caber a Stübel (*Über die Teilnahme*) o mérito de acrescentar o "precedente perigoso" como fundamento também de tal obrigação.

Entre nós, até à entrada em vigor do Código Penal de 1982, cujo anteprojecto foi essencialmente modelado pelo pensamento e pelo ensino do seu autor, o saudoso Prof. Eduardo Correia[196], não havia uma disciplina

---

[194] A. Feuerbach, *Lerbuch* apud Jescheck, loc. cit. na nota anterior.

[195] Idem, ibidem.

[196] Eduardo Correia, *Direito Criminal I*, p. 300. Este insigne Mestre de Coimbra, escrevia acerca da equiparação da omissão à acção, *da norma que quer evitar um resultado, nasce para todos não só a proibição das actividades que o produzem, como também o comando de levar a cabo todas as actividades que obstem à sua produção.*

Este pensamento seria vertido, linearmente, no molde do n.º 1 do art.º 10.º do Código Penal de 1982.

O Prof. Cavaleiro de Ferreira assim escrevia já nos últimos tempos da vigência do Código Penal de 1886: *Não se manteve a euforia da doutrina perante os resultados alcançados. Na doutrina mais moderna manifesta-se certa desconfiança no desmesurado alargamento das incriminações, mediante a consagração legislativa da teoria do «garante». Muitos prefeririam que se seguisse a via mais segura de referir expressamente a omissão como meio de perpetração de crimes comissivos por omissão nos crimes materiais, quando se julgasse necessário.*

No Direito Português, a incriminação como crimes omissivos de crimes previstos só como crimes cometidos por meio de comportamento positivo afecta frontalmente o princípio da legalidade e em especial a regra de interpretação das normas incriminadoras constante do art.º 18.º.

Deve entender-se que os crimes de omissão só serão aqueles em que a omissão expressamente seja referida como elemento essencialmente constitutivo do crime ou em que os termos literais da incriminação permitam compreender na interpretação do «modo» de perpetração do crime tanto a acção como a omissão.

Quer dizer o dever de agir que a omissão descuida terá de ser um dever expressamente sancionado pela lei penal (Direito Penal Português, parte geral I, Verbo 1982, p. 244-245).

Como se vê, o Prof. Cavaleiro de Ferreira considerava que a técnica tradicional alargava as incriminações omissivas impuras de forma inaceitável, colidindo, assim, frontalmente, com o princípio *nullum crimen sine lege.*

Também o Prof. Beleza dos Santos, já anteriormente expendera a este propósito que a equiparação deve fazer-se *quando o agente não agiu, mas tinha a obrigação jurídica de agir.* Segundo este saudoso Professor tal obrigação existia nos seguintes casos:

Quando resulta directa e imediatamente da lei. É o caso da mãe relativamente ao filho (artigo 140.º do Código Civil).

Pressupostos Sistemáticos da Responsabilidade Criminal do Médico   109

legal dos crimes omissivos e, muito menos uma cláusula geral da equiparação da omissão à acção, como ocorre do diploma penal substantivo vigente e, por isso, faltava também uma fonte legal expressa do dever jurídico do garante.

Todavia, quer a doutrina (na sequência essencialmente da dogmática alemã) quer a jurisprudência vinham admitindo que a posição de garante decorria da lei, do contrato ou de uma situação de ingerência (actuação perigosa precedente), trilogia de situações que emergiam da chamada «teoria formal do dever jurídico»[197].

Quando existe uma ordem de autoridade. Assim, o carcereiro tem a obrigação jurídica de libertar o preso se for instruído nesse sentido (artigo 291.º, n.º 3 do Código Penal).

Quando tenha sido assumida por acto jurídico (por exemplo, por contrato de enfermagem).

Quando existe dever de ordem geral sancionado pela lei, como é o dever de evitar prejuízos para outrém mesmo quando se exerce um direito. (Beleza dos Santos, *Direito Criminal* (Coimbra, 1936) cit. por Pedro Pitta e Cunha N. de Carvalho, *Omissão e Dever de Agir em Direito Civil,* Almedina, 1999 p. 159/60).

Finalmente Maia Gonçalves no seu *Código Penal Português, na Doutrina e na Jurisprudência, 3.ª Ed.,* Almedina, 1977, escrevia em anotação ao art.º 1.º do velho Código:

Importa, no entanto, salientar que, salvo se a lei dispuser de outro modo, a comissão de um resultado por omissão só é incriminável quando o dever de agir é estabelecido por preceito legal, por situação contratual ou profissional, pela situação de facto criada pelo agente ou por dever resultante da moral ou dos costumes. Algumas destas fontes do dever de agir, muito especialmente a última, são, no entanto, repelidas por parte substancial da doutrina.

[197] Baumann, Dreher, Lackner e outros, referidos por Jescheck, *Tratado. II vol., 855, nota 31.*

Esta classificação tradicional baseia-se na "fonte" sempre limitada, de onde emergia o dever jurídico, pois como dizia Eduardo Correia só parte das omissões podem ser equiparadas à actividade positiva, explicando o mesmo Professor que *doutra maneira impor-se-iam aos indivíduos actividades que ameaçariam a própria paz das relações sociais.*

Com efeito, acrescentava ainda o citado Mestre, *com receio de se fazerem responsáveis criminalmente, ir-se-iam imiscuir os indivíduos em questões alheias, – logo que delas pudesse resultar um perigo de lesão previsto na lei penal. (Direito Criminal I,* 302/303).

Isto porque, como é bom de ver, nos crimes cometidos por acção, a imputação objectiva assenta na simples causação do resultado típico, sendo o autor quem dê causa ao evento proibido. (Obviamente não estamos aqui a considerar as teorias de causalidade e de domínio de facto que explicam o recorte da autoria stricto sensu,

110 Da Responsabilidade Médica em Direito Penal

Simplesmente, como aponta Figueiredo Dias, a doutrina tradicional que defendia a sobredita teoria formal era *fortemente restritiva encontrando--se de algum modo em crise, à qual não seria estranha, decerto, uma muito mais afinada sensibilidade que actualmente se possui para os valores e exigências do solidarismo e da comunidade de vida*[198].

Porém, como também nota o mesmo eminente Professor *um alargamento desmesurado das fontes donde deriva ou onde se ancora a posição de garante, poria em sério risco as exigências de segurança das pessoas ou de determinados tipos incriminadores, que constitucionalmente se ligam ao princípio da legalidade em direito penal*[199].

Note-se, aliás, que para o autor que vimos de citar, as clássicas origens do dever de garantia que, segundo a teoria formal, se desdobravam na lei, no contrato e na ingerência, não seriam propriamente fontes, mas tão somente planos em que tal dever se deve reflectir.

A posição deste ilustre Professor de Coimbra, ao considerar que lei, contrato e ingerência não são propriamente *fontes* do dever jurídico de garantia, mas sim *planos* em que o mesmo se deve reflectir, colhe pleno aplauso doutrinal, pois como sublinha o Prof. Faria Costa *em termos de rigorosa dogmática é com alguma dificuldade que se pode perceber que a lei, o contrato e a situação de ingerência, sejam fontes de um elemento do tipo legal do crime de comissão por omissão.*

E acrescenta:

Efectivamente, propugnar-se que qualquer uma daquelas realidades normativas, e muito particularmente as duas últimas, isto é, o contrato e a situação de ingerência, poderia, ex abrupto, criar o dever jurídico de garante, gerar um elemento do tipo – é o que acontece, bom é não esquecê-lo – isso determinaria, assim nos parece, uma clara violação do princípio da legalidade (tipicidade) e ainda do princípio da reserva da lei[200].

---

antes utilizando o termo autor "lato sensu", isto é, como sinónimo de agente abrangendo também a participação criminosa).

Já nos crimes comissivos, a equivalência da omissão ao *facere* proibido, não pode ser indistintamente alargada a todos, pois de outro modo, como ensinava Eduardo Correia (loc. cit.) a própria paz das relações sociais estaria ameaçada.

Assim, o omitente jurídico-penalmente responsável só será aquele sobre quem recai o dever jurídico de evitar o resultado, surgindo, destarte como "garante" de tal evitação.

[198] Figueiredo Dias, *Pressupostos da Punição*, Jornadas de Direito Criminal, CEJ, 1983, p. 55.

[199] Idem, ibidem.

[200] J. Faria Costa, *Omissão (Reflexões em Redor da Omissão Imprópria)*, BFDC, LXXII (1996), 397.

De qualquer modo, é de todo inaceitável um desmesurado alargamento das fontes do dever de garantia ou, dito de outra forma, uma equiparação geral entre a comissão por omissão e a comissão por acção pois, como bem refere Figueiredo Dias, tal *conduziria a vida social ao caos pelas constantes intromissões de cada um na esfera jurídica de outros*[201].

Só que, vistas assim as coisas, importa averiguar qual o alcance da primeira parte do n.º 1 do art.º 10.º do Código Penal que estabelece uma cláusula geral de equiparação da acção à omissão, nos crimes de resultado, ao estatuir que *«quando um tipo legal de crime compreender um certo resultado, o facto abrange não só a acção adequada a produzí-lo como a omissão da acção adequada a evitá-lo»*.

Tal inciso legal tem como matriz, como é sabido, o § 13 do StGB alemão que dispõe:

a) *Quem não evitar um resultado que faça parte de um tipo penal, apenas será punível, segundo esta lei, quando lhe seja imposto pela ordem jurídica que evite o resultado e quando a omissão corresponder à realização do tipo penal por acção;*

b) *A pena, de acordo com o § 49 poderá ser atenuada*[202].

No plano juscomparatístico, dois outros diplomas legais contêm incisos semelhantes, o Código Penal italiano (art.º 40.º) e o Código Penal espanhol de 1995[203-204].

---

[201] F. Fias, *Direito Penal, Sumários 1975*, p. 164.

[202] Tal é o texto do referido inciso no idioma alemão:

§ 13 Begehen durch Unterlassen (1) Wer es unterlässt, einen Erfolg abzuwenden, der zum Tatbestand eines Strafgesetzes gehört, ist nach diesem Gesetz nur dann strafbar, wenn er rechtlich dafür einzustehen hat, dass der Erfolg nicht eintritt, und wenn das Unterlassen der Verwirklichung des gesetzlichen Tatbestandes durch em Tun entsprict.

(2) Die Strafe kann nach § 49 Abs. 1 gemildert werden.

[203] O texto italiano é o seguinte:

40. Rapporto di causalitá. – Nessuno può essere punito per un fatto preveduto dalla legge come reato, se l'evento dannoso o pericoloso, da cui dipende la esistenza del reato, non è conseguenza della sua azione od omissione.

Non impedire un evento, che si ha l'obbligo giuridico di impedire, equivale a cagiornalo.

[204] Por sua vez o art.º 11.º do Código Penal de Espanha de 1995, assim dispõe:

Artículo 11. Los delitos o faltas que consistan en la producción de un resultado solo se entenderán cometidos por omisión cuando la no evitación del mismo, al infringir un especial deber jurídico del autor, equivalga, según el sentido del texto de la Ley, a su causación. A tal efecto se equiparará la omisión a la acción.

a) Cuando exista una específica obligación legal o contractual de actuar.

b) Cuando el omitente haya creado una ocasión de riesgo para al bien jurídicamente protegido mediante una acción u omisión precedente.

No sistema jurídico-penal espanhol, o novo Código trouxe uma significativa alteração:

Efectivamente, o art.º 1.º do anterior CPE (aprovado pelo Decreto 3096/1970 de 14 de Setembro), embora previsse a punibilidade da acção e da omissão, não incidia expressamente sobre a punibilidade dos crimes comissivos por acção.

I. Berdugo G. de la Torre e outros escrevem : *O velho Código Penal carecia de uma cláusula geral que permitisse expressamente efectuar tal equiparação. Em consequência, a doutrina e a jurisprudência elaboraram uma forma dogmática supra legal, para efeitos de colmatar este vazio normativo. Esta solução ou, melhor dito, a ausência de uma solução legal suscitava sérias dúvidas sobre a compatibilidade dos delitos de omissão imprópria não previstos na lei com o princípio da legalidade. Tenha-se em atenção, que a aplicação destes tipos penais exigia uma complementação judicial do tipo, necessariamente efectuada por via da analogia.*

A solução deste problema foi alcançada pelo novo Código Penal com a cláusula da transformação recolhida no art.º 11.º. Nela o legislador esclarece, que deverá ser responsável com recurso ao Código Penal quem não evite, infringindo um especial dever jurídico a produção do resultado. (Berdugo de la Torre, A. Zapatero e Outros, **Lecciones de Derecho Penal, Parte General**, 2.ª ed., Praxis, Barcelona, 1999, p. 182).

O Código actual, embora limitando o dever de garante aos três planos tradicionais da lei, contrato e ingerência (als. a) e b) do art.º 11.º) estabeleceu que "quando a não evitação do resultado nem a infracção de um especial dever jurídico do autor equivalha, segundo o texto legal à sua causação, tais delitos que consistem na produção de um resultado, consideram-se cometidos por omissão", estabelecendo, também, neste caso, uma cláusula geral equiparatória da omissão à acção.

Todavia, como acertadamente reflecte M. Felino Rodrigues (**A Teoria Penal da Omissão**... *cit. p. 30), pena é que o novo CPE apesar de regular expressamente a omissão imprópria através daquela cláusula genérica do art.º 11.º – e de forma inovadora, já que até à promulgação deste diploma a equiparação omissão-acção era primacialmente uma construção doutrinal – não tenha aproveitado este momento legislativo para ir mais longe na fundamentação da posição de garante.*

Apesar disso, Vives Antón, por exemplo, na sua anotação ao sobredito art.º 11.º, escreve nos seus comentários:

É discutível que fosse necessária, no nosso país uma previsão específica das hipóteses de comissão por omissão.

O conceito de garantia, que tal previsão comporta, não resultava nitidamente exigido pela prática jurisprudencial que, geralmente, não havia ultrapassado as margens permitidas decorrentes das exigências do princípio da legalidade e, por isso, não tinha incorrido nos exageros que motivaram a sua inclusão nos códigos de outros países. Para evitar que tal introdução venha a ser contraproducente, torna-se necessário interpretar em termos muito estritos um texto que não deixa de oferecer uma criticável

Pressupostos Sistemáticos da Responsabilidade Criminal do Médico 113

A crítica fundamental que tem sido dirigida à cláusula equiparatória da omissão à acção, operada pelo n.º 1 do art.º 10.º do nosso diploma penal substantivo, para além do problema da questão da constitucionalidade material, refere à sua grande amplitude[205], a que se imputa, como decorrência de tal cláusula geral, uma extrema vacuidade, pois segundo Cavaleiro de Ferreira *é grande o risco assumido; e maior ainda o prudente arbítrio transferido para os tribunais. Importa que a interpretação judicial seja rigorosa na delimitação do alcance da incriminação para obter por esse modo alguma certeza no que é exageradamente impreciso, desde que se prescinda da incriminação especial de cada crime comissivo por omissão*[206].

O mesmo Professor fala de uma "tipicização indirecta" que desta extensão incriminatória resulta para os crimes comissivos por omissão, posto que tal tipicização *só se completa integrando a norma do art.º 10.º com a norma incriminadora por acção correspondente*[207].

Também a ressalva contida na parte final do n.º 1 do art.º 10.º «*salvo se outra for a intenção da lei*» não possui, a nosso ver, virtualidades hermenêuticas que facilitem a aplicação, designadamente a jurisdicional, sobretudo quanto aos crimes modais, isto é, de execução vinculada, sem larga margem de arbítrio.

A Dr.ª Teresa Quintela de Brito ensaiou, como critério interpretativo do art.º 10.º, uma interessante construção, segundo a qual o referido inciso legal encerra desde logo *um tipo comum ou de codificação que abrangeria tanto o comportamento activo como omissivo, e um tipo de interpretação, específico de cada uma destas formas da infracção*[208].

---

margem de ambiguidade. (Tomás S. Vives Antón, *Comentários ao Código Penal de 1995,* (AA. VV.), vol. I (art.ºs 1 a 233.º) Tirant lo Blanch, Valencia, 1996, p. 84.

A posição deste autor mantém-se na obra que escreveu conjuntamente com Cobo del Rosal, *Derecho Penal,* 5.ª ed. Tirant lo Blanch, Valencia, 1999, p. 393).

[205] O Prof. Figueiredo Dias refere-se a um *amplíssimo princípio de equiparação que se diria mesmo válido para rodos os tipos legais de resultado.* (F. Dias *Pressupostos de Punição e Causas que Excluem a Ilicitude e a Culpa,* Jornadas de Direito Criminal... cit. p. 54), sem que, contudo, tal referência constitua propriamente uma crítica, pois logo de seguida, chama a atenção para a ressalva contida na segunda parte do mesmo preceito legal.

[206] Cavaleiro de Ferreira, *Lições de Direito Penal, Parte Geral I,* Verbo, 1992 p. 101.

[207] Idem, ibidem, p. 99.

[208] Teresa Q. de Brito, *A Tentativa nos Crimes Comissivos por Omissão...* cit. p. 99.

Segundo esta autora, tal tipo comum resultaria do disposto no n.º 1, onde expressamente se estabelece que, excepto se outra tiver sido a intenção da lei, o tipo que compreende um certo resultado, tanto abrange a acção adequada a produzi-lo, como a omissão adequada a evitá-lo.

Já a posição de garante, elemento fundamental do específico tipo de delito omissivo impróprio, apenas é referida no n.º 2[209].

Portanto, segundo esta linha de pensamento, o art.º 10.º n.º 1 começaria por consagrar um "tipo comum" (comum, porque respeitante a ambas as formas de conduta delituosa), colocando, depois, nas mãos do intérprete, um "tipo de interpretação" ou específico, ao estatuir que a comissão de um resultado por omissão só é punível quando sobre o omitente recaia o tal dever jurídico que pessoalmente o obrigue a evitar esse resultado.

E, desta forma, para a autora que vimos de citar, e se bem interpretamos o seu pensamento, no que concerne aos chamados crimes modais ou de execução vinculada, onde considerável parte da doutrina entende inaplicável o princípio de equiparação em análise[210], haverá, antes de mais, que examinar a própria norma incriminadora do crime material em questão e, procedendo a tal exame indagar se é recortável um "tipo comum".

Com efeito, se a conduta típica descrita no *Tatbestand* for em termos necessariamente inerentes a um comportamento activo, invabilizar-se-á a operação subsequente de delimitação do "tipo específico" pois, nesse

---

[209] Cfr. a síntese da posição desta autora efectuada por Marta Felino Rodrigues, *A Teoria Penal da Omissão* ...cit. p. 28.

[210] Assim, v. g., Cavaleiro de Ferreira ao escrever: *dentro desta noção (crimes materiais) cabem crimes em que a acção é definida exclusivamente pela sua aptidão causal relativamente ao evento (tipo causal) e crimes em que a acção tem de revestir certa forma ou modalidade. Neste último caso, nem todas as acções causais serão típicas, mas somente as que revestirem determinada ou determinadas formas.*

E o saudoso Professor de Lisboa acrescentava: *se nem todas as acções causais constituem acção típica, é inadmissível que a omissão possa equivaler a certas formas de acção e ter mais valor para o direito que outras formas de acção causal que não se susbsumem à incriminação.* (Lições de Direito Penal, parte geral, I, Verbo, p. 103//104).

Também o Prof. Germano Marques da Silva afirma: *Parece-nos que é intenção da lei a não equiparação de omissão à acção, sempre que a acção constituir uma acção modal típica; a equiparação só tem lugar nos casos de crimes causais puros* (Direito Penal Português, parte geral, II, Verbo, p. 48/49).

caso, *deverá entender-se que o legislador pretendeu excluir, originária e definitivamente a relevância juridico-penal de uma autoria omissiva, aliás, impossível desse facto*[211].

Tal posição deixa claro, que situações existem, mesmo no domínio dos crimes modais, em que a descrição típica da conduta não será necessariamente incompatível com a comissão por omissão, caso em que a equiparação prevista no n.º 1 do art.º 10.º já será viável.

Por isso, Marta F. Rodrigues escreve a propósito da ressalva contida na parte final do falado art.º 10.º:

A nosso ver, o significado da ressalva só pode ser o de pôr a cargo do aplicador do direito penal a tarefa de determinar se e quando é que o desvalor do comportamento omissivo atinge uma gravidade comparável ao desvalor da acção que justifique uma responsabilidade por omissão imprópria. Por outras palavras: é determinante que a omissão realize, quanto ao modo de execução, o mesmo conteúdo de significação da acção respectiva. Só assim se verifica equiparação omissão-acção e, consequentemente, se realiza o tipo incriminador por omissão. Contrariamente, impõe-se a conclusão de que outra foi no caso a intenção da lei. Há, em suma, crimes materiais de forma vinculada para os quais vale a regra da equiparação; e há crimes materiais de forma vinculada para os quais não vale a regra da equiparação[212].

Nesta ordem de ideias, cumpre indagar de que critério se socorrerá o intérprete e, designadamente o juiz para admitir ou rejeitar a equiparação da omissão à acção, relativamente aos crimes modais, na apreciação do caso *sub judice*.

A resposta parece não poder ser diversa da preconizada pelo Prof. Figueiredo Dias quando afirma que a restrição legal da parte final do n.º 1 do art.º 10.º só pode ter o sentido de *reenviar o aplicador do direito para uma valoração autónoma, de carácter ético-social, através do qual ele determine se, segundo as concretas circunstâncias do caso, o desvalor da omissão <u>corresponde </u>ou é <u>equiparável</u> ao desvalor da acção, na perspectiva própria da ilicitude.*

E o mesmo eminente Mestre acrescenta: *Se, atenta e interpretação devida do tipo legal da acção, quanto à espécie e ao modo de execução ou aos meios determinados que ela supõe, o aplicador se pronunciar pela não correspondência, deve ele então concluir que outra era no caso a*

---

[211] T. Quintela de Brito *A Tentativa... cit. p. 112.*
[212] Marta F. Rodrigues, op. cit. p. 35.

116   *Da Responsabilidade Médica em Direito Penal*

intenção da lei, nos termos e para os efeitos da cláusula geral de equiparação contida no art.º 10.º-1 do novo Código Penal.[213]

Porém, sendo assim, bem se vê que a delimitação das condutas típicas, susceptíveis de integrarem a omissão punível dependerá, em larga medida da *ars judicandi* o que, em boas contas, vale por dizer que a própria incriminação assentará, em grande medida, na *Weltanschauung* dos juizes.

Dir-se-á que por razões de política criminal, numa época em que os valores do solidarismo e da segurança reclamam em bom som, a punição de comportamentos omissivos que lesam ou põem em perigo de lesão os bens jurídicos fundamentais para convivência social, essa foi a opção do legislador ordinário.

Só que, nesta perspectiva conceder-se-á que, no mínimo, *é legitimo interrogarmo-nos se uma tal plasticidade interpretativa não fragiliza em demasia o princípio da tipicidade, fazendo com que, dessa maneira, se estilhace o próprio princípio que, como não se desconhece, é considerado como uma das traves-mestras estruturantes de todo o direito penal moderno*[214].

Importa arrumar ideias e formular a nossa posição sobre a questão da consonância da cláusula geral equiparatória contida no art.º 10.º n.º 1 do Código Penal, com o princípio de legalidade e, implicitamente, com a própria conformação do texto legal com o paradigma constitucional do art.º 29.º n.º 1 da nossa Lei Fundamental.

Em nossa opinião, a cláusula de equiparação omissão-acção constante do n.º 1 do art.º 10.º do Código Penal, não atenta contra o disposto no referido preceito constitucional, nem viola, de qualquer modo, o princípio de legalidade (tipicidade), relativamente aos crimes causais comissivos por omissão.

Pelo contrário, a inexistência de tal *Generalklausel*, como acontecia no domínio do vetusto Código de 1886, é que criava insuportável vazio

---

[213] F. Dias, *Pressupostos da Punição... cit. p. 55.*

[214] J. Faria Costa, *Omissão... cit. p. 394.*

É que o regime constitucional relativo ao princípio da tipicidade exige suficiente especificação do tipo do crime (ou dos pressupostos das medidas de segurança) tornando ilegítimas as definições vagas, incertas ou insusceptíveis de delimitação, do mesmo passo que proíbe a analogia na definição dos crimes e impõe a determinação precisa de qual o tipo de pena que compete a cada crime. (G. Canotilho e Vital Moreira, *Constituição da República Portuguesa, Anotada,* 2.ª ed., I vol.. anot. II ao art.º 29.º, p. 206).

Pressupostos Sistemáticos da Responsabilidade Criminal do Médico   117

legislativo, sendo claramente ofensiva tanto do comando constitucional actual, como da exigência de *lex certa, scripta et praevia* em que se traduz a vertente principal do princípio da legalidade.

A posição jurisprudencial tanto nacional, como, v.g. na vizinha Espanha que procedia à condenação pelos crimes comissivos por omissão não tipificados, numa época em que inexistia diploma que consagrasse *expressis verbis* tal equiparação, especialmente, com base na exigência do dever de agir estabelecido por situação contratual, profissional ou pela situação de facto perigosa criada pelo agente, é que se revelava de duvidosa legalidade.

Por isso mesmo, decerto, o Prof. Eduardo Correia sentiu necessidade de introduzir no projecto da sua autoria, a referida cláusula equiparatória que proclamava *ex vi legis* que o facto (tipo ilícito) abrange não só a acção adequada à produção do resultado como a omissão da acção apta a evitar o mesmo resultado.

Para a lei, portanto, o *punctum dolens* da conduta criminosa é o resultado ou evento material, que se traduz na lesão ou perigo de lesão dos bens jurídicos tutelados.

Tanto monta que a morte de uma pessoa seja causada por acção ou por omissão, para que a conduta produtora do resultado desvalioso seja censurável e, por isso, punível o seu agente[215], não obstante poder variar a punição no plano da determinação e medida da pena.

---

[215] É o *caput scholae* da mãe que mata o filho recém nascido por asfixia, cujo resultado é sobremaneira desvalioso, tal como daquela que deixa morrer o filho à fome, embora possa haver diferença de grau quanto ao desvalor da acção.

Isto sem olvidar que o saudoso autor do Projecto do Código Penal de 1982, dizia na respectiva Comissão Revisora *"mesmo no plano puramente fáctico, para o nosso sentimento jurídico, matar e deixar morrer não é a mesma coisa, sendo a intensidade da violação do bem jurídico maior no primeiro caso do que no segundo. A diferença não é, pois, nem é tanto (...) uma diferença subjectiva, de censura, mas objectiva, de ilicitude"* (Actas da Comissão Revisora do Código Penal, Parte Geral, vol. I, ed. AAFDL, p. 108.)

Se a afirmação do eminente Prof. Eduardo Correia é aceitável no que concerne ao homicídio doloso, já não será tão nítida a diferença no que se refere ao homicídio culposo. Na verdade, o médico que mata o doente por administração errada de um medicamento (cocaína em vez de novocaína), pratica uma conduta, a nossos olhos tão desvaliosa, como aquele que, por descuido, se esquece de administrar ou prescrever um medicamento essencial para salvar a vida do doente confiado aos seus cuidados, vindo, por isso o doente a falecer. Em ambos os casos , parece, que a negligência que se traduz na violação do cuidado objectivo, espelha semelhante desconsideração pelo mais precioso bem jurídico: a vida de outrém.

O que a lei espera, nos delitos omissivos impuros, é a actuação do omitente susceptível de evitar a produção do evento desvalioso, já que, como se sabe, o conceito normativo de omissão não é um simples *nihil facere* ontológico-naturalista que nada produz (*ex nihilo nihil fit*), mas a não realização da acção esperada (conceito normativista).

Não tanto a evitação do resultado como tradicionalmente se vem afirmando, já que tal evitação muitas vezes transcende a vontade humana, mas a conduta potencialmente apta a modificar ou parar o curso do processo causal que, de outra forma, conduzirá ao resultado proibido, ou, dito de outro modo, a conduta adequada a evitar esse resultado.

Isto porque, como é sabido, enquanto nos crimes comissivos por acção o agente cria o perigo para o bem juridicamente tutelado ou lesa esse bem, nos delitos de omissão impura (como em todos os crimes omissivos), por via de regra, tal perigo é anterior à acção esperada e estranho ao agente e é tal perigo que origina a espera de uma conduta que o esconjure[216].

Pondo de lado, por manifestamente não se compadecer com a natureza e extensão necessariamente limitada deste trabalho, as diversas teorias em demanda de um conceito de *causa efficiens* nos delitos omissivos (desde o *aliud agere* de Luden, passando depois pelas teorias de interferência (Binding Hälschner, Landsberg) de actuação procedente etc.), o que é inegável é que o art.º 10.º n.º 1 expressamente se refere a uma relação causal adequada entre a omissão e o resultado, quando se refere à «*omissão da acção adequada a evitá-lo*»[217].

Também em linguagem vulgar, se o doente morre por falta de assistência do médico que dele deveria cuidar, considera-se que tal falta de assistência (omissão) foi causa do decesso, na medida em que não alterou (podendo e devendo) a evolução do processo letal.

Deste modo, nos tipos causais, em que apenas existe a descrição do resultado proibido, não importando à lei, a forma do comportamento produtor do evento, o *tipo comum* ou seja a cláusula de abrangência contida no n.º 1 do art.º 10.º conjugada com os elementos descritivos e normativos

---

[216] Assim, Cobo del Rosal e Vives Antón, *Derecho Penal, Parte General*, 5.º ed. Tirant lo Blanch, Valencia 1999, p. 387.

[217] Neste sentido Maria do Céu Rueff de Saro Negrão, *Sobre a Omissão Impura no actual Código Penal Português e em especial sobre a fonte do dever que obriga e evitar o resultado*, Revista do Ministério Público, Ano VII, 1986, n.º 25, (p. 33 a 57) e n.º 26 (p. 39 a 76).

Pressupostos Sistemáticos da Responsabilidade Criminal do Médico 119

contidos no tipo incriminador da Parte Especial, satisfazem plenamente ao "princípio da tipicidade" legal e constitucionalmente imposto, em nosso parecer[218].

Qual então o sentido da ressalva contida na locução *salvo se outra for a intenção da lei?*

Já vimos que não há que chamar à colação os crimes omissivos próprios, já que nestes, pelo menos segundo o entendimento tradicional, não há resultado ou evento material penalmente relevante.

Também a cláusula equiparatória não abrangerá, parece-nos, os chamados crimes de mão própria que demandem, para a sua execução uma actividade corporal e pessoal do agente e, *ipso facto* não são comissíveis por omissão.

Quid juris quanto aos tipos modais, isto é, aqueles em que o tipo descreve uma certa forma de comportamento activo *(forma vinculada)* que

---

[218] Assim o Prof. Figueiredo Dias na sua anotação ao Acórdão de 28 de Abril de 1982 do Supremo Tribunal de Justiça, num estudo, de leitura indispensável nesta matéria, intitulado A Propósito de "Ingerência" e do Dever de Auxílio nos Crimes de Omissão, ao escrever «*Dissemos atrás da nossa absoluta convicção de que uma doutrina que amplie, até onde os limites da certeza do direito, da garantia dos cidadãos e da sua paz jurídica o permitam, a equiparação da omissão impura à acção é a que melhor se adequa aos termos em que o novo Código Penal regula, no art.º 10.º, a questão. Na verdade, a tanto convida logo a circunstância de ele partir de uma base de amplíssima – quase se diria total! – equiparação, ao dispor que «quando um tipo legal de crime compreenda um certo resultado, o facto abrange não só a acção adequada a produzi-lo, como a omissão da acção adequada a evitá-lo, salvo se outra for a intenção da lei*».

Assim, não mais parece lícito invocar o princípio do "nullum crimen sine lege" como óbice à equiparação. É certo que, apesar daquela cláusula de equiparação, os crimes de omissão impuros constituem, porventura mesmo por definição tipos abertos, isto é, tipos que forçosamente têm de ser integrados por uma valoração judicial autónoma completadora do tipo. Mas se daqui concluíssemos, sem mais, que tais tipos não respeitam as exigências de determinabilidade e de certeza ínsitos no princípio da legalidade, teríamos acabado por invalidar a regra de equiparação contida no art.º 10.º-1 e por inconstitucionalizar – face ao disposto no artigo 29.º-1 da nossa lei fundamental – todos os crimes de omissão em que se não descrevesse expressamente o dever jurídico de agir! E sem que então valesse para o que quer que fosse a regra contida no art.º 10.º-2, por isso que também aí se não explicitam os casos em que sobre o omitente recai um dever jurídico que pessoalmente o obriga a evitar o resultado típico!

Deve pois considerar-se que as regras do artigo 10.º-1 e 2 bastam ao cumprimento das exigências jurídico-constitucionais de certeza e de determinabilidade dos tipos de comissão por omissão, contidas no princípio da legalidade». (Revista de Legislação e Jurisprudência n.ºs 3707 p. 54/55).

são «*delitos materiais que só podem ser facticamente preenchidos quando o resultado for alcançado através de meios – activos – expressamente reprovados pela norma penal*»[219]?

É justamente quanto a estes concretos crimes que, em nosso entendimento, o recurso ao «*reenvio do aplicador do direito para uma valoração autónoma, de carácter ético-social*» para indagação da correspondência casuística do desvalor da omissão ao desvalor da acção, além de poder constituir uma aplicação subtil de analogia incriminatória, corre fundados riscos de ferir o garantístico princípio da tipicidade que é, irrefragavelmente, uma trave mestra dos Estados de Direito, correndo-se o risco do caminhante em terreno pantanoso.

Somos assim de opinião, ressalvando sempre o devido respeito por opinião contrária, que os crimes de execução vinculada devem ser subtraídos á cláusula equiparatória em apreço, sob pena de a um esforçado labor hermenêutico que, decerto, corresponderá a um apreciável valor da acção, poder corresponder escasso valor de resultado usando uma expressão de sabor welzeliano, na medida em que é susceptível de vulnerar o princípio *nullum crimen sine lege certa, scripta et praevia* proclamada solenemente no art.º 29.º n.º 1 da Constituição da República Portuguesa.

Em matéria de direitos e liberdades individuais é sempre conveniente pisar solo firme[220]

Como pondera o Prof. Paulo Ferreira da Cunha: «*De facto, há princípios constitucionais que aferem em boa medida da dignidade penal; o legislador penal, seja ele quem for, tem de ter em consideração a Constituição e, apesar de tudo, de ser designado por processos com ela conformes. E os bens jurídico-penais acabam por ser aqueles que os penalistas retiram como pedra de toque do conjunto da ordem constitucional vigente, já que, não podendo pautar-se, numa sociedade pluralista e a rondar o anómico, por autónomos valores de pura axiologia, têm de arrimar-se ao apoio constitucional: isto é, terão de ver tais valores pelo óculo ou pelo filtro da sua recepção ético-jurídica na Constituição*[221].*

---

[219] M.ª: do Céu R.S. Negrão, op. cit., n.º 25 da RMP, p. 52.

[220] Com isto não se está a olvidar que toda a dogmática dos crimes omissivos *é cada vez mais revolta e movediça* (Figueiredo Dias *O Problema da Consciência da Ilicitude em Direito Penal*, 4.º ed., Coimbra Editora, 1995, p. 510). Mas cremos que ela não pode, mesmo na sua fluidez, ultrapassar o limite de precisão na definição legal dos elementos do tipo-incriminador.

[221] Paulo Ferreira da Cunha *A Constituição do Crime – Da Substancial Constitucionalidade do Direito Penal*, Coimbra Editora, (Argumentum), 1998, p. 89.

Pressupostos Sistemáticos da Responsabilidade Criminal do Médico 121

Cremos assim que, como propugna considerável parte da doutrina (Profs. Cavaleiro de Ferreira e Germano Marques da Silva, Dr.ª Maria do Céu Negrão etc.), a cláusula equiparatória contida no art.º 10.º n.º 1 do nosso Código Penal não terá aplicação aos crimes de execução vinculada. Nestes, caberá ao próprio legislador, para assegurar a legitimidade constitucional, a criação de tipos incriminadores autónomos de omissão, ao lado dos correspondentes tipos de acção, como defende *Grünwald* na sua obra *Zur gesetzlichen Regelung der unechten Unterlassungsdelikte* (1958)[222], embora este autor pareça defender tal autonomização para todos os tipos incriminadores de omissão.

Nesta linha de pensamento temos, pois, por excluído do âmbito da equiparação omissão-acção, os crimes de mera omissão, os crimes de mão própria e os crimes de execução vinculada, salvo se o próprio comportamento omissivo preencher a factualidade descrita no tipo modal, isto é, se a omissão corresponder imediatamente e não apenas mediata ou valorativamente à actuação positiva.

A omissão terá de traduzir-se directamente no comportamento do agente proibido no tipo incriminador e não apenas *equivaler* a tal comportamento[223].

---

[222] Gründwald, cit. por Figueiredo Dias, *Direito Penal, Sumários 75, p. 165.*

[223] Como exemplo do ora afirmado, com algumas dúvidas por parte da Doutrina, é o caso da admissibilidade entre nós, do crime de burla por omissão. Com efeito, o art.º 217.º n.º 1 do C. Penal dispõe que: *Quem, com intenção de obter para si ou para terceiro enriquecimento ilegítimo, por meio de erro ou engano sobre factos que astuciosamente provocou, determinar outrem à prática de actos que lhe causem, ou causem a outra pessoa, prejuízo patrimonial é punido com a pena de prisão até 3 anos ou com pena de multa.*

Na Comissão Revisora do Código Penal, o Prof. Eduardo Correia, autor do Projecto, afirmou que não se devia afastar a punição da burla por omissão, quando houvesse um aproveitamento astucioso por parte do agente (da ignorância ou desconhecimento da vítima) e, mesmo assim, só quando houvesse um dever de informação que não fosse cumprido.

Entre nós, defendem a admissão da burla por omissão, face ao sobredito preceito penal os Juizes Conselheiros Maia *Gonçalves (Código Penal Português, Anotado e Comentado e Legislação Complementar*, 12.ª ed. 1998, p. 665) e também Leal-Henriques e Simas Santos, *(Código Penal, II vol., Anotado, 1997,* p. 538) e ainda o Dr. Borges de Pinho, *(Código Penal, Notas Trabalho* de, M.P. do Porto, 16). Contra esta posição J. Marques Borges e Outros *Crimes Contra o Património em Geral,* p. 24-25 e ainda Lopes Rocha *(A Parte Especial do Novo Código Penal – Alguns Aspectos Inovadores),* in Jornadas de Direito Criminal, cit. ..., p. 379.

A dúvida é pertinente, porquanto, o Código afastou-se, do Projecto de Eduardo Correia que no seu art.º 212.º se referia a *«erro ou engano sobre factos* (que o agente)

122   *Da Responsabilidade Médica em Direito Penal*

Assim, reduzido fica o espectro das infracções a que importa aplicar a cláusula geral contida no n.º 1 do art.º 10.º, que serão apenas os crimes de omissão imprópria de tipo causal porque, quanto aos restantes, há-de o intérprete entender que *outra foi a intenção da lei*, na expressão sugestiva da ressalva contida na segunda parte do inciso em apreço.

4.1.3.3. *Círcunlóquio em Torno da Figura de "Garante"*

Já se deixou consignado que se o omitente tiver o dever jurídico e pessoal de agir, fica constituído na posição de garante pela não produção do resultado.

É o que estabelece o n.º 2 do art.º 10.º do Código Penal aos dispor que *a comissão de um resultado por omissão só é punível quando sobre o omitente recaia um dever jurídico que pessoalmente o obrigue a evitar esse resultado.*

Afirmámos que, enquanto nos crimes por acção, em princípio, qualquer pessoa pode figurar como autor desde que transgrida o comando penal proibitivo, nos crimes comissivos por omissão é imperioso evitar o alargamento *ad omnes* do circulo de agentes, pelas razões já sobejamente expostas.

Na sua escalpelização do fenómeno criminalizador dos delitos de omissão imprópria, afirma Jescheck, após observar que normalmente os

---

astuciosamente provocou ou aproveitou». O Código refere-se unicamente à expressão *«astuciosamente provocou».* A eliminação do termo *«aproveitou»,* parece que, só por si é insuficiente para afastar a comissão da burla por omissão, pois o agente que não cumpre o seu dever pessoal e jurídico de informar ou de esclarecer, de forma dolosa e com intuito de enriquecimento ilegítimo está astuciosamente a provocar um erro ou engano da vítima.

O que caracteriza a burla, hoje como sempre, é no fundo qualquer artifício fraudulento que induza em erro o burlado, pois como referia Nelson Hungria, *«o expoente da improbidade operosa é hoje o "architectus falacciarum", o "scroc", o burlão, o cavalheiro de industria. Não mais o assalto brutal e cruento, mas a blandicia vulpiana, o enredo súbtil, a aracnídia urdidura, a trapaça, a mistificação, o embuste. O latrocínio, a "grassatio" e a rapina foram subrogados pelo enliço, pela artimanha, pelo estelionato. A mão armada evoluiu para o conto do vigário»* (Nelson Hungria, *Comentário ao Código Penal Brasileiro,* apud. Leal-Henriques e Simas Santos, Código Penal, II vol. Anotado, 1997, p. 535). Para maiores desenvolvimentos sobre o crime de burla por omissão, Fernanda Palma e Rui Pereira, *O Crime de Burla no Código Penal,* in Revista da Faculdade de Direito da Universidade de Lisboa, 1994, XXXV, p. 321-333 e J. António Barreiros, *Crimes Contra o Patrimónío,* 163 a 165.

Pressupostos Sistemáticos da Responsabilidade Criminal do Médico   123

preceitos penais apenas descrevem a causação do resultado tipicamente relevante através de um comportamento activo, que se sentiu a necessidade de *modificar a literalidade dos delitos de comissão* ao aplicá-los às hipóteses de omissão indevida, explicando:

a) Em primeiro lugar, partiu-se do princípio de que os tipos comissivos <u>podiam</u> ser realizados pela não evitação do resultado;
b) Em segundo lugar, dado que nem todos podem ser autores de um delito de omissão imprópria, houve que determinar, mediante elementos restritivos qual o círculo de "garantes" que podiam configurar como autores; e
c) Em último lugar, foi necessário admitir que para imputação objectiva basta um *nexo causal hipotético*[224].

Este restrito círculo de garantes permite configurar os crimes omissivos e impuros como crimes próprios, visto que «*o dever de agir recai apenas sobre alguns sujeitos (os garantes) e não sobre a generalidade das pessoas*»[225].

Uma questão primordial, no entanto, se coloca ao intérprete. Qual a fonte do dever jurídico e pessoal do garante?

É claro que se o dever é jurídico (e não meramente moral ou outro) tem de emanar de uma norma ou complexo de normas jurídicas. Por isso, tradicionalmente se apontavam a lei e o contrato como fontes de tal dever (Feuerbach, *Lehrbuch*, 3.ª ed. § 24).

Todavia, importa ter presente que o eixo estruturante dos delitos omissivos é a ideia fundamental de que a protecção do bem jurídico em perigo depende de uma prestação positiva de determinada pessoa e que a sociedade confia nessa intervenção activa[226].

Daqui se vê que a circunscrição do dever de garante aos planos da lei e do contrato, numa visão estritamente positivista, deixaria sem cobertura toda uma vasta panóplia de situações em que a lesão de bens jurídicos por inércia de pessoa habilitada ou em condições de remover o perigo de lesão seria susceptível de acontecer.

---

[224] H. H. Jescheck, *Tratado...* cit. 2 vol. p. 836.

[225] Germano Marques da Silva, *Direito Penal Português, Parte Geral*, II, p. 51. Também Jescheck os considera «crimes específicos próprios» (*Tratado...* cit, 2 vol. p. 855).

[226] Jescheck, op. cit. p. 854.

124   *Da Responsabilidade Médica em Direito Penal*

Até mesmo a inclusão neste limitadíssimo leque de *fontes*, "rectius" *planos* de tal dever, da chamada situação de ingerência, isto é, uma situação de perigo exterior produzida pelo próprio agente, continuava a deixar de fora vastíssimo espectro de situações em que a comissão por omissão é susceptível de vulnerar largo acervo de bens jurídicos e, designadamente, os eminentemente pessoais, como a vida, a saúde, a liberdade ou a integridade física.

O árduo problema consubstanciado na tensão dialéctica entre a necessidade de não hipertrofiar o círculo de agentes por forma a respeitar os limites do arquétipo constitucional, e de, simultaneamente procurar dar cobertura às situações em que, por via omissiva, se vai alastrando a mancha vulneratória de bens jurídicos primordiais, dignos e carentes da tutela penal, demanda tormentoso labor doutrinário e jurisprudencial.

Não restam dúvidas de que, nesta matéria, o Direito Penal tem de caminhar em ritmo mais acelerado do que o do seu próprio tempo, sobretudo, nas sociedades tecnológicas hodiernas, cobertas por uma vasta rede de situações de perigo, onde o dever de "solidariedade" transcende largamente as margens de um mero imperativo ético[227].

Torna-se, assim, manifesto que a *«teoria formal do dever jurídico»* que circunscreve o dever de garantia à tríade dos planos clássicos, é actualmente insuficiente, como insuficientes são diversas outras teorias ensaiadas, que não cabe aqui recensear.

Isso, porém, impõe ao aplicador a tarefa de determinação da titularidade do dever de garantia, isto é, de saber quando é que alguém se encontra investido jurídica e pessoalmente no dever de impedir o resultado típico.

---

[227] Assim M.ª da Conceição Ferreira da Cunha, «Constituição *e Crime» Uma Perspectiva da Criminalização e da Descriminalização, UCP – Editora, Porto, 1995, p. 409),* quando, embora referindo-se às modernas técnicas biomédicas escreve: *O Direito Penal também não pode permitir que bens primordiais das pessoas sejam lesados ou fiquem gravemente em perigo. Assim, apesar das dificuldades, em especial nesta área, para se conseguir uma actuação da forma certa e no tempo certo, pois, se por um lado há risco do Direito Penal entrar no campo do meramente «imaginável» por outro, poderíamos dizer que «quem caminha ao ritmo do seu tempo já está atrasado» (Bernanos), deve-se procurar uma actuação equilibrada.*

Deste modo, estamos em crer que o problema da obrigação constitucional de tutela penal se deve colocar quando este tipo de técnicas ponha gravemente em causa, precisamente, os valores nucleares do Direito Penal – a vida, a integridade física, a liberdade e, de uma forma directa, a dignidade humana (valor que abrange todos os outros e os ultrapassa).

Pressupostos Sistemáticos da Responsabilidade Criminal do Médico 125

Na perspectiva de Quintela de Brito, o legislador não resolveu o problema da determinação da titularidade do dever de garante, deixando--o nas mãos do intérprete, *maxime* do Juiz, desde logo porque a determinação da fonte jurídica do dever e a violação deste, só por si, não são requisitos suficientes para a realização do ilícito típico por omissão impura, pois ainda necessário se torna que tal dever tenha a característica da pessoalidade, não sendo esta determinável *in abstracto*, pois assenta no apuramento de uma particular *relação fáctica de proximidade do omitente com o bem jurídico a proteger ou com a fonte de perigo a controlar* na expressão de Figueiredo Dias[228-229].

Dir-se-á, porém, que, com isto agudizam-se as agruras do intérprete e, designadamente, do julgador, por isso que permanece em aberto a questão da jurisdicidade do dever de garante.

É evidente que a *fons juris* de tal dever não tem de ser oriunda do ordenamento jurídico-penal, pois o que o art.º 10.º n.º 2 exige é que sobre o omitente recaia um dever jurídico *tout court*.

Deste modo, também as regras deontológicas hão-de considerar-se regras jurídicas e, consequentemente vinculantes para os seus destinatários quando emanadas dos «*organismos representativos das diferentes categorias morais, culturais, económicas ou profissionais no domínio das suas atribuições*» como comanda o n.º 2 do art.º 1.º do C. Civil, o que se reveste de significativo interesse na esfera do direito penal médico.

Assim sendo, é de aceitar sem reserva que o art.º 10.º n.º 2 recebe no seu âmbito deveres de evitação do evento típico provenientes dos mais variados sectores da vida jurídico-económica e jurídico-social, tal como acontece em matéria de crimes de violação de dever e, por isso, inclusivamente, provenientes de regras técnicas extra-penais, como sucede v. g. no âmbito das *leges artis medicinae*[230].

---

[228] Teresa Q. Brito, op. cit., p. 124.

[229] Figueiredo Dias, *Pressupostos da Punição...* cit, p. 56; *Sumários, 1975*, p. 160-169.

[230] Teresa Quintela de Brito, op. cit. p. 126. A autora citada escreve o que, *data venia*, se transcreve, pelo seu interesse:

«*Mas, ainda por uma outra razão o art.º 10.º n.º 2, não esclareceu, quando é que alguém se encontra juridicamente obrigado a evitar o resultado. Deste modo quis receber no seu âmbito deveres de afastamento do evento típico, oriundos de outros sectores do ordenamento jurídico, num procedimento afinal idêntico àquele que, em geral, o Código Penal adopta em matéria de delitos de violação do dever. Com efeito, a determinação do dever de cuidado a que, segundo as circunstâncias, o agente está obrigado (art.º 15.º) pode implicar o recurso a regras técnicas extra-penais ou, até,*

126   *Da Responsabilidade Médica em Direito Penal*

Curiosa e bem elaborada é a teoria do Prof. Faria Costa que propugna o recorte da jurisdicidade do dever de garante com base no art.º 402.º do C. Civil.

Com efeito, este ilustre Professor de Coimbra, ressalvadas as dúvidas e hesitações que a complexidade do problema justifica, descortina no art.º 402.º do C. Civil o radical último de fundamentação jurídica para o dever (jurídico) referido no art.º 10.º n.º 2 do C. Penal, pois naquele preceito civilístico entrevê *o transfundo axiológico-jurídico de tal fundamentação*, visto que nele se acobertam situações em que meros deveres de ordem moral ou social correspondem a imperativos de justiça.

Sintetiza assim, aquele Professor, o seu pensamento:

> *O étimo comum das situações que queremos aqui encontrar poder--se-á resumir na seguinte fórmula: em ambos os casos o agente deve, por um imperativo de justiça, actuar de modo juridicamente relevante.*
>
> *Sucede que, no campo do direito civil, a ordem jurídica só retira consequências a partir do momento em que se realizou o cumprimento da obrigação – a valência normativa aqui exigida assenta no facere – enquanto, se estivermos dentro do direito penal, a ordem jurídica faz produzir consequências a partir de um omittere, a partir da omissão da expectativa comunicacional que a comunidade quer ver cumprida*[231].

Esta construção reflecte bem o esforço da nossa Doutrina para punir a violação do *neminem laedere* comissiva por omissão, sendo tal esforço emergência da *muito mais afinada sensibilidade que hoje se possui para os valores e exigências do solidarismo e da comunidade de vida*, na expressão do Prof. Figueiredo Dias[232].

---

a meras regras de diligência, socialmente impostas para certo âmbito da vida comunitária. Por outro lado, o apuramento de quem seja um funcionário (art.º 386.º), de quais sejam os deveres inerentes ao seu cargo que foram violados ao levar a cabo certa conduta descrita num, tipo legal de crime (v. g. art.ºs 369.º, 372.º, 377.º, 378.º e 382.º), ou, ainda, da competência necessária para poder ser autor de certa infracção criminal (v. g. art.ºs 368.º, 369.º e 380.º), inevitavelmente envolverá o recurso a regras extra-penais e, por isso, destituídas das especiais garantias que acompanham toda a criação e aplicação de uma norma penal.

Todavia, em matéria da comissão por omissão, esta indeterminação da lei penal respeita apenas aos destinatários do dever, em que se alicerça o específico tipo de um delito omissivo impróprio. Já no que concerne ao conteúdo jurídico-penalmente relevante de um tal dever, a lei penal se recusa a «deixar os seus créditos por mãos alheias».

[231] Faria Costa, *Omissão (Reflexões...)* cit. BFDC, 72 (1996), p. 401.

[232] F. Dias, *Pressupostos da Punição*, cit. p. 55.

Pressupostos Sistemáticos da Responsabilidade Criminal do Médico   127

Deste modo pode dizer-se que, à luz do nosso Código Penal, além da clássica trilogia de lei, contrato e ingerência como planos em que se reflecte o dever de garante, todas as situações de «proximidade existencial» e designadamente, a aceitação fáctica de uma relação de confiança com base contratual, a comunidade de vida, as posições de senhorio e de monopólio etc., podem fundamentar juridicamente o dever de garante.

Cabe aqui uma palavra especial para a chamada *teoria das funções*, que, com particular incidência, é chamada a fundamentar o dever de garante do médico, nos crimes comissivos por omissão, por considerável parte da Doutrina[233]. Esta teoria distingue entre deveres de garante que consistem numa função de protecção de um determinado bem jurídico (deveres de custódia ou de protecção) e aqueles em que o garante está vinculado ao controle de uma fonte de perigo (deveres de segurança ou domínio).

Na verdade podem surgir deveres de protecção relativos a determinados bens jurídicos, como ensina Jescheck[234], por força de um vínculo natural com o titular do bem jurídico ou por via de relações estreitas de convivência ou de assunção de custódia.

Estariam no primeiro caso os deveres de garante dos parentes mais próximos relativos, por exemplo, a um familiar em perigo quanto à integridade física ou à vida. Se o dever de protecção dos pais relativamente aos filhos decorre da lei como corolário do exercício do poder paternal, já não emerge de um concreto comando normativo, o dever de protecção de outros familiares, como avós ou tios. A jurisprudência alemã tem vindo a construir tais deveres com base na chamada vinculação natural.

Também as estreitas relações comunitárias como, v. g. o de dever do guia experiente numa excursão à montanha perante a situação de perigo em que se encontra um dos participantes na excursão de providenciar socorro ao necessitado. Igualmente a chamada assunção voluntária da posição de protecção tem sido considerada como fonte do dever de garante por parte da jurisprudência germânica (BGH NJW 1964, 1.223; BGH 19, 286)[235].

Estará nesta situação quem como médico deve tratar os seus doentes (RG DR 1943, 897; RG 74, 350 {354})[236].

---

[233] Por todos. Agustín Jorge Barreiro, *La Imprudencia Punible en la Actividad Médico-Quirúrgica*, Tecnos, Madrid, 1995, p. 127.

[234] H-H. Jescheck, *Tratado...* cit. II, p. 856.

[235] Referido por Jesecheck, *Tratado...* cit. p. 858.

[236] Idem, Ibidem.

128 — Da Responsabilidade Médica em Direito Penal

Mas todo este esforço ingente da Doutrina não estará em assintonia, diremos mesmo em rota de colisão, com o princípio da legalidade constitucionalmente proclamado?

A resposta, a nosso ver, deverá ser negativa. Desde logo, porque a equiparação axiológico-jurídica da omissão à acção, nos crimes materiais, é operada *ex vi legis*, através do n.º 1 do art.º 10.º do C. Penal, encontrando--se a descrição típica do ilícito criminal na norma incriminadora (parte especial).

Sobra, assim, a questão, que podemos considerar residual, de determinação de quem é o garante, isto é, de sobre quem incide o dever jurídico e pessoal de evitar o resultado proibido.

Ora, acolhendo-se a teoria do Prof. Faria Costa ou outra, igualmente alicerçada, não parece que haja vulneração daquela *Grundnorm* dos Estados de Direito, visto que o dever de garante pode emanar de qualquer fonte jurídica que compreenda a relação entre o agente e o bem jurídico tutelado e que, destarte, vise evitar o resultado proibido prefigurado na norma incriminadora, o que, por força do princípio de congruência ou da analogia substancial entre a ordem constitucional e a ordem jurídico-penal, se traduz, afinal, num resultado proibido pela própria lei fundamental, cuja produção se visa evitar.

Ao fim e ao cabo tem aqui cabimento a lição de Karl Larenz sobre a questão do «*postulado de economia jurídica*» traduzido em interpretação conforme à Constituição: Como diz Karl Larenz: «*Se uma interpretação que não contradiz os princípios da Constituição é possível segundo os demais critérios de interpretação, há-de preferir-se a qualquer outra em que a disposição viesse a ser inconstitucional. A disposição é então, nesta interpretação, válida. Disto decorre, então, que de entre várias interpretações possíveis segundo os demais critérios sempre optem preferência aquela que melhor concorde com os princípios da Constituição. "Conformidade à Constituição*" é, portanto, um critério de interpretação»[237].

Por isso, o Juiz deve, em nossa opinião, demandar neste domínio solução (casuística) consentânea com a necessidade de tutela concreta dos bens jurídicos fundamentais referenciados pelas condutas descritas nas normas incriminadoras, no alargado campo que tem por étimo fundante a proximidade sócio-existencial do "eu" e do "outro", que afinal é o pilar

---

[237] Karl Larenz, *Methodenlehre der Rechtswissenschaft*, apud. Jorge Miranda e Miguel Pedrosa Machado *Constitucionalidade da Protecção Penal dos Direitos de Autor e da Propriedade Industrial*, Publicações D. Quixote, Lisboa, 1995, p. 48-49.

Pressupostos Sistemáticos da Responsabilidade Criminal do Médico   129

da dignidade da pessoa humana, pedra angular do próprio edifício constitucional.

Na expressão do Prof. Jorge Miranda e do Dr. Miguel Pedrosa Machado:

> «*A independência dos órgãos de soberania (art.º 114.º da Constituição) e a própria colaboração recíproca de todos os operadores jurídicos autoriza o Juiz a, sem sair da sua esfera específica de actuação, definir soluções idóneas para os diferentes casos, em complemento e em explicitação da tarefa do legislador*»[238].

4.1.4. *O Médico e o Ilícito Penal Omissivo*

4.1.4.1. *A Especial Posição de «Garante» do Médico*

No exercício da sua profissão, os médicos, não obstante serem sempre *os Cireneus compassivos do calvário humano* na impressiva e feliz expressão de Miguel Torga, também estão, como qualquer mortal, e por isso falível, sujeitos ás malhas do direito criminal, sem que isso implique, necessariamente, a existência de polos de fricção ou *guerra fria* entre médicos e juristas[239], nem a exigência da responsabilização dos profissionais de Saúde pode significar nos modernos Estados de Direito, qualquer *capitis deminutio* de uma actividade que tão de perto e, ao mesmo tempo tão arrojadamente, se defronta com o sofrimento humano, lidando com os mais preciosos bens como a vida, a saúde, a integridade física e a liberdade individual.

É que, como lucidamente escreveu um dos mais eminentes penalistas portugueses: «*se o doente tem o direito de confiar-se e ser tratado por um médico a quem o Direito Penal se não coíba de pedir inteira responsabilidade, é do* próprio interesse do médico *(...) que o Direito de nenhuma forma lhe tolha, mas antes* estimule, *o seu sentimento de responsabilidade*»[240].

---

[238] Jorge Miranda e Miguel Pedrosa Machado, op. cit. na nota anterior, p. 49.

[239] Na expressão de Kühlendahl, *Die ärztliche Aufklärungspflicht oder der kalte Krieg zwishen Juristen und Ärzten*, DÄBL, 1978, p. 1984, apud., C. Andrade *Consentimento e Acordo...* cit. p. 405, nota 125.

[240] Figueiredo Dias *O Problema da Ortotanásia. Introdução à sua Consideração Jurídica*, in «As Técnicas Modernas de Reanimação; Conceito de Morte; Aspectos Médicos, Teológico-Morais e Jurídicos», Ordem dos Advogados, Porto, 1973, p. 37.

130   *Da Responsabilidade Médica em Direito Penal*

Podendo ser agentes de crimes decorrentes do exercício da actividade médica (crimes específicos próprios) e de crimes comissíveis por qualquer pessoa, ainda que qualificados se cometidos por médico no exercício da sua profissão (crimes específicos impróprios), os profissionais da Medicina podem realizar diversos ilícitos penais, quer por acção, quer por omissão.

No que tange aos crimes omissivos o Código Penal português recorta desde logo no seu art.º 284.º, o ilícito típico de Recusa de Médico, justamente considerado como crime omissivo puro, que pode interrelacionar--se ou não, com outros tipos de ilícito, designadamente com o crime de omissão de auxílio (art.º 200.º), com o de intervenções e tratamentos médico-cirúrgicos arbitrários (art.º 156.º), com a própria violação das *leges artis* (art.º 150.º) enfim, com toda uma variedade de delitos específicos ou não da actividade médica.

Porém, também pode o médico, pela simples omissão de conduta apta a evitar um resultado pernicioso para a saúde ou integridade física do doente ou, quiçá, letal, que jurídica e pessoalmente lhe era exigível, preencher diversos outros tipos incriminadores e, designadamente, os que visam tutelar os bens jurídicos eminentemente pessoais a que atrás aludimos, como são a vida, a integridade física e a liberdade das pessoas.

Na presente secção iremos, pois, debruçar-nos com algum detalhe sobre a posição de garante dos médicos nos delitos comissivos por omissão.

Para além das formas activas de actuação médica, também a omissão de comportamentos socialmente esperados destes profissionais, na medida em que tenham o dever jurídico de actuar, pode conduzir a resultados tão deletérios que se traduzam na lesão da integridade física, saúde ou vida dos doentes.

A questão está em saber quando é que o médico está sujeito ao dever de garante nos termos do art.º 10.º n.º 2 do Código Penal, para além, naturalmente, do dever genérico de auxílio que a sua profissão comporta.

Segundo o eminente penalista e também médico alemão Eberhard Schmidt, que à matéria do direito penal dos médicos dedicou particular atenção,[241] o médico tem o dever de assistir aos doentes sempre que tal

---

[241] Notável é a obra de Eb. Schmidt *Der Arzt im Strafrecht*, Leipzig, 1939, verdadeiro tratado pioneiro em matéria de direito penal médico. Também digno de menção é o seu estudo, com titulo idêntico, inserido na obra de Albert Ponsold, *Lehrbuch der gerichtlichen Medizin*. Existe tradução espanhola da obra de Ponsold intitulada *Manual de Medicina Legal*, onde o estudo de Eb. Schmidt, *El Médico em el Derecho Penal* ocupa 68 páginas.

Pressupostos Sistemáticos da Responsabilidade Criminal do Médico   131

assistência médica lhe seja solicitada, pela simples razão de ter escolhido a profissão médica estabelecendo-se como tal[242].

Deste amplíssimo dever de garante do médico, apenas se exceptuam as seguintes situações:

a) Quando um médico se prepare para assistir com carácter de urgência a um doente (cuja assistência tenha aceite) e, ao não fazê-lo, possa provocar perigos graves ao mesmo, pode, por essa razão, negar-se a atender outro doente. Segundo o eminente autor alemão referido, valerá neste caso a regra *prior tempore, potior jure;*

b) Se o doente que solicitar a intervenção do médico se encontrar em local distante da zona do exercício profissional deste, o médico pode recusar-se a assistir ao enfermo desde que saiba que estão disponíveis outros médicos para o efeito. Todavia, se for informado que assim não acontece, não pode recusar a visita. (Neste sentido, Eb. Schmidt cita um aresto do Reichgericht, o Supremo Tribunal do Reich); e

c) Necessária se torna também a determinação do grau de urgência requerida pela situação patológica, pois não será exigível ao médico que sacrifique o seu repouso nocturno ou frustre um dia festivo para assistir a um doente que está retido no leito por uma simples constipação ou por um excesso de ingestão alcoólica. Todavia, o mesmo Mestre alemão recorda que *para saber se se trata de um caso urgente são decisivas as indicações da pessoa que efectua a chamada e estas podem ser duvidosas, motivadas por um temor injustificado ou por uma preocupação exagerada, escasseando também frequentemente a necessária clareza e precisão.* Nestes casos, conclui Eb. Schmidt que *se existir a menor razão para supor que pode tratar-se de um caso grave é preferível que o médico se disponha a efectuar uma visita desnecessária do que a arriscar-se a uma responsabilidade penal por não atender a chamada do doente, supondo, equivocadamente, que o caso carece de importância.*[243]

---

[242] Eb. Schmidt, *El Médico em el Derecho Penal*, in Manual de Medicina Legal de A. Ponsold, p. 6 e 7.

[243] Idem. ibidem.

132   *Da Responsabilidade Médica em Direito Penal*

Fora deste quadro permanecerão apenas, segundo o autor citado, os médicos especialistas e os médicos que exerçam em hospitais e outros centros clínicos, cujo raio da actividade se limita a tais instituições.

Em todo o caso, ainda relativamente a estes médicos, na ausência ou impossibilidade de atendimento do doente por parte dos médicos de clínica geral e atenta a urgência do caso, competir-lhes-á o dever de assistência ao doente, podendo o tratamento subsequente ficar a cargo daqueles.

Esta posição de Eb. Schmidt não mereceu o acolhimento da maior parte da doutrina que a esta temática se vem dedicando e que propugna a emergência da situação de garante do médico e, consequentemente, a possibilidade da imputação do resultado a titulo de comissão por omissão, apenas quando haja lugar a uma efectiva assunção do tratamento do doente independentemente da celebração ou da validade de qualquer negócio jurídico (contrato de prestação de serviços, de trabalho ou similar) ou do vínculo jurídico do exercício de funções[244].

É claro que a posição de Eb. Schmidt reflecte, antes do mais, o pensamento próprio de uma época em que o exercício da medicina e, designadamente, a relação médico-doente tinha um cariz pessoal, sendo certo que desde então até aos nossos dias, a uma profunda transformação socio-económica e cultural correspondeu uma alteração diametralmente oposta do exercício da medicina pois, como reflecte o Dr. Fernando Costa e Sousa *«olhando para os fenómenos acontecidos nos últimos cem anos vemos que, de forma contínua e acelerada, o quadro da vida humana se transforma duma relação circunscrita, pessoal e duradoura de carácter privado, numa relação alargada, impessoal, esporádica de carácter público»*[245].

No entanto, as grandes linhas de força da tese de Schmidt permanecem válidas na sua essência.

O que o grande penalista e médico alemão pretendia pôr em destaque era a natureza eminentemente humanitária e social da actividade médica destinada precipuamente a salvar vidas e a aliviar o sofrimento humano.

Nesta óptica, extremamente lata se afigura a regra contida no art.º 35.º do Código Deontológico da Ordem dos Médicos quando dispõe que: *«o médico pode recusar-se a prestar assistência a um doente, excepto*

---

[244] Assim, v.g. Kamps *Ärztliche Arbeitsteilung und Strafrechtliches Fahrlässigkeitsdelikt* e Stree *Garantenpflicht Kraft Übernahme* referidos por Agustín *Jorge* Barreiro *La Imprudencia Punible en la Actividad Médico-Quirúrgica*, cit. p. 128.

[245] Fernando Costa e Sousa, *O Futuro da Clínica Geral,* Revista da Ordem dos Médicos, Janeiro de 1992, p. 14.

Pressupostos Sistemáticos da Responsabilidade Criminal do Médico 133

encontrando-se este em perigo iminente de vida, ou não havendo outro médico de qualificação equivalente a quem o doente possa recorrer[246].

Tal preceito deontológico colide, além do mais, com o disposto no art.º 284.º do Código Penal que, por um lado, não exige que o perigo para a vida do necessitado de assistência médica seja *iminente* para impor ao médico o dever de assistência e, por outro, não se limita sequer ao perigo para a vida, antes estendendo tal dever de assistência às próprias situações de perigo grave para a integridade física, além de dificilmente compaginável com o art.º 8.º do mesmo Código Deontológico onde se impõe ao médico o dever de *em qualquer lugar ou circunstância prestar tratamento de urgência a pessoas que se encontrem em perigo imediato, independentemente da sua função específica ou da sua formação especializada.*

Na verdade, os preceitos referidos só se afiguram compatíveis entre si se da situação de perigo imediato a que se refere o art.º 8.º do C.D.O.M. se excluir até mesmo o perigo grave para a integridade física do paciente, permanecendo, assim a proibição da recusa apenas para a situação de perigo iminente de vida.

Por outro lado, também a redacção do referido preceito não se afigura feliz, na medida em que parece inculcar a ideia que só *in extremis* o médico terá o dever de socorrer o doente, pois, fora da situação de perigo iminente para a vida o médico poderá recusar indiscriminadamente o seu auxílio, o que comportaria um arbítrio decerto inadmissível nos Estados de Direito democráticos, onde a ética médica não pode deixar de estar "ancilarmente" subordinada ao axioma da dignidade da pessoa humana, trave mestra do próprio Estado de Direito, como salienta o Prof. Jorge Miranda na sua intervenção na primeira reunião sobre ética médica e hospitalar do Hospital de Santa Maria e da Faculdade de Medicina de Lisboa subordinada à epígrafe *Ética Médica e Constituição* (25 de Jan. 91)[247].

---

[246] O Código Deontológico da Ordem dos Médicos foi publicado, em versão definitiva, na Revista da Ordem dos Médicos n.º 3 (Março) de 1985, tendo a sua existência jurídica sido posta em causa, na versão publicada na R.O.M. n.º 6 de Junho de 1981, pelo Parecer da Procuradoria Geral da República n.º 99/92 de 14.6.82 in BMJ 321,193 com um voto de vencido do Ilustre Conselheiro Ireneu Cabral Barreto.

Em nossa opinião, as normas de deontologia médica nele consagradas têm eficácia interna dirigida à própria classe médica.

Mesmo quanto aos médicos, não se pode sobrepor, como se ponderou no Parecer da PGR supra citado, à lei.

[247] Na referida intervenção afirmou aquele ilustre constitucionalista: *«Para os médicos, respeitar a dignidade dos outros, ora preservando os seus direitos, liberdades*

134 Da Responsabilidade Médica em Direito Penal

Bem mais conseguida elaboração e adequação à realidade contemporânea revela o art.º 47.º do Código Deontológico francês (Côde de Deóntologie Médicale) aprovado pelo Décret n.º 95-1000 du 6 de Septembre 1995 que dispõe: *Hors le cas d'urgence et celui ou il manquerait à ses devoirs d'humanité, un médicin a le droit de refuser ses soins pour des raisons professionelles ou personnelles.*

Para o diploma francês o *refus des soins* está subordinado a dois limites inultrapassáveis: a situação de urgência (e não apenas perigo iminente de vida) e o risco de violação dos deveres de humanidade.

De resto, parece-nos que, em rigor, apenas o médico em regime liberal, e mesmo assim a situação não é isenta de dúvidas, poderá declinar a prestação dos seus serviços ao doente, como corolário da liberdade contratual que compreende a liberdade de contratação e a liberdade de estipulação, como é sabido, já que o médico que se encontra vinculado a instituições clínicas, por relação de emprego público ou por contrato de trabalho subordinado ou, ainda por um contrato de avença ou similar, dificilmente poderá recusar os seus serviços, posto que tal se poderá traduzir num incumprimento da obrigação contratual perante a instituição ou mesmo uma infracção disciplinar, salvo se ocorrer situação de justa causa.

Mesmo os médicos em regime liberal, tal como os outros, estão sempre sujeitos ao disposto no art.º 284.º do Código Penal.

Tanto a Doutrina como a Jurisprudência aceitam, em faixa maioritária, que o médico assume a posição de garante pela evitação do resultado típico, ao assumir efectivamente o tratamento do doente, independentemente da configuração, validade ou eficácia de qualquer negócio jurídico.

---

e garantias, ora contribuindo para a efectivação dos seus direitos económicos, sociais e culturais, equivale, em qualquer hipótese, a obedecer à sua consciência, iluminada por uma vocação humanista profunda e pela alegria do alivio da dor.

Mas esta mesma consciência ética, sempre inserida (insista-se) num âmbito comunitário, se nunca pode afectar os direitos dos doentes e dos seus familiares, pode justificar ainda, no limite, a recusa de prática de actos que ela condene.

A recusa tem hoje alicerce constitucional – é o direito à objecção de consciência (art.º 41.º n.º 6), verdadeira garantia quer da liberdade da consciência dos próprios médicos, quer (tantas vezes) de direitos de outrem; e uma sua importantíssima especificação legal vem a ser a prevista relativamente a quaisquer actos respeitantes à interrupção voluntária da gravidez (art.º 4.º da Lei 4/84, de 11 de Maio).

Através da objecção de consciência, a ética médica alcança o seu momento supremo de afirmação e resistência diante de todo o poder, público ou privado».
(Jorge Miranda, *Ética Médica e Constituição*, publicado no Boletim da Faculdade de Medicina, II Série n.º 12 de Agosto de 1991 e também na Revista Jurídica n.ºs 16 e 17, Nova Série, ed. AAFDL, 1992, p. 259 a 264).

Neste sentido, o Prof. Figueiredo Dias é peremptório: «*A doutrina portuguesa está há muito de acordo em que a aceitação pelo médico de um doente cria para aquele um dever jurídico (posição de garante) de evitar a verificação de um evento danoso para a saúde e vida deste. Aceitação que, em nossa opinião, é bastante que se traduza numa relação fáctica de cuidado assumido pelo médico perante o doente, capaz de fundamentar a proximidade sócio-existencial de um e de outro. Tanto basta para que daqui derive a exigência de solidarismo que verdadeiramente está na base da relevância jurídico-penal da comissão por omissão, sem que interesse, e em último termo, a validade ou subsistência do vinculo jurídico.*[248]

Esta é, também, na vizinha Espanha a posição da doutrina, que considera decisiva para o fundamento material da assunção de funções de protecção do bem jurídico (vida ou saúde do paciente), isto é, como fonte do dever de garante do médico, o vinculo de confiança que emerge da assunção efectiva de tratamento por parte do médico.

Agustín Jorge Barreiro escreve: «*Isto é aplicável também relativamente aos diversos membros da equipa médico-cirúrgica e em relação aos correspondentes deveres de actuação assumidos em regime de divisão de trabalho. Não restam dúvidas de que o cirurgião, ao realizar a intervenção cirúrgica (que sempre implica um perigo para a saúde e para a vida do paciente) assume o dever jurídico de evitar que se materialize o perigo inerente a toda a operação»*[249]

Ainda no seio da doutrina espanhola merecem destaque os nomes de Silva Sánchez e Gómez Pavón.

Para Silva Sánchez não restam dúvidas de que, nem pelo prisma da política criminal, nem pelo prisma dogmático, seria aceitável tornar garantes, os médicos, da vida ou da saúde das pessoas que tais profissionais não se comprometeram especificamente a tratar[250].

Seria uma incomportável carga sobre os médicos que estenderia a responsabilidade destes a limites absurdos e inaceitáveis.

---

[248] F. Dias e Sinde Monteiro, *Responsabilidade Médica em Portugal*, BMJ, 332, 64.

[249] A. Jorge Barreiro, *La Imprudencia Punible...* cit. p. 127 e 128, onde este autor aponta, no sentido exposto, a mais conceituada doutrina alemã sobre a temática em apreço (Bockelmann, Laufs, Schönke/Schröeder, Stree).

[250] Jesús-Maria Silva Sánchez, *La Responsabilidad Penal del Médico por Omisión*, in Avances de la Medicina y Derecho Penal (AA.VV.), Barcelona, p. 126.

136   *Da Responsabilidade Médica em Direito Penal*

A questão está em saber quando é que tem inicio a assunção efectiva do tratamento, o que vale por dizer, qual o *terminus a quo* do dever de garante ou, colocada a questão de outro modo, o que significa afinal a "assunção efectiva".

Na doutrina alemã, designadamente Schünemann (*Grund und Grenzen der unechten Unterlassungsdelikte,* Gottinga, 1971, 340),[251] tal assunção coincide com o início efectivo do tratamento.

Tese que Silva Sánchez rejeita, pois, bem antes do começo do tratamento pode haver um compromisso do médico com o paciente e inclusive perante terceiros, revelador de tal assunção e também porque, segundo este autor, a expressão início ou começo efectivo de tratamento médico é pouco esclarecedora.

Baseado num exemplo retirado de Frank e Mezger, aponta o caso de um indivíduo que é recolhido semi-afogado do mar, sendo socorrido na praia, por um médico que enceta manobras de reanimação mas que, a determinado momento, abandona tais manobras vindo o acidentado a falecer.

A aceitar-se que existe um dever de garante por parte deste médico, ele seria responsável por homicídio cometido por omissão, enquanto os restantes médicos que estivessem na praia desde o início e se tivessem abstido de socorrer a vítima, permaneceriam impunes.

Assim, defende o autor citado que o essencial da assunção efectiva do tratamento acaba por ser a criação de um momento de perigo pelo próprio médico aceitante, na medida em que, a partir da aceitação e por via da mesma, origina que o doente renuncie a todas as outras formas de socorro, confiando-se inteiramente ao médico que o assiste, ou seja, a posição de garante não decorreria da aceitação do tratamento em si, mas antes da *relação de dependência* instituída entre o titular do bem jurídico (paciente) e o garante (médico), o que gera que o primeiro renuncie a todas as outras eventuais medidas de protecção.[252]

No fundo, como se vê, este autor defende, como fonte do dever de garante do médico assistente, uma situação clássica de ingerência, mediante o perigo provocado pelo próprio médico.

A construção de Silva Sánchez, embora engenhosa, face ao disposto no art.º 196.º do Código Penal espanhol, ou concretamente, quanto aos delitos comissivos por omissão, ao art.º 11.º do mesmo diploma, que

---

[251] Schünemann, apud Silva Sánchez. op. cit. na nota anterior.
[252] S. Sánchez, op. cit. na nota anterior.

Pressupostos Sistemáticos da Responsabilidade Criminal do Médico   137

exige para efeitos de equiparação da omissão à acção uma específica obrigação legal ou contratual de actuar ou que o omitente tenha criado uma ocasião de risco para o bem jurídico protegido mediante uma actuação precedente[253], não seria necessária no ordenamento jurídico-penal português.

Tivemos ocasião de ver[254], que o Código espanhol, apesar de publicado em 1995, limitou-se, infelizmente, à trilogia clássica das "fontes" do dever de garantia.

À luz do ordenamento penal português, todavia, a proximidade sócio-existencial do médico e do paciente, decorrente da aceitação expressa ou tácita, contanto que inequívoca, do paciente pelo médico é, como defende Figueiredo Dias, claramente suficiente para, face ao disposto no art.º 10.º n.º 2 do nosso Código Penal, vincular o médico ao dever pessoal e jurídico de evitar o resultado típico que a omissão da acção susceptível de paralisar o curso patológico causal irá desencadear, ou seja para o investir na posição de garante.

Com isto não se pretende afirmar que o médico seja garante da cura do paciente ou da evitação da sua morte.

Já tivemos ocasião de ver que a actividade médica se exprime em termos civilisticos numa obrigação de meios e não de resultado, pelo menos, em princípio.

Ao médico exige-se apenas, para satisfazer as expectativas comunitárias, que empregue o melhor do seu saber e esforço com vista a atalhar a enfermidade do paciente, pois o resultado situa-se, como sabemos numa álea inerente ao próprio exercício da medicina, dependendo da capacidade de resposta do organismo e de muitos outros factores estranhos à vontade do médico ou por este não controláveis.

---

[253] Na época em que Silva Sánchez escreveu o seu artigo (1988) ainda não existia o actual Código Penal espanhol que, como se sabe, é de 1995. Em todo o caso a jurisprudência e a doutrina do país vizinho de há muito que vinham defendendo a tríade constituída por lei, contrato e ingerência como fontes únicas do dever de garante, o que, mais tarde veio a obter consagração legal nas als. a) e b) do art.º 11.º do novo Código.

É do seguinte teor o art.º 196.º do Código Penal espanhol: *«El profesional que, estando obligado a ello, denegare asistencia sanitaria o abandonare los servicios sanitarios, cuando de la denegación o abandono se derive riesgo grave para la salud de las personas, será castigado con las penas del artículo precedente su mitad superior y con la de inhabilitación especial para empleo a cargo público, profesión u oficio, por tiempo de seis meses s tres años».*

[254] Cfr. supra nota 194.

138   *Da Responsabilidade Médica em Direito Penal*

O autor espanhol, que vimos citando, tece ainda considerações sobre esta problemática relativamente ao chamado "médico rural" e ao *médico de guardia*" que, à falta de termo mais exacto, podemos traduzir por médico de urgências ou, numa expressão mais abrangente, por "médico de serviço".

Na perspectiva de Silva Sánchez, o médico rural e o "médico de guardia" estão em posição de monopólio de auxílio, posto que, tanto na primeira situação, como na segunda, a ausência de colegas ou de instituições clínicas nas proximidades, torná-los-iam, em princípio, os únicos profissionais em situação de poder acudir àqueles que aos seus serviços se dirigem e daí que, grande parte da doutrina os qualifique como garantes.

No entanto, segundo o mesmo autor, esta posição de monopólio não tem a virtualidade de, só por si, investir estes médicos na posição de garante.

Explicitando o seu raciocínio, Silva Sánchez começa por salientar que, no caso do médico de urgências não existe uma concreta assunção de *"função de protecção"*, antes apenas a participação do facultativo no serviço de urgências o que, como Kamps sublinha, implica *«a assunção genérica de função de protecção da população em face dos perigos que ameaçam a sua saúde»* (Kamps, *Ärztliche Arbeitsteilung, 105)*, a que corresponde a confiança da população que sabe que, em caso de necessidade, poderá acorrer a tal médico, e também dos restantes médicos que, durante o tempo de serviço do médico de urgências, não têm de se preocupar com os doentes.

Apoiado em Schünemann (*Grund und Grenzen, 353)* o Professor espanhol citado refere que, em tais casos, falta o critério reitor da equiparação da omissão à acção, que é o do domínio sobre a causa do resultado e, afirmar que o médico de urgências, por se encontrar em posição de monopólio, tem o dever de garante, equivaleria a atribuir tal posição a todos quantos, mercê dos seus peculiares conhecimentos técnico-científicos ou dos meios instrumentais que disponham estejam em posição de melhor poderem socorrer aqueles que deles necessitam, o que é inexacto. E acrescenta: *«O compromisso genérico e indiferenciado em que consiste a assunção do serviço de urgências não é fundamento suficiente para uma igualdade estrutural com a comissão. Tal não basta, pois, para que as omissões do médico de urgências sejam equivalentes às realizações activas do tipo.*

Tal compromisso, com efeito, não se produz em termos de conformar uma barreira de contenção do risco específico que ameaça o concreto bem jurídico. Um compromisso assim converteria o omitente em dono absoluto do acontecimento típico. E, em tais condições, o retirar da barreira de contenção, deixando que o risco se materialize no resultado, revelaria uma identidade estrutural normativa com a comissão activa»[255].

O pensamento de Sánchez, pese embora alguma aparente sinonímia entre fontes do dever de garantia e planos em que o mesmo se projecta, comum, aliás, à grande parte da doutrina, teria aceitação, na altura em que publicou o seu estudo ora referenciado, no domínio do anterior Código Penal espanhol (1988) pois, como ele próprio salienta mais adiante, o direito positivo espanhol não continha uma cláusula equiparatória análoga à do § 13.º do StGB alemão, como acontece, v. g., com o art.º 10.º n.º 1 do C. Penal português[256].

Deste modo, só com o advento do Código de 1995 através dos artigos 196.º e também 11.º do mesmo diploma, a posição de Sánchez torna-se discutível.

Com efeito o art.º 196.º do actual Código Penal espanhol (1995), veio impor ao profissional que *estando obligado a ello* recuse assistência ou abandone os serviços de saúde, quando dessa recusa ou abandono derive risco grave para a saúde das pessoas determinadas penas e, por sua vez, o art.º 11.º veio estabelecer uma cláusula equiparatória da omissão à acção.

Porém, como refere a Prof.ª Pilar Goméz Pavón, embora tal inciso se insira sistematicamente a seguir ao art.º 195.º, dando assim a impressão de que o bem jurídico tutelado é a solidariedade humana, cuja violação se torna punível, a verdade é que ele visa a tutela da vida e da saúde humana relativamente ao exercício de determinadas profissões.

Isto proporciona que o círculo de agentes seja limitado, não se alargando a todo o profissional de saúde, mas tão-somente àqueles que estão obrigados a prestar assistência na situação prevista. Deste modo, conclui a ilustre Professora da Universidade Complutense de Madrid: *«ele será inaplicável ao médico que vê um ferido na rua, em perigo grave e manifesto, e não o socorre. Neste caso o facto deve subsumir-se à omissão de socorro genérico, dado que o profissional não se encontra especificamente obrigado, não está em posição de garante»[257].*

Que pensar desta específica questão na ordem jurídico-penal portuguesa?

---

[255] Silva Sánchez *La Responsabilidad* ..., cit. p. 133.

[256] Idem. ibidem.

[257] Pilar Gómez Pavón *Tratamientos Médicos: Su Responsabilidad Penal y Civil*, Bosch, Barcelona, 1997, 364.

Não temos dúvidas em afirmar que o médico de serviço ou o médico de urgências está pessoal e juridicamente vinculado ao dever de assistência aos doentes que se lhe apresentem no exercício de tais funções.

Não se trata, pensamos, apenas de uma posição de monopólio se for o único médico disponível, embora tal posição possa verificar-se em concurso de deveres de garante,[258] mas de um "dever de protecção" decorrente directamente do conteúdo funcional do médico de serviço ou de urgências, em cujo complexo de deveres, sobressai, sem dúvida, o dever de atender e prestar assistência aos doentes que naquele serviço se apresentem.

Prestar assistência não significa obviamente seguir um tratamento em *follow-up* se protraído no tempo, mas instituir as medidas de terapêutica e de suporte adequadas à própria emergência da situação.

Estribamos tal entendimento na própria cláusula equiparatória contida no art.º 10.º n.º 1 (tipo comum) para a qual, nos crimes causais é indiferente o *modus operandi* do agente que conduz ao resultado típico proibido, a que se alia o "tipo de interpretação" do n.º 2 do mesmo preceito legal.

Perguntar-se-á, no entanto, se poderá ao médico de serviço omitente do dever de actuar, ser imputado v. g. o crime de homicídio por omissão (consumado ou meramente tentado) ou de ofensas à integridade física, em face da existência no nosso ordenamento jurídico positivo de um ilícito típico configurado pelo art.º 284.º do Código Penal (*recusa de médico*).

O crime do art.º 284.º do Código Penal é um crime omissivo puro que recai sobre a generalidade dos médicos, verificados que sejam os elementos típicos de tal infracção, designadamente a recusa do auxílio profissional, o perigo para a vida ou perigo grave para a integridade física do paciente e a impossibilidade de remoção do perigo por outra via.

O dever de actuar de garante vincula apenas o médico que tem o dever pessoal e jurídico de assistir o doente, dever esse, como vimos, integrado no próprio complexo funcional de deveres do médico de serviço.

Por outro lado, o crime tipificado no art.º 284.º, como crime formal que é (de pura omissão), não exige qualquer resultado típico, embora possa ser qualificado se produzir tal resultado (art.º 285.º), ao passo que

---

[258] Assim, Jescheck *Tratado...* cit. 2 vol., 863 que lapidarmente afirma: *O dever de garante também pode derivar de mais de uma das razões citadas (por exemplo, o pai deixa de salvar a criança cuja vida ele próprio colocou em perigo faltando aos seus deveres). Esta concorrência de deveres de garante fortalece a exigibilidade da acção salvadora.*

tendo-se verificado a morte ou lesão física do paciente, haverá um evento material típico dos crimes de homicídio ou de ofensas corporais, cuja "causa" (já sabemos ser "causa hipotética"[259] no sentido de que, com probabilidade raiando a segurança, a acção esperada evitará o resultado) é justamente a omissão do médico "*da acção adequada a evitar*" tal evento.

Deste modo, estabelecendo um paralelismo entre tal situação e a que se verifica entre o dever de garante (art.º 10.º n.º 2) e o crime de omissão de auxílio (art.º 200.º do Código Penal) pensamos que a "recusa de médico" só será chamada à colação subsidiariamente, isto é, onde inexistir o dever de garante do agente pela não verificação do resultado.[260]

Neste sentido, o Doutor Taipa de Carvalho escreve: «*Nos casos em que existe este dever jurídico de garante, a não prestação da assistência médica fará incorrer o omitente em crime de homicídio ou de ofensas corporais graves, quando, em consequência de tal omissão, ocorrer a morte ou uma lesão grave para a saúde. Assim, responderá por homicídio ou lesão grave para a saúde (art.º 144.º), o médico que consciente de que o paciente poderá morrer ou ficar gravemente afectado na sua saúde, sem a sua indispensável intervenção, mesmo assim decide não atender e tratar o doente, vindo o dano (morte ou lesão grave para a saúde) a verificar-se. É, portanto, necessário que, para além do dever de garante, haja dolo (bastando o eventual) e que, segundo um juízo objectivo «ex ante», o tratamento, que o médico podia prestar, fosse considerado susceptível de impedir o resultado (imputação objectiva do resultado à conduta). Dever de garante recai sobre os médicos que prestam e enquanto prestam serviço nos hospitais e sobre os médicos em geral relativamente*

---

[259] Jescheck, *Tratado*, 2.º vol., 854.

[260] Assim Figueiredo Dias relativamente ao dever de garante e ao crime de omissão de auxílio ao considerar:« *A omissão de auxílio só entra em questão onde não exista um dever de garante do agente pela não verificação de um resultado típico; de modo que é dos limites deste dever de garante que há-de partir-se para a delimitação do âmbito do dever de auxílio e não inversamente; pelo que constituiria um procedimento hermenêutico inadmissível corrigir ou limitar o âmbito da equiparação da omissão impura à acção com o argumento de que a tanto obrigaria uma correcta determinação da incidência do crime de omissão de auxílio. Em conclusão, a interpretação do art.º 10.º do Código Penal vigente deve fazer-se em si e por si mesma, independentemente da interpretação que se faça do artigo 219.º. E se, deste modo, os âmbitos dos dois preceitos em alguma área se cobrirem, deve aí dar-se decidida prevalência ao artigo 10.º sobre o artigo 219.º.* (F. Dias, in A Propósito de «Ingerência»... cit. RLJ 3707, p. 55.)

142 *Da Responsabilidade Médica em Direito Penal*

aos seus clientes habituais, quando, evidentemente, não haja tempo para serem transportados a um hospital»[261].

---

[261] Taipa de Carvalho, *Comentário Conimbricence do Código Penal, parte especial, Tomo II*, dir. de Figueiredo Dias, Coimbra Editora, 1999, anot. ao art.º 284.º p. 1019.

É evidente que a situação do doente há-de ser previsível para um médico com as qualificações e meios disponíveis do agente em causa, para que da sua abstenção possa ocorrer resultado letal ou ofensivo da integridade física que os respectivos tipos incriminadores comportam.

Para Teresa Quintela de Brito, todavia, no que tange à tentativa *«afigura-se não ser suficiente, em todos os casos, para a configuração de uma tentativa de homicídio por omissão, que o médico perante uma situação de perigo descrita no art.º 284.º, recuse o auxílio da sua profissão com dolo de homicídio, em qualquer das suas modalidades. Pelo menos enquanto o protelamento da intervenção não implicar uma situação de perigo para a vida do paciente recondutível à al. c) do n.º 2 do art.º 22.º, conjugada com o art.º 131.º. Diferentes talvez sejam os casos em que o perigo existente é de tal ordem, que a recusa de intervenção deve ser imediatamente qualificada como uma omissão idónea «à produção» do resultado morte (art.º 22.º n.º 2 al. b)».* (Teresa Q. de Brito *A Tentativa nos Crimes Comissivos por Omissão... cit.* p. 66).

A posição defendida por Quintela de Brito afigura-se-nos algo temerária e mesmo de difícil precisão.

Na verdade, a expressão *perigo para a vida* referida no art.º 284.º do C. Penal, como em outros incisos do mesmo diploma, tem o sentido que .lhe apontava Nelson Hungria: *«perigo de vida é o probabilidade concreta e presente do resultado letal. Trata-se de um conceito objectico-subjectivo: é necessária uma realidade objectiva, na qual se fundamenta um juízo de probabilidade»* (apud. Fernando de Oliveira e Sá, *As Ofensas Corporais no Código Penal: Uma Perspectiva Médico-Legal (Análise de um Workshop)* in R.P.C.C.I, 3, p. 430-431).

Trata-se, portanto, de um perigo real, actual, sério e efectivo e não meramente presumido, como tem vindo a entender a nossa jurisprudência.

Também não vemos razão para em jogo meramente linguístico, distinguir entre *"perigo de vida"* e *"perigo para a vida"*, que seria ocioso, porque o que está em causa é uma única realidade: A situação de urgência patológica grave que ameaça a vida do doente se não for assistido.

Desta forma, parece-nos, sempre com o maior respeito por opinião adversa, que em todos os casos de perigo para a vida em que o médico de serviço ou de urgências recuse o auxílio da sua profissão com dolo de dano, configura-se um crime de homicídio por omissão, ainda que na forma tentada, se por razões alheias à vontade de tal médico o resultado danoso não sobrevier, não havendo que lançar mão à questão de tal intervenção ser protelada a ponto de implicar um adensamento ou acréscimo de perigo para a vida do paciente.

Sendo assim, objectivo, actual e sério tal perigo, parece que, a recusa da intervenção médica deverá ser logo qualificada como uma omissão idónea à produção do resultado morte.

Não é substancialmente diferente o enquadramento no tangente à consumação, caso a conduta do médico assente em incúria ou inconsideração, não representando censuravelmente que o paciente possa morrer ou ficar gravemente afectado na sua saúde se não lhe prestar assistência ou, representando tais situações, considerar que elas não ocorrerão (art.º 15.º do C. Penal).

Ainda neste caso, o médico de urgências ou de serviço a quem o doente se dirige, não deixa de estar vinculado a um dever pessoal (e jurídico) de actuar e, portanto, encontra-se na exacta situação prevista no art.º 10.º n.º 2 do C. Penal, isto é, como garante do dever de evitar o resultado danoso, sendo certo que a posição de garante da não produção do resultado danoso é um elemento do tipo dos crimes comissivos impuros que, neste caso, se funda justamente na qualidade pessoal de *médico de serviço*[262].

Desde logo há que notar que o crime de recusa de médico p. p. no art.º 284.º do C. Penal só pode ser cometido na modalidade dolosa visto que ainda que teoricamente configurável por negligência, tal não seria punível por não estar expressamente previsto na lei (art.º 13.º do C. Penal), exigindo-se, portanto, dolo de perigo concreto.

Se só pode ser autor por omissão de um crime de resultado causal (isto é, de forma livre e não vinculada) aquele que possui o domínio de lesão do bem jurídico tutelado, na medida em que está ao seu alcance a realização da acção impeditiva desse evento lesivo,[263] o médico de serviço

---

[262] Teresa Beleza, *Ilicitamente Comparticipando (O Âmbito de Aplicação do art.º 28.º do Código Penal)*, Coimbra, 1988, 42.

[263] T. Quintela de Brito, op. e loc.cit. na nota anterior.

Segundo Roxin (*Täterschaft und Tatherrschaft*) não se pode falar, nos crimes omissivos impuros de um domínio de facto, mas antes tão só do dever de evitar o resultado (dever de intervir evitando).

Como se sabe Roxin defendeu nessa sua famosa tese que na expressão de Bernd Shünemann «não terá sido dos menos importantes "produtos de exportação" intelectual transfronteiras», como refere Teresa Beleza (*A Estrutura da Autoria nos Crimes de Violação de Dever. Titularidade Versus Domínio do Facto?*, in R.P. C.C. ano II, 3.º, p. 337 a 351), a existência de uma categoria de crimes, os chamados crimes de violação de dever (*Pflichtdelikte*), categoria essa em que se incluem todos os crimes de omissão impura.

No entanto, como salienta o eminente Professor de Munique, dada a proximidade das situações e, designadamente, pelo facto de que, sendo o tipo legal um conceito normativo e, portanto, a relação entre a violação do bem jurídico e o agente do delito só ficar estabelecida pela violação do dever, perante a qual são irrelevantes as variantes

144   *Da Responsabilidade Médica em Direito Penal*

omitente do seu dever profissional de atendimento do doente (violando, destarte o seu dever de garante), em caso de perigo para a vida ou integridade física deste, constitui-se autor do crime de homicídio ou de ofensas à integridade física grave consumada (a titulo de dolo ou de negligência), se sobrevier o dano para a vida, saúde ou integridade física do paciente, ou tentado, a titulo de dolo, se o evento lesivo não se materializar por razões alheias ao médico omitente.

A forma tentada, nestes crimes como em quaisquer outros, não é compaginável com a negligência no nosso ordenamento jurídico-penal, inexistindo tentativa nos crimes culposos[264].

Se a conduta for dolosa (ainda que a título de dolo eventual admitido na tentativa, segundo a posição que defendemos), não deve tal médico ser incriminado pelos artigos 284.º e 285.º do Código Penal, pois estes preceitos reportam-se a crime preterintencional, em que a morte ou a ofensa à integridade física do paciente só será imputável ao agente, a titulo de negligência (art.º 18.º do C. Penal), não obstante o dolo do tipo fundamental, o que não ocorre se o próprio resultado morte ou ofensa corporal estiver compreendido no dolo do agente.

Ainda no caso de recusa dolosa, sem passar pela cabeça do médico omitente a morte ou o agravamento da saúde do paciente, quando o mesmo podia e devia prever tal, surgindo portanto o evento agravante por via dessa negligência, mesmo assim a situação não será enquadrável nos art.ºs 284.º e 285.º do Código Penal mas integrará um crime comissivo por omissão, de ofensa à integridade física por negligência (art.º 148.º) ou de homicídio por negligência (art.º 137.º), tudo por força do art.º 10.º n.º 2 do Código Penal.

---

do curso externo do acontecimento, nos crimes causais, grande parte da doutrina aplica o conceito de "domínio de facto" mesmo a tais crimes omissivos.

De resto, também a jurisprudência alemã assim tem entendido, referindo Roxin um aresto do BGH que sentenciou: «*Em geral o obrigado a socorrer tem o domínio sobre a situação, plenamente ou em grande parte, podendo mediante a sua intervenção dar o desfecho decisivo*» (C. Roxin, *Täterschaft und Tatherrschaft*, 7.ª ed., 1999, trad. espanhola de Cobo del Rosal, *Autoría y Dominio del Hecho en Derecho Penal*, 7.ª ed. Marcial Pons, Madrid, 2000, p. 503.

[264] Por todos, Germano Marques da Silva que no seu *Direito Penal Português, Parte Geral*, II (*Teoria do Crime*) escreve a p. 242: *Não há tentativa nos crimes culposos. Dada a estrutura dos crimes culposos, não é possível a tentativa nestes crimes, pois o agente não pode alcançar o resultado se não tem vontade a ele dirigida. A tentativa é sempre dolosa e exige, além disso, a decisão de cometer o crime consumado como elemento subjectivo do tipo de ilicitude.*

Pressupostos Sistemáticos da Responsabilidade Criminal do Médico   145

Decisivo será sempre o facto de um médico de serviço ou de urgências estar vinculado ao dever de garante, isto é, ao dever jurídico e pessoal de actuar em conformidade com a expectativa comunitária, que é postulado ao garante nos crimes comissivos por omissão.

No domínio praxiológico, porém, nem sempre as coisas se revestem da simplicidade e linearidade que lhes pode ser emprestada pela elaboração teorética pois, na sua nobre missão de aliviar o sofrimento humano, rarissimamente os médicos omitirão o dever de assistência mediante um simples *non facere* correspondente à inacção.

Muito mais frequentes serão, sem dúvida, as situações em que o dever de agir é omitido através de um outro comportamento activo não idóneo a evitar a produção do resultado proibido, isto é, pela não instituição da *terapêutica adequada* ás situações clínicas apresentadas.

Será o caso, v. g. do doente que se apresenta com uma taquicardia ventricular, sinal patognomónico de eventual enfarte do miocárdio, (que normalmente conduz à fibrilhação ventricular terminal), embora sem a precordialgia típica, e o médico prescreve-lhe, sem prévio exame electro-cardiográfico, um beta-bloqueador adrenérgico ou similar mandando-o para casa, vindo o doente a falecer momentos depois, ou do doente com uma dor abdominal difusa e temperatura elevada, a quem o médico sem o recurso aos adequados meios de diagnóstico, designadamente laboratoriais e imagiológicos, prescreve analgésicos e antibióticos, vindo-se a revelar posteriormente lesão grave de órgão abdominal que evolui para a morte ou, ainda, o caso referido no Ac. do S.T.J. de 7 de Janeiro de 1993[265] assim sumariado:

> «*I – Integra a autoria do crime do art.º 150.º n.º 2 do C. Penal a conduta do médico que, sendo o único obstetra de serviço no hospital, sabendo que se tratava de parto com apresentação pélvica, uma situação de hipotonia, se limita, a telefonicamente, receber a informação do estado da parturiente e dar instruções médicas.*
>
> *II – Comete em concurso real com este crime o do art.º 276.º n.º 1, o mesmo médico que, posteriormente, solicitada insistentemente a sua presença pela enfermeira, mesmo depois da dilatação completa, se recusa a comparecer, apesar de até então não ter*

---

[265] In Colectânea de Jurisprudência (Acs. do S. T.J.) ano I (1993) Tomo I, p. 164 e ss.

146 *Da Responsabilidade Médica em Direito Penal*

observado a parturiente e exclama "já fiz dois pélvicos e vou esperar" (pela médica que iria entrar de serviço e que veio a fazer o parto) tendo o bebé apresentado ao nascer, sinais de anóxia cerebral de que não veio a recuperar».

Todas estas situações, enquadráveis na expressão vulgar *negligência médica*, são na verdade casos de omissão do dever adequado à evitação do resultado, e não configuram crimes comissivos por acção, visto que não é a conduta activa do médico que causa o evento infausto típico (morte ou incapacidade física) sendo este, antes, consequência da progressão do curso causal patogénico.

Trata-se de omissões *através de fazer* puníveis que, entre nós, são susceptíveis de se enquadrar nos crimes comissivos por omissão, ou de omissões puras (recusa de médico).

É que, por um lado, a *conduta activa* do agente (médico) não é determinante, como se viu, da produção do resultado típico lesivo sendo, portanto, irrelevante no plano da imputação objectiva e, por outro, a acção terapêutica adequada a evitar tal resultado foi omitida nos casos referidos (o que é relevante de tal ponto de vista).

A situação é semelhante à referida por Stratenwerth[266] relativamente à mãe que em vez de chamar o médico, administra remédios caseiros ao filho sem sentidos, apesar do estado grave do mesmo que era do conhecimento daquela.

No caso do médico que, numa situação de perigo grave para a vida ou saúde do doente, se limita, a receber telefonicamente informações sobre o estado do mesmo e a dar instruções médicas pela mesma via, podendo pessoalmente verificar tal estado e prescrever em conformidade, o Supremo considerou, no aresto referido, em que foi relator o ilustre Cons. Lopes de Melo, que o mesmo cometeu o crime de violação das *leges artis* tipificado no n.º 2 do art.º 150.º do C. Penal na sua versão originária (1982), que dispunha:

Se da violação das «leges artis» resultar um perigo para o corpo, a saúde ou vida do paciente, o agente será punido com prisão até dois anos.

---

[266] Günter Stratenwerth cita o caso a que se refere o BGE 7 S I V, 164 em que uma mulher aplicou ao filho, que havia perdido os sentidos em resultado dos maus tratos que sofreu, apenas remédios caseiros, apesar da consciência que tinha da gravidade do perigo para a criança, porque não se decidia chamar o médico. *(All. Teil (Derecho Penal... cit.) nota lateral 1048).*

Parece que *summo rigore*, só cometeria esta infracção, eliminada do Código pela Reforma de 1995, e repristinada, embora com outra redacção, pelo legislador de 1998,o médico que através de violação das *leges artis* criasse o perigo para o corpo, saúde ou vida do paciente *(... da violação... resultar um perigo)* ou, pelo menos, quando se verificasse como consequência da mesma violação um incremento desse perigo o que, não seria o caso, se o perigo para a vida ou integridade física fosse prévio relativamente ao comportamento omissivo do médico,[267] não resultando provado qualquer incremento.

Todavia, é indiscutível que a conduta do médico que, ao invés de assistir pessoalmente ao doente, mediante observação (auscultação, palpação, percussão e outros exames, além de, se possível, interrogatório ou anamnese do mesmo), ainda que não *a capite ad calcem*,[268] se limita a receber informações e a transmitir instruções pelo telefone, ainda por cima de uma pessoa não habilitada com formação médica, infringe claramente as *leges artis medicinae*.

No entanto, afigura-se-nos que, face à actual redacção do ilícito típico de violação das *leges artis*, p.p. no art.º 150.º do C. Penal (introduzida pela Lei 65/98 de 2 Setembro) é deveras duvidoso que tal crime admita a forma omissiva, uma vez que é elemento objectivo do tipo a realização de intervenções ou tratamentos violadores das *leges artis*.

Inclinamo-nos no sentido de considerar tal tipo de ilícito um crime de perigo concreto, comissivo por acção e de execução vinculada (através da realização de intervenção ou tratamento).

Já assim não acontecia, no entanto, na versão anterior (Código de 1982), em que não se exigia qualquer *modus operandi* do agente (tipo causal) sendo suficiente a simples violação das regras da arte médica o que afigura-se perfeitamente compaginável com a forma activa ou omissiva, e foi nesta última perspectiva que decidiu o Supremo no aresto citado, na medida em que o arguido "através de um fazer" (instruções telefónicas com base em informações de quem não era médico) omitiu a realização da acção esperada que seria a terapêutica adequada em face da observação da parturiente.

---

[267] Neste sentido, T. Quintela de Brito, *A Tentativa...* cit. p. 59.

[268] J. Surós *Semiologia Medica y Tecnica Exploratória*, Salvat Editores, SA, Madrid,1968, p. 1.

148 *Da Responsabilidade Médica em Direito Penal*

4.1.4.2. *O Médico Omitente na Perspectiva de Jakobs*

Ainda no que concerne à posição de garante do médico, é de toda a relevância fazer alusão, mesmo que necessariamente perfunctória, à teoria normativista de Günther Jakobs, que partindo de um conceito jurídico-penal de acção «*completamente normativo e depurado de todos os elementos descritivos, definido como "o assumir culposamente a posição de competência relevante para a imputação da responsabilidade por uma lesão da vigência da norma"* (*Sich-schuldhaft-zuständig-Machen für einen Normgeltungsschaden*), *com o condão de abarcar tanto a acção no sentido estrito como a omissão*»,[269] elabora uma teoria da posição de garante comum aos delitos comissivos e omissivos (teoria unitária).

Este autor assenta a posição de garante numa base dupla, a responsabilidade pela configuração de um círculo organizativo e a obrigação de realizar uma prestação a favor de um terceiro.

Para ele, do ponto de vista jurídico é indiferente que o automobilista mate uma pessoa acelerando o automóvel (acção) ou não o travando (omissão).

Segundo Jakobs, decisiva não será a forma do comportamento – acção ou omissão – mas antes saber se o processo causal se ordenou ou não dentro do círculo de organização do sujeito.

Em ambas as situações o agente (autor) é *garante* pela não evitação do resultado.

Escreve Jakobs rematando tal posição: «*em definitivo não apenas o autor da omissão mas também o da comissão deve ser garante se tiver de responder por um delito comissivo de resultado*»[270].

É que Jakobs assenta toda a responsabilidade penal no *rôle* ou papel que o indivíduo desempenha na sociedade, desde o papel de cidadão, o *status civitatis,* até aos outros papeis que lhe advêm da sua integração em outros círculos institucionais, por força de pluridimensionalidade do indivíduo.

---

[269] Marta Felino Rodrigues, *A Teoria Penal da Omissão...* cit. p. 74, que constitui uma excelente monografia para uma apreciação cabal da Teoria de Jakobs e também para uma visão crítica da mesma

[270] Günther Jakobs, *Strafrecht, Allgemeiner Teil, die Grundlagen und die Zurechnungslehre* (trad. cast. de Cuello Contreras e G. Murillo, *Derecho Penal, parte general, Fundamentos y Teoría de la Imputación, 2.ª ed. corrigida, Madrid, 1997, p. 259*).

Pelo *status* geral comum a qualquer cidadão, o indivíduo tem o dever de não lesar terceiros *(neminem laedere)* e por força da sua integração em outros círculos institucionais adquire um *status* especial fundamentador da responsabilidade penal, sem que isso tenha algo a ver com o dever de solidariedade.

Considera o ilustre Professor alemão que o fundamento da responsabilidade «*não está ligado ao intercâmbio prático de comissão e omissão, mas antes à regra geral que é imposta, quando alguém ao configurar a sua vida, crie perigos para outrem ou afaste outrem do domínio dos perigos já existentes. Exemplo: quem organiza a abertura de um fosso deve providenciar (tomar cuidado) para que ninguém nele caia. Os mandatos situados neste âmbito, (deveres de relação) nada têm a ver com a solidariedade e também não são antiliberais "per se" como as proibições*»[271].

E o mesmo Mestre de Bona assim sintetiza a sua posição: «*nos delitos de omissão tal como nos de comissão existem deveres de actuar que representam custos da liberdade de actuação. O fundamento da responsabilidade pelo delito de omissão nestes casos (deveres em virtude da responsabilidade por organização) é idêntico ao fundamento da responsabilidade pelos delitos de domínio de comissão: ter consideração por outros ao configurar o próprio âmbito da organização*»[272].

Deste modo para Jakobs, o médico que interrompe um tratamento de prolongamento artificial da vida (por meio de reanimador ou de coração-pulmão artificial), no momento em que não existe o dever de continuar o tratamento, ainda que por via de tal interrupção sobrevenha a morte como o médico previu e quis, e não obstante a sua conduta se traduzir numa acção, não comete o crime de homicídio segundo o § 212.º do StGB, do mesmo modo que não comete tal crime o médico que não trata de um paciente se não tiver o dever de fazê-lo[273].

Em suma, para Jakobs, fora do âmbito da *Organizationszuständigkeit* (competência de organização) e da *Institutionelle Zuständigkeit* (competência institucional), isto é, fora da zona da responsabilidade pela configuração de um círculo organizativo e da obrigação de realizar uma prestação a favor de terceiro,[274] inexistirá responsabilidade penal pois,

---

[271] Idem, p. 948.

[272] Idem, p. 949.

[273] Idem, p. 262.

[274] Para maiores desenvolvimentos sobre a teoria de Jakobs, é de recomendar a leitura atenta do já várias vezes referido estudo de Marta Felino Rodrigues, indispensável para uma cabal avaliação da posição do Mestre alemão, *A Teoria Penal da Omissão e a Revisão Crítica de Jakobs,* especialmente p. 74 e ss.

150   *Da Responsabilidade Médica em Direito Penal*

como refere a Prof.ª Fernanda Palma *«a tese de Jakobs conduz (...) à fundamentação mais precisa das posições de garante em sectores em que o agente tem o dever especial pela organização do mundo exterior, sendo, assim, equiparável que o médico responsável pelo doente ligado à máquina a desligue ou pura e simplesmente a não volte a ligar.*

E (...) a tese de Jakobs não aceitará a equiparação da omissão à acção nos casos em que nem haja uma competência geral de organização do mundo, da qual se possa derivar a responsabilidade pelo risco, nem um estatuto especial que decorra de uma específica competência para a protecção de bens jurídicos»[275].

Desta tese deflui a admissão da ausência de relevância jurídico-penal da própria acção, quando não exista posição de garante, como no caso de um médico não responsável pelo serviço que desliga a máquina de um doente terminal, como salienta a mesma ilustre Professora[276].

Para Jakobs se o médico for responsável pela assistência ao doente e, portanto, garante de tal assistência, será responsabilizado penalmente por homicídio, quer desligue a máquina mediante um comportamento activo, quer não a ligue se a mesma se tiver desligado acidentalmente.

Como observa M. Felino Rodrigues *determinante é atribuir o evento lesivo ao círculo organizativo do médico*[277].

No exemplo referido, embora o próprio Jakobs reconheça tratar-se de uma questão discutidíssima, o médico não garante da assistência ao doente em estado terminal e ligado a uma máquina, porque pertencente a um outro piso do hospital ou a serviço diferente, não será punível a titulo de homicídio, quer se omitir ligar a máquina se esta se tiver desligado acidentalmente, quer mesmo se desligar ou mandar desligar o aparelho (conduta activa).

Para o referido Professor, como nota M. Felino Rodrigues, se o médico pertencente a outro piso ou a outro serviço, e por isso não responsável pelo doente, não liga o aparelho que se desligou casualmente, a

---

[275] Maria Fernanda Palma, *A Teoria do Crime como Teoria da Decisão Penal (Reflexão sobre o Método e o Ensino do Direito Penal)*, RPCC, ano 9, fasc. 4, p. 556--557.

[276] Op. cit., ibidem (nota de rodapé n.º 32).

[277] M. Felino Rodrigues, *A Teoria Penal*, p. 82, numa apreciação crítica da posição de Jakobs no caso do médico que desliga ou não liga a máquina e referido pelo ilustre Professor alemão no seu estudo *La Competencia por la Distinción en Comissión y Omissión*, (trad. cast. de E. Peñaranda Ramos de *Die Zuständigkeit Kraft Organization beim Unterlassungsdelikt)*, p. 12 e 14 ss e 42 e ss.

Pressupostos Sistemáticos da Responsabilidade Criminal do Médico   151

valoração naturalistica coincide com a valoração jurídica: *o médico nada fez valoração naturalistica – o médico não tinha de fazer nada, na medida em que não está investido na posição de garante- valoração jurídica*[278].

Há, portanto, uma sobreposição ou coincidência do recorte ontológico com o recorte axiológico de omissão.

Todavia, se o mesmo médico desliga o aparelho, mesmo assim, embora ontologicamente tenha feito "algo", no plano jurídico (axiológico--normativo) é como se nada tivesse feito e, por isso, não pode ser penalmente censurado, pois inexiste posição de garante, que o vincule ao dever de não desligar o aparelho.

Posição que, segundo Jakobs nunca existirá fora desse âmbito de organização, quer não ligue, quer desligue o aparelho[279].

A crítica mais contundente a dirigir à teoria de Jakobs é a de uma extrema amplitude de construção de conceito de garante, abrangendo agentes dos crimes comissivos por acção, o que, a par da circunscrição da responsabilidade penal aos geométricos limites dos círculos de organização e da instituição, conduz a certas disfunções inconsequentes com a finalidade precípua da dogmática e da política criminal que é a da tutela dos bens jurídicos fundamentais.

Na verdade, se o médico estranho ao serviço e, portanto, completamente alheio à responsabilidade pelo doente, pode desligar impunemente o aparelho que sustenta a vida deste, ainda que em fase terminal, qual a razão por que se pune um outro estranho qualquer, designadamente um herdeiro apressado que assim procede?

---

[278] Marta F. Rodrigues, op. cit. p. 99.

[279] Idem, ibidem. Pelo seu manifesto interesse, não resistimos à tentação de transcrever uma passagem da crítica de M. Felino Rodrigues a esta posição de Jakobs sobre o médico estranho ao serviço: «*Ninguém, mas ninguém, que comungue da nossa cultura moral (estamos perante um caso em que o impedimento de resultado danoso-a perda da vida humana de B* (doente terminal a que se refere o exemplo) *pode ser levada a cabo sem qualquer perigo para o agente e médico A deixará de considerar ilícito o comportamento de A.*

A lógica de Jakobs que preside à decisão do caso conduz a uma solução contra-intuitiva e de um gritante formalismo por abstrair das categorias empíricas da consciência colectiva, substituindo a análise ética do casos-concretos pelo afirmação ou negação de um papel no quadro da instituição. A imputação do ilícito a A é uma solução intuitiva em virtude do juízo de ilicitude que as convicções éticas da colectividade inequivocamente aqui determinam. Os critérios deontológicos e o Juramento de Hipocrates, por exemplo, constituem fundamentos da posição de garante.

Impõe-se, pois, desenvolver o sistema penal Jakobiano integrando-o com os critérios de racionalidade do censo comum.» (op. cit. p. 100).

Se aquele médico não é garante e, portanto, titular do dever de evitar o resultado proibido, decerto que a ausência de tal *status* é extensiva a qualquer outro estranho ao serviço, médico ou não médico, o que implica, além do mais, flagrante violação do princípio de igualdade.

À luz do nosso ordenamento, porém, seria totalmente indefensável e insustentável tal posição.

Após estas breves considerações sobre a teoria de Jakobs no domínio que concretamente nos ocupa, que é o de relevância da omissão penal do médico, consideremos a peculiar questão do eventual dever de garante do médico em posição de monopólio de auxílio.

Se o étimo do dever de garante é a *proximidade existencial do "eu" e do "outro", o princípio dialógico do "ser-com-o-outro" e "ser-para- -o-outro", a virtude cristã de "caridade" ou do "amor ao próximo"*, nas magistrais palavras de Figueiredo Dias[280] ou se, como sustenta Faria Costa o transfundo axiológico-jurídico da fundamentação de tal dever se pode descortinar no art.º 402.º do Código Civil,[281] parece não poder recusar-se tal dever de garante ao único médico disponível para socorrer um enfermo grave (monopólio acidental que confere o domínio da fonte de perigo ao médico em referência) em homenagem a uma auto-vinculação na relação social a condutas protectivas de esforço mínimo,[282] ainda que esse médico não pertença a qualquer instituição clínica ou hospitalar competente para tal assistência ou ainda que não haja qualquer vinculo contratual entre o médico e o doente necessitado.

Em abono de tese adversa, pode objectar-se que, no catálogo penal português, figuram dois outros tipos de ilícito penal cujo fundamento legitimador é justamente a solidariedade humana, o crime de omissão de auxílio (art.º 200.º) e o crime de recusa de médico (art.º 284.º), embora só este último seja um crime específico próprio, pelo que será inconveniente alargar o dever de garante aos médicos não ligados ao titular do bem jurídico protegido (vida, saúde ou integridade física) por qualquer relação de base contratual ou institucional.

Cremos que a objecção não colhe pois, reconhecendo embora que a caminhada se faz nas areias movediças do pensamento, afigura-se legítimo sustentar posição contrária à objecção referida.

---

[280] Figueiredo Dias, *O Problema...* cit. 4.ª ed., p. 511.

[281] Faria Costa, *Omissão...* cit. p. 401.

[282] Fernanda Palma, *A Teoria do Crime,....* cit, p. 560.

Pressupostos Sistemáticos da Responsabilidade Criminal do Médico 153

Com reflecte Jescheck *todos os pressupostos deste dever de evitar o resultado baseiam-se na* ideia fundamental *de que a protecção do bem jurídico em perigo* depende *de uma prestação positiva de uma determinada pessoa e que os afectados* confiam *na intervenção activa da mesma*[283].

Ora não há dúvida de que, tratando-se de um doente em situação grave de perigo para a vida ou integridade física, não só o próprio doente, como toda a comunidade, confiam legitimamente na intervenção do único médico que, naquela ocasião, se encontra próximo.

Esta confiança é legítima porque pelo simples facto de ser médico, o clínico contrai um dever para com a sociedade (dever extra-jurídico, mas de considerável relevo ético-social) de prestar assistência e socorrer os seus membros.

Portanto, se a protecção do bem jurídico depende efectivamente da intervenção (prestação positiva) do único médico disponível (figuremos o caso de uma vítima de acidente cardiovascular prostrado no solo a poucos metros de um médico que por aí passa ou de um passageiro acometido de uma doença súbita, num meio de transporte onde viaja um único médico) e se a comunidade legitimamente espera a intervenção desse profissional que contraiu o compromisso social de tratar doentes ao aceitar ser médico, reunidos estão os pressupostos ético-sociais do dever *de evitar o resultado.*

Com isto, todavia, não fica cabalmente esclarecida a opção pelo enquadramento legal face aos restantes preceitos penais a que fizemos referência, designadamente o art.º 284.º do Código Penal.

O art.º 10.º n.º 2 do C. Penal exige, com efeito, que sobre o omitente recaia um dever *jurídico* e *pessoal* que o obrigue a evitar o resultado típico de certos delitos comissivos por acção, que, de outra forma, lhe serão imputáveis por via de comissão por omissão.

Tal significa, como resulta da própria *littera legis*, que não é qualquer dever, designadamente ético ou deontológico, que é suficiente para que o médico fique constituído na posição de garante, cumprindo-lhe, destarte, praticar a acção esperada para que o resultado típico não ocorra.

Importa que tal dever seja jurídico, o que não quer dizer, necessariamente, jurídico-penal e, como propugna boa parte da doutrina, o dever de garante pode mesmo ir além do expressamente estatuído nas prescrições legais.[284]

---

[283] Jescheck. op. cit., 854.
[284] Assim, Figueiredo Dias, *Direito Penal, Parte Geral I*, 2004, pg. 704

154 *Da Responsabilidade Médica em Direito Penal*

Todavia, este dever jurídico parece ter hoje consagração legal, entre nós, não apenas por via do art.º 402.º do Código Civil, segundo a construção, atrás exposta, do Prof. Faria Costa[285], mas na própria lei penal, através do art.º 200.º do Código Penal.

No sentido apontado, o Cons. Maia Gonçalves, defendeu, por algum tempo, que «*esses deveres de natureza jurídica encontram-se agora sensivelmente alargados pela consagração do dever de auxílio e incriminação da respectiva omissão (art.º 219.º)*[286]», sendo certo que o art.º 219.º correspondia ao art.º 200.º da actual versão do Código Penal.

Presentemente, o Ilustre Magistrado Jubilado, defende posição contrária, afirmando que «*...as maiores dúvidas a este respeito resultam da conjugação deste artigo com o art.º 200.º, onde se incrimina a omissão de auxílio a pessoas que dele se encontram gravemente carecidas. Poderá a omissão desse auxílio, imposto pelo art.º 200.º, quando seguida de resultado, servir de base à incriminação nos termos do art.º 10.º? Temos muitas dúvidas e, embora já tenhamos defendido orientação contrária, entendemos que não pode.*

A solução positiva daria uma extrema amplitude ao art.º 10.º quando não foi essa intenção da Comissão Revisora, manifestada aquando da discussão dos art.ºs. 10.º e 219.º. Por outro lado, o uso do advérbio pessoalmente, no art 10.º, inculca que ele se não dirige, como o art. 200.º, à generalidade das pessoas, mas tão só àquelas que, em virtude de uma relação que lhes diz pessoalmente respeito, têm o dever de agir. Para além disto, o art. 10.º impõe o dever de evitar um resultado, enquanto que o art. 200.º impõe tão só o dever de auxiliar. Não será assim incriminado pelo art. 10.º, mas tão só pelo art. 200.º, aquele que, vendo um invisual caminhar em direcção a um precipício, deixa de lhe prestar auxilio, a que moralmente está obrigado, de modo a evitar que ele se precipite[287]».

Em nosso entendimento, parece-nos que, ressalvado sempre o subido respeito por opinião contrária, nada obsta a que se considere o dever de auxílio a que se refere o art.º 200.º do Código Penal, como a mesma natureza de dever a que se reporta o art.º 10.º n.º 2 do Código Penal e,

---

[285] A teoria do Prof. Faria Costa foi exposta supra, no capítulo relativo ao Circunlóquio em torno da Figura de Garante.

[286] Maia Gonçalves, Código Penal Português, 4.ª edição, 1988, pg. 87 (anotação ao art.º 10.º).

[287] Maia Gonçalves, Código Penal Anotado, 17.ª edição, 2005, pg. 92 e 93.

Pressupostos Sistemáticos da Responsabilidade Criminal do Médico 155

por isso, com carácter jurídico, intercedendo entre ambos, a relação que intercorre entre o género próximo (auxílio de qualquer pessoa) e a espécie (auxílio técnico-científico do médico), que, como tal, pertence ao género, como modalidade do mesmo.

É certo que o art.º 10.º n.º 2 não define qual seja *in concreto* o dever jurídico a que se refere, já que nem o podia fazer, atento o carácter casuístico do mesmo consoante as variadíssimas situações em que pode verificar-se a comissão de um resultado por omissão.

Todavia, no caso de tal comissão por omissão, quando o agente é médico, na medida em que a sua *acção esperada*, isto é, a que se destina a evitar o resultado típico, se traduz em auxílio médico como modo de prevenir o resultado lesivo ou letal, afigura-se-nos, que nada impede que se busque no art.º 200.º do C. Penal, que expressamente se refere ao auxílio necessário ao afastamento do perigo, numa situação de grave necessidade para a vida ou para a integridade física, o cunho jurídico de tal dever, já que a natureza do género é a mesma da espécie, pois ambos consistem em acções destinadas a evitar as situações perigosas para a vida ou corpo do doente.

Em ambos os casos, a ordem jurídica impõe o dever de evitar a lesão da vida ou do corpo de terceiro numa situação de perigo para estes bens jurídicos.

Com efeito, o argumento de que o art.º 10.º impõe o *dever de evitar o resultado*, enquanto o art.º 200.º impõe, tão só, o *dever de auxiliar*, não se nos afigura decisivo.

Desde logo, porque o art.º 200.º não se limita a impor um mero dever de auxiliar, mas antes o dever de prestar o auxílio necessário para *afastar o perigo numa situação de grave necessidade para a vida ou para a integridade física*, segundo as palavras da lei, o que, em termos médicos, corresponde a tentar evitar um resultado perigoso ou danoso para o corpo ou para a vida, como já iremos ver.

Por outro lado, ao médico nunca se pode impor o dever de *evitar* o resultado de um processo morboso ou patológico, já que a obrigação do médico é, como sabemos, uma obrigação de meios e não de resultado, cabendo-lhe tão somente a obrigação de tratar com os devidos cuidados e meios ao seu alcance, sendo o resultado sempre aleatório, já que depende muito das condições psico-físicas do próprio paciente (da sua resistência, do estado do seu sistema imunológico, do seu pretérito nosológico, de factores genéticos, do seu estado nutricional e depauperamento físico, do nível etário), dos efeitos iatrogénicos medicamentosos e de tantos outros factores que se podem revelar adversos.

156   *Da Responsabilidade Médica em Direito Penal*

Ora é justamente nessa obrigação de meios, nesse tratamento, que se traduz o auxílio indispensável para esconjurar o perigo de vida ou da integridade física e a que se reporta também o art.º 200.º, com a expressão *auxílio necessário*.

Para este concreto efeito, isto é determinação do carácter jurídico de ambos os deveres, também não releva a facto de o art.º 200.º se referir a um crime de perigo e o art.º 10.º, 2 a um crime de dano.

Por isso, ambos os deveres têm a mesma natureza, isto é, ambos são jurídicos, posto que impostos pela ordem jurídica em situações idênticas ou similares, variando apenas a qualidade e o âmbito do círculo dos destinatários da norma e os demais aspectos da factualidade típica de cada uma das previsões normativas.

Relativamente ao argumento de que o dever a que o art.º 10.º n.º 2 se refere é um dever de natureza pessoal, decorrente do termo *pessoalmente*, e o art.º 200.º se referir à generalidade, pelo uso da palavra *quem*, a diferença radica na circunstância de que o art.º 200.º impõe o auxílio necessário, nas situações descritas e em caso de grave necessidade, a qualquer pessoa, já que, em princípio, qualquer pessoa pode (e, por isso, deve) prestar a ajuda que a sua capacidade permita em tais casos, enquanto no caso do garante nos termos do art.º 10, n.º 2, a imposição do auxílio (médico) só respeita, no exemplo que vimos considerando e é em função do mesmo que vimos discorrendo, ao único médico ou outro profissional de saúde presente numa situação de grave risco para um enfermo ou sinistrado (e, portanto, numa situação de domínio da fonte de perigo) ou ao médico ligado ao doente por contrato, enfim numa especial posição de proximidade existencial com o doente, pelo que não faria sentido que a lei penal impusesse o dever (jurídico) de auxílio necessário a qualquer pessoa, na descrita situação de gravidade e não impusesse um dever (jurídico) congénere (auxílio médico necessário) em relação ao médico presente ante um doente em grave risco de vida ou de integridade física, carecido de tal auxílio!

Neste caso, porém, atenta a qualificação do auxílio a prestar pelo médico em situação de monopólio ou, de todo o modo, de proximidade existencial, com possibilidade de dominar o perigo para a vida ou integridade física de um doente, o referido dever (jurídico e pessoal) converte-o, nos termos do falado n.º 2 do art.º 10.º em <u>garante</u>, pois fica adstrito, pela sua exclusividade, proximidade e competência, a envidar os seus esforços para evitar o resultado infausto, prestando o tratamento necessário ou providenciando nesse sentido, pois esta é acção esperada pelo doente ou sinistrado e pela comunidade em que este se insere.

Não realizando esta acção esperada, por dolo ou por violação do dever de cuidado objectivo e criando ou incrementando, destarte, um risco jurídicamente desaprovado que se venha a materializar no resultado, o agente cometerá por omissão um delito de homicídio ou de ofensas á integridade física, salvo se ocorrer uma causa de justificação.

Em suma, não se trata de buscar o fundamento no tipo legal do art.º 200.º para tornar possível a incriminação através do art.º 10.º n.º 2, nem de uma analogia incriminatória vedada em direito penal, por força do princípio da tipicidade, como à primeira vista possa parecer!

Na realidade, no art.º 10.º n.º 2 já se contém implicitamente o dever de realizar a acção esperada que, no caso do médico em pauta, é o dever de assistência ou auxílio ao doente dele necessitado (auxílio necessário de médico) pois é o único que é tendencialmente susceptível de evitar a lesão dos bens jurídicos vida e integridade física, embora tal dever não se ache expresso na letra deste preceito legal, já que a lei confia ao intérprete e aplicador da mesma o recorte dos diversos deveres, caso a caso, conforme as múltiplas situações de facto, não arbitrariamente, como é óbvio, mas como o dever de agir que vincule o garante por um preceito legal, uma situação contratual ou profissional ou mesmo pela ordem jurídica que pessoalmente obrigue o omitente a evitar o resultado[288].

---

[288] Assim, Maia Gonçalves, no seu Código Penal anotado, 2005, supracitado. As próprias teorias dogmático-científicas, como as que se integram na denominada teoria formal de dever jurídico, segundo a qual, no ensino de Paul Anselm von Feuerbach só a lei e o contrato seriam fontes deste dever de evitar o resultado, a que, mais tarde, Stübel acrescentaria um terceiro fundamento jurídico, presumivelmente de origem jurisprudencial, o do antecedente ou precedente perigoso criado pelo próprio omitente, e que se designou de ingerência.

Presentemente, e sobretudo a partir da obra de Armin Kaufmann *Die Dogmatik der Unterlassungsdelikte* de 1959 (actualmente existe tradução espanhola desta obra, com o título *Dogmática de los Delitos de Omisión*, da autoria de Cuello Contreras e González de Murillo, da editora Marcial Pons, de Madrid, do ano de 2006), a teoria formal cedeu o passo à teoria das funções, segundo a qual, os deveres de garantia se fundam ou numa função de guarda de um bem jurídico concreto (criadora de deveres de protecção e assistência) ou numa função de *vigilância de uma fonte de perigo* (determinante de deveres de segurança e de controlo).

Defendemos, todavia, seguindo o ensinamento do Prof. Figueiredo Dias, a adopção da teoria material-formal que propugna que «*a verdadeira fonte dos deveres e das posições de garantia reside em algo muito mais profundo, a saber, na valoração autónoma da ilicitude material, completadora do tipo formal, através da qual a comissão por omissão vem a equiparar-se á acção na situação concreta, por força das exigências da solidariedade do homem para com os outro homens dentro da comunidade*» (Figueiredo Dias, *Direito Penal, parte geral, tomo 1,* Coimbra Editora, 2004, pg. 703., obra onde se pode estudar mais aprofundadamente esta problemática).

158   *Da Responsabilidade Médica em Direito Penal*

Do que se trata, é apenas de afirmar a natureza jurídica do dever que torna o médico que se ache perante um doente ou sinistrado, em garante da evitação do resultado, dever esse que é, justamente, congénere do descrito no art.° 200.° (*prestação do auxílio necessário ao afastamento do perigo para a vida ou para a integridade física do paciente*) no caso de o perigo dizer respeito aos mesmos bens jurídicos indicados naquele tipo legal (vida ou integridade física) e por isso, comungando da mesma natureza.

É que essa evitação do resultado só se consegue (nos casos em que tal é possível) mediante a prestação do referido auxílio, o que, no caso de o agente ser médico, se traduz no dever de assistência médica (*ärztliche Fürsorgepflicht*, na expressão alemã, como já vimos no estudo dos tópicos fundamentais).

Finalmente, sempre se dirá que também relativamente à fundamentação legitimadora do dever de garante, é o imperativo de solidariedade, entre os membros de uma sociedade livre e democrática, que constitui tal fundamento, resultando o carácter jurídico, por via disso, já não apenas da tradicional trilogia lei, contrato e ingerência, mas de várias manifestações impostas pelo solidarismo, entre as quais, a doutrinalmente afirmada posição do domínio fáctico absoluto da fonte de perigo[289], que será, por exemplo, a do médico único perante um doente em situação grave que dependa dos cuidados daquele.

Em síntese e em conclusão: o dever a que se refere o art.° 200.° do C.Penal é substancialmente idêntico ao dever do médico garante a que se reporta o art.° 10.° n.° 2 do mesmo código, pois em ambos os casos, o conteúdo de tal dever é a prestação do auxílio necessário para evitar a morte ou lesão corporal grave do doente ou sinistrado, que, no caso do médico, é um auxílio qualificado técnico-científico, atenta a qualificação do agente, por isso se dizendo que a diferença entre ambos, é a que intercede entre o género próximo e a espécie.

Como assim, trata-se de um dever jurídico, variando, todavia, os efeitos ou consequências que a lei liga a cada um das situações omitentes: no caso da omissão do auxílio necessário a que se refere o art.° 200.°, a lei pune apenas a omissão pura, independentemente do resultado que venha a ter lugar.

No caso da violação do referido <u>dever jurídico</u> pelo médico que ao seu cumprimento está adstrito, atenta a sua posição de relação de pro-

---

[289] Figueiredo Dias, *Direito Penal, parte geral, tomo 1*, Coimbra Editora, 2004, pg. 713.

ximidade existencial, de imposição contratual ou decorrente de qualquer norma legal (penal, civil, administrativa, etc.) ou, ainda, de ingerência (criação de antecedente perigoso) ou da possibilidade de domínio factual absoluto da fonte de perigo, por isso mesmo como <u>dever pessoal</u>, a lei equipara a acção adequada a evitar tal resultado, é dizer, a violação do dever de auxílio médico ao doente ou sinistrado em risco, à comissão dos tipos legais que tutelam a ofensa aos bens jurídicos vida humana, corpo ou saúde, responsabilizando o omitente pelo facto, como se o houvesse cometido por acção, podendo a pena ser, todavia, especialmente atenuada.

Claro que tal equiparação só terá lugar – importa não olvidar – se o resultado típico (morte ou lesão corporal) tiver sido causado, pela referida omissão do garante, pois de outro modo, não seria possível distinguir os crimes comissivos por omissão dos crimes de omissão pura.

Todavia, também importa ter presente, que a causalidade em matéria de crimes comissivos por omissão, reveste-se de natureza puramente normativa, pois o comportamento que se traduz na não realização da acção esperada, nenhum resultado pode produzir no plano ontológico, *rectius,* ôntico-fenomenológico.

Por essa razão, a teoria da adequação não resolve o problema da imputação objectiva do resultado ao agente nos crimes omissivos impróprios ou comissivos por omissão, numa perspectiva ontológica, empírica, fenomenológica[290].

Com efeito, *ex nihilo nihil fit,* como diziam os naturalistas positivistas, o nada só pode gerar o nada.

Na verdade a omissão não é um *aliud facere* relevante, no plano fenomenológico, para a atribuição do resultado à conduta desvaliosa, mas um verdadeiro *non facere* para tal efeito.

Numa perspectiva normativa, contudo, poderá considerar-se a acção omitida ou esperada do garante, como idónea para obstar à verificação do resultado[291].

Por outro lado, o Direito não pode proibir resultados, mas apenas comportamentos humanos susceptíveis de os provocar e nem o homem tem o poder de impedir determinados acontecimentos, mas apenas o dever de tentar evitá-los.

---

[290] Assim, Figueiredo Dias, *Direito Penal, Parte Geral,* Tomo I, Coimbra Editora, 2004, pg. 694.

[291] Ibidem.

160   *Da Responsabilidade Médica em Direito Penal*

Por isso mesmo, o Prof. Damião da Cunha refere que *"os deveres não visam impedir resultados, visam exactamente diminuir a probabilidade da ocorrência do resultado"*[292].

E o ilustre penalista acrescenta: «*na fenomenologia típica dos chamados deveres de garante – relações pessoais de confiança – nunca se pode excluir que o resultado se venha a produzir mesmo que o agente tenha levado a cabo a sua conduta. Quando muito, o que se poderá dizer, por via de regra, é que quanto mais competente é o que intervém, maior probabilidade há de o resultado não se produzir*»[293].

Figueiredo Dias chega mesmo a afirmar que «*o problema da imputação objectiva do resultado à omissão só poderá ser em definitivo solucionado – de forma porventura ainda mais clara do que nos delitos de acção – no seio da atrás chamada conexão do risco: a acção esperada ou devida deve ser uma tal que teria diminuído o risco de verificação do resultado típico*[294]»

O art.º 284.º do mesmo Código impõe o dever de acção médica a todos os profissionais de medicina na situação típica nele descrita e o art.º 200.º alarga o dever de auxílio a todas as pessoas que se encontram na situação prevista no mesmo preceito.

Daqui deriva, se bem vemos as coisas, um reforço da pessoalidade do dever de quem se encontra em monopólio de posição de auxílio, isto é, inexistindo outro médico ou outro modo de socorro do gravemente necessitado, reforço esse que assenta, afinal, na bissectriz do ângulo constituído pelos vectores de grave necessidade do doente na situação descrita e da expectativa do próprio e comunitária na intervenção do único médico em posição de auxílio.

Podem, no entanto, configurar-se, frequentes situações de sobreposição dos círculos relativos ao dever de garante e ao imperativo que decorre do ilícito de recusa de médico, isto é, que relativamente ao mesmo agente médico se verifiquem os pressupostos do art.º 10.º n.º 2 e do art.º 284.º do C. Penal.

Em tais situações, tal como acontece relativamente à conjunção do crime de omissão de auxílio (art.º 200.º) e da situação de garante a que

---

[292] Damião da Cunha, *Algumas reflexões Críticas sobre a Omissão Imprópria no Direito Português, in Liber Discipulorum Figueiredo Dias*, p. 499 e segs.

[293] Ibi, ibidem

[294] F. Dias, *Direito Penal, parte geral*, 2004, 695.

se refere o art.º 10.º n.º 2, o *minus* deve ceder relativamente ao *maius*, na expressão de *Schönke/Schröeder*.[295]

Também aqui é de seguir, com as devidas adaptações, a lição de Figueiredo Dias relativamente ao crime de omissão de auxílio, a que se referia o artigo 219.º do C.P./82 e hoje tipificado no artigo 200.º da actual versão do C.Penal. Aquele ilustre Mestre doutamente esclareceu: *A omissão de auxílio só entra em questão onde não exista um dever de garante pela não verificação de um resultado típico; de modo que é dos limites deste dever de garante que há-de partir-se para a delimitação do âmbito do dever de auxílio e não inversamente; pelo que constituiria um procedimento hermenêutico inadmissível corrigir ou limitar o âmbito da equiparação da omissão impura à acção com o argumento de que a tanto obrigaria uma correcta determinação da incidência do crime de omissão de auxílio. Em conclusão, a interpretação do artigo 10.º do Código Penal vigente deve fazer-se em si e por si mesma, independentemente da interpretação que se faça do artigo 219.º. E se, deste modo, os âmbitos dos dois preceitos em alguma área se cobrirem, deve aí dar-se decidida prevalência ao artigo 10.º sobre o artigo 219.º*[296].

A concluir este estudo sobre o comportamento omissivo do médico na esfera do direito penal, é de toda a conveniência uma breve alusão ao problema da caracterização de certos comportamentos como acção ou como omissão em casos de fronteira, aflorado noutro local quando se formularam três questões inerentes a tais situações (a questão do médico que desliga o ventilador do doente terminal, do médico que sem desinfectar o instrumental opera o doente e do cirurgião que se esquece da peça cirúrgica no abdómen do operado)[297].

Não é fácil responder a tais questões numa perspectiva puramente ôntico-naturalística.

Como em muitos outros casos da vida, um exacerbado apego aos contornos naturalísticos das situações, dificulta a caracterização dos elementos de facto que hão-de suportar a decisão jurídica, o que, não poucas vezes, motiva a injustiça de tal decisão.

O Direito não comporta um *non liquet* perante tais dificuldades, nem a actividade decisória do julgador se compadece com a perplexidade

---

[295] Schönke/Schröder, apud. Maria do Céu Rueff S. Negrão, op. cit. RMP, ano 7, n.º 26, p. 65.

[296] Figueiredo Dias *A Propósito de «Ingerência»*... cit. RLJ, 3707, p. 55-56.

[297] Supra 1.3.1.

162 *Da Responsabilidade Médica em Direito Penal*

angustiante da dúvida existencial. Por outro lado, as decisões judiciais hão-de ser fundamentadas com um cunho científico que lhes confira credibilidade, posto que destinadas à convicção dos seus destinatários, primeiros e últimos, sobre o bem fundado da decisão. *Veritas non auctoritas facit judicium!*

É por isso que a configuração normativa, é dizer axiológica, de tais questões constitui a única via adequada à solução das mesmas, não fosse a dogmática jurídica uma ciência de valores.

Na verdade, o médico que desliga o ventilador pratica um *facere* consistente na manipulação do dispositivo de funcionamento do aparelho. Porém, ao fazê-lo interrompe a prestação de cuidados médicos, deixa de assistir ao doente (*non facere*), omitindo tal assistência.

O operador que sem se assegurar da esterilização do instrumental opera o doente actua no organismo do mesmo, mediante um *facere* mas, por outro lado, omite a esperada tomada de cuidados, violando deste modo, as *leges artis* que impõem a assépcia adequada à actividade cirúrgica (*non facere*).

O cirurgião que se esquece da peça instrumental no ventre do paciente, agindo com falta do necessário cuidado, abriu e colocou na cavidade abdominal tal peça mas, por outro lado, ao não retirá-la e ao não conferir o instrumental utilizado, como é norma da técnica cirúrgica, omite tais essencialíssimas cautelas.

Por isso se vem entendendo, com aplauso generalizado, que a distinção entre crimes comissivos por acção e crimes comissivos por omissão, deve atender, não tanto à estrutura naturalistica da acção, mas antes à configuração axiológica do comportamento típico que se traduz no incumprimento de um dever[298].

Insere-se tal entendimento, afinal, na própria concepção funcional--teleológica da acção, que a vê como realização do ilícito típico pois, tanto *acção* como *omissão* constituem, ao fim e ao cabo, as duas faces de Jano que são configuradas pela realização do comportamento penalmente proibido e cristalizado no tipo.

---

[298] Segundo Roxin todos os crimes de omissão impura constituem crimes de violação do dever (*Pflichtdelikte*). No entanto, quanto aos crimes negligentes, como refere a Prof.ª Teresa Beleza, o pensamento inicial deste eminente Professor de Munique modificou-se, entendendo hoje que a sua caracterização como crimes de violação de dever é incorrecta (Prof.ª Teresa Beleza *A Estrutura da Autoria nos Crimes de Violação de Dever- Titularidade, "versus" Domínio do Facto?* in R. P. C.C., ano 2 Jul. /Set. 1992, 3.º, p. 340).

Pressupostos Sistemáticos da Responsabilidade Criminal do Médico   163

O que importa, em suma, é a demanda de uma referência estruturante da imputação penal, isto é do *quid* que constitui o objecto do juízo de tal imputação, como acentua a Prof.ª Fernanda Palma ao explicar que, na base da controvérsia relativamente às diversas teorias sobre a acção está, justamente, tal demanda[299].

Assim sendo, nos discutidíssimos exemplos apontados, o que releva sobremaneira, em nossa opinião, será justamente a averiguação de qual o momento determinante de valência jurídico – social, não necessariamente cronológico, mas valorativo-normativo, em que o médico violou a norma, lesando ou colocando em perigo de lesão o bem jurídico tutelado.

Autores de renome propugnam outros critérios, como o *critério de energia* (assim, K. Engisch *Tun und Unterlassen*, Fest. für Gallas, 1973, pg 163) segundo o qual, a diferença entre o fazer e o omitir (fazer e não fazer) ou seja, entre crimes comissivos e omissivos e que nos primeiros, o agente despende energia, enquanto nas omissões tal não acontece; o *critério de causalidade*, defendido por Jeschek, segundo haverá comissão sempre que o autor desenvolva um processo causal material, que produza, dolosa ou negligentemente um resultado material proibido e o *critério do ponto de gravidade da conduta penalmente relevante* (Wessels, Schönke – Schröeder – Stree) que também é perfilhado por Juarez Tavares no seu excelente artigo *Alguns Aspectos da Estrutura dos Crimes Omissivos*, onde o autor, com ampla argumentação defende este último critério e faz uma resenha dos demais critérios dogmáticos, ora indicados, que aqui seguimos de perto[300].

---

[299] Fernanda Palma *A Teoria do Crime. loc.* cit. 539.

[300] Juarez Tavares, *Alguns Aspectos da Estrutura dos Crimes Omissivos*, in Revista Brasileira de Ciências Criminais, ano 4, n.º 15 (Julho – Setembro de 1996)

Pelo seu manifesto interesse, permitimo-nos *data venia* transcrever um excerto do referido artigo, que não fazemos a itálico, como habitualmente, para não dificultar a leitura:

«Os critérios de energia e da causalidade não podem explicar suficientemente, por exemplo, a solução para o caso do médico que desliga os aparelhos para evitar um prolongamento insatisfatório e até mesmo ineficaz da vida humana vegetativa, porque, neste aspecto, quando o médico mantem a vida do paciente através do emprego dos aparelhos automáticos de reanimação e quando os desliga, na realidade causou ele a sua morte, manifestando ainda energia para fazê-lo. Por outro lado, se ele não tivesse desligado os aparelhos, a vida humana se manteria, como condição sine qua non do resultado.

Mesmo para a teoria da adequação, o facto de desligar os aparelhos pode ter pode ter sido como causal para a morte do paciente, o que também se dá com a teoria da relevância jurídica, independentemente do socorro á acção esperada.

Portanto, os dois primeiros critérios (da energia e da causalidade) não apreendem a questão em seus pontos fundamentais, pois a vida humana já era, em si mesmo,

Desta forma, v. g., relativamente ao médico que desliga o ventilador do doente terminal, tratando-se do médico assistente deste e, por isso, responsável pelo seu tratamento, tendemos a considerar que o mesmo optou por interromper ou omitir o curso de tratamento que vinha prestando, empalidecendo, desta maneira, a acção mecânica de desligar a máquina.

O momento determinante de valência jurídico – social ou *ponto de gravidade da conduta* será, quanto a nós, o da interrupção ou da cessação do tratamento (omissão)[301]. Em momento posterior se indagará da ilicitude de tal conduta.

No que concerne ao caso dos cirurgiões que, operando sem esterilizar o material cirúrgico ou olvidando um instrumento no abdómen do doente violaram ou puseram em perigo de lesão a vida ou integridade física dos respectivos pacientes, é fundamental a prospecção de uma conexão entre o comportamento de tais médicos e o resultado típico verificado, não só para a imputação objectiva do resultado à conduta do agente, mas para a própria configuração jurídico-penal de tal conduta, isto é, para se apurar se a comissão da infracção criminal terá sido por acção ou por omissão.

No caso da falta de esterilização, cremos ser irrecusável que é justamente tal abstenção da desinfecção, perfeitamente violadora das *leges artis*, que traduz a omissão da acção esperada de um profissional médico que indiscutivelmente se encontra em posição de garante relativamente ao doente que intervenciona.

Por outro lado, é essa omissão de cuidado indispensável que é a causa da septicemia que produz a morte do doente, o que é determinante

---

insustentável. Pelo contexto social, ao contrário, a actividade do médico que desliga os aparelhos não está vinculada a um preceito mandamental (de manter ligados os aparelhos) e não a um preceito de proibição (de não desligá-los), o que implica considerarr esse comportamento como omissão e não como acção.

A caracterização do comportamento como acção ou omissão, no entanto, só pode ser inferida pelo sentido imprimido pela ordem social, jamais por critérios objectivos materiais. Justamente neste sentido de ordem social é que reside o fundamento do critério do ponto de gravidade da conduta penalmente relevante. No exemplo dado, só haveria comissão se o desligamento dos aparelhos fosse efectuado por terceiros, que não tivessem qualquer relação para com a manutenção da vida do paciente, porque, então, estariam violando uma norma proibitiva, mas não uma norma mandamental, que não lhes seria aplicável: Mas, se os aparelhos fossem desligados pelo próprio médico, tratar-se-ia de omissão e não de comissão: o delito a ser analisado, portanto, seria um delito omissivo e não comissivo.». (op. cit. pg. 138-139.

[301] Que, todavia, não fica ao exclusivo critério do médico assistente, como teremos oportunidade de ver adiante.

Pressupostos Sistemáticos da Responsabilidade Criminal do Médico   165

para uma correcta caracterização do comportamento médico, mesmo em termos naturalísticos.

De igual sorte, no caso do esquecimento da peça cirúrgica, cremos que é a não retirada atempada desse material que se deve considerar o momento determinante da inflamação (peritonite), que sobreveio ao paciente.

Esta posição parece aproximar-se, se não mesmo coincidir, com a defendida pelo Supremo Tribunal alemão *(Bundesgerichtshof)*,[302] que propugnou o critério do *centro de gravidade da censurabilidade* para delimitar o crime de omissão do de comissão (comissivo por acção e comissivo por omissão) e que Roxin considerou *irracional e pouco claro*[303] e Bockelmann como *impraticável*[304].

Jescheck propõe o chamado *critério de causalidade* segundo o qual, se alguém causa um resultado mediante uma conduta positiva objectivamente típica, tal constitui o ponto de referência importante para o Direito Penal. Depois, há que indagar se o agente actuou dolosa ou culposamente. Perante um facto doloso ou culposo, para efeitos de valoração jurídico-criminal importará apenas a conduta positiva. Só quando resulte que a conduta activa do agente, dolosa ou culposa, era socialmente adequada, conforme ao Direito, se deverá questionar se ele omitiu um acção esperada mediante a qual se teria evitado o resultado.[305]

---

[302] Assim BGH, 6, 46 (59), e também do OLG Stuttgart Frz 1959 e outros arestos cit. por Jescheck, Tratado, 831, nota 32.

[303] C. Roxin *Do Limite entre Comissão e Omissão*, in Problemas Fundamentais... cit. 182.

[304] P. Bockelmann, *Strafrecht Allgemeiner Teil*, apud. Teresa Beleza, Direito Penal, 2.º vol., p. 560. Como pondera esta ilustre penalista, a questão de delimitação ou caracterização de um certo comportamento lesivo dos bens jurídicos penalmente tutelados como acção ou como omissão, releva não apenas para a indagação e, portanto, para a fundamentação do dever de garante pelo juiz, mas também porque muito diferente será a solução se existir alternativa omissão pura – omissão impura, já que a pena aplicável consoante se tenha preenchido um ou outro tipo será, normalmente, muito diferente, citando um caso de ao médico que deixa morrer o doente por falta de socorro poder ser imputado o crime de recusa de médico (crime omissivo puro) ou de homicídio (crime comissivo por omissão).

Importa, todavia, sublinhar, em nosso entender, que nestes dois últimos casos haverá sempre um comportamento omissivo de base se o médico deixar morrer o doente por falta de socorro, pelo que a relevância não estará na caracterização da conduta como acção ou omissão, mas sim na prospecção de eventual posição de garante do médico omitente.

[305] Jescheck, *Tratado* ... cit. p. 830.

166 *Da Responsabilidade Médica em Direito Penal*

Roxin referindo-se à questão da determinação dos limites do dever médico face à utilização de reanimadores artificiais que prolongam a vida, conclui que se, no caso do médico que desliga o ventilador, a sua conduta for considerada como cometida por acção, o mesmo não escapará à punição face ao disposto no § 212.º do StGB, visto que matou uma pessoa ainda viva, ninguém contestando a punibilidade da eutanásia activa.

Muito diferente será a solução, todavia, se a conduta do médico referido for considerada juridicamente cometida por omissão. Afirma o ilustre Professor de Munique que: *«Segundo a opinião dominante, o médico não tem o dever jurídico (com maior razão se o paciente perdeu a consciência de modo irreversível) de prolongar por meios artificiais um vida que inevitavelmente se virá a extinguir, não havendo um homicídio por omissão se o médico permanecesse inactivo em tal situação».* E o notável penalista citado assim remata as suas observações: *«Deste modo, a qualificação como comissão ou como omissão decide, se seguirmos a opinião dominante, sobre a ilicitude ou punição da actuação do médico.*

Não se estranhará, então que o médico exija do jurista uma resposta convincente a tão melindrosa questão.[306]

Segundo Roxin, no entanto, esta problemática de alguma forma se tornaria menos tortuosa, através da figura de omissão "através de fazer" ou omissão por comissão, inexplorada dogmática e jurisprudencialmente entre nós, e na qual se inscreveria o comportamento do médico que desliga o ventilador do doente terminal.

Note-se que a solução do enquadramento roxiniano de tal conduta (omissão juridicamente relevante) é diametralmente oposta da preconizada por H.H. Jescheck que considera tal comportamento médico cometido por acção:

«O correcto é considerar também a actuação do médico como comissão (comissiva por acção), *porque ela interrompe um processo de salvação que, por si teria prosseguido automaticamente.*

As possibilidades de êxito que tal processo salvador pudesse comportar não podem decidir da delimitação entre acção e omissão».[307]

Que pensar desta tormentosa e complexa questão?

---

[306] Roxin, *Do Limite...* loc. cit., 186.
[307] Jescheck, op. cit. 831.

Antes do mais importa ressalvar que qualquer resposta cabal jamais poderá prescindir dos contornos casuísticos da situação concreta, o que não impede que se alinhem considerações *ex ante,* tidas por seguras, essenciais para a dilucidação deste problema.

Dois vectores são fundamentais para um satisfatório enquadramento da questão, com vista à sua solução: a qualidade do médico que desliga o aparelho e o estado de saúde do paciente.

Tratando-se do médico assistente, isto é do responsável pelo tratamento do paciente, compete-lhe, em derradeira instância, a emissão de um juízo crítico, alicerçado em suporte técnico-científico e ético deontológico, sobre a utilidade da prossecução da respiração assistida.

Isso exactamente no quadro jurídico em que avulta o dever de garante do médico clinicamente responsável pelo doente, sobre quem, em princípio, recai até à morte cerebral do paciente, a obrigação pessoal e jurídica de o assistir.

O respeito absoluto pela vida humana a que o médico é obrigado significa a recusa total em participar em qualquer acto que, objectivamente e de forma directa, abrevie a vida, mesmo que praticado com intuitos aparentemente piedosos ou benevolentes, pois eliminar a dor física ou moral não pode significar eliminar o portador da dor. É a recusa total e absoluta da eutanásia seja sob que protesto ou sofisma for[308].

Este dever terapêutico, todavia, conhece um limite, que, entre nós, está previsto no artigo 49.º do Código Deontológico da Ordem dos Médicos que, sob a epígrafe dever de abstenção da terapêutica sem esperança, estatui:

> *«Em caso de doença comportando prognóstico seguramente infausto a muito curto prazo, deve o Médico evitar obstinação terapêutica sem esperança, podendo limitar a sua intervenção à assistência moral ao doente e à prescrição ao mesmo de tratamento capaz de o poupar a sofrimento inútil, no respeito do seu direito a uma morte digna e conforme à sua condição de Ser humano».*

Com efeito, não se exige e antes se reprova o chamado *encarniçamento terapêutico* que se traduz na obstinação do tratamento inútil com grave prejuízo para a dignidade do doente. É claro que, em contrapartida, o

---

[308] Prof. J. Germano de Sousa, *Uma Deontologia Específica para o Fim de Vida,* Revista da Ordem dos Médicos, ano 16, n.º 14 (Março-Abril de 2000), p. 17.

168   *Da Responsabilidade Médica em Direito Penal*

médico poderá limitar a sua actuação ao chamado tratamento paliativo, isto é, «*aliviar os sofrimentos físicos e morais do doente, administrando--lhe tratamentos apropriados e mantendo, na medida do possível a qualidade da vida que vai terminar*»[309].

---

[309] G. Perico «*Cure Palliative nei malati inguaribile terminali*», Aggiornamenti Sociali, 6/1989 p. 407-418, apud Ana María M. Del Cano, *La Eutanasia Estudio Filosófico-Jurídico*, Madrid, 1999, p. 251.

Presentemente está a avançar-se, cada vez mais, no domínio dos chamados Cuidados Paliativos em fim de vida que constituem uma prática específica com várias perícias e uma zona de conhecimento cientifico médico bem definida.

Nas palavras do Prof. Germano de Sousa o respeito absoluto pela vida humana «*não pode nem deve impedir o médico de recorrer a tratamentos paliativos que, embora possam eventualmente contribuir de forma indirecta para o não prolongamento da vida promovem o bem estar físico a psíquico do doente terminal garantindo-lhe um fim de vida sereno e digno. O doente tem o direito a terapêuticas paliativas para diminuir a dor e o sofrimento, tem o direito a que o médico respeite a sua autonomia, isto é tem o direito de ser informado e de consentir ou recusar qualquer tratamento, tem o direito de não ser abandonado, tem o direito a um fim de vida mentalmente saudável. O médico tem pois o dever deontológico de dedicar aos seus doentes terminais todo o seu saber e humanidade para que esse fim de vida seja vivido, dentro do possível, em dignidade e relativo bem-estar*» (*Uma Deontologia Específica para o Fim de Vida*, loc. cit., 17).

Segundo a Doutora Ana María Del Cano, na vizinha Espanha os cuidados paliativos têm sido objecto de contínuo desenvolvimento «*Cabendo citar a Sociedad Castellano-Leonesa de Cuidados Paliativos que foi fundada em 1993 por um grupo de profissionais com o objectivo de contribuir para a melhoria da atenção aos doentes terminais e às suas famílias. Transcreve-se aqui alguns dos seus fins: Os cuidados paliativos estão baseados numa concepção global, activa e viva da terapêutica que inclui a atenção quanto aos aspectos físicos, emocionais, sociais e espirituais dos enfermos e suas famílias com os objectivos principais de conforto, dignidade e autonomia dos doentes com enfermidade avançada, de qualquer índole, incurável e progressiva sem possibilidades razoáveis de resposta ao tratamento curativo e com morte previsível a curto prazo. Os cuidados paliativos devem praticar-se numa perspectiva multi-disciplinar, incluindo profissionais de saúde (medicina, enfermagem, auxiliares, assistentes sociais, fisioterapêutas, terapeutas ocupacionais, psicólogos, peritos em ética e outros) com formação adequada e suporte técnico e psicológico continuado e vinculados à comunidade (voluntariado) e hão-de difundir-se e praticar-se em todos os âmbitos (hospitais, centro socio-sanitários, cuidados primários) com uma boa interligação entre eles e observando o respeito e o apoio como atitudes primordiais orientadas a promover o direito de toda a pessoa a receber uma atenção adequada e digna no processo da morte*» (Ana María Marcos Del Cano, *La Eutanasia Estudio Filosófico--Jurídico, Univerdidad Nacional de Educación a Distancia,* Marcial Pons, Madrid, Barcelona, 1999, p. 251, nota de rodapé 59)

Em Portugal como afirma a Dr.ª Isabel Neto «*Os médicos são treinados predominantemente no sentido da actividade curativa. Como tal, quando se debatem com*

Isso mesmo resulta do disposto na segunda parte do art.º 49.º do Codigo Deontológico, atrás transcrito, mas que, por comodidade, aqui se volta a repetir, na parte que interessa:

«... *podendo limitar a sua intervenção à assistência moral ao doente e à prescrição ao mesmo de tratamento capaz de o poupar a sofrimento inútil, no respeito do seu direito a uma morte digna e conforme à sua condição de Ser humano*».

Segundo Figueiredo Dias «*de eutanásia "passiva" se falará com propriedade quando o médico renuncia a medidas susceptíveis de conservar ou de prolongar a vida (p. ex. tratamento medicamentoso ou cirúrgico, oxigenação, reanimação) de doentes em estado desesperado (moribundos, pessoas em coma profundo e irreversível ou estados análogos). O problema do eventual preenchimento do tipo objectivo de ilícito do homicídio suscita-se aqui porque em casos tais se depara com uma* conduta omissiva *do médico, apesar de sobre ele continuar a recair um dever jurídico de acção, nos termos do artigo 10.º-2.*

O facto de a renúncia à (ou continuação da) intervenção se traduzir em desligar aparelho de reanimação (em momento anterior ao da verificação da morte cerebral) não altera em nada a doutrina acabada de expor. Essa interrupção constitui, do nosso ponto de vista, um comportamento omissivo do médico (doutrina dominante, mas não indiscutida na Alemanha e na Suiça; no sentido do texto, por outros, Trechsel 7 antes do art.º. 111.º, Engisch, Gallas-FS, 1973 176ss e *Roxin,* Engisch-FS 1969 398) e, *seguramente, uma "eutanásia passiva"*»[310].

Todavia, e apesar disso, se o doente em estado consciente, manifestar vontade no sentido de prosseguir o tratamento até ao final (morte cerebral), o médico deve proceder em conformidade com a vontade manifestada pelo doente, sob pena de o seu comportamento omissivo preencher o tipo objectivo de homicídio.

---

estas realidades, muitas vezes sentem-se ultrapassados e recuam perante as mesmas (R.O.M. n.º 14, ano 2000, p. 6).

Apesar de tudo, nos hospitais centrais assim como no Instituto Português de Oncologia existem serviços especializados em cuidados paliativos com um actividade digna de todo o apreço, sendo normalmente conhecidos como unidades de tratamento da dor.

[310] Figueiredo Dias, *Comentário Conimbricence do Código Penal, Parte Especial*, Tomo 1, 1999, anot. ao art.º. 131.º (§ 23.º).

170   *Da Responsabilidade Médica em Direito Penal*

É este o pensamento de Figueiredo Dias quando escreve: «*Preenchimento do tipo objectivo de ilícito do homicídio existirá sempre que o doente solicite ao médico que prossiga a intervenção; ao menos enquanto o doente mantiver a consciência ou for ainda previsível que a recupere (assim também Trechsel 7 antes do artigo 111.°). Tipicamente ilícito no sentido da intervenção médica arbitrária (v. art.° 156) será, ao contrário o prosseguimento das intervenção ou a utilização de certos meios conservatórios se o doente os recusa ou os proíbe*»[311].

Nos casos em que o consentimento do doente não possa ser obtido, é opinião generalizada da doutrina a exclusão da tipicidade do homicídio ocorrendo situações comprovadas de terapêutica sem esperança[312].

Em todo o caso, afigura-se imprescindível distinguir as situações em que é inútil um prolongamento da vida, daquelas outras em que há efectivamente um encurtamento do período natural de vida, como, desde há muito, a melhor dogmática tem vindo a prevenir. Com efeito, Engisch,

---

[311] Idem, ibidem (§ 24).

[312] Também a este propósito, é de toda a conveniência registar o pensamento de Figueiredo Dias, plasmado na obra a que nos vimos referindo como um importantíssimo contributo dogmático para a solução jurisprudencial de situações como a que vimos tratando:

«*Em todos os casos em que o consentimento do doente não possa ser obtido parece dever em princípio* negar-se a tipicidade, *no sentido do homicídio, da omissão de prosseguir o tratamento, salvo se houver razões seguras para presumir que esta seria a vontade do moribundo. A esta solução conduz a consideração não de um qualquer "direito do médico" à interrupção (cf. todavia GEILEN,* Euthanasie und Selbstbestimmung *1975 8 ss), mas da ausência do sentido pessoal ou social de um tal "tratamento" (de modo análogo, entre outros, ROXIN, Engisch-FS 1969 398; e já em certa medida o próprio PIO XII no seu discurso aos médicos anestesistas de 1957: v. Pius XII sagt 1958 63 s.) e do verdadeiro atentado à dignidade humana do moribundo que em muitos casos a continuação da intervenção médica representa (assim STRATENWERTH, Engisch-FS 1969 534). A convicção generalizada quer na população, quer na própria classe médica de que é ali decisiva a vontade dos* parentes *ou das* pessoas próximas *do paciente é infundada: esta vontade é, pelo contrário, juridico-penalmente irrelevante, salvo na medida em que ela possa servir como elemento para determinar a vontade presumida do paciente (assim também muito exactamente, M/S/MAIWALD I § 1 40). O mesmo valor indiciário – e só esse – haverá que atribuir aos hoje cada vez mais frequentes "testamentos do paciente", isto é, documentos anteriores em que a pessoa deixa indicações, para o caso de ser atingido por uma doença incurável e se não encontrar em condições de decidir sobre o seu tratamento e sobre os limites em que (e o ponto até ao qual) este deverá ter lugar (assim também HIRSCH, Lackner – FS 1987 604)*». (Comentário Conimbricence, anot. ao art.° 131.° § 25)

Der Arzt an den Grenzen des Lens distingue a actuação médica destinada a pôr termo a vidas *"indignas de serem vividas,"*[313] isto é, *«inoportunas, inferiores e carenciadas de cuidados»* e a não intervenção do médico no processo causal de uma doença mortal. Segundo este autor, *«enquanto no primeiro grupo de casos essa conduta representa uma ameaça à confiança nos médicos, aos valores da sociedade, um atentado aos direitos de que o próprio incapaz é titular, no segundo grupo de situações advoga este autor uma "decisão sobre o caso concreto", sujeita ao princípio regulativo da exigibilidade»*[314].

Conforme Figueiredo Dias salienta desde os anos 70, quando se fala em eutanásia importa distinguir três hipóteses diferentes entre si:

a) A do aniquilamento das chamadas *vidas indignas de serem vividas;*
b) A da "verdadeira e própria eutanásia", consistente na morte provocada ao doente incurável pelo médico; e
c) A chamada ortotanásia ou "auxílio médico à morte" que *é uma ajuda dada pelo médico ao processo natural da morte*[315].

Quanto à situação descrita nas duas primeiras alíneas, é evidente que a conduta do médico é sempre integrável num tipo de homicídio, salvo se ocorrerem causas de exclusão da ilicitude ou da culpa, nos termos gerais.

Quanto à terceira situação "auxílio médico à morte" e segundo ainda Figueiredo Dias haverá que distinguir se se verifica ou não encurtamento do período natural de vida.

No caso de tal encurtamento ou abreviação, o comportamento do médico integra indiscutivelmente o crime de homicídio ou de homicídio a pedido da vítima ou ainda de auxílio ao suicídio, se a morte tiver sido solicitada pelo próprio doente.

Já, porém, se esse auxílio médico à morte não implicar encurtamento do período de vida, mas antes se, sem ele, ocorrer um prolongamento inútil e artificial do curso vital, o médico não tem a obrigação de, como se viu, prolongar a vida do paciente para além de toda a esperança

---

[313] Recorde-se a célebre determinação de Hitler de 1.9.1939 dirigida ao *«aniquilamento de vidas indignas de serem vividas»*, que horrorizou o mundo quando dela tomou conhecimento.

[314] Maria Paula Bonifácio Ribeiro de Faria, *Aspectos Jurídico Penais dos Transplantes,* U. Católica Portuguesa-Editora, Porto, 1995, p. 87, nota de rodapé 24.

[315] Figueiredo Dias, *O Problema da Ortotanásia,* in as Técnicas Modernas de Reanimação... cit. (1973) p. 45.

172   *Da Responsabilidade Médica em Direito Penal*

fundada em conhecimentos técnico – científicos, a menos que tal lhe seja expressamente pedido pelo doente.

Importa, porém, ter sempre presente que, na actualidade, o médico assistente não é (não pode ser) o único julgador da conveniência de prolongar ou não a vida do doente, mesmo nos casos do coma irreversível ou do chamado síndrome apálico (*appalische Syndrom*), também designado por *estado vegetativo persistente*.

Em Portugal, o Código Deontológico da Ordem dos Médicos estatui no seu art.º 50.º, no que concerne ao desligamento dos aparelhos de suporte vital, em caso de coma irreversível:

> 1. *A decisão de pôr termo ao uso de meios extraordinários de sobrevida artificial em caso de coma irreversível, com cessação sem regresso da função cerebral, deve ser tomada em função dos mais rigorosos conhecimentos científicos disponíveis no momento e capazes de comprovar a existência de morte cerebral.*
> 2. *Essa decisão deve ser tomada com a anuência expressa de dois Médicos não ligados ao tratamento do doente e ficar a constar de protocolo, em triplicado, destinado a ficar na posse de cada um dos intervenientes.*
> 3. *Consumada a morte, deve ser remetida ao Conselho Nacional de Deontologia Médica da Ordem dos Médicos, cópia do protocolo referido no número anterior, com menção da suspensão dos meios de sobrevida artificial.*

Também a generalidade dos corpos normativos deontológicos europeus dispõe semelhantemente, tal como, v. g., o Código de Deontologia Médica de Itália, cuja disposição análoga se deixa transcrita em nota de fim de página.[316]

---

[316] É o seguinte o texto do art.º 36.º do Codice di Deontologia Medica italiano:
Art. 36 *Accertamento delia morte*
In caso di malattie a prognosi sicuramente infausta e pervenute alia fase terminale, il medico può limitare Ia sua opera, se tale è la specifíca volontà dei paziente, all'assistenza morale e alla terapia atta a risparmiare inutile sofferenza, fornendogli i trattamentí appropriatí e conservando per quanto possibile la qualità di vita.
In caso di compromissione dello stato di coscienza, il medico deve proseguire nella terapia di sostegno vitale finché ragionevolmente utíle.
In caso di morte cerebrale il sostegno vitale dovrà essere mantenuto sino a quando non sia accertata Ia morte nei modi e nei tempi stabiliti dalla legge. È ammessa Ia possibilita di prosecuzione dei sostegno vitale anche oltre la morte accertata secondo

Pressupostos Sistemáticos da Responsabilidade Criminal do Médico   173

Muito diferente, todavia, será o caso do médico não responsável pela assistência ao doente e, por isso, a ele estranho (v. g., o médico de outro piso ou serviço a que se refere Jakobs).

Entre este médico e o tratamento do doente não existe qualquer relação e, por consequência, sobre tal médico não recai qualquer dever de assistência (*Fürsorgepflicht,* na doutrina alemã), pelo que a sua actuação no desligamento do ventilador só pode configurar verdadeira conduta positiva (*facere*) criminalmente relevante.

Trata-se de uma actuação consciente e voluntariamente dirigida à supressão do suporte cárdio-respiratório do doente potencialmente determinante da morte deste.

Assim sendo, em nossa opinião, a conduta de tal médico indiciará fortemente um ilícito típico de homicídio cometido por acção.

Já, todavia, se o aparelho se tiver desligado acidentalmente pondo, *ipso facto*, em risco de vida o doente dele carecido, se o médico alheio ao serviço, disso de apercebendo, não providenciar o restabelecimento do funcionamento de tal aparelho, a sua conduta omissiva integrará, já não qualquer crime comissivo por omissão (art.º 10.º-2), dada a inexistência da posição de garante, mas sim o tipo legal de omissão de auxílio (art.º 200.º do C. Penal).

Trata-se, como se sabe, de um tipo de ilícito penal em que o bem jurídico tutelado é a solidariedade social em perfeita sintonia e como decorrência, por força do princípio de congruência ou de analogia substancial, com o disposto no art.º 1.º da Constituição da República Portuguesa que, desde a Revisão de 1989, proclama que *Portugal é um República soberana, baseada na dignidade da pessoa humana e na vontade popular e empenhada na construção de uma sociedade livre, justa e solidária*[317].

---

le modalità di legge, solo ai fine di mantenere in attívtà organi destinati a trapianto e per il tempo strettamente necessário.

[317] Não se veja na tutela do dever de solidariedade qualquer laivo ou resquício de uma concepção ecticizante do Direito Penal português actual.

É que a solidariedade entre os homens, muito além do imperativo ético, é um bem jurídico fundamental para a própria existência e coesão do agregado social, um factor centrípeto primordial para a própria sobrevivência da comunidade humana enquanto tal.

Nas palavras proféticas de João Paulo II: *A solidariedade não é pois um sentimento de compaixão vaga ou de enternecimento superficial pelos males sofridos por tantas pessoas, próximas ou distantes. É, pelo contrário, a determinação firme a perseverante*

174   *Da Responsabilidade Médica em Direito Penal*

O nosso mais alto Tribunal assim sentenciou:

«*I. O crime de omissão de auxílio é cometido sempre que alguém omite o dever de prestação de auxílio que se revela necessário ao afastamento de um perigo de ofensa da vida, da saúde, da integridade física ou da liberdade de outrem, numa situação de grave necessidade dessa prestação, resultante, nomeadamente de acidente, calamidade pública, ou situação de perigo comum*

... ...

III. E, por outro lado o conceito de afastamento do perigo *abrange também as situações em que a violação de qualquer daqueles bens eminentemente pessoais de outrem já foi efectivada, mesmo que de forma irremediável, mas cuja extensão ou possíveis futuras consequências se não tornem perceptíveis a quem se depara com a situação em causa*[318]».

De acordo com tal orientação jurisprudencial (e também doutrinal), parece inequívoco que, mesmo que o doente se encontre em estado terminal, completamente desenganado, o médico não assistente tem, por imperativo do dever de solidariedade penalmente tutelado, a obrigação de ligar ou mandar ligar o aparelho casualmente desconectado, sujeitando--se à incriminação do art.º 200.º do C. Penal se o não fizer.

Nem, sequer, lhe aproveita, para evitar o cumprimento de tal dever, a prerrogativa do artigo 49.º do Código Deontológico da Ordem dos Médicos, já atrás referido, que apenas incumbe ao médico encarregado do tratamento do doente (médico assistente ou eventual substituto e a mais ninguém).

Com efeito, o dever de evitar o *encarniçamento terapêutico* depende de um juízo prévio de avaliação de exclusiva competência do médico ou da equipa médica responsável pelo tratamento (ou do Conselho Médico em que o mesmo se integre), sempre alicerçado nos conhecimento técnico--cientificos que o estado de evolução da ciência médica permite e de acordo com a avaliação objectiva do estado psico-fisiológico do paciente confiado aos seus cuidados clínicos.

---

de se empenhar pelo bem comum; ou seja, pelo bem de todos e de cada um, porque todos nós somo verdadeiramente responsáveis por todos».

Tal é a posição da Igreja Católica na sua missão profética de denúncia do mal que o Sumo Pontífice lapidarmente exprimiu na sua Encíclica *Solicitude Rei Socialis.*

[318] Ac. S.T.J. de 5 de Dezembro de 1996, BMJ 462, 170.

Pressupostos Sistemáticos da Responsabilidade Criminal do Médico   175

Desta forma, não é o estado do doente *às portas da morte* justificador da omissão de auxílio por parte de qualquer médico que, apercebendo-se que o aparelho de respiração assistida (ou outro igualmente relevante) se encontra desligado acidentalmente, não promove a sua atempada ligação[319].

Como, de há muito, a doutrina e a jurisprudência designadamente francesa e belga, têm vindo a sustentar «*a ausência de todas as chances de sobrevivência não dispensa a obrigação de socorrer*»[320].

Depois de termos analisado os diversos cambiantes da omissão penal do médico, merece destaque o estudo de um crime específico próprio de omissão pura que é o de recusa de médico, entre nós tipificado no art.º 284.º do C. Penal.

Procederemos a tal estudo na secção seguinte.

4.1.4.3. *Recusa de Médico*
(Sentido, Compreensão e Alcance do Art.º 284.º do C. Penal)

Desde há longa data, a ordem jurídica portuguesa considera crime a recusa por parte do médico dos seus serviços profissionais em favor de pessoa em risco de vida ou de grave perigo para a saúde.

Já em 1953, um Tribunal de 1.ª Instância proferia a seguinte sentença:

O médico que, prevenido da aproximação da vítima de desastre de caça, continua almoçando e, ao ver esta, com uma mão ensanguentada, entrar em sua casa e pedir-lhe auxílio da sua profissão, o põe fora e continua almoçando, comete o crime do artigo 250.º do Código Penal[321].

---

[319] Em todo o caso, embora o referido médico não pertença ao serviço em que o doente está internado, estando no referido piso, apenas, de visita, tratando-se do único médico presente no momento e tendo-se apercebido do risco de vida do paciente, cremos que outra não poderá ser a sua posição que não a de garante, dada a possibilidade de domínio absoluto sobre a fonte de perigo e, portanto, cumprindo-lhe realizar a acção esperada, isto é, destinada a evitar o resultado infausto, ligando o aparelho.

[320] Maria Leonor Assunção, *Contributo para a Interpretação do art.º 219.º do C. Penal (O Crime de Omissão de Auxílio)*, Coimbra Editora, 1994, p. 75, nota de rodapé 245.

A autora referida indica, todavia, como defendendo posição contrária, isto é, de que «*não existe dever de socorro quando o desenlace é irremediável... quando, p. ex., a vida corre um perigo absolutamente inconjurável*», Rodriguez Mourullo, *La Omisión de Socorro en el Código Penal*, Tecnos, Madrid, 1966, p. 206.

[321] Sentença do Juiz de Direito de Vila Nova de Ourém, de 10.03.953 in *Justiça Portuguesa*, n.º 21, p. 11.

Por sua vez, o Supremo Tribunal de Justiça em 1955 assim sentenciou:

«Pratica os crimes, em acumulação ideal, dos artigos 250.º e 368.º do Código Penal o médico que, em caso urgente, recusa os seus serviços médicos, não indo nem se escusando legitimamente a comparecer para assistir ao parto de uma mulher em situação difícil e já com a bolsa das águas rebentadas e que, em consequência da falta de intervenção oportuna, ocasiona a morte do nascituro[322]».

Efectivamente, no domínio do vetusto Código de 1886, o tipo legal pertinente era o do art.º 250.º sob a epígrafe *recusa de facultativo*[323].

Este preceito normativo penal tinha como elemento objectivo do tipo, a recusa do auxílio profissional em *caso urgente*, cabendo à jurisprudência o preenchimento de tão indeterminado conceito (o de urgência médica), dada a variabilidade da amplitude do mesmo consoante o ângulo de posição do médico ou do próprio doente e seus familiares.

Por isso, à sombra daquele histórico inciso legal, a Relação do Porto, por exemplo, no seu Acórdão de 4 de Junho de 1958 assim sentenciou:

«Na expressão caso urgente, *do artigo 250.º do C. P., a urgência deverá ser aquilatada, não pelo que a esse respeito pensam as pessoas, nomeadamente de família, que junto do doente se encontram, mas pela que efectivamente o caso reveste, pois, de outro modo, estaríamos frequentemente em face de falsos casos urgentes, uma vez que, como é natural, as pessoas da família do doente, quer pela sua ignorância em assuntos clínicos, quer pelos naturais sentimentos de afeição para com aquele, ao pedirem a comparência do médico, muitas vezes fazem-no na suposição da gravidade do estado de saúde[324].»*

---

[322] Ac. do S.T.J. de 27 de Abril de 1955, BMJ n.º 48, 448.

[323] Era o seguinte o teor do artigo 250.º do velho Código: «*O facultativo que em caso urgente recusar o auxílio da sua profissão, e bem assim aquele que, competentemente convocado ou intimado para exercer acto da sua profissão, necessário, segundo a Lei, para o desempenho de funções da autoridade pública, recusar exercê-lo, será condenado a prisão de dois meses a um ano e multa correspondente.*

§ único – O não comparecimento sem legítima escusa, no lugar e hora para que fora convocado ou intimado, será condenado como recusa para todos os efeitos do que dispõe este artigo».

[324] Ac. da Relação do Porto de 4 de Junho de 1058, in Jurisprudência das Relações, 3, 654.

Segundo Luís Osório[325], *caso urgente é simplesmente aquele em que é preciso obrar rapidamente – Cândido de Figueiredo – o perigo da demora, tanto pode ser para a vida como para a saúde ou ainda para outro bem.*

O mesmo autor indica vária jurisprudência e doutrina, que, em razão do seu interesse quase histórico, nos permitimos transcrever:

> «*É caso urgente a verificação de doença para justificar a falta de cumprimento da obrigação de comparecer em juízo – Alfeu Cruz, 6.º, 226.*
>
> *O caso urgente dá-se quando há risco iminente de vida, quer haja ou não perigo para a – Vale 32.º, 241; A. Cruz, 6.º, 225; Gaz. Trib. n.º 3450 e 3471; Rev. Leg. Jur. 21.º, 97.*
>
> *É preciso que a urgência seja real e não simplesmente aparente ou imaginária – Rev. Leg. Jur. 21.º, 97.*
>
> *O facultativo deve ser chamado invocando-se a urgência – Barros, sent. de 14.05.901, Rel. Lx. Acórdão de 3.07.901 da Rev. Leg. Jur. 34.º, 540; A. Cruz, 6.º, 225; Pacheco de Albuquerque desp. 27.07.912, susp. desp. e Rel. Lx. Ac. de 30.10.912 na Rev. Trib. 31.º, 227*».

Também Levy Maria Jordão teceu o seguinte comentário ao art.º 250.º do velho Código:

> «*Achamos justíssima a disposição deste art., apesar de julgarmos que raro será o caso em que elle tenha de ser applicado; pois custa-nos a crer que haja um facultativo tão falto de todos os sentimentos que ouse praticar os factos incriminados neste artigo.*
>
> *Sacerdote do fogo sagrado da vida, o médico, como o sacerdote christão, tem deveres a cumprir igualmente nobres e igualmente sublimes. Diante do doente deve desapparecer para elle toda a idéa de interesse pessoal, deve sacrificar todas as suas conveniencias, a sua reputação mesmo: depositario dos preceitos da arte de curar não ha para elle descanço nem no leito, porque a qualquer hora deve elle correr a toda a parte aonde ouvir um gemido do homem que soffre*».[326]

---

[325] Luís Osório da Gama e Castro de Oliveira Baptista, *Notas ao Código Penal Português*, vol. 2, Coimbra Editora, 2.ª ed. 1923, anot. ao art.º 250.º, p. 474.

[326] Levy Maria Jordão, *Commentário ao Codigo Penal Portuguez*, Tomo III, Lisboa 1854, p. 17. O mesmo autor acrescenta às palavras transcritas no texto, em itálico, a seguinte nota de rodapé: «*São palavras do Sr. A. da S., no seu artigo intitulado o Medico, que vem na Revista Academica de 1845, p. 25 e segs*».

178   *Da Responsabilidade Médica em Direito Penal*

Com o advento do Código Penal de 1982, com bem maior perfeição técnico-jurídica foi delineado o artigo 276.º que, com a reforma operada pelo Dec. Lei 48/95 de 15 de Março, com algumas modificações, passou a constituir o artigo 284.º do Código actual.

Nas palavras do Prof. Figueiredo Dias, o art.º 276.º do novo Código Penal, substituiu o artigo 250.º do Código anterior *mas alterando-lhe significativamente os pressupostos e a punição.*[327]

Assim o melindroso e dúctil conceito de *caso urgente* deu lugar ao *caso de perigo para a vida ou de grave lesão para a saúde ou integridade física de outrem* no domínio da versão originária de 1982 e, na versão de 1985, passou a ser pressuposto não a grave lesão mas o perigo grave para a integridade física.

Não é necessária, portanto, a consumação da lesão da integridade física (aqui se incluindo a saúde física e psicológica) mas apenas o perigo de lesão, desde que grave, para desencadear a reacção criminal no caso de recusa injustificada do médico.

Este ilícito típico distingue-se do de omissão de auxílio (artigo 200.º), desde logo por se tratar de um crime específico próprio, isto é, em que o agente só pode ser médico em exercício da sua actividade.

Depois, ao contrário do que acontece relativamente ao crime tipificado no artigo 200.º, aqui é imposto não um geral dever de auxílio, mas sim a prestação de cuidados médicos adequados à situação.

Como bem refere Taipa de Carvalho os bens jurídicos protegidos por este tipo legal são a vida e a integridade física.[328]

Como já tivemos ocasião de nos referir, o artigo 284.º do Código Penal só tem aplicação quando não se verificar uma posição de garante do médico relativamente aos crimes de ofensas à integridade física ou de homicídio, por via da equiparação da omissão à acção, nos termos do artigo 10.º-2 do Código Penal.

Verificando-se a existência de tal posição e ocorrendo, efectivamente, um dos apontados crimes de resultado, como consequência directa e necessária da conduta omissiva do médico subsumível ao artigo 284.º do C. Penal, verificar-se-á apenas um concurso aparente aplicando-se a pena cominada para o crime de homicídio ou de ofensas corporais.[329]

---

[327] F. Dias e Sinde Monteiro, *Responsabilidade Médica em Portugal*, p. 63.

[328] Taipa de Carvalho, *Comentário Conimbricence...* Tomo II, anot. ao art.º 284.º (§ 4), p. 1017.

[329] Taipa de Carvalho, op. cit. na nota anterior. (§ 23), p. 1025.

Pressupostos Sistemáticos da Responsabilidade Criminal do Médico 179

É de capital relevância indagar, até por razões de ordem praxiológica, se a falta do requisito objectivo de *indicação terapêutica,* expressamente previsto no artigo 150.º do C. Penal releva e, em caso afirmativo, de que modo, na esfera do crime de recusa de médico.

Consideremos, para tanto, um problema concreto e interessante, que é o de saber se é legítimo, por exemplo, o médico transplantador recusar o transplante de medula óssea em caso de o doente de hemato-patologia oncológica (leucemia, linfoma, etc.), para quem o transplante medular pode constituir a derradeira hipótese de salvação da vida, no caso de o doente não ter logrado obter uma remissão considerável das células malignas após tratamento quimioterápico ou radioterápico.

Aparentemente, tal recusa seria integrável no artigo 284.º do Código Penal.

Parece verificar-se, nesta hipótese o concurso de todos os elementos típicos do crime a que nos vimos referindo: qualidade de médico do agente, recusa de auxílio profissional, perigo para a vida do doente, impossibilidade de remoção do tal perigo por outra forma.

Tal concurso, todavia, é meramente aparente. É que, como tivemos ocasião de verificar, para que qualquer intervenção médica seja atípica relativamente às ofensas à integridade física, beneficiando, assim, do regime penal privilegiado contido no artigo 150.º do C. Penal, ela há-de ser medicamente indicada.

No caso vertente falta, justamente, o requisito de indicação médica do transplante, como se passa a demonstrar.

Com efeito uma intervenção médica é indicada *«quando, segundo os conhecimentos científicos, as hipóteses de manter a vida ou a saúde do paciente sejam superiores ao risco que a não realização da operação significa para o seu estado geral, e não haja procedimento mais eficaz ou igualmente eficaz com menor risco».*[330]

Ora, como refere a Dr.ª Paula de Faria, tal conceito *«exige uma análise cuidadosa de todos os pressupostos e indicações, bem como de todas as contra-indicações que se possam colocar à realização do transplante. Deve haver um saldo favorável para o doente entre as consequências que decorrem para ele da omissão do tratamento e dos benefícios que lhe deve oferecer a sua execução».*[331]

---

[330] Maria Paula Ribeiro de Faria, *Aspectos Juridico-Penais dos Transplantes,* UCP-Editora, 1995, p. 60

[331] Idem, ibidem.

180 *Da Responsabilidade Médica em Direito Penal*

Todavia, como ponderadamente observa H. Lüttger, para a determinação de *indicação médica* não se hão-de ter em conta apenas as isoladas possibilidades de êxito da intervenção mas sim a avaliação total, isto é, se a operação permite esperar um *saldo positivo*, isto é, *uma melhor expectativa de êxito terapêutico,* onde pontificará um juízo de probabilidade e não de *mera chance casual.*[332]

Daí, conclui Lüttger, «*as possibilidades de salvação ou de cura do paciente devem ser superiores com a realização da operação do que a omissão da mesma*» para se poder falar de indicação médica.[333]

Tal juízo, porém, é necessariamente um juízo técnico-cientificos «*que deve pertencer sempre e em primeira linha ao médico, e que este deve levar a cabo, segundo as suas capacidades, conhecimentos e experiências*».[334]

De acordo com a ciência e a prática médicas, a não remissão ou remissão insuficiente das células malignas, após os tratamentos aplicados (quimioterapia e ou radioterapia) constitui um mau prognóstico, dada a probabilidade elevada de recaída, pelo que o transplante medular não importará o "saldo positivo" atrás referido.

Não se verificando tal saldo favorável, é dizer, não sendo possível um juízo de probabilidade (e não de mera possibilidade) de êxito terapêutico, não haverá indicação médica, pelo que a realização do transplante preencherá a factualidade típica do crime de ofensas à integridade física por faltar a tal intervenção o requisito objectivo de indicação médica, não podendo, nem devendo, o médico transplantador realizar tal ilícito penal.

Afigura-se que, além do mais, não se verificará em tal caso, o próprio elemento típico *auxílio da profissão*, já que só se pode falar em auxílio profissional do médico havendo indicação médica de tal auxílio, pelo que, a falta de indicação médica do transplante medular, nesta hipótese, é excludente da própria tipicidade do ilícito penal em apreço.

Não se recolhe unanimidade dos autores quanto à caracterização da recusa.

Leal Henriques e Simas Santos anotam a este propósito:

«Fala o legislador em "recusar o auxílio da sua profissão" pelo que é preciso esclarecer, antes de mais, o conteúdo exacto dessa expressão.

---

[332] Hans Lüttger, *Medicina e Direito Penal...* cit., p. 132.
[333] Idem, ibidem.
[334] Paula Ribeiro de Faria, *Aspectos Juridico-Penais...* cit. p. 59.

Recusar significa "negar, rejeitar, não dar".

Mas para que haja recusa é necessário mais alguma coisa: isto é, que essa recusa seja a resposta a um pedido feito ao médico para que preste auxílio a alguém em perigo.

Se o médico apenas souber ou tiver sido informado de que em tal lugar se encontra alguém em perigo de vida ou em perigo grave para a sua integridade física, não comete este crime se não acorrer em auxílio do necessitado.

Não há aqui uma recusa, porque nenhuma solicitação lhe foi feita para acudir a tal situação».[335]

Permitimo-nos não acompanhar a opinião dos ilustres magistrados referidos, ressalvado sempre o subido respeito e apreço pelos mesmos.

Parece claro que se o médico apenas souber (ou tiver sido informado) de que em determinado lugar se encontra alguém em perigo de vida ou perigo grave para a saúde, só por tal circunstância não cometerá crime de recusa de médico se não acudir ao necessitado.

Todavia, as coisas já não se revestem desta simplicidade e evidência se de tal médico depender unicamente a remoção do perigo e o mesmo for conhecedor da situação, por exemplo, por o necessitado se encontrar no âmbito do serviço em que o médico trabalha.

A recusa não implica, em nosso entender, a exigência de um "pedido" no seu sentido formal ou naturalístico e, para efeito incriminatório, deverá apenas traduzir-se numa conduta omissiva por parte do médico da prestação de auxílio clínico em caso de necessidade do enfermo.

É também este o entendimento de Taipa de Carvalho ao escrever:

«O termo recusar não deve ser tomado no sentido estrito de não aceitar um pedido expresso, mas no sentido amplo que compreende tanto o negar-se, como o protelar ou ficar indiferente. Portanto, recusa significa a não prestação do auxílio médico em tempo útil, uma vez conhecida, directa ou indirectamente, a situação de perigo».[336]

Trata-se, na verdade, de um crime de perigo concreto (omissão pura ou própria) decorrente da violação do dever de assistência (*Fürsorgepflicht*) já atrás estudado, por parte do médico.

---

[335] M Leal-Henriques e M. Simas Santos, *Código Penal Anotado, II vol., 3.ª ed. Rei dos Livros, 2000, p. 1306 e 1307.*

[336] A. Taipa de Carvalho, *Comentário Conimbricence...* cit., Tomo 2, p. 1019, anot. ao artigo 284.º (§ 9.º).

Não importa, destarte, nem a existência de pedido prévio, nem a forma do mesmo, como não importa a própria forma da recusa. Ponto é que o médico tenha tido conhecimento da necessidade da sua intervenção, em situação de grave perigo para a saúde ou para a vida do paciente, perigo esse que não possa ser removido sem a sua intervenção e que, não obstante tal conhecimento, se abstenha de prestar auxílio médico, violando o seu dever de assistência.

4.1.4.4 *O Crime de Recusa de Médico e o seu Inter – Relacionamento com outros Delitos, designadamente com o de Omissão de Auxílio (Art.º 200.º do C.Penal)*

A recusa de auxílio médico em caso de perigo para a vida ou grave perigo para a integridade física (aqui se incluindo a saúde) do necessitado, pode ser determinante para a morte ou agravamento da lesão do paciente.

Antes de mais poderá verificar-se, em tal caso, um crime qualificado (agravado) pelo resultado, na forma de crime preterintencional previsto no artigo 285.º do Código Penal.

Este tipo de ilícito está conexionado, com nitidez, com o artigo 18.º do Código Penal, muito embora o âmbito deste artigo seja mais amplo que o dos crimes preterintencionais que, todavia, nele se inscrevem.

Para que se verifique a agravante a que se refere o artigo 285.º, de acordo com Damião da Cunha[337], podemos assinalar a exigência dos seguintes pressupostos:

a) Preenchimento do tipo de ilícito fundamental (*in casu* o preenchimento da factualidade típica do crime de recusa de médico). Portanto o agente há-de cometer o tipo fundamental a título de dolo, já que o crime de recusa de médico é um crime doloso, sendo suficiente a modalidade de dolo eventual.

b) Verificação do resultado: morte ou ofensa à integridade física grave da pessoa posta em perigo.

c) Imputação do evento agravante (resultado), ao perigo grave e concreto relativo à conduta perigosa.

d) Imputação de tal resultado ao agente que praticou a conduta perigosa a titulo de negligência.

---

[337] Damião da Cunha, *Comentário Conimbricence...* T. 2, cit. p. 1032, anot. (§ 19) ao artigo 285.º.

Se o resultado morte ou ofensa à integridade física grave for imputado a título de dolo ao agente, não se estará perante a situação tipificada no artigo 285.°, mas antes perante um caso de aplicação das regras gerais do concurso de infracções.

Segundo Taipa de Carvalho, a relação existente entre o crime de recusa de médico e os crimes de homicídio ou de ofensas corporais graves por omissão é uma relação de subsidiariedade, determinando *ipso jure* um concurso aparente (concurso de normas), pelo que a pena aplicável será a estabelecida para a infracção mais grave (homicídio ou ofensas à integridade física graves, consoante a que se verificar).[338]

Afigura-se-nos discutível tal qualificação, ressalvado sempre o subido respeito pelo eminente autor atrás referido. Inclinamo-nos, antes, para uma relação de consumpção, em vez de subsidiariedade.

É que o crime de recusa de médico *(lex consumpta),* em bom rigor não passa de uma fase de realização do crime de homicídio ou de ofensas corporais graves, sendo, portanto, neste caso, um crime progressivo relativamente a estes, cujas normas incriminatórias constituem, destarte, *leges consumentes* em relação àquele.[339]

Assim, com fundamento na regra *ne bis in idem*, os referidos crimes de resultado consomem o de recusa de médico: *lex consumens derogat legi consumptae.*

Relativamente ao crime de violação das *leges artis*, tipificado no n.° 2 do artigo 150.° do C. Penal, crime específico próprio com a estrutura de um crime de perigo concreto (*konkrete Gefährdungsdelikt*), cometido com dolo de perigo, em que o *resultado típico normativo* (assim, Horn[340], Faria Costa[341]) é o perigo descrito na previsão normativa, a sua relação

---

[338] Neste sentido, Taipa de Carvalho, op. cit em último lugar, p. 1025.

[339] Cfr. Germano Marques da Silva, *Direito Penal Português, Parte Geral* I, Verbo, p. 316.

[340] Horn, Eckhard, *Konkrete Gefährdungsdelikte,* Otto Schmidt Verlag, 1973.

[341] Faria Costa escreve: «*É inquestionável que a ausência de um espaço real onde o perigo se manifesta leva, a que se possa, com rigor, falar, nestas circunstâncias, de inconsistência simétrica. Em simetria perfeita, o desvalor de acção e o desvalor de resultado processam-se na coordenação espácio – temporal. No entanto, como se acaba de ver, pressuposto o perigo concreto, o espaço no qual opera o perigo é espaço construído, como tal também real construído. Nesta óptica pode, pois, falar--se de uma incongruência. Incongruência porque se tem que elaborar normativamente um espaço – abstractamente coincidente com o espaço onde se desenrola a acção – no qual o resultado se compreende. Acontece que, se o real verdadeiro deve ser um referente do qual não nos podemos afastar, ele é também e sempre real construído –*

184   *Da Responsabilidade Médica em Direito Penal*

com o crime de recusa de médico tem sido entendida, e parece-nos que com razão, como consubstanciando um concurso efectivo (real) de infracções.

Assim se pronunciou, o nosso mais alto Tribunal no seu Acórdão de 7 de Janeiro de 1993, cujo sumário se transcreveu noutro local,[342] e que aqui se repete, na parte que interessa:

> *«II. Comete em concurso real com este crime* (artigo 150.º n.º 2) *o do artigo 276.º n.º 1* (actual artigo 284.º) *o mesmo médico que posteriormente, solicitada insistentemente a sua presença pela enfermeira, mesmo depois da dilatação completa, se recusa a comparecer, apesar de até então não ter observado a parturiente, e exclama: "já fiz dois pélvicos, vou esperar" (pela médica que ia entrar de serviço e que veio a fazer o parto), tendo o bebé apresentado ao nascer sinais de anóxia cerebral de que não veio a recuperar».*

Neste caso, verificava-se, nitidamente, uma dualidade de condutas naturalísticas, espácio – temporalmente distintas, a primeira, em que o médico, por telefone, sem examinar ou ver a parturiente, deu instruções terapêuticas à enfermeira (conduta que o S.T.J., e bem, enquadrou no tipo de ilícito de violação das *leges artis*) e a segunda que se traduziu, justamente, conforme o trecho do aresto transcrito, no tipo legal de "recusa de médico".

Quanto ao enquadramento jurídico-criminal, posto que de condutas naturalísticas distintas se tratava, o concurso era, indiscutivelmente, efectivo, na modalidade de concurso real ou material.

Se se tratasse de uma única conduta, do ponto de vista naturalístico, que infringisse por mais de uma vez determinado tipo legal de crime, estaríamos ante um concurso (efectivo) ideal homogéneo e se o agente,

---

isto é: real interpretado – para aplicação do direito justo. Com efeito, se a morte de A por B representa um resultado solidificado no tempo e no espaço físicos, esse mesmo resultado, com tudo o que representa de real, vale sobretudo como violação do direito à vida. E, por isso, nada há de incongruente, se dogmaticamente se considerar que o próprio pôr-em-perigo do bem jurídico vida já constitui resultado desvalioso perante o direito penal».Já antes, o ilustre Penalista havia afirmado, a propósito do carácter normativo, do perigo como resultado típico nos crimes de perigo concreto, que " *a determinação do resultado de perigo parte de um juízo marcadamente normativo*" (F. Costa, *O Perigo em Direito Penal*, Coimbra Editora, 1992, pgs. 565 e 586.).

[342] Cfr. supra, nota de rodapé 256.

com uma única e mesma conduta preenchesse a factualidade de tipos legais diferentes, verificar-se-ia um concurso (efectivo) ideal heterogéneo, como é sabido.

Já, porém, no velho acórdão dos anos 50, em que o médico, em caso urgente, recusou os seus serviços, não assistindo ao parto de uma mulher em situação difícil e que, em consequência da falta da intervenção oportuna, ocasionou a morte do nascituro, o Supremo considerou ter havido concurso ideal entre os crimes de *"recusa de facultativo"* (art.º 250.º do C. Penal de 1886) e de *"homicídio involuntário"* (art.º 368.º do mesmo Código), no seu acórdão de 27 de Abril de 1955 (B.M.J. 48,448).

Esta orientação jurisprudencial, não é diferente da que hoje se deveria seguir! Pode questionar-se sobre se a morte do nascituro constituirá um homicídio, já que a lei penal, no tipo fundamental do homicídio (art.º 131.º do CP) define este crime como a realização da morte de outra pessoa e, tendo-se em atenção que a lei civil estatui que a personalidade jurídica adquire-se no momento do nascimento completo e com vida (art.º 66.º, n.º1 do Código Civil), a dúvida seria, *primo conspectu*, legítima.

Todavia, esta não tem sido a posição jurisprudencial dominante, tanto na Alemanha, como na Itália, como nos dá conta o Prof. Figueiredo Dias[343], citando Albin Eser, Crespi, Zucallá e outros consagrados autores, que entende que o fim de protecção da norma do homicídio impõe que a morte dada durante o parto, seja qual for a via pela este se opere, se considere já um verdadeiro homicídio, antes que um mero aborto.

E o mesmo Mestre de Coimbra afirma que «*neste sentido fala a necessidade de correspondência entre a especial força de tutela jurídico-penal e os especiais perigos que podem verificar-se durante o processo de nascimento; o que é tanto mais assim quanto a tutela jurídico-penal em caso de aborto é restrita a comportamentos dolosos, pelo que a criança a nascer ficaria, no decurso do parto, completamente desprotegida face a ofensas (à vida, ao corpo ou á saúde) não dolosas*[344]».

Efectivamente, com a mesma conduta naturalística omissiva, o médico em questão violou dois tipos legais de crime distintos, pelo que se verificou um concurso ideal heterogéneo.

No acórdão de 29 de Junho de 1995 o S. T. J[345]. doutamente sentenciou:

---

[343] Figueiredo Dias, *Comentário Conimbricense*, anot ao art.º 131.º § 8, pg. 6 do I volume

[344] ibidem.

[345] Publicado in Col Jur. Acs. do S.T.J., ano III, 1995, T. 2, p. 247.

«I. Os profissionais em regime de internato geral são já considerados médicos que exercem essa profissão, com plena responsabilidade profissional, embora naturalmente supervisionados por outros médicos mais qualificados.

II. Por isso comete o crime de abandono do art.º 138.º n.º 1 al. b), o interno que se encontra de serviço de turno na triagem médica em hospital e é informado por um maqueiro que chegou um doente embriagado e que se limitou a dizer que por si "as bebedeiras se curavam lá fora", continuando a conversar com outro internista; que, de novo alertado para a necessidade de o doente ser socorrido limitou-se a dizer "por mim tinha alta" e que acabou por não prestar qualquer assistência ao doente que tinha tido um sinistro e, cerca de cinco horas depois, entrou em estado de coma e acabou por vir a falecer, apesar dos tratamentos que, a partir desse momento lhe foram prestados».

No caso em apreço, algumas dúvidas se nos deparam quanto à incriminação efectuada, ressalvado sempre, como é evidente, o subido respeito e apreço pelos ilustres subscritores do aresto, pois não obstante não se ter provado que o paciente se encontrava, *ab initio,* em situação de perigo para a vida ou perigo grave para a integridade física, caso em que, sem dúvida, a situação se enquadraria no ilícito de recusa de médico, parece-nos que o agente, sendo médico internista de serviço ao Banco de Urgências, encontrava-se em posição de garante dos doentes que a tal serviço se dirigiam, pelo que cumpria-lhe atender, examinar e socorrer o paciente apresentado em tal serviço, imputando-se-lhe, eventualmente, o crime de homicídio por negligência, na forma omissiva, por o não ter feito.

Relativamente ao relacionamento do crime de recusa de médico (art.º 284.º) com o crime de omissão de auxílio (art.º 200.º), afigura-se que entre ambos os tipos legais intercorre uma relação de especialidade do crime de recusa de médico relativamente à omissão de auxílio tipificada no falado art.º 200.º.

Neste sentido, Maria Leonor Assunção escreve, ainda no domínio da versão original do Código:

«Supomos poder afirmar que o crime a que alude o art.º 276.º configura uma forma especial de violação do dever de auxílio, dever que aqui possui também uma característica especial, não se confundindo com a obrigação imposta pelo art.º 219.º. Com efeito, dirigindo-se aquele preceito concretamente a profissionais de medicina, prevê

a realização por estes de uma conduta de natureza estritamente profissional, compreendendo todos os actos que, com respeito pelas "leges artis" se mostrem profissionalmente adequados às circunstâncias. Pressupõe o normativo a impossibilidade de ser de outra maneira removido o perigo para a vida ou afastada a grave lesão para a saúde ou integridade física da vítima. É a violação do dever profissional "Berufspflicht" em circunstâncias fácticas especialmente graves de perigo para a vida ou de grave lesão para a saúde ou integridade física de outrem, que justifica a especial agravação da moldura penal aplicável em relação à pena prevista no art.º 219.º»[346].

Com efeito, o crime de omissão de auxílio que tutela o bem jurídico da solidariedade humana, admite como agente um *quisquis de populo* e, por isso também o médico. Não está na verdade qualquer médico exonerado do dever de, em caso de grave necessidade deixar de prestar auxílio ao necessitado, seja por acção pessoal, seja promovendo o socorro.

Simplesmente, tratando-se de um auxílio específico da sua profissão ou da sua especialidade, o delito praticado, consubstanciado na negação desse auxílio na situação típica, configurará o tipo legal de recusa de médico e não o de omissão de auxílio.

Nesta situação o art.º 284.º configura-se como «*a norma especial que possui todos os elementos típicos da norma geral e mais alguns de natureza objectiva ou subjectiva, denominados especializantes, apresentando por isso um "plus" de severidade*».[347]

Consequentemente e dado que *lex specialis derogat legi generali*, ao médico omitente será imputável apenas o crime do art.º 284.º do Código Penal.

Já se não se tratar de especialista, numa situação de patologia que demande tratamento da especialidade, o médico apenas terá o dever de promover o auxílio necessário para que o paciente ou necessitado receba tais cuidados de saúde, porém, providenciando igualmente pelos primeiros socorros, pelo que ficará incurso, se o não fizer, no tipo legal do art.º 284.º do C. Penal, até porque ele estará sempre, por força da sua qualidade de médico, numa posição exigível de conhecimentos gerais de medicina cuja omissão não justificará a recusa!

---

[346] Maria Leonor Assunção, *Contributo para a Interpretação do art.º 219.º do Código Penal*, cit., p. 116-117.

[347] Germano Marques da Silva, *Direito Penal Português, Parte Geral I*, Verbo, 1997, p. 310.

Será o caso v. g., do oftalmologista que se encontra perante um doente vitimado por um ataque cardíaco, a quem, obviamente, não poderá prestar o seu auxílio profissional no domínio cardiológico, e, *ipso facto,* não incorrerá no crime de recusa de médico se o não fizer, por força da sua diferente especialidade e prática clínica, mas deverá, sem dúvida, como médico que é, adoptar os procedimentos médicos adequados às primeiras necessidades do paciente e promover o necessário auxílio para que o acidentado ou doente grave seja transportado ao hospital mais próximo, para receber os cuidados da respectiva especialidade[348].

A finalizar este capítulo, cumpre consignar que entendemos, com Taipa de Carvalho que no caso de recusa de médico (art.º 284.º do C. P.), funciona como causa justificativa[349] da omissão de assistência médica a circunstância referida no art.º 200.º n.º 3, segundo o qual a omissão de auxílio não é punível quando se verificar grave risco para a vida ou integridade física do omitente.

É que, importa não esquecer que, como dizia o saudoso Prof. Eduardo Correia *«de alguma forma este tipo de crime significa uma agravação especial da violação do dever de auxílio»* (actas, 1979, 309) o que implica que a causa de justificação *expressis verbis* prevista no n.º 3 do já referido art.º 200.º funcione também como excludente da ilicitude no caso da recusa de médico. Ao fim a ao cabo, embora os bens

---

[348] No original da Tese, havíamos defendido solução contrária à ora exposta, que, contudo, a reflexão que resultou da discussão da mesma impõe, agora, a competente rectificação.

[349] Não é pacífica, na doutrina, a verdadeira natureza do n.º 3 do art.º 200.º que uns consideram tratar-se de uma causa justificativa (Taipa de Carvalho) outros de uma cláusula de não exigibilidade (Maia Gonçalves) e outros, ainda, de uma delimitação do dever, como, se bem anotámos na discussão, parece ser a posição da Exm.ª Prof.ª Fernanda Palma.

Afigura-se-nos, contudo, que, se bem que a mesma possa assemelhar-se formalmente a uma delimitação do dever, estruturalmente ela será verdadeiramente uma causa de justificação, até por força da expressão não punível usada pela lei.

Com efeito, ocorrendo uma situação de grave risco para a vida ou para a integridade física do omitente a conduta omissiva em si, pela letra do texto legal, não será atípica, o que aconteceria se a situação já estivesse fora das margens ou limites do dever imposto (por força de uma delimitação do dever, o agente não preencheria a factualidade típica) mas apenas não punível, o que se nos afigura justificada, isto é, não ilícita.

Cremos, doutra banda, que não teremos que esperar pela análise do plano da culpa, com vista a apurar a existência de um estado de necessidade desculpante ou de inexigibilidade, quando a própria lei já considera que em tal situação de perigo grave, a omissão não será punível, isto é, não será desvaliosa.

jurídicos protegidos pelo art.º 284.º do C. Penal sejam a vida e a saúde do paciente, não se pode desconhecer que o fundamento legitimador neste delito como no previsto no art.º 200.º, continua a ser a solidariedade humana que, nas palavras de Alamillo Canillas é *«o vinculo que une todos os homens, independentemente da raça, da religião, da nacionalidade e da profissão, quando se defrontam, na sua pura e essencial qualidade de seres humanos, com os problemas do mundo e da vida».*[350]

4.1.5. *Ilicitude Penal Médica*
(nullum crimen sine lege)

4.1.5.1 *Uma abordagem propedêutica sobre a ilicitude penal em geral*

Por ilicitude ou antijuridicidade, deve-se entender, em primeira linha, a contrariedade da acção humana com o Direito[351]

As normas jurídicas que constituem o ordenamento penal são, no dizer sugestivo de Jescheck, *«exigências ajustadas à ordem colectiva, que apelam à compreensão pelos seus destinatários do seu significado racional e reclamam, segundo este, obediência cívica ou prescrevem a realização de um "fazer" activo valioso (v.g. a prestação de socorro em caso de acidente) ou proíbem comportamentos desvaliosos (v.g. o homicídio doloso) pelo que consistem em mandados ou proibições»*[352]

Há quem distinga entre *"injusto"* e antijurídico.

Para tal corrente, injusto seria a própria acção valorada antijuridica-mente, enquanto a antijuridicidade seria a contradição da acção com a norma jurídica.

Assim, no ensinamento de Roxin, *os conceitos sistemáticos penais de antijuridicidade e de injusto distinguem-se na medida em que a antijuridicidade designa uma propriedade de acção típica, ou seja, a sua contradição com os mandados e proibições do direito penal, enquanto que por injusto se entende a própria acção típica e antijurídica, ou seja o objecto da valoração de antijuridicidade com o seu predicado de valor*[353]

---

[350] Alamillo Canillas, apud Maria Leonor Assunção, op. cit., p. 48.

[351] Por todos, Jescheck "Tratado de D. Penal" cit, vol I, 315

[352] Ibidem

[353] Claus Roxin "Strafrecht. Allgemeiner Teil, Band I" trad espanhola " Derecho Penal, parte general T1, pag. 558

190 *Da Responsabilidade Médica em Direito Penal*

Esta dualidade conceptual, verdadeiro preciosismo da rigorosa ciência penal germânica que distingue entre *Rechtswidrigkeit* e *Unrecht* não assume, entre nós, relevância prática ou mesmo dogmática, antes sendo ambos os conceitos tidos como perfeitamente equivalentes, pelo menos no domínio da dogmática penal, embora assim já não seja no campo jurisfilosófico.

Bem maior interesse oferece hoje a já clássica distinção entre ilicitude formal e ilicitude material.

Assim, desde logo, por ilicitude formal deve entender-se a oposição entre o facto humano e a ordem jurídica, isto é, a relação de contraposição existente entre as duas entidades[354]

Como avisadamente observa Quintero Olivares, para muitos penalistas não existe qualquer outra espécie de ilicitude, visto que ou o acto (o facto humano) supostamente intolerável ou antisocial está tipificado como delito, caso em que a ilicitude, indiciada pelo tipo, emergirá em toda a sua plenitude se não se verificar qualquer causa de justificação (ou de exclusão da ilicitude), ou não está tipificada, e então, por mais censurável ou anti--ético que o mesmo se configure, nenhuma reprovação merecerá no plano do direito penal constituído por força da vinculação deste ao princípio da legalidade *nullum crimen sine lege*[355]

Nas palavras do autor em referência a afirmação de que *um acto é materialmente ilícito embora formalmente não o seja* carece de qualquer relevância prática, não se revestindo, portanto, de qualquer cunho cientifico--jurídico.

Esta simples observação conduz-nos à compreensão dos riscos que decorrem da aceitação, no plano da doutrina geral do crime, da exclusividade do princípio de ilicitude formal no âmbito do direito penal, nos Estados de direito democráticos.

Caberia ao legislador traçar segundo o seu alvedrio as linhas divisórias entre o permitido e o proibido ou, por outras palavras, o Estado, no exercício do seu *jus imperii,* afrontando quiçá a própria intangibilidade da dignidade da pessoa humana, teria a possibilidade de estigmatizar certos comportamentos com a etiqueta criminal, do mesmo passo que permitiria muitos outros eventualmente muito mais lesivos ou danosos da própria convivência social.

---

[354] Germano Marques da Silva *"Direito Penal Português, Parte Geral II"*, Verbo, 13

[355] Quintero Olivares e col *"Curso de Derecho Penal, Parte General"* Barcelona 1997, Cedecs, pag. 240

Mesmo na época de Franz von Liszt, a quem se deve o pioneirismo na distinção, a nível doutrinário, entre ilicitude formal e ilicitude material[356], época de vincada influência positivista, corolário do cientismo de oitocentos, em que se vivia ainda num Estado de Direito formal, ainda de cariz liberal, subordinado, apesar de tudo, a esquemas de legalidade estrita (não é despicienda a influência do civilista Rudolph von Ihering mesmo na ciência do Direito penal) alheios *à valoração das conexões de sentido, de fundamentos axiológicos e das intenções de justiça material inseridos nos conteúdos definidos através daqueles esquemas*[357], esta visão jurídico--formal dos conceitos não se destinava, como adverte Figueiredo Dias, a permitir ao Estado o exercício do livre arbítrio ou mesmo o excesso do rigor punitivo, antes, pelo contrário, *o direito penal era perspectivado como ordem de protecção do indivíduo – em particular dos seus direitos subjectivos – perante o poder estatal, e como consequente ordem de limitação deste poder. Era assim, a ciência estrita do direito penal, como via para afastar a aplicação deste ao acaso e ao arbítrio, que cabia a competência exclusiva para determinar o "quê", o "se" e o "como" do punível*[358].

É neste contexto, de resto, que deve ser entendida a célebre asserção do autor do Programa de Marburg: *das Strafrecht ist die unüberstreigbare Schranke der Kriminalpolitik* (o direito penal (a dogmática) é a barreira intransponível da política criminal).

---

[356] F. Von Liszt *Lehrbuch des Deutschen Strafrechts* (trad. esp. de J. Asúa *Tratado de Derecho Penal, Tomo II, Reus*, Madrid 1999, 336), onde o autor de *Zweckgedanke im Strafrecht* ensinava: "O acto é formalmente contrário ao Direito, na medida em que é a transgressão de uma norma estabelecida pelo Estado, de um mandado ou de uma proibição da ordem jurídica. O acto é materialmente ilícito, na medida em que significa uma conduta contraria à vida em sociedade (antisocial). O acto contrário ao Direito é um atentado aos interesses vitais dos particulares ou da colectividade, protegidos pelas normas jurídicas. Por conseguinte é uma lesão ou perigo de lesão de um bem jurídico".

É, todavia, por influência do sistema neo-clássico de forte étimo neokantiano que se passa a compreender e valorar, com a metodologia própria das ciências do espirito (*Geistwissenschaften*) os substratos adquiridos pelo método cientifico-naturalistico (teoria teleológica do delito).

Sob este prisma, típico da época da filosofia dos valores (Wertphilosophie), a antijuridicidade que vinha sendo encarada como mera oposição formal do acto à norma, é agora vista como lesão dos interesses tutelados pela norma penal essenciais para a convivência em sociedade, isto é, a danosidade social.

[357] F. Dias *Os Novos Rumos da Política Criminal,* ROA ano 43 Jan-Abril 83 p. 8 e 9.

[358] Ibidem

192 — Da Responsabilidade Médica em Direito Penal

Liszt era, com efeito, um precursor de muitas das ideias que, mais tarde, viriam a enformar o direito penal contemporâneo e, desde logo, não renegando o estudo de um direito essencialmente conceptual que se movia nos quadros de um pensamento de linhas geométricas tão caro ao positivismo, não olvidava a necessidade de uma mundividência do jurista alargada a outras áreas do conhecimento cientifico, como deixou bem claro ao afirmar: *considero como a razão mais profunda de muitas deficiências da nossa situação actual a formação meramente jurídica dos nossos criminalistas teóricos e práticos. Não pretendo pedir-lhes investigações antropológicas ou estatísticas, mas exijo deles que conheçam tão bem os resultados da biologia e sociologia criminais como as disposições do Código Penal e as decisões do Supremo Tribunal.*[359]

Mas outra razão, de tomo, acresce ao apontado temor de uma ilicitude meramente formal, que, seria susceptível de definir como crimes, comportamentos axiologicamente neutros, cuja ilicitude penal decorreria apenas do simples facto de estarem soberanamente tipificados, isto é, integrados nos catálogos legislativos penais, sendo assim simples *mala quia prohibita* (crimes artificiais).

É que, no que à consciência da ilicitude concerne, vale dizer no que respeita ao "erro sobre a proibição", só o agente dotado de conhecimentos jurídicos seria censurável, visto que o que relevaria seria predominantemente a falta de ciência e não a consciência ética, pois esta não seria chamada a debate num sistema em que apenas contasse o conceito de ilicitude puramente formal.

Isto é tanto mais verdade numa época em que o desenho legal dos tipos vem progressivamente fazendo apelo a elementos normativos, cada vez mais gerais e abstractos, quando não mesmo às chamadas normas penais em branco.

Na verdade, desde os tempos do direito justinianeu, só relativamente aos chamados *crimina naturaliter proba*, isto é, aos delitos de fundamento *natural* evidente, era válido o princípio *error juris non excusat* no âmbito do direito penal. Já não assim quanto aos *crimina mere civilis*, isto é, crimes de mera criação política concebidos pelo Estado em nome da necessidade da organização de *polis*, onde relevava de pleno o *error invencibilis*[360]

---

[359] Liszt *Der Verbrecher* cit. por Eduardo Correia *A Influência de Franz Von Liszt sobre a Reforma Penal Portuguesa,* publicado no BFDC vol. XLVI, 1970 – 1 a 34

[360] Nessa altura alguma confusão havia entre o erro de direito (*error juris*) e a mera ignorância da lei (ignorantia legis) de que não iremos aqui tratar. Para maiores

Esta maneira de ver as coisas foi praticamente unânime até se fazer sentir a forte influência do direito canónico na ordem jurídica *civilis*, uma vez que, para o direito canónico, todo o erro invencível desculpa e tem, por isso, de considerar-se relevante.

Mesmo para S. Tomás de Aquino, que disserta sobre estas "questiones" na sua monumental obra Summa Theologica, os preceitos só são vinculantes do homem na medida em que sejam por este conhecidos, pois o objecto da vontade só pode ser o *bonum aprehensum*, e não o simples bonum *existens*.

Ainda hoje, o actual Código de Direito Canónico prescreve no seu Cânon 1323, 2.º «*Nulli poenae est obnoxius qui, cum lege vel preceptum violavit... sine culpa ignoravit se legem vel preceptum violare; ignorantiae autem inadvertentia et error aequiparatur*».

Note-se, todavia, que no Codex Juris Canonici[361] em vigor, a gravidade da culpa é requisito indispensável para a existência de qualquer delito, como comanda o can. 1321 ao dispôr *"Nemo punitur nisi externa legis vel praecepti violatio, ab eo comissa, sit graviter imputabilis ex dolo vel culpa"*(sublinhado nosso).

Se o crime é uma realidade complexa, simultaneamente ôntica e axiológica, isto é, se se traduz num comportamento psicossomático e por isso naturalistico (conformação externo-objectiva) mas que é valorado pelo direito, havendo, por isso, que fazer apelo simultaneamente às ciências da natureza (*Naturwissenschaften*) e às disciplinas do espirito *(Geistwissenschaften)*, espinhosas se tornam as dificuldades de delimitação de um conceito material de delito.

---

aprofundamentos sobre esta temática específica do erro de direito e de falta de consciência de ilicitude e sua evolução histórica cfr. a magnífica dissertação de doutoramento de Figueiredo Dias publicada pela Coimbra Editora "O Problema da Consciência da Ilicitude em Direito Penal" 4.ª ed., 1995, pag. 28 a 125, onde a questão é abordada com grande profundidade e com amplas referencias bibliográficas.

Significativo era o facto de *sempre que um elemento normativo, mesmo configurando ele indubitavelmente um conceito jurídico,* fosse exigido como elemento constitutivo de uma infracção (v.g. o carácter alheio da coisa objecto do furto) considera-se que a sua ignorância pelo agente excluía a punição, pelo menos a título de dolo (F. Dias "O Problema da C. Ilicitude. pag. 34")

[361] O actual CIC foi promulgado em 25 de Janeiro de 1983, substituindo assim o anterior *"Corpus"* juriscanónico de 1917, mantendo todavia a tradição assinalada quanto à *"ignorantia legis"*

194   *Da Responsabilidade Médica em Direito Penal*

Na verdade, se o ilícito criminal se traduz na *"negação de específicos valores jurídico-criminais"*[362] como ensinava o Prof. Eduardo Correia[363] há que, desde logo indagar da fonte de conhecimento desses específicos valores em cuja tutela residem os fins da reacção jurídico-criminal, isto é, do objecto da tutela jurídico-criminal (objecto do crime, não objecto de acção), como concluía aquele Mestre.

Essa "tábua de valores" que é prerrogativa do legislador, legitimado pelo próprio sufrágio popular, e da qual se serve para qualificar determinadas condutas humanas como ilícitos penais, não pode ser transferida para o julgador, por a tanto se opor o próprio princípio de legalidade do direito penal, aquisição civilizacional que hoje constituí verdadeiro *Grundprinzip* dos Estados de Direito.[364]

---

[362] Concepção tipicamente neo-clássica, de forte inspiração neokantiana que teve o seu epicentro na Filosofia dos Valores (*Wertphilosophie*), da escola sudocidental alemã ou escola de Baden e que informou o Direito Penal pós – naturalista positivista, compreendendo o Direito como uma *Geistwissenschaft e* que marcou uma época na renovação da Dogmática Penal, designadamente quanto ao conceito, então nuclear, da Acção, do conceito normativo da culpa (*normativer Schuldbegriff*), que substituiu o conceito psicológico, até então em voga, e tantos outros, sendo seus lídimos representantes Edmund Mezger, Reinhard Frank, Eb. Scmidt, Karl Engisch, Adolf Merkel etc.

O professor Eduardo Correia foi distinto aluno de Mezger, haurindo o melhor do ensino do grande Mestre alemão e mantendo-se fiel a tais princípios e concepções doutrinários.

[363] Eduardo Correia *Direito Criminal I, 273.*

[364] Enunciado pela fórmula latina *Nulla poena sine lege, nullum crimen sine lege,* fórmula criada por Anselm Feuerbach, ao explanar a sua teoria de coacção psicológica (*psychologische Zwang*), defendendo que só se lograria o efeito dissuasor da pena, na medida em que os factos criminosos e os sofrimentos que lhe fossem associados, isto é, as penas, fossem previa e claramente descritas e estabelecidas na lei.

O princípio, que actualmente é enunciado pelo brocardo *nullum crimen, nulla poena sine lege* (na fórmula de Feuerbach a expressão era apenas *nullum crimen sine lege*, abrangendo o termo *crimen* tanto a previsão como a estatuição) é hoje postulado básico dos Estados de Direito contemporâneos, apenas e infelizmente derrogado na Alemanha durante o nacional socialismo (mediante a alteração do § 2.º do StGB pela lei de 28.06.35 que substituiu o princípio liberal *nullum crimen sine lege* pela expressão *não há delito sem pena*), mas rapidamente restabelecido pelas potências ocupantes após a 2.ª Guerra Mundial.

Dessa trave mestra dos ordenamentos penais, extraem-se importantíssimos corolários que esquematizaremos segundo a lição de Roxin:

a) A proibição da rectroactividade da lei penal *nullum crimen, nulla poena sine lege previa,* vedando que um facto não incriminado no momento da sua comissão, o possa ser por lei posterior, já admitindo, porém, a aplicação rectroactiva de uma norma

Pressupostos Sistemáticos da Responsabilidade Criminal do Médico   195

As exigências de certeza do direito e segurança de tráfego jurídico, mais do que em qualquer outro ramo do Direito fazem-se sentir no direito criminal, de tal forma que, desde tempos imemoriais, mas, particularmente, e de uma forma publicamente proclamada, a partir do advento da obra de Cesare Bonnesana, o marquês de Beccaria (*Dei delitti e delle pene* – 1764), e desse fenómeno político-cultural que alterou o curso da história do Mundo, conhecido por Revolução Francesa, tem ocupado o pensamento de juristas, filósofos, teólogos e políticos questionando a arbitrariedade da justiça criminal, o fundamento e os fins das penas, as garantias de defesa do arguido etc..

Por isso, inteira razão tinha Franz Exner quando na sua lição proferida na Universidade de Tubinga sob o título *Über Gerichtikeit im Strafmass*, afirmava que *"uma das maiores singularidades da história do nosso pensamento é que os homens, desde que se conhecem, tenham punido crimes, e que, no entanto, desde que se conhecem disputem entre si acerca do fim para que o fazem"*[365].

Importa, todavia, ter presente que o espaço ou zona onde se inscrevem os valores carentes de tutela criminal e eivados de dignidade penal, constitui uma faixa necessariamente limitada no universo dos valores tutelados pelo direito em geral, como melhor veremos adiante.

Tivemos oportunidade de referir que a partir da chamada "teoria teleológica do direito" construída pelo sistema neoclássico, a antijuridicidade passou a ser encarada, não apenas como oposição formal do acto à norma,

---

penal descriminalizadora, despenalizadora ou modificativa da penalidade aplicável, desde que mais favorável ao agente.

b) Proibição de analogia *nullum crimen, nulla poena sine lege stricta.* Não iremos desenvolver aqui e agora a diferença existente entre *analogia legís* e *analogia juris*, nem a questão da analogia favorável ao agente.

c) Proibição de aplicação do direito consuetudinário para fundamentar e ou agravar a pena *nullum crimen, nulla poena sine lege scripta.*

d) Proibição das leis penais e penas (totalmente) indeterminadas *nullum crimen, nulla poena sine lege certa*, de forma a permitir ao intérprete, designadamente ao julgador o preenchimento das clausulas vagas e imprecisas segundo o seu critério. É justamente por isso que tanto na parte especial dos Códigos Penais, como em legislação avulsa aparecem os "desenhos legais" do comportamento penalmente ilícito, descrevendo com algum pormenor tal comportamento (tipos incriminadores).

(Para maiores desenvolvimentos, cfr. C. Roxin *Strafrecht. Allgemeiner Teil* cit (3) p. 140).

[365] Exner, cit. por Anabela M. Rodrigues *A Determinação da Medida Privativa de Liberdade* – Coimbra Editora 152, nota de rodapé n.º 4

196 *Da Responsabilidade Médica em Direito Penal*

mas como verdadeira lesão de interesses tutelados pela lei penal, interesses esses essenciais para o convívio social[366].

O abandono ou, pelo menos, a moderação dos rigores positivistas naturalistas e a compreensão da projecção das realidades jurídicas no mundo dos valores, conduziram linearmente a um *aggiornamiento* das concepções referentes, quer quanto às valências normativas, quer quanto às implicações hermenêuticas, quer mesmo quanto às próprias densidades axiológicas, como seria de esperar.

Para tanto necessariamente contribuiu todo o movimento socio-cultural e, designadamente, jurídico, a que atrás fizemos referência, desde Beccaria, a partir do último terço do século XVIII e que ficou conhecido por Iluminismo Criminal, em demanda de um conceito material de delito visando traçar os limites do *jus puniendi*[367].

Porém, é sobretudo a partir da consagração do conceito, hoje nuclear no Direito Penal, de <u>bem jurídico</u> *(Rechtsgut)*, que o conteúdo da antijuridicidade material ganha novo fôlego, bem se podendo afirmar com Costa Andrade que *poucas expressões são mais caras e ocupam mais espaço na literatura contemporânea votada à politica criminal e à dogmática jurídico-penal do que a expressão <u>bem jurídico</u>.*[368]

4.1.5.2 *"Bem Jurídico", Conceito Estrutural da Ilicitude Material*

A inegável marcha triunfal do conceito cunhado por J. Birnbaum[369] em 1834 sob a expressão "bem jurídico" que há mais de 160 anos se

---

[366] Supra, nota 328.

[367] Para maiores desenvolvimentos, a dissertação de Mestrado de M. Conceição Ferreira da Cunha *Constituição e Crime – Uma Perspectiva de criminalização e de descriminalização* UCP Editora, Porto 1995 pag. 23-70.

Igualmente indispensável, o estudo de A. Taipa de Carvalho *Condicionalidade Sócio-Cultural do Direito Penal*, separata do n.º especial do BFDC, Estudos em Homenagem aos Profs. Paulo Merêa e G. Braga da Cruz, Coimbra 1985 pag. 1081 a 1109.

De referência também os estudos de Figueiredo Dias *A Reforma do Direito Penal Português, Princípios e Orientações Fundamentais*, Coimbra 1972 e *Os Novos Rumos da Politica Criminal* ROA, ano 43 Jan-Abril 1983.

[368] Costa Andrade *A Nova Lei dos Crimes contra a Economia (Dec. Lei 26/84 de 20 de Janeiro) à luz do conceito de "bem jurídico"* in Direito Penal Económico – Edição do Centro de Estudos Judiciários, Coimbra 1985, 73

[369] J.M.F. Birnbaum *"Über das Erfordernis einer Rechttsverletzung Zum Begriff des Verbrechens mit besonderer Rücksicht auf den Begriff der Ehrenkränkung Arch.* des Kriminalrechts 1834.

posiciona no centro nevrálgico[370] da dogmática jurídico-penal, com decisivas projecções tanto na política criminal, como até mesmo na legislação dos modernos Estados democráticos, como acontece, v.g. no Código Penal português em vigor[371], deve muito do seu sucesso justamente à adaptabilidade dos seus conteúdos, qual proteu jurídico que se tem transfigurado na sua considerável evolução histórica.

Razão tem, pois, Costa Andrade quando afirma que a impressão que a história do bem jurídico deixa é a de um processo em espiral ao longo do qual sucederam fenómenos de revolução em sentido etimológico (revolutio) de retorno ao que se julgava já irrepetivelmente abandonado.

Não menos vincada é a impressão de extrema liquidez e mimetismo do conceito, capaz de assumir os conteúdos e desempenhar os papéis aparentemente mais irreconciliáveis e antinómicos[372].

Não deixa de ser curioso anotar, numa época não apenas de dessacralização do direito que provém já desde o renascimento, mas de verdadeira secularização ou laicização do direito penal, em que se proclama a expurgação de valores morais do ordenamento jurídico-penal como decorrência indefectível das sociedades contemporâneas abertas e plurais, em que vozes como as de Morris/Hawkins asseveram que *do ponto de vista do direito penal, cada pessoa tem o inalienável direito de ir para o inferno à sua própria maneira contanto que não lese directamente a pessoa ou a propriedade alheias. O direito penal não é um instrumento indicado para impor aos outros a rectidão de vida*[373], que a figura de

---

[370] A expressão é de Taipa de Carvalho, *Condicionalidade...*cit "(?) " pag. 85

[371] No seu art.º 40.º n.º 1 o nosso compêndio substantivo penal proclama expressamente que *a aplicação de penas e de medidas de segurança visa a protecção de bens jurídicos e a reintegração do agente na sociedade.*
Este inciso normativo tem a sua fonte no § 2.º do famoso Projecto Alternativo germânico *(Alternativ – Entwurf eines Strafgesetzbuches)* de 1966 em que intervieram, como se sabe, 14 Professores de Direito Penal e que dispunha no seu § 2.º *as penas e as medidas de segurança servem a protecção de bens jurídicos e a reinserção social do agente na comunidade jurídica*

[372] Costa Andrade *A Nova Lei...*cit , 76. Aliás, só este "mimetismo de conteúdo" permite explicar a sobrevivência deste conceito-chave durante a ditadura nacional--socialista. É que, se é verdade que Dahm, Schaffstein e outros coriféus da chamada escola de Kiel exorcisavam o Rechtsgut como "demónio herdado da mundivisão liberal", não é menos verdade que, v. g., Schwinge e Zimmerl referiam-se à "moderna teoria do bem jurídico que serve de orientação ao direito... com o espirito do nacional-socialismo" (E. Schwinge/ Zimmerl, apud Costa Andrade, op. cit., 80)

[373] Morris/Hawkins *The Honest Politician's* apud Costa Andrade *Consentimento e Acordo em Direito Penal,* C. Editora 387

198   *Da Responsabilidade Médica em Direito Penal*

"bem jurídico" criada por Birnbaum visasse fundamentar exactamente a criminalização dos "delitos contra a religião", opondo-se manifestamente ao pensamento descriminalizador dos iluministas.

Tal evidencia as vicissitudes histórico-conceptuais dessa figura-chave do direito penal contemporâneo que é a do "bem jurídico" de conteúdo puramente ontológico numa fase inicial, isto é, de feição dominantemente substancialista, "que o identificaria com o objecto fáctico protegido pelo tipo"[374] e que após a depuração conceptual imprimida por Binding-Liszt, e mais tarde, por influência da *Wertphilosophie* caldeada pelo neokantismo sudocidental alemão ganhou um relevo quase exclusivamente metódico-teleológico[375] identificado com a síntese categorial do sentido e fim dos preceitos legais[376].

Esta translação do conteúdo conceptual de bem jurídico de *"monolito jurídico corporizado"* em que se consubstanciavam os direitos subjectivos individuais merecedores de tutela penal para *uma visão funcional que o vê como unidade de aspectos ônticos e axiológicos, através da qual se exprime o interesse, da pessoa ou da comunidade, na manutenção ou integridade de um certo estado, objecto ou bem em si mesmo socialmente relevante e por isso "valioso"* como refere Figueiredo Dias[377] é a nota dominante da evolução do Estado de Direito formal para o Estado de Direito material, mas que só adquiriria plena consubstanciação nos textos

---

[374] F. Dias, *Direito Penal*, Sumários das Lições de 1975, 142

[375] F. Dias, idem, 143

[376] Eduardo Correia, citando em abono desta asserção Honig, Schwinge e Mezger in *Direito Criminal* I... cit. pag. 279.

O indiscutivel mérito desta conceptualização normativa do bem jurídico-criminal, não obstante a amplitude extrema que daí resultou "acabando por se identificar com os resultados da interpretação", como em crítica certeira afirma F. Dias (op. cit, 143), foi o de evitar a confusão, rectius a identificação do objecto de tutela jurídico-criminal com o objecto da acção, isto é, a pessoas ou a coisa sobre as quais se exerce a actividade criminosa.

O saudoso penalista de Coimbra, insurgindo-se contra a concepção Welzeliana que negava ao direito penal a função primordial de tutela dos bens jurídicos, afirmando antes a de garantia da observância dos valores ético-sociais da acção. A ilicitude, para Welzel e para a doutrina finalista, surge assim, não como contraposição do facto à ordem jurídica ou como ofensa de bens jurídicos, mas antes como uma acepção pessoal plasmada no desvalor da acção com ou sem desvalor de resultado e, portanto, uma concepção ético-social do direito penal (H- Welzel *das Deutsche Strafrecht* 11.ª Ed., trad. esp. Chile, 1997, pg. 3. cfr. também Teresa Beleza *Direito Penal II Vol. A.A.F.D.L, 81)*

[377] F. Dias *Os Novos Rumos*... cit, 15

Pressupostos Sistemáticos da Responsabilidade Criminal do Médico 199

legais após a II Guerra Mundial que, mercê dos seus horrores, obrigou os Estados a uma auto-reflexão profunda sobre a dignidade da pessoa humana e dos valores que lhe são inerentes, especialmente o da liberdade com as suas referências ético-jurídicas, politico-filosóficas e antropológicas, a ponto de constituir a pedra angular da maior parte das constituições das nações europeias que emergiram da hecatombe referida.

É esse fenómeno que explica a celeridade dessa transmutação de valores que informam a ilicitude penal material, pois durante a primeira metade do século indissolúvel nexo existia entre o direito penal e a ética.

Nas palavras de Antolisei *«partindo do pressuposto de que o direito penal "in genere" se move no âmbito da moral e é constituído da sua substância (o direito estaria para a ética como a parte para o todo, como a fundação para o edifício) afirma-se que o crime é sempre uma acção imoral»*[378].

O mesmo consagrado penalista italiano, citando Manzinni (*Tratatto di Diritto Penale italiano, 4.ª ed. aggiornata por Novulonne e G.D. Pisapia, Vol. I Torino*) considera este autor o mais seguido desta concepção tributária do mínimo ético de Jellineck, ao definir o direito penal como um complexo de normas de conduta, sancionadas por meio de pena, que são destinadas directamente a assegurar a observância do mínimo de moralidade que é necessária e suficiente para a segura convivência dos cidadãos num determinado momento histórico.

Para Manzinni os crimes seriam aqueles factos imorais que se revestem de maior gravidade. Entre nós, Levy Maria Jordão escrevia: *«A moralidade pública não pode deixar de ser defendida pelas leis, sendo a moral um dos fundamentos mais sólidos da sociedade»*. A respeito do adultério escrevia o mesmo autor: *«Uma violação de honestidade, menos pública do que a prostituição, mas mais criminosa do que ela, é o adultério; se não pressupõe hábitos tão depravados, apresenta a violação dos maiores e mais sagrados deveres. Atacar a santidade da fé conjugal, abalar um dos esteios mais fortes da sociedade, destruir as afeições da família, depravar e corromper os costumes, acender ódios e vinganças e dar ocasião a crimes terríveis, são consequências fatais e inevitáveis do adultério e suficientes por si só para elevar este facto à ordem dos crimes mais graves e funestos»*[379].

---

[378] Francesco Antolisei *Manuale di Diritto Penale, parte generale* 14.ª edizione aggiornata e integrata da L. Conti Giuffre Editore – 1997 Milano, pag. 10-11.
[379] Levy Maria Jordão *Commentário ao Código Penal Portuguez* Tomo V, 145.

200   *Da Responsabilidade Médica em Direito Penal*

É, sobretudo, a partir dos meados de 50 e década de 60, que este paradigma se altera radicalmente no domínio do direito sexual, por força dos novos modelos de orientação comportamental, baseados na igualdade entre os sexos, a exclusão do "sexo livre" e outras conhecidas razões sócio-culturais que conferiram marca indelével aos *"golden sixties"*[380].

Surge, destarte, o "dogma de ilegitimidade de recurso ao direito penal como meio de estabilização contrafáctica das normas de uma qualquer moralidade"[381].

Entre nós, Figueiredo Dias peremptoriamente afirma: *«porque o homem deve ser inteiramente livre no seu pensamento, na sua convicção e na sua mundividência – só deste modo se constituindo uma sociedade verdadeiramente pluralista – aos Estado falece, por inteiro, legitimidade para impôr, oficial e coactivamente, quaisquer concepções morais para tutelar a moral ou uma certa moral; neste campo tudo deve ser deixado à livre decisão individual»*[382].

Depurado, assim, o direito penal, de todos os conceitos e valores de étimo moralista, metafísico ou religioso, facilmente se entrevê que estreita é a vereda e escasso o terreno que sobra ao legislador para escolher os valores e interesses, *rectius* os bens jurídicos dignos de tutela penal e necessitados da mesma.

Também aqui, a trajectória evolutiva, desde o positivismo naturalista, passando pelo normativismo de raiz neokantiana, atravessando a forte

---

[380] Na Inglaterra, a Comissão encarregada de examinar e propor alterações à legislação que incriminava a homossexualidade e a prostituição, que tanta celeuma causava, elaborou em 1957 um relatório que ficou conhecido o *Wolfenden Report (Report of the Committee on Homosexual Offences and Prostitution)*, onde se lê:
*Existe ainda um outro argumento que reputamos de decisivo, a importância que a sociedade e a lei devem conferir à liberdade individual de escolha e actuação nos domínios da moral privada. A menos que a sociedade realize um esforço deliberado, actuando através de instâncias legais, para que a esfera do crime equivalha à do pecado, deve subsistir um domínio privado de moralidade ou imoralidade, com o qual, em termos breves e incisivos, a lei nada tem a ver («not the law's business»). Afirmar tal não significa pactuar ou encorajar qualquer imoralidade provada. Pelo contrário, realçar a natureza pessoal e privada da conduta moral ou imoral, equivale a realçar a responsabilidade pessoal e privada do indivíduo para com as suas próprias acções, e tal constituí um tipo de responsabilidade com que se espera que um indivíduo adulto possa arcar sem a ameaça de punição por parte da lei.(apud Karl Prelhaz Natscheradetz,**O Direito Penal Sexual, Conteúdo e Limites**, Almedina, 1985 p. 23).*
[381] C. Andrade *Consentimento e Acordo...* cit, p. 387.
[382] F. Dias *Revista de Direito Penal* 1981, p. 43

influência da perspectiva "ontológico-finalista" e arribando às aguas ainda turvas do que se convencionou chamar "racionalismo teleológico-funcional" apostado em *reconciliar a dogmática com a política criminal, fazendo penetrar as decisões de valor político-criminal no sistema de direito penal*[383] tem contribuído para relativa indefinição e insegurança da doutrina da dignidade penal e da necessidade de tutela penal[384]

É evidente que as apontadas dificuldades de selecção dos bens jurídicos dignos de tutela penal e carentes da mesma, só fazem sentido no pressuposto de que o bem jurídico não tem a acepção que lhe foi emprestada por Binding, isto é *tudo o que, aos olhos do legislador, tem valor como condição para uma vida saudável dos cidadãos.*

Como ensinava Liszt o conteúdo material antisocial do ilícito é independente da sua justa valoração pelo legislador. A norma jurídica encontra-o, não o cria[385].

Certo que o *ethos* político e a impostação filosófica de Liszt nada tinha a ver com a de Binding, mas a partir da sua concepção "pré- -jurídica" deste conceito nuclear, toda a evolução do mesmo, ressalvada a noite negra do nacional socialismo, apontou decisivamente para a pré- existência de valores e interesses dignos de tutela penal.

Nas palavras de Germano Marques da Silva: *«A ideia de protecção de bens jurídicos como função do direito penal é retomada na Alemanha a partir dos anos 50. A partir de então parte da doutrina repropõe o regresso ao conceito pré-positivo (preexistente ao seu reconhecimento normativo) e crítico dos bens jurídicos».*

E, seguidamente o mesmo penalista acrescenta: *«Esta nova tentativa foi motivada sobretudo pelo propósito de emancipar o mais possível o direito penal da sua tradicional subordinação à moral corrente. E, de facto, a crítica envolvia todas aquelas incriminações que representavam um resíduo das concepções ecticizantes (homossexualidade, pornografia, vilipêndio de religião etc.) em contraste com o que deveria ser a função de tutela do direito penal liberal democrático e, por isso, laico e secula- rizado»*[386].

---

[383] Como refere Roxin *"Política Criminal y Sistema del Derecho Penal* cit. por C. Andrade in *"A Dignidade Penal" e a" Carência de Tutela Penal"* RPCC, 1992, p. 173-205.

[384] C. Andrade, ibidem, onde o autor refere que sobre o conceito de *Strafwürdigkeit* (dignidade penal) "falando todos do mesmo, raros são os que falam da mesma coisa"

[385] F. von Liszt *Lehrbuch* ...cit, p. *337.*

[386] Germano M. Silva *Direito Penal Português – parte geral I* Verbo 1997, p. 22 ss.

202 *Da Responsabilidade Médica em Direito Penal*

Importa, todavia, advertir que a depuração do direito penal da sua função de tutela dos interesses e valores de étimo ecticizante ou religioso, não tem o alcance de pretender que o legislador ou os cidadãos renunciem aos seus princípios éticos ou religiosos, mas tão somente que tais valores ou princípios, por si só, não podem ser impostos coactivamente aos indivíduos e grupos sociais nas comunidades abertas e plurais[387].

De todo o exposto deflui que toda esta evolução do conceito dos bens jurídicos funda-se, em primeira linha, na necessidade de limitar o "jus puniendi" do Estado face aos indivíduos, uma das importantíssimas funções político-criminais desta figura, o que exige a supressão dos tipos penais que não tutelem bens jurídicos, como acontece relativamente ao ilícito de mera ordenação social (descriminalização) e a criação de novos tipos penais sempre que haja bens jurídicos que necessitem de protecção penal (neocriminalização).

Para além desta função limitadora do "jus puniendi" (função de garantia) e doutrina assinala também outras funções, como a "função sistemática", a "função interpretativa" e a "função de determinação da pena"[388], de que não curaremos no presente estudo.

Não é todo e qualquer bem (valor, interesse), que é digno de tutela penal.

Ao direito penal compete essencialmente e antes de tudo uma função de <u>protecção</u> de bens e valores fundamentais da comunidade social, a fim de proporcionar as condições indispensáveis ao livre desenvolvimento e

---

[387] I. Berdugo Gomez de la Torre, L. Arroyo Zapatero e Col. *Lecciones de Derecho Penal parte general* 2.ª ed., Praxis, Barcelona, p. 3. Estes autores exemplificam tal asserção do modo seguinte: *"A despenalização do aborto não significa que o legislador proclame o aborto como algo conforme à ordem moral. O que acontece é que declara os cidadãos livres para se comportarem neste aspecto com a ordem moral de cada um e renuncia a impor por meio de pena um valor como o que proscreve o aborto voluntário, aos que não o partilhem.*

Da mesma forma não é por um grupo social de etnia africana vivendo na Espanha considerar que é uma exigência moral a mutilação sexual (excisão do clítoris) das suas raparigas, que deve o direito penal aceitar tal ordem moral e deixar impunes aqueles que tal praticam. Tal conduta deve ser castigada como crime de ofensas corporais porque lesa a integridade física da mulher, o que é um facto objectivo e sem que tal punição tenha qualquer significado como adscrição da vítima e do seu grupo social a uma moral sexual imposta pelo Estado ou pelo legislador" (op. cit. no n.º anterior).

[388] Diego-Manuel Luzón Peña Curso *de Derecho Penal, parte general I* ed. Universitas, SA. Madrid, 328ss "inter alia"

Pressupostos Sistemáticos da Responsabilidade Criminal do Médico   203

realização da personalidade ética do homem.[389] Este principio de exclusiva protecção de bens jurídicos concretamente individualizáveis tem, acima de tudo, uma função de garantia, como se disse, na medida em que limita a intervenção punitiva do Estado, daqui decorrendo que a aplicação das penas não terá lugar perante o ataque a todo e qualquer bem jurídico, mas somente perante a lesão ou perigo de lesão dos bens jurídicos essenciais à vida do homem, quer *sub specie individui*, quer *sub specie societatis* o que constitui actualmente postulado axiomático do paradigma emergente da política criminal dos Estados de direito de cariz material.

É que não se deve olvidar o próprio efeito estigmatizante das penas, posto em evidência pela perspectiva criminológica do *Labelling-Approach*, importando, destarte, evitar *que o Estado acabe por "produzir" muitíssimo mais delinquência do que aquela que é capaz de evitar*[390].

Sem perfilhar o radicalismo da abolição do direito penal (na expressão de Schur *"radical non intervention"*) que faz a apologia da conhecida afirmação de Radbruch para quem "não interessaria tanto melhorar o direito penal, mas substituir o direito penal por coisa melhor[391] a verdade é que o ordenamento sancionatório penal deve constituir a "ultima ratio" da intervenção punitiva ou dissuasora do Estado.

De tal paradigma resulta que o esforço para descobrir critérios aptos a impedir o risco por parte de um legislador omnipotente, induziu a doutrina subsequente a eleger a Constituição como critério de referência na escolha do que pode legitimamente ser protegido pelo direito penal[392], tendo esta orientação o duplo objectivo de elaborar um conceito de bem jurídico que se imponha ao legislador ordinário por um lado, e de encontrar critérios da sua determinação, por outro.

> *«Acresce que a pena criminal sacrifica bens pessoais constitucionalmente protegidos (v. g. a liberdade) e, por isso, o recurso à pena só encontra justificação se tiver por finalidade a tutela de bens também socialmente dotados de relevância constitucional.»*[393]

---

[389] F. Dias *A Reforma do Direito Penal Português. Princípios e Orientações Fundamentais*, Coimbra 1972, p. 15.

[390] F. Dias *Direito Penal Português, As Consequências Jurídicas do Crime* Aequitas 1993, p. 64

[391] Gustav Radbruch *Filosofia do Direito II* 1953 p. 102.

[392] G. Marques da Silva op. cit, p. 23

[393] Ibidem.

Tal porém, não isenta o juiz ou o intérprete de envidar todo o esforço hermenêutico em busca de uma valoração autónoma que constitui o fundamento da regulamentação jurídica ou da solução concreta da questão *sub judice*, isto porque como refere Castanheira Neves *uma boa interpretação da lei não é aquela, que numa pura perspectiva hermenêutica-exegética determina correctamente o sentido textual da norma; é antes aquela que, numa perspectiva prático-normativa, utiliza bem a norma como critério de justa decisão do problema concreto* (Castanheira Neves *Metodologia Jurídica, Problemas Fundamentais, p. 84).*

Caberá, assim, sempre ao Juiz em especial ou ao intérprete em geral fazer apelo a todos os elementos da boa técnica hermenêutica para determinar, mais do que a *mens legislatoris*, a própria *mens legis*, sem que com isso se veja um retorno à velha ideia da "arte do julgador", mas que não poderá deixar de fazer apelo à mundividência do Juiz penal, pois, como dizia o Cons. Miguel Caeiro "Os Juizes devem ter no seu gabinete uma janela aberta sobre o Mundo".

Têm aqui inteiro cabimento as palavras de Figueiredo Dias: *a" matéria" de regulamentação jurídica e de consideração dogmática não retira o seu conteúdo de sentido da valoração do legislador, do juiz ou do intérprete, antes "previamente dada" através de leis e de estruturas de desenvolvimento ônticas, éticas e sociais; mas importará sempre, depois, escolher entre os diversos sentidos que os dados aprioristicos fornecem e permitem, através de um valoração autónoma, aquele que deve constituir o fundamento da regulamentação jurídica ou da solução do concreto problema em causa. Assim se erige a autonomia da valoração em momento essencial do pensamento jurídico-penal problemático –pelo menos uma autonomia "relativa" dentro das "possibilidades" oferecidas pela predeterminação não jurídica do substrato. Quando, porém, se afronta o problema do critério ou critérios da valoração, não basta dizer (com ROXIN, Täterschaft und Tatherrschaft, 1963, p. 22) que o legislador os escolhe em inteira liberdade e que o intérprete só tem de os ir pedir à lei.*

A solução terá antes de alcançar-se por uma via apontada para a descoberta de uma objectividade que cabe a cada problema jurídico concreto e de um sentido, nela baseado, que o resolve de forma "hic et nunc" justa.

Isto supõe antes de tudo o que (com ENGISCH, Wahrheit und Richtigkeit im juristichen Denken, 1963, p. 20) chamarei uma "penetração axiológica" do concreto problema investigado e para o qual a lei só pode constituir um critério, a par de outros, que terá de ser analisado na sua validade concreta e, portanto, na sua aplicabilidade ao problema em causa. Assim se rejeita o puro dedutivismo conceitual (típico de uma "jurisprudência de conceitos", ainda que "teleológica") que infelizmente se não pode dizer de todo ultrapassado na doutrina do crime. Como por igual se rejeita a possibilidade de, a partir de estruturas ônticas ou lógico-materiais, se extrair por necessidade a solução dos problemas prático-normativos.

... ...

A previsível objecção de que o conteúdo de sentido ínsito no princípio de legalidade ("nullum crimen, nulla poena sine lege") obrigaria à aceitação, ao menos em extensas zonas da doutrina do crime, de uma metodologia formal, conceitualista e subsuntiva, não consegue prevalecer. Há de facto, em toda a construção – e muito

Pressupostos Sistemáticos da Responsabilidade Criminal do Médico   205

Note-se que o conceito de bem jurídico, por si só, pela sua abrangência e vacuidade, é manifestamente insuficiente para uma conceptualização material de crime, o que, com toda a legitimidade, autoriza o intérprete e o aplicador da lei penal, a se interrogarem sobre o critério opcional do legislador na escolha das constelações de valores que são erigidos à dignidade de bens jurídicos, em detrimento de outros[394].

---

particularmente na aplicação – do direito penal um momento "inicial" de mera subsunção formal, imposta por aquele princípio e pela função de garantia que lhe cabe, ou, se quisermos, imposta pelo "tipo-de-garantia" (ENGISCH, Mezger-Fests, 1954, p. 127) que daquele princípio resulta.

Ultrapassado porém este momento inicial, correspondente à operação lógico--jurídica da "incriminação", toda a posterior construção e aplicação não está submetida àquelas exigências e deve integrar-se completamente nas duas ideias fundamentais resultantes da imposição metodológica sugerida: a ideia de que a lei só tem força obrigatória se e enquanto puder representar-se e aceitar-se como direito (postergação da aplicabilidade da chamada "lei injusta"; e a ideia de que a obediência é devida não apenas ao direito positivado na lei, mas todos os critérios objectivos de juridicidade que devem representar-se como válidos para a solução de um concreto problema jurídico (postergação do dogma positivista-legalista da "aplicação subsuntiva"). Figueiredo Dias, *Direito Penal A Infracção Penal*. Relatório para apreciação nas provas de concurso para Professor Catedrático apresentado na Faculdade de Direito da Universidade de Coimbra em 1976 e existente na Biblioteca da referida Faculdade.

[394] Maria da Conceição F. Cunha *"Constituição e Crime... cit., p. 104*. A autora expõe assim as linhas paradigmáticas do seu pensamento que, pelo seu interesse, não resistimos a transcrever em algumas passagens:

"Pode-se dizer que o Direito Penal só está autorizado a proteger bens jurídicos; A moral social (moral dominante) não é um bem jurídico. Logo, o Direito Penal não está autorizado a proteger a moral social. Assim se sustenta p. ex, que a homossexualidade não deve ser criminalizada. Mas qual foi o "passe de mágica" que nos permitiu chegar à conclusão de que a moral social não deveria ser considerada um bem jurídico?

Mais ainda, e para sermos mais concretos, qual foi o "passe de mágica" que nos permitiu chegar á conclusão de que a defesa da "estrutura heteresexual das relações sexuais" enquanto estrutura fundamental da comunidade, não se deveria incluir no âmbito dos bens jurídicos?

Não se pondo em causa a existência de bens jurídicos supra-individuais, o que nos impede de considerar a "moral social dominante" ou, em relação ao exemplo referido, a "estrutura heteresexual das relações sexuais" um bem jurídico protegido pelo Direito Penal?

Residirá o impedimento no facto de se tratarem de "sentimentos ou valores gerais"? Mas, por um lado, toda a identificação de bens jurídicos pressupõe juizos de valor (no fundo o Direito Penal protege sempre valores), vimos também que nem só os bens materiais são susceptíveis de ser qualificados como bens jurídicos; e, por outro lado, não serão também os valores do mesmo "tipo" ("valores gerais" ou

206   *Da Responsabilidade Médica em Direito Penal*

Por isso, como assevera Roxin: «*o ponto de partida correcto consiste em reconhecer que a única restrição previamente dada ao legislador encontra-se nos princípios da Constituição. Portanto, um conceito de bem jurídico político-criminalmente vinculante só pode derivar dos conceitos plasmados na Lei Fundamental (Grundgesetz) do nosso Estado de Direito baseado na liberdade do indivíduo, através dos quais se assinalam os limites do poder punitivo do Estado*».[395]

Esta posição, aliás, que faz o seu aparecimento na doutrina alemã, italiana e espanhola nos anos 60, princípios de 70, tem em Portugal, Figueiredo Dias como seu estrénuo defensor quando afirma: «*se num*

"sentimentos gerais"), os que estão na base dos crimes de provocação de escândalos públicos e atentado ao pudor, assim como os de violação do sentimento de piedade e de sentimentos religiosos?

Na verdade, as propostas mais radicais põem em causa a existência destes crimes. Mas que considerações levarão de facto, a que não se considerasse a homossexualidade ou o incesto como crime e, no entanto se mantivessem os crimes de exibicionismo? Por outro lado, porque razão se põem em causa os crimes de violação de sentimentos religiosos e de respeito pelos defuntos ou do sentimento de piedade, e já se aceitam pacificamente os crimes contra a honra? Não será ainda a ofensa a sentimentos que está em causa nos crimes contra a honra? Não será afectada a dignidade das pessoas, quer com as ofensas á honra, quer com as ofensas a sentimentos religiosos e ao respeito pelo defuntos? Não será ainda a liberdade das pessoas que está em causa nos crimes de exibicionismo e em certos crimes religiosos?

Depois de demonstrar a insuficiência da tese funcionalista de danosidade social para se alcançarem fundamentos mais consistentes, na resposta ao problema levantado, até por isso que tal importa a determinação do que seja socialmente danoso, a autora citada conclui que a referência á "essencialidade" para a vida do homem em comunidade, isto é, para a sua realização enquanto ser individual-social, de que se deve revestir de determinado valor para poder ser considerado "bem jurídico", e designadamente "bem jurídico penal", há que ter *sempre* no horizonte o contexto historico-socio-cultural de cada comunidade, rematando que a resposta tem sido encontrada *na necessidade de se operar com um instrumento idóneo (no duplo sentido de legítimo e operativo, a servir de mediatizador do conceito de bem jurídico. Instrumento transistemático em relação ao sistema penal, não só com legitimidade para ajudar a concretizar o conceito de bem jurídico (reduzido às diferenças subjectivas de opinião) como a capacidade para o fazer, instrumento não apenas de orientação do legislador, mas com força vinculante limitativa do poder punitivo estadual.*

[395] C. Roxin Strafrecht. Allgemeiner Teil... cit. (trad. esp.) p. 55. Este autor já vem defendendo tal posição desde os anos 60, como se pode ver no estudo *Sentido e Limites da Pena Estatal*, publicado em *Strafrechtliche Grundlagenprobleme* (trad. esp. de Luzón Peña *Problemas Basicos de Derecho Penal,* 1976, Reus, Madrid, p. 11 ss. e trad. portuguesa de Ana Paula Natscheradetz, Fernanda Palma e Ana Isabel Figueiredo *Problemas Fundamentais de Direito Penal,* 3.ª ed. Vega Universidade, 1998.

Estado de Direito material toda a actividade se submete à Constituição, então também a ordem dos bens há-de constituir uma ordenação axiológica como aquela que preside à Constituição. Entre as duas ordens se verificará pois uma relação, que não é por certo de identidade, ou sequer de recíproca cobertura, mas de analogia substancial, fundada na essencial correspondência de sentido; a permitir afirmar que a ordem de valores jurídico-constitucional constitui o quadro de referência e, simultaneamente, o critério regulativo do âmbito de uma aceitável e necessária actividade punitiva de Estado».[396]

Também Rudolphi escrevia em 1970*: «A Constituição contém já as decisões valorativas fundamentais para a elaboração de um conceito de bem jurídico anterior à legislação penal, mas ao mesmo tempo obrigatório para este, segundo o qual os actos que relevam da pura imoralidade caem fora do objecto das ameaças penais. Formulado positivamente: só podem ser objecto das proibições penais aqueles comportamentos que lesam ou põem em perigo os pressupostos de uma vida social próspera, apoiada na liberdade e responsabilidade do indivíduo».*[397]

A finalizar este capítulo sobre considerações gerais em torno da ilicitude criminal, importa precisar e recortar algumas conclusões:

Em primeiro lugar, a purificação do ordenamento juridico-penal da tutela de meras imoralidades, não tem o alcance de significar que o Direito Penal seja indiferente aos valores éticos reinantes na comunidade ou aos "sentimentos" prevalecentes na sociedade no plano moral ou religioso e que, ao fim e ao cabo, são os esteios culturais da consciência ética dos cidadãos. Disso mesmo, como aponta Roxin[398], são exemplos os §§ 166 (*ofensas a credos, sociedades religiosas e associações ideológicas*) 168 (*perturbação da paz dos mortos*), 183A (*provocação de escândalo público*) do Strafgesetzbuch germânico[399].

O que é vedado ao direito penal moderno, (que enfrenta o indivíduo de três maneiras: ameaçando, impondo e executando penas e que estas

---

[396] Figueiredo Dias *Os Novos Rumos... cit. p. 15,16.* A posição deste Ilustre Penalista mantem-se, podendo-se ver, com maior desenvolvimento, *Para uma Dogmática do Direito Penal Secundário*, Coimbra Editora (Sep. da Rev. Leg. Jur.) p. 24-27 e *Direito Penal II, As Consequências Jurídicas do Crime, cit. p. 64.*

[397] H.J. Rudolphi *Die verschiedenen Aspekte des Rechtsgutsbegriffs* apud. Costa Andrade *A Nova Lei... cit p. 82.*

[398] Roxin *Strafrecht A.T... cit.* (trad. esp. p. 57)

[399] Entre nós, os correspondentes art.ºs 251.º (ultrage por motivo de crença religiosa), 254.º (profanação de cadáver ou de lugar funebre) e 171.º (actos exibicionistas) todos do Código Penal

208 Da Responsabilidade Médica em Direito Penal

três esferas de actividade estatal necessitam de justificação, cada uma em separado[400]) é justamente ameaçar com penas, comportamentos que não causem danosidade social, por via da lesão ou perigo de lesão, quer de bens jurídicos essenciais ao livre desenvolvimento e realização da personalidade de cada homem (bens jurídicos individuais como a vida, a integridade física, a liberdade) quer daqueles bens jurídicos (encarados sempre como "valores ideais da ordem social juridicamente protegidos"[401]) que, superando já contornos meramente individuais, se consideram igualmente essenciais para o desenvolvimento dos povos (bens jurídicos supra-individuais) tal como acontece no Direito Penal Secundário (*Nebenstrafrecht*) designadamente no Direito Penal Económico, no Direito Penal do Ambiente e no Direito Penal Fiscal[402].

Por outro lado, nas sociedades democráticas abertas e pluralistas, o Estado não goza de legitimidade para conformar a personalidade dos indivíduos, ainda que em fase de execução da pena[403].

---

[400] Roxin *Sinn und Grenzen Staatlicher Strafe* (sentido e limites da pena estatal) incluído na obra *Problemas Fundamentais de Direito Penal* trad. port. cit. p. 26 ss.

[401] Jescheck, op. cit. p. 35

[402] Tem, pois, inteira razão Karl Natscheradetz (op. cit. 65) quando observa: *Que relações existirão entre a moral social e o direito, nomeadamente o direito penal?*

Há que reconhecer que existem numerosas e importantes conexões nas exigências de ambos os sectores normativos na sua procura de assegurar a convivência social. O conteúdo de algumas normas jurídicas coincide de facto com as exigências da moral social e, no direito penal, o legislador proíbe por vezes o que é moral e o socialmente condenado, e impõe o que é do ponto de vista ético social obrigatório.

Tal não significa que o direito constitua um «mínimo ético» – conhecida expressão de JELLINEK e que, entre outros, EDUARDO CORREIA utilizou para caracterizar o direito penal. Não se trata de dois círculos concêntricos, sendo o do direito representado pelo de diâmetro menor. A imagem que tenho é antes de dois círculos cujos centros estão separados – embora por vezes tais círculos se entrecruzem: o direito e a moral social constituem factos institucionais distintos, tanto nas suas fontes como no sistema de sanções.

Também Rui Carlos Pereira escreve no seu artigo **Liberdade Sexual, a sua Tutela na Reforma do Código Penal** (Sub Judice n.º 11, p. 41): *A liberdade restringe o "jus puniendi" desde logo, porque não é legítimo cominar sanções para condutas que se insiram numa esfera estritamente pessoal e não prejudiquem terceiros. Uma tal cominação violará o princípio da necessidade das penas e das medidas de segurança e, em última instância, o próprio princípio do Estado de direito democrático (art.ºs 18 n.º 2 e 2.º da Constituição).*

[403] Assim Anabela Miranda Rodrigues (**Novo Olhar sobre a Questão Penitenciária,** Coimbra Editora, 2000) que lapidarmente afirma: *Definitivamente ultrapassado está que a socialização se identifica com "hygiene moral", que sustentou o correccionalismo.*

Pressupostos Sistemáticos da Responsabilidade Criminal do Médico 209

Em segundo lugar, importa ter presente que a matriz constitucional a que se vem referindo, é a constituição material, isto é o conjunto de princípios, direitos e valores fundamentais de uma ordem jurídica, atendendo ainda à própria realidade constitucional, mesmo que não estejam expressamente positivados no texto constitucional[404] que, no caso português, parece convergir ou se sobrepor parcialmente ao próprio texto constitucional.

Em terceiro lugar e ainda no caso português, haverá que ter em linha de conta, o disposto no n.º 2 do art.º 18.º da nossa Lei Fundamental, segundo o qual *a lei só pode restringir os direitos, liberdades e garantias expressamente previstos na constituição, devendo as restrições limitar-se ao necessário para salvaguardar outros direitos ou interesses constitucionalmente protegidos.*

Deste inciso constitucional decorre, entre outros, como pressuposto material para restrição legítima de direitos, liberdades e garantias que tal restrição só pode justificar-se para salvaguardar outro direito ou interesse constitucionalmente protegido.

Como referem Gomes Canotilho e Vital Moreira as leis restritivas estão teleologicamente vinculadas à salvaguarda de outros direitos os bens constitucionalmente protegidos, ficando vedado ao legislador justificar restrição de direitos, liberdades e garantias por eventual colisão com outros direitos ou bens tutelados apenas a nível infra constitucional[405].

Deriva do exposto, linearmente, que as leis penais na medida em que cominam sanções restritivas de direitos fundamentais, especialmente do direito à liberdade, só podem legitimamente fazê-lo para salvaguardar os tais direitos ou interesses constitucionalmente protegidos, situação que permite evidenciar com maior nitidez o já apontado princípio de analogia substancial entre a ordem axiológica constitucional e a ordem legal dos bens jurídicos tutelados pelo direito penal (princípio de congruência).

Finalmente, *last but not the least,* e em quarto lugar, importa ter presente no horizonte que, justamente, como corolários inarredáveis deste princípio de congruência ou de analogia substancial, emergem os chamados

---

O Estado contemporâneo, de natureza laica e secular, não se encontra legitimado para impor aos cidadãos códigos morais. Neste contexto, a pena de prisão não pode ter por fim transformar o "homem criminoso" num "bom pai de família".

De resto a liberdade de consciência constitucionalmente garantida (art.º 41.º n.º 1 da CRP) não sofre qualquer restrição por via da sujeição a uma pena de prisão.

[404] M. Conceição Cunha, op. cit, p. 116.

[405] J. G. Canotilho e Vital Moreira *Constituição da República Portuguesa,* Anotada, 3.ª ed., Coimbra Editora, anot. ao art.º 18.º.

210 Da Responsabilidade Médica em Direito Penal

princípios de necessidade, subsidiariedade e fragmentaridade do direito penal que são, afinal, características deste ramo do direito positivo cuja intervenção constitui a *ultima ratio* da Ordem Jurídica, destinada a tutelar, por essa via os bens jurídicos essenciais ao indivíduo vivendo em comunidade ou, no caso dos bens jurídicos supra individuais, os essenciais ao próprio desenvolvimento social e, em última instância ao próprio bem estar do homem (*hominum causa omne jus constitutum est*) e, mesmo assim, só quando para tal tutela não sejam suficientes os dispositivos de outros elencos normativos menos gravosos (protecção subsidiária dos bens jurídicos).

A nota dominante do desenvolvimento e aprofundamento doutrinários da ilicitude material foi sem dúvida, o estabelecimento dogmático e político-criminal de limites ao poder punitivo do legislador, mas a sua inequívoca vantagem teórico-prática foi a de permitir a graduação da própria ilicitude, a partir da gravidade da lesão dos bens jurídicos tutelados[406]

De igual sorte, o desenvolvimento da teoria da ilicitude material, veio permitir o florescimento de novas causas de justificação (causas supra legais), como se terá oportunidade de ver mais adiante.[407]

4.1.5.3. *Antijuridicidade e tipo de ilícito*
(Relações entre Ilicitude e Tipo)

O crime não é apenas "acção ilícita e culposa, ameaçada com uma pena", como se entendia maioritariamente, antes de Beling introduzir, entre as categorias dogmáticas de acção e de ilicitude, um novo conceito, o de *Tatbestand* (hipótese de facto, no seu sentido literal) ou *Tipo*, na sua célebre obra *Die Lehre vom Verbrechen* escrita em 1906.

Beling considerava a definição dos penalistas da época, atrás referida, como algo "difusa" por isso que "não permitia reconhecer que qualidades deveria ter a acção ou uma conduta para poder ser ameaçada com pena"[408].

---

[406] Entre nós v. g. o Código Penal dispõe no n.º 2 do seu art.º 71.º, a obrigação do Juiz considerar na determinação concreta da pena o grau de ilicitude do facto.

[407] Sobre estes pontos e desenvolvidamente, Jescheck, op. cit. § 22, p. 3.

[408] Roxin, *Strafrecht A. T. cit. § 10.º n.º 1*. O insigne penalista alemão que foi Beling acrescentava ainda: *Já passaram os tempos em que toda a acção antijurídica e culposa originava, sem mais, a ameaça penal. O vago atributo que habitualmente se acrescentava à "acção ilícita e culposa" para completar o conceito de delito, a*

Pressupostos Sistemáticos da Responsabilidade Criminal do Médico   211

Pode-se dizer que, a partir da introdução desta nova categoria, ao mesmo tempo dogmática, sistemática e politico-criminal, nada foi como dantes na doutrina da infracção criminal.

Desde logo porque só deste modo se presta homenagem ao princípio da legalidade *nullum crime sine lege* prevenindo-se o arbítrio das instâncias formais de controlo e permitindo ao potencial infractor o conhecimento prévio dos comportamentos punidos por lei, por forma a permitir uma ponderação consciente das vantagens do cometimento do acto ilícito criminal e dos prejuízos advenientes do cumprimento da pena, e, antes de mais, permitindo-lhe avançar seguramente no outrora movediço terreno por onde passa a fronteira que separa o permitido do proibido.

Depois e principalmente, impedindo ou, pelo menos, reduzindo a possibilidade da larguíssima margem de arbítrio do juiz penal que a moldura vazia da acção ilícita fatalmente comportava, e que, de agora em diante passa a conter o "desenho legal" da conduta proibida ou imposta sob ameaça de pena.

Também aqui, Roma e Pavia não se fizeram num dia!

Na verdade, longo foi o caminho que o esforço dogmático da doutrina geral do crime teve de percorrer, desde o conceito objectivo e *"limpo de todos os momentos de antijuridicidade"* do tipo formulado por Beling até ao tipo-de-ilícito ou ilicitude típica da doutrina racional-teleológica contemporânea.

O "tipo" (tipo criminal) é o pressuposto de punição que plasma o princípio de legalidade, seleccionando entre as diversas condutas mais ou menos graves, aquelas a que o legislador entende conferir dignidade penal.

Importa, todavia, anotar que o termo *Tatbestand* já era utilizado, muito antes de Beling, embora correspondendo a conceitos completamente diferentes.

Assim, ele aparece pela primeira vez numa obra de Klein, designando uma entidade de natureza processual, isto é, o *corpus delicti*, como conjunto de elementos objectivamente verificáveis que denotam a existência de um crime.

Posteriormente, tal termo passou a designar o conjunto dos elementos de delito *(Tatbestand als Inbegriff der Verbrechenmerkmale)* e neste sentido

---

condição de "cominado com uma pena", só ganha firmeza quando se manifesta claramente que só podem cair sob a ameaça penal os tipos de delito firmemente perfilados.(Lehere vom Verberchen, apud J. Asúa, op. cit. p. 660.

é empregue por K. Stübel em 1805, Luden (1840), Kärcer (1873) e outros[409].

Enquanto no velho sistema, isto é, anterior a Liszt-Binding no crime se distinguiam apenas dois elementos, o subjectivo e o objectivo[410], o problema do "tipo" não se colocava. A partir, porém, da teoria gizada por Liszt, colocando o conceito da acção na base da construção conceptual do crime, todos os restantes elementos passaram a ser meros predicados ou atributos daquele conceito (Handlung) que ganhou as honras de verdadeiro substantivo ou conceito nuclear.

É neste perspectiva que Ernst Beling desenha o seu conceito de tipo, visto inicialmente como valorativamente neutro.

Para se compreender melhor o pensamento de Beling importa ter presente que este autor aproveita da teoria das normas que havia sido construída por Karl Binding (*Die Normen und ihre Übertretung*, 1912) a dualidade conceptual ou a distinção entre lei penal e norma.

Com efeito, segundo tal teoria, a norma seria um comando (um imperativo) dirigido aos indivíduos imputáveis com o fim de proteger interesses humanos relevantes e, como assim, a antijuridicidade representa a contrariedade da acção à norma, não à lei penal.

Beling introduz o seu conceito de tipo (Tatbestand) não na norma, mas sim na lei penal e só assim se explica que ele é visto como a pura descrição da conduta criminosa, valorativamente neutra, posto que a valoração é operada pela norma, não pela lei penal.

Sintetizando o pensamento de Ernst Beling escreveu o Prof. Cavaleiro de Ferreira toda a matéria que Binding trata e resolve à luz da teoria das normas é dividida por Beling em dois capítulos diversos: um que diz respeito às normas, e como seu reflexo na estrutura do crime, a antijuridicidade; outro que diz respeito aos tipos expresso nas leis penais, às quais devem subordinar-se as acções para serem criminosas e que são o elemento individualizador dos diversos crimes[411].

---

[409] Sobre esta matéria e com largas indicações da evolução histórica deste termo, cfr. Jiménez de Asúa, *Tratado de Derecho Penal,* III, 658 e também Cavaleiro de Ferreira *A Tipicidade na Técnica do Direito Penal,* Lisboa, 1935, p. 48 a 60.

[410] A doutrina clássica francesa continua a perfilhar a estrutura bipartida do crime em *L'element materiel et L'element moral* (R. Merle e A. Vitu *Traité de Droit Criminel,* 7.ª ed., I vol. 503/504. Jean Pradel *Droit Pénal Général*, 11.ª ed. Cujas, 1996 pag. 356).

[411] Cavaleiro de Ferreira *A Tipicidade na Técnica do Direito Penal,* 1935, p. 61.

Pressupostos Sistemáticos da Responsabilidade Criminal do Médico 213

Sem pretender elaborar uma resenha histórica sobre a evolução conceptual do "tipo" de Beling, até porque tal, sendo embora de inegável interesse, não caberia na extensão necessariamente limitada do presente estudo, é de toda a utilidade, traçar um brevíssimo apontamento sobre tal evolução, por forma a melhor se constatar o alcance da figura dogmática de ilícito típico ou tipo-de-ilícito, construído pela doutrina teleológico--funcional, que melhor consubstancia o *indissolúvel entrelaçamento, teleologicamente condicionado, do tipo com a ilicitude* já que, efectivamente, *o tipo só pode ser teleologicamente apreendido a partir da ilicitude*[412].

Na verdade desde a concepção belingiana do Tatbestand como pura descrição factual da conduta criminosa punível, isenta de todos os momentos de antijuridicidade, isto é, valorativamente neutra, até à elaboração dogmática do ilícito típico podemos considerar três fases:

A primeira fase é a do próprio nascimento do conceito criado por Beling na sua célebre obra *Lehre vom Verbrechen* (1906)

Dada a completa separação e distanciamento entre o conceito belingiano de tipo e a ilicitude, cedo começaram a chover criticas à nova teoria do insigne penalista (que acabaria por reformulá-la cerca de 25 anos mais tarde, embora mantendo o essencial, na sua obra A Teoria do Tipo (*Die Lehre vom Tatbestand* 1930 escrito em homenagem a Frank)

Para Beling, a figura do tipo não só se distingue da culpa e da ilicitude, como também da própria acção, considerando esta uma *blutleeres Gestpenst* (fantasma sem sangue) cujo sentido se encontra apenas no aspecto de separação ou destaque de todas as características positivas que doravante seriam "transferidas" para o tipo (Tatbestand). A acção seria, destarte, um conceito "sem tempo, nem espaço, nem existência (*zeitlos, raumlos existenzlos)*"[413]

Esta concepção originária de Beling, isto é objectiva e não valorativa, iria merecer em 1915, uma crítica de M. Ernst Mayer, no sentido de que a tipicidade, sendo uma mera descrição, comporta já uma valor indiciário de outras características do delito, designadamente da ilicitude, pois o legislador penal não se entretém a descrever comportamentos humanos, mas antes selecciona acções que podem ser penalmente relevantes, já que perturbam bens juridicamente protegidos[414], indicio que se poderá poste-

---

[412] Figueiredo Dias *O Problema...* cit. p. 97.

[413] Die Lehre vom Verbrechen, III apud. J. Asúa *Tratado* ...cit. vol. III, 660.

[414] Por isso, com toda a razão afirma Figueiredo Dias: *valorativamente neutro nunca poderá ser o tipo, enquanto há-de decidir ao menos da relevância ou irrelevância jurídico-penal da acção* (Figueiredo Dias, Direito Penal, Sumários das Lições de 1975, p. 174, em crítica à doutrina do tipo como descrição legal da matéria proibida)

214 Da Responsabilidade Médica em Direito Penal

riormente confirmar ou não, consoante a existência de eventuais causas de justificação.

Com Mayer abre-se a segunda fase da evolução do conceito, surgindo agora a tipicidade como indiciária da ilicitude, ou seja, o tipo é visto como a *ratio cognoscendi* da ilicitude, isto é uma razão que permite conhecer a possibilidade de haver ilicitude.

Estamos ainda numa concepção ontológica do ilícito penal, tão cara ao positivismo naturalista (conceito clássico do crime) do primeiro quarto do século XX.

A partir do advento da escola neo-clássica e da forte influência que nesta teve a filosofia de valores de raiz neokantiana, tudo se altera.

Já vimos, quando abordamos a temática da ilicitude, que por influência da *Wertphilosophie*, opera-se uma verdadeira transmutação do conceito formal de ilicitude, encarado como contrariedade do facto à norma, num conceito material do mesmo pressuposto de punição, agora orientado pelo escopo de tutela dos bens jurídico-criminais e que, como refere Eduardo Correia, *não podia deixar de afectar a teoria da tipicidade, no sentido de não permitir que ela se mantivesse estranha àquela mesma função protectora*[415].

Nesta perspectiva neo-clássica[416] a tipicidade passou a ser encarada não apenas como mera descrição formal externa dos comportamentos, mas como uma unidade de sentido socialmente danoso[417].

O tipo, nesta perspectiva, é já portador da valoração jurídico-criminal que o juízo de ilicitude exprime[418].

---

[415] Eduardo Correia, *Direito Criminal I*, p. 28

[416] A escola neoclássica que, como se disse, é tributária da filosofia de valores pretendeu operar uma transferência do Direito (realidades e conceitos jurídicos) do mundo da natureza, isto é do ser (*sein*) para o mundo das referências ou o mundo dos valores como ciência do espirito que é.

[417] F. Dias e Costa Andrade *Direito Penal, Questões Fundamentais, A Doutrina Geral do Crime* Coimbra, 1996, 235 (fasciculos em curso de publicação).

[418] E. Correia *Direito Criminal I*, 281; *A Teoria do Concurso*, Col Teses, Almedina, 1983, p. 90.

Nesta última obra citada escreveu o saudoso Professor: *o juiz não pode valorar a seu talante as relações submetidas à sua apreciação, pois deve sempre, em cada caso, para que as possa considerar antijuridicas, verificar se elas são subsumiveis a um tipo legal de crime.*

O tipo legal é, pois, o portador, o interposto da valoração jurídico-criminal, ante o qual se acham colocados os tribunais e o intérprete.

Os juízos valorativos exprimem-se, em linguagem jurídico-criminal, como que em parábolas, através dos tipos legais, e a antijuridicidade duma relação social, ao

Obra de incontestável relevo no aporte dogmático do sistema neo-clássico acerca da tipicidade é, sem dúvida, o estudo de Mezger *(Vom Sinn strafrechtlicher Tatbestände*, 1926) publicado em homenagem a Traeger.

Para Mezger o crime é já uma acção tipicamente ilícita *(rechtswidirg--tatbestandmässige)* e culposa.

Desta forma, o tipo não é apenas a *ratio cognoscendi* da ilicitude, mas antes a sua *ratio essendi*.

No ensinamento de Mezger o tipo é um meio extraordinariamente engenhoso de que o direito penal se serve para conferir segurança às relações entre os homens, pois sem ele vaguearia a ilicitude de uma forma ameaçadora sobre a liberdade, honra e até vida das pessoas.

Esta constitui a terceira fase da evolução do Tatbestand.

Da neutralidade valorativa, isenta de "todos os momentos de antijuridicidade" propugnada por Beling em 1906, passa-se assim, para uma concepção de tipo normativo e teleológico que o perspectiva agora como "matéria de proibição das disposições jurídico-penais" (Mezger, Sauer, Hegler).

Esta doutrina teleológica do tipo irá durar pelo menos, num plano cimeiro, até ao advento do finalismo que teve no grande Professor de Bonn, Hans Welzel, penalista e Professor de Filosofia do Direito, o seu expoente máximo.

Não iremos, de forma alguma, desenvolver *hic et nunc* a concepção da tipicidade para a doutrina finalista, mas importa ter presentes duas notas fundamentais, no que a perspectiva welzeliana concerne, para um cabal enquadramento do panorama da tipicidade:

a) Para o finalismo a ilicitude não é a mera contrariedade do comportamento em relação à ordem jurídica no seu conjunto, mas antes uma *ilicitude pessoal*, isto é, o que releva não é tanto ou não é, principalmente, a lesão ou perigo de lesão de bens jurídicos (concepção objectiva do direito penal) mas antes o relevo de uma conduta do agente que pratica uma falta social, desenvolvendo,

---

menos numa primeira afirmação, pela possibilidade da sua subsunção a um dos tais tipos de delito. Mas, sabido isto, e se dermos mais um passo, sabido fica através de que critérios é possível determinar a unicidade ou a pluralidade de valores ou bens jurídico-criminais que uma certa actividade criminosa viola e, portanto, a unidade ou pluralidade de crimes a que ele dá lugar.

como se sabe, a doutrina do "desvalor de acção" contraposto ao "desvalor de resultado" (concepção ético-social do direito penal)[419].

b) Sem querermos antecipar uma questão que trataremos adiante a propósito da Culpa, adiante-se que para o finalismo, o dolo e a negligência constituem elementos subjectivos do tipo, acrescentados, desta forma aos outros elementos subjectivos cuja teoria já vinha sendo desenvolvida desde o sistema neo-clássico e até anteriormente a partir da obra de M. E. Mayer, que eram vistos como *especiais ânimos, móbeis ou finalidades* distintos do dolo (conhecimento e vontade na realização do tipo) tal como, v. g. o *animus injuriandi*, o *animus lucri faciendi* ou o *animus rem sibi habendi* nos delitos contra a honra e contra o património, a "intenção libidinosa" nos crimes sexuais etc.[420]. São os chamados *Gesinnungsmerkmalen*.

Não podemos completar o presente capítulo sem uma breve referência à denominada teoria "dos elementos negativos do tipo" (*Negativen Tatbestandsmerkmalen*). Trata-se de uma doutrina que pretende introduzir no conceito de tipo todos os elementos relevantes para o juízo de ilicitude, incluindo para além dos elementos descritivos e normativos da conduta criminosa, "os elementos negativos" ou pressupostos das causas de exclusão da ilicitude, como a legítima defesa, o estado de necessidade, consentimento do ofendido etc.[421]

---

[419] Welzel exprime lapidarmente o seu pensamento na seguinte afirmação: *A antijuridicidade é sempre a desaprovação de um facto referido a um autor determinado. O ilícito é ilícito de acção referido ao autor, é "ilícito pessoal".* (H. Welzel *Deutsche Strafrecht* 11.ª ed. trad. esp. p. 74). Tal afirmação do grande Mestre de Bonn, está, de resto na linha do seu pensamento sobre o próprio conceito de direito penal ao escrever: *A missão primária do direito penal não consiste na protecção actual de bens jurídicos, isto é a protecção da pessoa singular, da sua propriedade, etc. Pois quando entra efectivamente em acção, em geral já é demasiado tarde. Mais essencial do que a protecção de determinados bens jurídicos concretos é a missão de assegurar a real vigência (observância) dos valores do acto da consciência jurídica; eles constituem o fundamento mais sólido que liga o Estado à sociedade.* (idem pag. 3).

[420] É importante não olvidar, contudo que a "pertinência" do dolo ao tipo já fora sugerida por Graaf zu Dohna na sua obra *Der Aufbau der Verbrechen Lehre*, no plano da distinção entre "objecto de valoração" (a que pertenceria o tipo, nele se incluindo o dolo como tipo subjectivo) e "valoração de objecto" (nesta se incluindo a culpa como puro juízo de censura) conforme anota Figueiredo Dias in *Problemática*...cit. 68, nota 9.

[421] E. Correia *Direito Criminal* I, 321.

Deve-se a Adolf Merkel[422] o início de tal teoria, embora ela tenha tido continuadores de vulto (Löeffler, Frank, Radbruch).

Para esta teoria, pois, as causas de justificação mais não seriam do que elementos negativos do tipo, mantendo-se a separação entre tipicidade e ilicitude, tal como o fogo é distinto do fumo.

Claus Roxin sintetiza lapidarmente o pensamento que está na base de tal doutrina, num passo do seu Tratado que não resistimos a transcrever:

> «*Se se reconhece que o tipo já supõe uma valoração na perspectiva da ilicitude, então surge a questão de saber por que é que o mesmo só contém uma parte das circunstâncias determinantes da ilicitude, ficando a outra parte reservada para as chamadas causas de exclusão da ilicitude. Dado que os elementos do tipo fundamentadores do ilícito e os elementos das causas de justificação têm a mesma função, só a conjugação complementar de uns e de outros, permite um juízo definitivo sobre a ilicitude do facto, pelo que parece lógico reuni-los numa única categoria de delito, incluindo no tipo os pressupostos das causas de justificação[423]*»

Merkel considerava que a causas de justificação funcionavam como que retiradas da parte especial dos códigos e colocados na parte geral, apenas por razões de técnica legislativa, para se evitar repeti-las a propósito de cada preceito penal, uma vez que são comuns à generalidade dos delitos.

Estes "elementos negativos" são geralmente elementos implícitos do tipo, que, desta forma, é concebido como <u>tipo total ou global</u> (*Gesamtetypus*), constituído por duas partes: a parte positiva, tipo em sentido estrito, descrevendo a matéria da proibição de cada um dos preceitos legais da parte especial, geralmente de modo expresso, e a parte negativa, constituída pela ausência de causas de justificação, que para tal estão previstas de forma genérica nas eximentes da parte geral[424]

---

[422] A. Merkel, *Lehrbuch des Deutschen Strafrechts*, 1889.

[423] Claus Roxin *Strafrecht A. T*...cit. (trad. esp.) p. 283.

[424] Diogo Luzón Peña *Curso*... cit. 299.

4.1.5.4. Panorâmica da Ilicitude Penal Médica em Especial

4.1.5.4.1. Generalidades

Depois de termos abordado, necessariamente em diagonal, os aspectos essenciais sobre a ilicitude e a tipicidade em geral, estamos aptos a debruçarmo-nos sobre o plano concreto da ilicitude penal médica, ingressando destarte, no âmago ou núcleo central da conduta médica penalmente relevante, isto é, da sua contrariedade à ordem jurídica estabelecida, pela lesão ou perigo de lesão dos bens jurídicos penalmente tutelados.

Como ressalva, todavia, importa ter presente que se a ilicitude em geral, como atrás se viu, se exprime na contrariedade a normas de qualquer sector do ordenamento jurídico, no âmbito do Direito Penal, por força do seu carácter fragmentário, nem toda a conduta antijurídica é penalmente ilícita, mas apenas a que é tipificada no ordenamento penal positivo. A ilicitude penal cristaliza-se no tipo legal e, neste sentido, *nullum crimen sine lege*. Isto significa, como salienta Luzón Peña que «*o direito penal pode operar com critérios próprios e mais exigentes para a ilicitude penal (e isso faz com que essa mesma ilicitude seja dominada pelo* princípio de responsabilidade subjectiva *e que, segundo alguns, em contrapartida, em outras áreas do Direito possa haver antijuridicidade por pura* responsabilidade objectiva). *Mas no âmbito da exclusão da ilicitude, logicamente o que é conforme ao Direito de modo geral, tão pouco é ilícito para efeitos penais, não só por exigência da unidade e coerência do ordenamento jurídico mas também para não contrariar frontalmente o carácter de* ultima ratio *do Direito Penal.*»[425]

Ao conceito de ilicitude interessa uma já clássica construção dual, a do *desvalor da acção/desvalor de resultado* que, remetendo, na sua formulação original, a Welzel,[426] há muito que ultrapassou os limites da

---

[425] Diego-Manuel Luzón Peña, *Curso de Derecho Penal, Parte General* I, ed. Universitas SA, Madrid, 1996, p. 341.

[426] Diz, com efeito o expoente máximo da doutrina finalista: «*Toda a acção humana, boa ou má, é susceptível de duas valorações distintas. Pode, por um lado, ser valorada em função do resultado que produz (valor de resultado) e, por outro, em função do significado da própria conduta, independentemente da atenção ao resultado (valor da acção)*

... ...

O mesmo vale em sentido negativo: o desvalor de uma conduta pode derivar do carácter censurável do resultado que produz (desvalor do resultado). Independen-

doutrina finalista sendo hoje uma aquisição do património da dogmática penal.[427]

Na verdade, o tipo de ilícito consumado é, assim, susceptível de tal dupla valoração, interessando penalmente ao desvalor da acção os elementos subjectivos do tipo (parte objectiva) e, segundo alguns, também as circunstâncias e o modo de execução (parte objectiva).

Ao desvalor de resultado interessam os elementos objectivos do tipo, isto é, os elementos objectivos externos que supõem a causação de uma situação juridicamente indesejável, o resultado típico.[428]

Não iremos deter-nos sobre este importante tema da doutrina geral do crime, importando apenas destacar dois aspectos primordiais:

O primeiro é que sem desvalor de acção, onde se incluem os elementos respeitantes à *atitude interior* e *disposição de ânimo (Gesinnung)*, mesmo que haja resultado típico, isto é, penalmente proibido não existirá responsabilidade criminal, por inexistência de ilícito.

Com efeito, o Direito Penal não é constituído apenas por normas de valoração mas, outrossim, por normas de determinação, dirigidas a todas

---

temente, porém, da produção do resultado, merece desaprovação toda a acção que visa um resultado criminal (desvalor da acção, como acontece v. g., quando o ladrão mete a mão num bolso alheio vazio)». Hans Welzel, **Das Deutsche Strafrecht**, trad. cast. Derecho Penal Alemán, 4.ª ed. Ed. Jurídica de Chile, 1997, p. 1 e 2).

[427] Assim Roxin, escreve: *«Hoje em dia converteu-se em algo usual distinguir na ilicitude (e, sobretudo, também na tipicidade, como tipo de ilícito) entre desvalor de acção e desvalor de resultado.*

Se se considera o dolo típico e outros elementos subjectivos como componentes do tipo, então este não se esgota, como se pensava na época da estrutura clássica do delito, no desvalor do resultado, ou seja na provocação de um estado juridicamente reprovado, mas também que a acção do autor com a sua finalidade e outras qualidades e tendências subjectivas, assim como as ulteriores intenções frequentemente requeridas pelo preceito penal também constituem o ilícito. Destarte, se não se realiza o desvalor de resultado num crime material e ao invés ocorre o desvalor da acção, estamos perante uma tentativa. Se, pelo contrário, ocorre o desvalor de resultado num crime material, mas não se pode constatar o desvalor da acção, faltará o ilícito e ocorrerá a impunibilidade. É certo que se faltar o desvalor da acção num delito doloso, ainda é possível que se tenha que afirmar a existência do desvalor da acção (consistente na criação de um risco não permitido) de um facto negligente; mas se tão pouco ocorrer esse desvalor, a consequência será a impunidade. Segundo a concepção actual, a realização do tipo pressupõe, sempre e sem excepção, tanto um desvalor de acção com um desvalor de resultado.» (Claus Roxin, **Strafrecht. Allgemeiner Teil I**, trad. cast. Derecho Penal, Parte General T. 1... cit. p. 302).

[428] D-M. Luzón Peña, *Curso...* p. 332 a 337.

220   *Da Responsabilidade Médica em Direito Penal*

as pessoas, incluindo inimputáveis, proibindo-lhes determinadas condutas lesivas de bens jurídicos ou impondo-lhes outras socialmente relevantes.

Ora se não houver qualquer acção desvaliosa do agente, não há conduta censurável, visto que a lei proíbe ou impõe comportamentos e não, como se sabe, meros acontecimentos que, muitas vezes, transcendem os limites da actuação das pessoas. Faltará, portanto, nesse caso, a própria ilicitude.

Por outro lado, nos crimes de resultado, se apenas se verificar o desvalor de acção, mas não chegar a haver desvalor de resultado, estaremos ante a forma tentada do crime, como é sabido.

O segundo aspecto a salientar é que, se para efeitos incriminatórios (tipos incriminadores), há que respeitar indefectivelmente os limites do princípio da legalidade, do qual emerge, como seu corolário, o da tipicidade, já no que concerne às causas de justificação (tipos justificadores), que podem até ser supralegais (de criação doutrinal ou jurisprudencial), tais limites são arredados em função até da sua própria natureza garantistica, pois apenas visam proteger os cidadãos contra os arbítrios do poder punitivo.

Naturalmente, é justamente no domínio das causas de exclusão da ilicitude (e também da culpa), que a questão do desvalor de acção, designadamente num direito penal médico, emerge em toda a sua plenitude.[429]

Não iremos aqui ventilar a discutidíssima questão de saber se, como defende grande parte da dogmática alemã, a ilicitude é só uma ou se existe uma específica ilicitude penal, embora nos pareça inteiramente de seguir a lição do Prof. Germano Marques da Silva, quando afirma que não há um ilícito geral, no sentido de o mesmo facto ser ilícito perante todo e qualquer ramo do direito,[430] mas ensinando que o facto ilícito é o facto contrário à ordem jurídica, em qualquer dos seus ramos.[431]

---

[429] Assim, Figueiredo Dias que já nas suas lições de 1975 ensinava: «*Compreende--se, por outro lado que – mau grado a ideia contrária que poderia recolher-se dos artigos 39.º n.º 6 e 52.º do C.P. – os tipos – justificadores, a buscar na totalidade da ordem jurídica, se não encontrem sujeitos ao princípio da legalidade, à proibição da analogia ou a quaisquer outras exigências derivadas da ideia do nullum crimen...»* (Figueiredo Dias, **Direito Penal**, *Aditamentos aos Sumários das Lições, 1977* ed. policop. p. 11 e 12).

[430] Germano M. Silva, *Direito Penal Português, Parte Geral II (Teoria do Crime)*, Verbo, 1998, p. 78.

[431] Ensina, com efeito, o ilustre Professor da Universidade Católica Portuguesa: «*Cada ramo do direito tutela os interesses ou bens jurídicos segundo a sua perspectiva,*

Pressupostos Sistemáticos da Responsabilidade Criminal do Médico   221

Há quem entenda, como H. L. Günther, que inexiste um conceito unitário de ilicitude (*Rechtswidrigkeit*), recortando um conceito de ilicitude penal (*Strafrechtwidrigkeit*).

Segundo este autor «*a ilicitude penal identifica e demarca um zona específica da ilicitude geral, caracterizada pela sua maior gravidade e pela sua dignidade penal. Obedece, por isso, à teleologia imanente ao direito penal* (dignidade penal, carência de tutela penal, etc) *e presta homenagem aos correspondentes princípios e limites jurídico-constitucionais, nomeadamente,* o princípio da proporcionalidade. *Entre a ilicitude geral e a ilicitude penal medeia, além de um óbvia diferença de extensão, uma diferença de gravidade: o ilícito penal representa a forma mais drástica de desaprovação e censura duma conduta humana ao dispor da ordem jurídica.*»[432]

---

em razão da sua própria finalidade e, por isso, pode suceder, e sucede com muita frequência, que o facto seja ilícito perante um ramo de direito e inteiramente irrelevante perante outro.

O facto ilícito penal é um facto ilícito específico em razão da especial relevância para a comunidade do bem jurídico afectado ou do modo da lesão, mas o facto pode ser ilícito num qualquer ramo de direito e não ser ilícito penal em razão do «princípio da intervenção mínima» que é característico do direito penal» (Idem, ibidem).

Também neste sentido era o ensino do Prof. Eduardo Correia :

«A ilicitude traduz-se sempre numa desobediência ao Estado e, por conseguinte, nesta medida, a ilicitude criminal não se distingue da civil, administrativa, disciplinar etc.. E pode justamente considerar-se esta ideia através do «princípio da unidade da ordem jurídica». Este princípio, porém, não pode nunca ultrapassar o plano «formal» e não pode pois impedir que se distinga, «materialmente» uma «ilicitude especificamente criminal», criada autonomamente nos tipos legais de crimes em atenção aos especiais valores neles protegidos ou ao especial modo de protecção» (Eduardo Correia, Direito Criminal I. c/col. de F. Fias), Reimp de 1997, p. 12).

E, mais adiante, o saudoso Professor de Coimbra ensinava: «Sempre que uma conduta é, através de uma disposição do direito, imposta ou considerada como autorizada ou permitida, está excluída sem mais a possibilidade de, ao mesmo tempo e com base num preceito penal, ser tida como antijurídica e punível. Isto derivará, de certo, do princípio da unidade da ordem jurídica. Não, porém porque este princípio corresponda á afirmação de que se um facto é ilícito em um ramo de direito há-de sê-lo em todos e inversamente, o que já vimos ser falso; mas tão só porque aquele pensamento da unidade da ordem jurídica implica a ideia de que "cada preceito do direito positivo se deve referir aos restantes, deve servir para a integração de todos os outros: cada preceito jurídico pode ser utilizado para a interpretação dos restantes e esta não pode nunca fazer-se de forma que entre eles nasça uma contradição"». (Direito Criminal II, p. 7.)

[432] H.L. Günther, *Die Genese eines Straftatbestandes. Eine Einführung in Fragen der Strafgesetzgebungslehre*, cit. por M. Costa Andrade, *Consentimento e Acordo em*

222 Da Responsabilidade Médica em Direito Penal

Os conceitos de desvalor de acção e de desvalor de resultado são fundamentais para a aquilatação da ilicitude médica, ainda que penal, mesmo tendo em conta que nesta, a ilicitude se cristaliza no tipo.

Com efeito, o acto médico ilícito pode consistir na violação de qualquer *Tatbestand* comum ou específico da actividade médica, mas também na inobservância das *leges artis* de que decorre lesão ou perigo de lesão do direito à vida, à saúde, à integridade física e psíquica do paciente e até à liberdade deste.

Com razão afirma João Álvaro Dias: «*jogando com valores tão essenciais, indissolúveis e ilimitáveis como são os direitos de personalidade (v. g. o direito à vida, o direito à integridade física, o direito à saúde), o médico percorre a cada instante, um espinhoso caminho em que a licitude e a ilicitude nem sempre apresentam contornos perfeitamente definidos. A linha demarcada entre aquilo que ao médico é lícito no exercício da sua profissão e aquilo que lhe está vedado não é por certo uma linha recta sem quaisquer oscilações ou quebras, antes aparenta subtis variações a que logo se seguem enormes sinuosidades, num "continuum" ininterrupto.*

Daí que o dramatismo da actuação médica, em casos extremos, esteja bem patenteada na ideia outrora sustentada de que a melhor maneira de garantir a qualidade dos cuidados prestados era ligar indissociavelmente a sorte do médico à sorte do doente».[433]

As dificuldades para a caracterização do comportamento ilícito na actividade médica, sobem tanto mais de tom, quanto é certo que, como é sabido, a larga maioria dos crimes cometidos por médicos, são-no a titulo de negligência, ocorrendo, frequentemente, situações muito próximas ou mesmo integrantes de causas de justificação, de exculpação ou ponderosas atenuantes, pelo que o recorte do desvalor de acção, para uma cabal avaliação e determinação do grau de ilicitude demandam especial atenção e particular cuidado do julgador.

Consideremos, a título de exemplo, o tipo de ilícito de intervenções e tratamentos médico-cirurgicos arbitrários p.p. no art.º 156.º do C. Penal.

É elemento integrante deste tipo de ilícito a ausência do consentimento do paciente, encontrando-se os requisitos de tal consentimento enumerados no art.º 157.º sob a forma do conteúdo do dever de esclarecimento.

Direito Penal (Contributo para a Fundamentação de um Paradigma Dualista), Coimbra Editora, Ld.ª, 1991, p. 166, nota de rodapé 68.

[433] J. Álvaro Dias, *Procriação Assistida e Responsabilidade Médica*, B.F.D.C., Studia Juridica, 21, Coimbra Editora, 1996, p. 274.

Pressupostos Sistemáticos da Responsabilidade Criminal do Médico   223

Impõe, pois, o ordenamento jurídico-penal português uma clara prevalência ou supremacia do princípio *voluntas aegroti suprema lex esto* sobre aqueloutro hipocrático e tradicionalmente defendido, até há pouco *salus aegroti suprema lex esto*. Todavia, com isto não ficam aplanadas as dificuldades do juiz e, menos ainda, do médico, potencial agente do tipo de ilícito que vulnera ou põe em perigo de vulneração os bens jurídicos vida, saúde e integridade física do doente.

É que, ao não informar o paciente sobre a exacta natureza do diagnóstico da sua enfermidade ou, ao ocultar-lhe piedosamente o sentido e o alcance da mesma doença, vale dizer, o prognóstico sobre a mesma, o médico comete, se produz uma intervenção segundo as *leges artis* no organismo do paciente, um atentado contra a própria liberdade de decisão deste, contra o que a jurisprudência germânica apelidou de *freien Selbstbestimmungsrecht des Menschen über seinen Körper* (direito de dispor livremente sobre o seu próprio corpo).

Mas se ao cumprir escrupulosamente o seu dever de esclarecimento sobre o diagnóstico e, designadamente, sobre o prognóstico, ocasionar um colapso cardíaco do doente ou mesmo uma profunda depressão deste, de consequências imprevisíveis, sujeita-se o médico que escapou às malhas do ilícito da intervenção médica arbitrária, a preencher um tipo de ofensa à integridade física por vulneração da saúde do paciente.

O crime de ofensa à integridade física é, como se sabe, crime causal, isto é, em que a execução do mesmo pode ser levada a cabo por qualquer meio e, portanto, também, pelo choque emocional da revelação, v.g., de um diagnóstico do foro oncológico ou um prognóstico oftalmológico de cegueira incurável a curto prazo, para apontar apenas dois exemplos paradigmáticos.

Poderá *primo conspectu* afigurar-se que, tendo o médico esclarecido cabalmente o paciente quer quanto à natureza a gravidade da enfermidade que o atinge (diagnóstico), quer quanto à possibilidade de cura e efeitos colaterais e secundários da terapêutica a instituir, estará a coberto de qualquer incriminação por ofensas corporais, nos termos do artigo 150.º do C. Penal, a cujo estudo detalhado se procederá mais adiante.

Este regime que constitui a *definitio legis* da intervenção médico-cirúrgica penalmente atípica é integrado, como melhor se verá mais adiante, por quatro elementos: a qualidade de médico (ou pessoa legalmente autorizada) do agente, a intenção terapêutica (abrangendo tanto o diagnóstico como a profilaxia), a indicação médica e a realização da intervenção segundo as *leges artis*.[434]

---

[434] Costa Andrade, *Comentário Conimbricence...* T. 1, anot. ao art.º 150.º (§ 18), p. 307.

224   *Da Responsabilidade Médica em Direito Penal*

Ora é justamente quanto a este último elemento ou requisito, o da observância das *leges artis* que, a nosso ver, pode claudicar penalmente o comportamento do médico que revela o diagnóstico de doença portadora de sofrimento intenso ou prognóstico de desfecho infausto, em termos não excludentes da tipicidade de ofensas corporais ou, eventualmente, de homicídio, se for previsível uma reacção lesiva ou fatal do paciente.

É que, tanto a deontologia médica, como a lei penal ressalvam da regra do dever de esclarecimento médico *(Ärztliche Aufklärungspflicht)* as situações que se inserem no chamado *privilégio terapêutico.*

Dispõe, com efeito, o art.º 40.º do Código Deontológico da Ordem dos Médicos:

> «*1. O prognóstico e o diagnóstico devem ser revelados ao doente, salvo se o médico, por motivos que em sua consciência julgue ponderosos, entender não o dever fazer.*
>
> *2. Um prognóstico fatal só pode porém ser revelado ao doente com as precauções aconselhadas pelo exacto conhecimento do seu temperamento, das suas condições específicas e da sua índole moral, mas em regra deve ser revelado ao familiar mais próximo que o médico considere indicado, a não ser que o doente o tenha previamente proibido ou tenha indicado outras pessoas a quem a revelação deva ser feita.*»

E o artigo 157.º do Código Penal português é peremptório ao excluir do dever de esclarecimento sobre o diagnóstico a índole, alcance, envergadura e possíveis consequências da intervenção ou do tratamento, *a comunicação de circunstâncias que, a serem conhecidas pelo paciente, poriam em perigo a sua vida ou seriam susceptíveis de lhe causar grave dano à saúde, física ou psíquica.*

Somos assim levados linearmente a concluir que em caso de comunicação de um diagnóstico ou prognóstico fatal, na medida em que infringe as regras técnicas contidas no art.º 40.º do Código Deontológico e até em incumprimento do disposto na parte final do art.º 157.º do C. Penal, e se dessa comunicação (por exemplo, de uma doença oncológica sem esperança ou de uma cegueira incurável) resultar um ataque cardíaco ou uma depressão profunda no paciente, ao médico que não teve o cuidado de cumprir tais regras técnicas, pode vir a ser imputado o crime de ofensa à integridade física por negligência, p.p. no art.º 148.º, n.ºs 1 e 2, al. a) do referido Código, sem que tal implique uma exacerbação da normativização do bem jurídico integridade física.

Isto porque, desde logo, ao não respeitar as regras técnicas assinaladas, o médico em causa perderia a tutela da atipicidade em relação às ofensas corporais que é conferida pelo art.º 150 n.º 1 do Código em referência.

Depois, porque determinada a existência de um vínculo de imputação objectiva do resultado lesivo do paciente à conduta descuidada do médico, o habitualmente referido *nexo de causalidade*, não vemos como recusar ao agente médico a autoria da ofensa ou vulneração do bem saúde daquele doente, preenchendo, destarte, a factualidade típica do ilícito penal apontado, sendo certo que o art.º 143.º do nosso catálogo criminal incrimina como ofensa à integridade física, a vulneração do corpo ou da saúde de outra pessoa.

Por aqui se vê que a aparente simplicidade do dever de esclarecimento que a lei impõe ao médico, comporta uma zona de risco que não pode deixar de ser tida na devida conta pelo jurista e, designadamente, pelo tribunal, na apreciação sempre casuística do desvalor da acção médica.

É digna de registo, neste aspecto concreto, a posição de Geilen *(Einwilligung und ärztliche Aufklärungspflicht, 1963)* na sua diatribe à tese de Kaufmann, defensor acérrimo do dogma do dever de esclarecimento médico: «*Deve o médico, a cuja arte se apela para salvar a vida, devem os familiares, cuja preocupação suprema tem de ser preservar completamente o doente das influências prejudiciais, responder às perguntas deste com uma verdade que lhe pode precipitar a morte? Pode o mais decantado moralista chamar à mentira trevas e à verdade luz? Oxalá que no quarto de um doente dos olhos, depois de uma operação às cataratas dominem as trevas, já que a luz seria aqui a eterna noite dos olhos. De modo análogo se passam as coisas com a verdade. Quando a sua luz traz a morte, é um dever apagá-la*».[435]

Também Bockelmann não poupa críticas à posição de Kaufmann. Escreve, com efeito o autor de Sratfrecht des Arztes: «*Enquanto não está em jogo a própria pessoa, todos concordarão facilmente com Kaufmann. Mas quem jaz na cama de um hospital há-de, por certo, desejar ardentemente que o mantenham e confirmem na crença de que aquele não é ainda o leito da morte. Os heróis são – felizmente – poucos. Para os restantes de nós, a morte não é nunca um hóspede desejado. Mesmo o perito e conhecedor da matéria, uma vez chegado à* situação de fronteira, *deixa-se voluntariamente enganar*».[436]

---

[435] Geilen, *Einwilligung und ärztliche Aufklarungstflicht,* apud. C. Andrade, *Consentimento e Acordo em Direito Penal.. p. 403, nota 118.*

[436] P. Bockelmann, ZStW, 1981, cit. por C. Andrade na obra referida na nota anterior.

226   *Da Responsabilidade Médica em Direito Penal*

Por isso, se é verdade que o nosso ordenamento jurídico-penal a exemplo do que acontece v. g. na Alemanha e na Áustria, consagra, de forma nítida, a superioridade da autodeterminação pessoal do homem como o seu *valor soberano face à vida, à saúde ou ao bem estar,* segundo o dogma de Kaufmann, não é menos verdade que, ao julgar da ilicitude penal do acto médico, o juiz deverá ter sempre em pauta a lição de Karl Engisch, ele próprio eminente jurista e médico:

> «*Na determinação do conteúdo do dever de esclarecimento deve assumir-se como princípio orientador mais decisivo o que poderíamos designar de* relatividade *(...). Quanto maiores são os perigos e quanto menor a necessidade da operação e quanto menos relevantes forem os interesses da integridade física a prosseguir, maiores terão de ser as exigências do esclarecimento (...). A medida do esclarecimento depende em primeira linha da* pessoa *do paciente, da sua necessidade de esclarecimento e da sua capacidade de juízo*».[437]

E, segundo pensamos, é de ter em atenção a orientação jurisprudencial alemã do BGH que já em 1976 assim sentenciou:

> «*Dada a pluralidade dos dados individuais nas relações entre o médico e o paciente, só a partir de uma consideração global de todas as circunstâncias é possível (...) determinar se o médico respondeu ou não de forma bastante às exigências do seu dever de esclarecimento*». (NJW, 1976, 364).[438]

Note-se, ainda, que o artigo 148.º n.ᵒˢ 1 e 2 alínea a) do Código Penal, respeitante às ofensas à integridade física por negligência, incrimina e pune especificamente tais ofensas ao corpo ou à saúde de outra pessoa, quando decorrentes de *acto médico* e se o agente for médico no exercício da sua profissão, permitindo a dispensa da pena quando não resulte doença ou incapacidade para o trabalho superior a oito dias.

Este regime penal privilegiado do médico actuando *qua tale,* refere--se expressamente a *acto médico* e não, como acontece nos artigos 150.º e 156.º a intervenções ou tratamentos médico-cirúrgicos.

Como avisadamente observa a Dr.ª Paula Ribeiro de Faria: «*Não foi apenas uma variação de linguagem sem qualquer significado que se*

---

[437] Engisch/Hallerman, *Die ärztliche Aufklärungspflicht,* cit. por C. Andrade, *Consentimento e Acordo, p. 405.*
[438] apud. C. Andrade, op. cit., p. 405, nota 124.

pretendeu, mas dar um diferente alcance ao termo aqui empregue em relação ao utilizado pelo artigo 150.º. Acto médico será aqui, no fim de contas, todo aquele que é praticado com uma das finalidades a que se refere o artigo 150.º, ou seja no intuito de "prevenir, diagnosticar, debelar ou minorar doença, sofrimento, lesão ou fadiga corporal ou perturbação mental» *e que, em atenção à presença no espirito do médico de uma intenção de curar (diminuição da culpa) merece um tratamento privilegiado».*[439]

Não existe ainda, entre nós, um conceito jurídico (normativo) de acto médico, não obstante a Base XXXII n.º 2 da Lei 48/90 de 24 de Agosto (Lei de Bases da Saúde) ter estatuído que é definido na lei o conceito de acto médico. Como é sabido, a Ordem dos Médicos teve relevante intervenção na elaboração do projecto do diploma sobre o Acto Médico que, contudo, acabou por ser vetado pelo Presidente da República, mantendo-se, até agora, uma indefinição legal sobre tão relevantíssimo conceito que constitui elemento do tipo legal atrás referido (artigo 148.º n.ºs 1 e 2 alínea a) do Código Penal), cabendo assim à jurisprudência e à doutrina o preenchimento de tal lacuna.

O mesmo diploma previa no seu artigo 4.º que nos processos de natureza disciplinar, civil e criminal em que estivesse em causa a apreciação de actos médicos ou nos quais fosse imputada prática incorrecta, deficiente ou errada daqueles actos, as autoridades disciplinares e judiciais devessem solicitar, sendo necessário, pareceres à Ordem dos Médicos.[440]

---

[439] Paula Ribeiro de Faria, *Comentário Conimbricence...* t. 1, anot. ao art.º 148.º (§ 28), p. 274.

[440] É o seguinte o articulado do projecto de Decreto-Lei sobre o acto médico, da autoria do Governo e elaborado com a colaboração da Ordem dos Médicos:

*Artigo 1.º (**Definição do acto médico**) «1.Constitui acto médico a actividade de avaliação diagnostica, prognóstica, de prescrição e execução de medidas terapêuticas relativa à saúde das pessoas, grupos ou comunidades. 2 .Constituem ainda actos médicos os exames de perícia médico-legal e respectivos relatórios, bem como os actos de declaração do estado de saúde, de doença ou de óbito de uma pessoa».*

*Artigo 2.º (**Competência para a prática do acto médico**). 1. O exercício do acto médico é da responsabilidade dos licenciados em medicina regularmente inscritos na Ordem dos Médicos. 2. O exercício de actos médicos dentários e odontológicos rege- -se por legislação própria. 3. Os actos médicos realizados no âmbito dos serviços médico-legais são objecto de legislação própria.*

*Artigo 3.º (**Consultórios**) 1.Os consultórios e outros locais onde se pratiquem actos médicos só podem funcionar sob a responsabilidade de médicos em condições de exercer legalmente a sua profissão.*

2. Os médicos responsáveis pelos locais mencionados no número anterior devem comunicar à Ordem dos Médicos, no prazo de 15 dias após o início das suas funções,

228   *Da Responsabilidade Médica em Direito Penal*

De todo o exposto cremos ter demonstrado que, por um lado, à tensão dialéctica entre o serviço à *salus aegroti* e obediência à *voluntas aegroti*, pode corresponder, e tantas vezes assim sucede, um verdadeiro dilema existencial entre o dever de esclarecimento (*Aufklärungspflicht*) e o dever de assistência (*Fürsorgepflicht*) por parte do médico e, por outro lado, à patente dificuldade do jurista na delimitação da própria ilicitude do acto médico.

Tem aqui todo o interesse transcrever a lição do Prof. Costa Andrade que a esta matéria tem dedicado, entre nós, particular atenção digna de todos os encómios:

> *«Neste contexto, não deixarão de abundar situações em que o esclarecimento reclamado pela autonomia e liberdade pode comprometer irremediavelmente o êxito da operação ou mesmo desencadear, só por si, consequências drásticas e irreversíveis para a integridade física, a saúde ou a vida do paciente (...). Bastará ter presente o que em geral se passa com o tratamento do cancro que, como Engisch acentua «coloca o médico num beco sem saída» (Fest. Bockelmann, p. 528). Na verdade explicita o autor,* «verifica-se aqui um conflito entre os diferentes deveres do médico, nomeadamente: encorajar o paciente a submeter-se à terapia desejada; e, ao mesmo tempo não lhe infligir nenhuma lesão física ou psíquica e respeitar o seu direito de autodeterminação, propiciando-lhe, para o efeito o necessário esclarecimento» *(idem, p. 527). Um conflito que se agudiza sobremaneira quando se tem presente, por um lado, que o cancro provoca directamente a morte se não for tratado. E, por outro, que*

---

a existência dos consultórios em causa e a identificação dos restantes profissionais de saúde que nele exerçam a profissão. 3. Os consultórios médicos devem ter indicado o nome do médico, o título de especialista concedido pela Ordem dos Médicos e observar as disposições regulamentares próprias. 4. Os locais que não se encontrem nas condições previstas nos números anteriores são encerrados pelas entidades policiais mediante determinação da Autoridade de Saúde ou a requerimento da Ordem dos Médicos.

*Artigo 4.º (**Consulta à Ordem dos Médicos**) Nos processos de natureza disciplinar civil e criminal, em que esteja em causa a apreciação de actos médicos ou nos quais seja imputada prática incorrecta, deficiente ou errada daqueles actos, as autoridades disciplinares e judiciais devem solicitar, se necessário, pareceres aos órgãos próprios da Ordem dos Médicos*

*Artigo 5.º (**Norma Revogatória**) São revogados os artigos 19.º e 20.º do Decreto-lei n.º 32171, de 29 de Julho de 1942».*

Pressupostos Sistemáticos da Responsabilidade Criminal do Médico 229

a simples comunicação ao paciente do respectivo diagnóstico ou dos riscos da intervenção pode desencadear um efeito de choque de consequências irremediáveis. É, por isso, com pertinência que Engisch se interroga sobre a responsabilidade penal do médico pelos danos provocados (ofensas corporais *ou* homicídio) *com uma menos ponderada comunicação do diagnóstico subjacente ao tratamento proposto ou dos riscos que este eventualmente comporte. E, numa postura mais radical, confronta a ordem jurídica com as suas contradições: por um lado, pretendeu submeter a prática médica ao imperativo* nihil nocere *e, por outro e ao mesmo tempo, obrigar a um esclarecimento que pode originar formas penalmente censuráveis de sacrifício dos bens jurídicos envolvidos (ibidem, p. 527 e segs.).»*[441]

Albin Eser (ZStW, 1985, 21) ensina que o esclarecimento há-de relevar apenas como mediador de *«uma decisão autodeterminada sobre a natureza e a envergadura da intervenção médica e dos riscos que ela comporta. Com o esclarecimento não deve, por isso, pôr-se em perigo o que acima de tudo se visa salvaguardar: a saúde. O dever de esclarecimento está, assim, imanentemente limitado pelo* Fürsorgepflicht»[442]

4.1.5.4.2. O Artigo 150.º do Código Penal
(Baluarte Inexpugnável do Direito Penal Médico)

O artigo 150.º do Código Penal representa, indiscutivelmente, um verdadeiro marco legislativo no já extenso território do direito penal médico.

Com ele cessa definitivamente a possibilidade de qualquer semelhança da conduta do cirurgião com a do faquista, na fórmula paradigmática de Karl Binding (*Lehrbuch des Gemeinen Deutschen Strafrechts, 1902*).

Ele é, antes de mais, não um qualquer regime privilegiado dos médicos, mas uma homenagem ao sentido eminentemente social do exercício da ciência médica e, portanto, um tributo à população beneficiária dos seus cuidados.

---

[441] C. Andrade, *Consentimento e Acordo em Direito Penal*, p. 402, nota de rodapé 115.

[442] Albin Eser, *(ZStW, 1985 e Ärztliche Aufklärungspflicht)*, cit. por Costa Andrade na obra referida p. 460, nota 292.

230 *Da Responsabilidade Médica em Direito Penal*

Com efeito, na pátria de Binding, como em muitos outros países europeus, qualquer intervenção médica, ainda que clinicamente indicada e realizada segundo as *leges artis* constitui tipicamente uma ofensa corporal *(Körperverletzung)* ainda que coroada de êxito.

Na Alemanha, na falta de um dispositivo legal análogo ao do artigo 150.º do Código Penal português, toda a jurisprudência desde a do Reichgericht até à do BGH, bem como a dos restantes tribunais, assim tem considerado, não obstante se erguerem vozes autorizadas dos maiores expoentes da doutrina penal verberando tal posição e reclamando a urgência da consagração legal de um dispositivo semelhante ao nosso.

Albin Eser, por exemplo, lapidarmente afirma que «*a equiparação da intervenção médica à facada de um brigão, mesmo que apenas para efeitos de tipicidade, não deixará de agredir o médico, atingindo-o no rosto da sua auto-representação.*[443]

Edmond Mezger é peremptório: «*Eingriffe und Behandlungen, die der Übung eines gewissenhaften Arztes entsprechen, sind keine Körperverletzungen, können aber als eigenmächtige Heilbehandlungen bestraf werden*»[444].

O médico não tem o dever jurídico de curar o doente, até porque tal não depende exclusivamente da sua vontade, mas tem o indeclinável dever de empreender o tratamento que, de acordo com as regras da ciência médica, e no estado actual dos conhecimentos técnico-cientificos, é considerado como adequado à cura ou, pelo menos, a proporcionar ao doente alguma qualidade de vida compatível com a dignidade do ser humano.

Nisto se traduz o que, no domínio civilístico, é designado como obrigação de meios.

Veremos, em momento ulterior, que esta expressão não colhe, no domínio da actividade médica, unanimidade entre os nossos civilistas.

Só que, ao empreender tal tratamento ou intervenção ele lida directa e imediatamente com o organismo do paciente, com a integridade física do mesmo e, como tal, com um bem jurídico eminentemente vulnerável.

A não existir uma barreira de contenção, uma fortaleza que isole o médico do campo das agressões, ele inexoravelmente cairá nas malhas

---

[443] Albin Eser, *(Ärztliche Aufklärung und Einwilligung, 1984, 190)* apud. Costa Andrade, *Comentário Conimbricence...* cit., anot. ao art.º 150.º (§ 11), p. 306.

[444] E. Mezger: «*As intervenções e tratamentos que correspondem ao exercício consciente da actividade médica não constituem quaisquer ofensas corporais, mas podem ser punidos como tratamentos arbitrários*» apud. Eberhard Schmidt, *Der Arzt im Strafrecht,* Leipzig 1939, p. 123.

Pressupostos Sistemáticos da Responsabilidade Criminal do Médico   231

jurídicas das ofensas à integridade física, embora justificáveis nos termos gerais.

Era o que acontecia, entre nós, no domínio do vetusto Código de 1886, convindo *hic et nunc* recordar um breve apontamento esquemático da autoria de Maia Gonçalves que, nessa época, constituiu precioso auxiliar do intérprete, continuando, ainda hoje, a revestir-se de significativo interesse, pelo que com a devida vénia, se transcreve o mesmo em nota de rodapé.[445]

Como causas de exclusão da ilicitude (não da tipicidade) figuravam *inter alia*, o estado de necessidade, o cumprimento do dever e como acontece ainda hoje na jurisprudência francesa, o exercício de um direito profissional.[446]

---

[445] O Exm.º. Conselheiro Maia Gonçalves, na altura ainda Juiz Desembargador, escreveu e seguinte nota esquemática: *«A maioria das legislações não prevêem o problema das lesões causadas por médicos, nos tratamentos médico-cirúrgicos; tem, no entanto, o mesmo prendido a atenção de muitos autores, os quais se debruçam atentamente sobre o fundamento da não punição de tais lesões.*

Há casos em que, para curar ou prevenir uma doença, é necessário desencadear outra menos grave, ou uma lesão corporal, no próprio doente ou em outrem (como sucede, por exemplo, nas transfusões de sangue). É assunto que se presta a larga controvérsia. Em visão panorâmica, poderá esquematicamente dizer-se:

a) As lesões médicas são lícitas quando existe consentimento do paciente capaz de dá-lo, ou do seu representante legal sendo incapaz, e estão contidas nos limites legais do exercício da medicina (vejam-se o Dec. -Lei n.º 37 171 e o Regulamento da Ordem dos Médicos, referidos em anot. aos art.ºs. 236.º e 290.º);

b) Tais lesões não serão em caso algum lícitas, se contrárias à moral ou aos bons costumes

c) É necessário um fim curativo. Assim, deve ser incriminado o facultativo que causa lesões corporais tão só por curiosidade ou com o fim de proceder a experiências científicas. Os autores recomendam, porém, grande cautela dos tribunais em matéria tão delicada, pois que um critério excessivamente rigorista poderia comprometer a investigação científica;

d) Tratamento idêntico devem ter as lesões de estética cirúrgica;

*e) Ao consentimento real do paciente deve equiparar-se o consentimento presumido ou hipotético. É um problema geral, não específico destas lesões, o da relevância de tal consentimento. (Veja-se Eduardo Correia, **Direito Criminal II**, p. 29). No entanto, deve aqui ser referido, pela frequência com que o problema se depara aos facultativos, postos perante a premência de intervenção urgente em doentes que, por estarem inconscientes ou por outra razão, não podem manifestar a vontade antes da intervenção cirúrgica»* (Manuel Lopes Maia Gonçalves, *Código Penal Português, na Doutrina e na Jurisprudência*, 3.ª ed. Livraria Almedina, Coimbra, 1977, p. 565, nota 6 em aont. ao art.º 359.º).

[446] Kahal, por exemplo rejeita o conceito de "consentimento presumido" que considera "pura ficção arbitrária" e defende como legitimadora de qualquer intervenção

232   *Da Responsabilidade Médica em Direito Penal*

Mais detalhadamente se voltará a este aspecto na abordagem do tema do «consentimento informado».

Importa, porém, frisar que, se a atipicidade das intervenções médico-cirurgicas relativamente às ofensas corporais se funda em razões de índole politico-criminal, também motivos de ordem dogmática ponderam suficientemente em tal atipicidade.

Como escreve Costa Andrade: «*a tese contrária sobrecarrega a área da tutela das ofensas corporais com a protecção de valores ou interesses a saber: a liberdade de dispor do corpo e da própria vida – que lhe são estranhos. E teria como consequência o* esbatimento da diferença entre os crimes contra a integridade física e os crimes contra a liberdade (*Hirsch, EK1 antes do § 223*)».[447]

O artigo 150.º integra um conjunto de quatro elementos: dois subjectivos, qualificação do médico e intenção terapêutica e dois objectivos, indicação médica e realização segundo as *leges artis*.

Segundo Costa Andrade, tais elementos são de verificação necessariamente cumulativa: «*a ausência, v.g., da finalidade terapêutica exclui todo o espectro de intervenções que, embora normalmente realizadas por médico, não têm o «paciente» como seu beneficiário directo (experimentação pura, angiografia, castração etc»*.[448]

A indicação médica «*afasta os tratamentos e métodos ainda não cientificamente convalidados, bem como os métodos de terapêutica excêntricos em relação à* medicina académica *ou institucionalizada (maxime os chamados métodos naturalistas, homeopáticos), etc.»*.[449]

Particular detalhe merece o próprio conceito de «indicação médica».

É óbvio que competirá ao próprio médico a ponderação da relação custos-benefícios, isto é, o potencial sacrifício de bens eminentemente pessoais do doente (e, eventualmente, de bens sociais) e as perspectivas do sucesso alcançável, em suma, os riscos e as vantagens.

Porém a indicação médica que, no texto da lei, é referida como indicação das intervenções e tratamentos *segundo o estado dos conhecimentos e da experiência da medicina* é um requisito objectivo que não

---

ou tratamento médico em geral o *direito profissional* do médico sancionado pelo Estado (ZStW 1909), cit. por Costa Andrade, *Consentimento e Acordo*, p. 413. nota 143.

[447] Costa Andrade, *Comentário Conimbricence...* anot. ao art.º 150.º (§ 11), p. 306.

[448] Idem, p. 307.

[449] Idem, ibidem.

Pressupostos Sistemáticos da Responsabilidade Criminal do Médico   233

deve confundir-se com a indicação subjectiva que é a da intenção terapêutica *(intenção de prevenir, diagnosticar, debelar ou minorar doença, sofrimento, lesão ou fadiga corporal ou perturbação mental)* nas palavras da lei, que constitui um requisito subjectivo.

Sendo, portanto, a indicação médica requisito objectivo, excluídos estarão, *primo conspectu* os métodos terapêuticos ou cirúrgicos não cientificamente convalidados, por caírem fora dos apertados limites desta definição legal.

E isto constitui, pelo menos no plano do debate teórico, tortuosa questão, por isso que, se, por força do falado transbordamento dos limites do tratamento ou intervenção atípicos, o médico fatalmente cairá no ilícito típico de ofensas à integridade física, por outro lado, todos estão de acordo que o médico que, *in extremis*, isto é numa situação de perigo iminente de vida, resolve tentar uma terapêutica não suficientemente comprovada, última solução para segurar uma vida que se esvai, não merece ser punido. Mais, não merece ser acusado de qualquer crime!

Há então que esquadrinhar laboriosamente o catálogo das causas de justificação e das causas de exculpação, designadamente a do consentimento expresso ou presumido, do direito de necessidade ou do estado de necessidade desculpante.

É que, de acordo com a doutrina e mesmo jurisprudência estrangeira *«as intervenções que ocorrem em campos ainda não cobertos pelos conhecimentos e experiência da medicina, sobretudo intervenções terapêuticas de carácter experimental ou ainda não suficientemente comprovadas – mesmo que sejam levadas a cabo por forma técnica e cientificamente irrepreensível»,*[450] constituirão sempre ofensas corporais *«só podendo a sua justificação derivar – se puder – de eventual relevância nos termos gerais de uma concreta causa de justificação,* maxime *do consentimento do ofendido ou do estado de necessidade».*[451]

Nesta linha de pensamento, o médico que resolva experimentar no paciente praticamente desenganado, um método terapêutico ainda não suficientemente convalidado (*standardizado)* que não integre, v.g. *protocolos* de tratamento médico, embora já haja notícias no mundo da Medicina de alguns casos de sucesso terapêutico com tal método, corre risco sério de, em Portugal, vir a ser acusado (e até condenado) por ofensas corporais, se as dirimentes invocadas não funcionarem em termos de exclusão de ilicitude do seu procedimento.

---

[450] Figueiredo Dias, *Responsabilidade Médica em Portugal*, p. 68.
[451] Idem, ibidem.

234   *Da Responsabilidade Médica em Direito Penal*

Paula Ribeiro de Faria na sua excelente dissertação de Mestrado, escreve:

> «*Na medida em que um determinado tratamento não constitua um procedimento medicamente consolidado, isto é, enquanto não se integre no quadro dos conhecimentos da medicina tradicional, esse tratamento não pode ser objectivamente indicado, não podendo por conseguinte constituir tratamento médico curativo à face da nossa lei. E isto por mais louvável que seja a intenção curativa, por maior que seja a preocupação com o benefício individual do paciente para quem a intervenção constitui a última esperança*».

E, mais adiante, a mesma distinta jurista acrescenta:

> «*Se o legislador penal considera à margem da actuação terapêutica condutas que, muito embora orientadas pelo bem estar do paciente, não se encontram ainda suficientemente comprovadas, tal exclusão não nos repugna, pois que ela é unicamente dominada pela preocupação de garantir um «terreno seguro», no qual se possa afirmar um regime especifico mais favorável porque subtraído ao alcance do tipo legal de ofensas corporais*».[452]

Cremos que tal posição se traduz numa insuportável exigência da Ordem Jurídica à Vida, em nome da certeza.

Se, *hominum causa omne jus constitum est* e se, pelas já apontadas razões de política criminal e dogmáticas, o procedimento médico não deve ser equiparado ao do faquista, isto é, não deve ser incriminado como ofensa à integridade física desde que executado correctamente, por médico e com finalidade terapêutica, cremos que as exigências de interpretação não devem ser levadas a ponto de se considerar como crime de ofensa à integridade física aquele método terapêutico num doente sem esperança, embora ainda não suficientemente comprovado.

E isto não só em termos *de lege ferenda*, pois também à face do nosso diploma positivo vigente parece que tal tratamento, desde que haja notícias médicas do seu sucesso, ainda que episódico, será atípico integrando-se sem esforço na *indicação segundo o estado dos conhecimentos e da experiência da medicina* sem necessidade de exigência de comprovação, exigência que se nos afigura, de exacerbado rigor.

---

[452] Maria Paula Bonifácio Ribeiro de Faria, *Aspectos Jurídico-Penais dos Transplantes,* cit. p. 68

Na realidade, se um tratamento ou um fármaco surtiu efeito positivo numa aplicação terapêutica divulgada em congresso, em publicação cientifica médica ou até pela *Internet*, deve considerar-se satisfeito o requisito da "experiência da medicina", para efeitos de exclusão da tipicidade de ofensas à integridade física, muito embora se desconheçam todos os efeitos farmacocinéticos e farmacodinâmicos do medicamento (o que, às vezes, leva anos a comprovar)[453] e outros eventuais efeitos iatrogénicos ainda não detectados.

---

[453] A experiência clínica ou experiência terapêutica é muitas vezes demorada, até se obterem resultados estáveis e, mesmo assim, sob o signo da provisoriedade. Muitos medicamentos são lançados no mercado farmacêutico e, anos depois, são retirados do mesmo por ordem da entidade competente (em Portugal, o Instituto Nacional da Farmácia e do Medicamento – INFARMED) por se registarem efeitos não suficientemente detectados numa fase inicial. É evidente que quando se fala em comprovação ou consolidação do procedimento médico, refere-se quase sempre a uma comprovação provisória, pelas razões apontadas, o que, como é evidente, não se compadece com a urgência do tratamento de um doente sem esperança.

Por outro lado, é bom não esquecer, há determinadas espécies farmacológicas que comprovadamente se revelam de alta eficácia em determinadas patologias, mas cuja acção terapêutica noutras enfermidades ainda não está suficientemente demonstrada, embora haja notícias médicas de algum sucesso terapêutico nessas enfermidades. É o caso de alguns citostáticos que provaram bem em determinados tumores malignos mas, embora não de forma suficientemente estável, foram experimentados em outras neoplasias com alguns resultados muito animadores.

Nestes casos, pensamos que o médico, desde que haja consentimento do doente, que disso deverá ser informado, poderá, se o entender, aplicar o medicamento, sem se ver incurso num crime de ofensas à integridade física, sendo esse medicamento a última esperança de vida do paciente.

Aqui, como em tudo na vida há que observar o velho adágio *"est modus in rebus"!*.

Temos, assim, por manifestamente conforme à realidade o ensinamento de Bockelmann, segundo o qual «*aplicar o único meio que garante alguma esperança face à ameaça da morte será melhor do que não fazer nada. Este juízo "ex ante" tido por correcto, permanece intocado quando "ex post" se verifica que a utilização do meio, em vez de um adiamento do fim teve como consequência a sua precipitação. A ordem jurídica não exige que se evite a última oportunidade pelo facto de a tentativa de a utilizar poder falhar. Espera, pelo contrário, que ela seja utilizada. Donde se conclui que, quando se trata de assegurar a última oportunidade, também uma "operação-Neuland" constitui uma intervenção indicada e, neste sentido acertada"* (Bockelmann, **Strafrecht des Arztes**, apud. Costa Andrade, *Consentimento e Acordo...* cit. 470).

Reconhecemos que a questão não é pacífica mas, afigura-se-nos que, em caso de vida ou morte, a aplicação pelo médico de um tratamento que, embora ainda não suficientemente comprovado nos seus múltiplos aspectos, mas que já registou algum

236 *Da Responsabilidade Médica em Direito Penal*

É que, como nota o Prof. Costa Andrade «*nem sempre a remissão para os* conhecimentos e *a* experiência da medicina permitirá *referenciar um sistema estabilizado de processos e métodos de tratamento e claramente demarcado face aos sistemas – ambiente.*

Tal só valerá, com efeito, para os casos extremados que se situam já para além da fronteira da superstição crassa (Jung, ZStW, 1985, 50) ou para os chamados métodos naturalistas».[454]

Se é exacto que *in extremis extrema sunt tentanda* a certeza do direito não pode prevalecer sobre o bem jurídico Vida (do doente), legal, constitucional e supranacionalmente tutelado, e não será, seguramente, pelo refúgio numa qualquer causa de justificação que tal tutela será plenamente adequada.

Também esta deve ser a leitura das palavras de Pio XII aos médicos reunidos em congresso em 1954, onde o Pontífice declarou que, em casos desesperados, quando o paciente parece perdido e existe apenas um tratamento com algumas possibilidades de êxito, deve admitir-se que o médico proceda a tal tratamento, desde que se verifiquem três condições indispensáveis: a urgência do tratamento, algumas perspectivas de sucesso e o consentimento do paciente.[455]

Não é só relativamente a situações terminais, que o problema se levanta. O mesmo acontece, por exemplo, no que concerne às infecções e, designadamente, às infecções hospitalares, que hoje constituem uma percentagem elevadíssima de causas de morte nos hospitais e outras instituições onde haja lugar a internamento de doentes.

Um dos tipos de infecção mais recorrente é a infecção estafilocócica sendo o respectivo agente patogénico, designadamente, o *staphilococus aureus* (estafilococo dourado) na actualidade, extremamente resistente, pois, cerca de 95% das estirpes de tal agente são resistentes à penicilina e, segundo Harrison, em algumas instituições de diferenciação terciária > 40% das estirpes isoladas de *S. aureus* são também resistentes à meticilina.

êxito terapêutico segundo fontes médicas fidedignas, não encerra qualquer desvalor de acção para poder ser incriminada num País que se orgulha de dispor de um preceito normativo tão avançado como é o artigo 150.º do nosso Código Penal.

[454] Costa Andrade, *Comentário Conimbricence...* cit. anot. ao art.º. 150.º (§24), p. 311-312.

[455] J. Graven, *Nuevas Aportaciones en Torno al Problema de la "Vida" y de la "Muerte" y sus Incidencias Juridicas,* apud. Maria Paula Ribeiro de Faria, **Aspectos Jurídico-Penais dos Transplantes**, p. 72 e 73, nota de rodapé 95.

Em 1997, apareceram alguns relatos de *S. aureus* com resistência intermédia à vancomicina.[456]

É um facto do conhecimento geral que os agentes patogénicos, designadamente bacterianos, têm vindo a ganhar resistência a uma vastíssima gama de antibióticos, certamente por uso indevido e abusivo destes.

Tem, a este propósito, inteiro interesse a lição do Prof. Doutor Francisco Antunes, Director do Serviço de Doenças Infecciosas do H. St.ª Maria, que nas 2.ªˢ Jornadas de Doenças Infecciosas na Clínica Geral afirmou:

> *«As doenças infecciosas constituem hoje uma ameaça para o Homem, dado que doenças desde há muitos séculos conhecidas não foram erradicadas, nem sequer controladas, antes pelo contrário têm vindo a aumentar (ex.: malária e tuberculose). Novas doenças têm surgido nas duas últimas décadas (ex. febres hemorrágicas e SIDA) e, por outro lado, os antibióticos introduzidos, com sucesso, há cerca de 50 anos para o tratamento das infecções têm-se revelado cada vez mais ineficazes.*
>
> *Deste modo, nesta última década tem-se registado um crescente interesse por estas doenças, sendo os médicos cada vez mais solicitados para observarem doentes com febre associada a doença infecciosa.*
>
> *As doenças infecciosas que foram ensinadas há 10 anos atrás aos estudantes de Medicina já não são as mesmas dos tempos de hoje, quer pelas suas características epidemiológicas, quer pelo padrão clínico, quer pelos novos métodos de diagnóstico laboratoriais quer, ainda, pela intervenção terapêutica com a disponibilização de novos antimicrobianos».*[457]

O Professor americano H. C. Neu, numa lição proferida em Berlim no 17.º Congresso Internacional de Quimioterapia, intitulada *Perspectives of Antimicrobial Chemotherapy in the next century* afirmou:

> *«No próximo século, assistir-se-á a uma progressiva substituição da terapêutica farmacológica (antibiótica) pela imunológica (imunoglobinas, imunomodeladores, anticorpos monoclonais e policlonais)*

---

[456] Harrison's, *Principles of Internal Medicine 14.ª ed.* (trad. port. Medicina Interna. Compêndio de Harrison, McGraw-Hill de Portugal, Ld.ª, 1999, p. 460).

[457] In *Mundo Médico*, ano 1, n.º 5, Julho/Agosto 99, p. 42.

238   *Da Responsabilidade Médica em Direito Penal*

dada a crescente taxa de resistência das bactérias aos antibióticos e a inultrapassável dificuldade de se criarem, em tempo útil, novas moléculas activas e inócuas destes fármacos».[458]

Ora como é bom de ver, perante uma infecção bacteriana multiresistente, o médico não deverá hesitar em lançar mão a um antibiótico de nova geração, surgido recentemente no mercado, e, portanto, sem grandes provas resultantes de ensaios clínicos e com curto período de farmacovigilância, a fim de atalhar o curso inexorável da progressão do processo infeccioso, que a não ser tratado, conduzirá fatalmente à morte ou à incapacidade do doente.

Não parece, que, nestes casos, deva o médico ser acusado de um crime de ofensas à integridade física, com base no facto de o antibiótico utilizado não ter sido suficientemente experimentado pela medicina.

Nem se diga que o médico pode ver a sua conduta justificada através de qualquer causa de exclusão da ilicitude, designadamente do consentimento do ofendido e do direito de necessidade.

O consentimento do ofendido, como se sabe, só releva como dirimente quando se refere a interesses jurídicos livremente disponíveis e o facto não ofende os bons costumes (art.º 38.º n.º 1 do C.P.).

Ora, trata-se de conceitos de grande fluidez, ficando à mercê da jurisprudência o decantamento casuístico de tais situações e o mesmo se diga de qualquer outra causa de justificação.

O que importa, é evitar o que, como diz Albin Eser constituirá sempre uma *agressão do médico no rosto da sua auto-representação,* se, mesmo que apenas, para efeitos de tipicidade, vier a ser equiparado ao faquista a que se referia Binding.

---

[458] Prof. H. C. Neu, cit por Dr. Germano do Carmo, *Resistência Bacteriana aos Antibióticos*, in Mundo Médico, ano 2, n.º 7, Novembro/Dezembro de 1999, p. 26.

O ilustre infecciologista do Hospital de St.ª Maria, Dr. Germano do Carmo, neste mesmo seu artigo atribui a elevação das taxas de resistência microbiana aos antibióticos a três causas principais:

1.º O uso indevido de antibióticos na alimentação animal e humana

2.º Uso inadequado de antibióticos em Medicina Veterinária

3. Má prática clínica.

Esta má prática clínica, segundo o referido especialista «*relaciona-se com o mau ou incorrecto uso dos antibióticos, quer no ambulatório, quer nos hospitais, de que resulta por pressão selectiva a emergência de estirpes resistentes, sendo disso um bom exemplo as crescentes taxas de resistência do enterococo, do pneumococo, do gonococo, do estasfilococo dourado e do estreptococo, só para falar dos mais divulgados e de maior relevância clínica». Idem, ibidem.*

Por outro lado, como adiante teremos ocasião melhor de apreciar, quando se analisar a cláusula dos "bons costumes", a propósito da doutrina do consentimento, em princípio, só as lesões ligeiras escapam à censura dos "bons costumes", sendo radicalmente diferente o quadro justificativo quando se trate de lesões graves e irreversíveis que um determinado método terapêutico poderá causar.

Ficará, desta sorte, o médico que *in extremis* tente a aplicação de uma terapêutica, não suficientemente consolidada, para salvar uma vida, sujeito inexoravelmente à potencial imputação de um crime de ofensas à integridade física cujo comportamento só será considerado licito, se o tribunal concluir pela existência de uma causa de justificação.

Importa *hic et nunc* relembrar as palavras de Schünemann «*o que, na sua decisão, o julgador representa como materialmente justo, mais não significa do que o reflexo das suas atitudes eminentemente pessoais e, por isso, um puro arbítrio, no sentido já a seu tempo denunciado pelos teóricos do iluminismo*».[459]

Em todo o caso, e em termos práticos, cremos que dificilmente se procederá à aplicação terapêutica de produtos ou medicamentos não suficientemente comprovados, já que a própria introdução no mercado farmacêutico (farmácias, estabelecimentos clínicos, hospitais etc.) é controlado pelas autoridades sanitárias, nos termos do disposto, essencialmente, no Dec. Lei 72/91, de 8 de Fevereiro, alterado pelo Dec. Lei 272/95, de 23.10.[460]

De acordo com o artigo 4.º do referido diploma legal, a introdução de medicamentos e outros produtos farmacológicos no mercado está sujeita a autorização do Ministro da Saúde, ouvido o Instituto Nacional da Farmácia e do Medicamento (INFARMED).

Do próprio processo de autorização constará obrigatoriamente um relatório de avaliação com as observações produzidas na apresentação do pedido, em especial as respeitantes aos resultados dos ensaios analíticos, farmacotoxicológicos e clínicos do medicamento.

A documentação científica que acompanha o pedido de autorização normalmente é constituída pelas descrições dos métodos de controlo

---

[459] Schünemann, *Nulla poena sine lege? Rechtstheorielische und Verfassungsrechtliche Implikationen der Rechtsgewinnung im Strafrecht, 1978*, apud Costa Andrade, *Consentimento e Acordo...* cit, p. 542.

[460] Note-se, no entanto, que do âmbito do capítulo II do Dec. Lei 72/91 de 8.2 estão excluídos os medicamentos produzidos nos hospitais e outras instituições públicas destinados aos seus utentes-art.º 3.º n.º 2, al. d) do referido diploma.

240   *Da Responsabilidade Médica em Direito Penal*

usados e dos resultados dos ensaios físico-químicos, biológicos, micro-biológicos, toxicológicos, farmacológicos e clínicos.

Além disso, nos termos do art.º 94.º do Dec. Lei 72/91, de 8 de Fevereiro, os titulares de autorização de introdução no mercado, os próprios médicos, os directores técnicos de farmácias e outros técnicos de saúde, ficam obrigados a comunicar ao INFARMED as reacções adversas de que tenham conhecimento, resultantes da utilização dos medicamentos. É o que se denomina a farmacovigilância que indicia como é longo o processo experimental de qualquer medicamento[461].

---

[461] Pela relevância do seu interesse, convirá ter presente a definição legal dos diversos espécimes farmacológicos que, genericamente, se engloba, na designação de «medicamentos» mas que, de acordo com o art.º 2.º do Dec. Lei 72/91 de 8 de Fevereiro se devem distinguir. Por isso passa-se a transcrever o art.º 2 do referido diploma legal.

«Definições: Para *efeitos deste diploma, entende-se por:*

a) Medicamento: toda substância ou composição que possua propriedades curativas ou preventivas das doenças e dos seus sintomas, do homem ou do animal, com vista a estabelecer um diagnóstico médico ou a restaurar, corrigir ou modificar as suas funções orgânicas;

b) Especialidade farmacêutica: todo o medicamento preparado antecipadamente e introduzido no mercado com denominação e acondicionamento próprios:

c) Preparado oficinal: todo o medicamento preparado numa farmácia, segundo as indicações de uma farmacopeia, destinado a ser dispensado por essa farmácia a um doente determinado;

d) Fórmula magistral: todo o medicamento preparado numa farmácia, segundo uma receita médica e destinado a um doente determinado;

e) Substância activa: toda a matéria de origem humana, animal, vegetal ou química, à qual se atribui uma actividade apropriada para constituir um medicamento;

f) Matéria-prima: toda a substância activa, ou não, que se emprega na produção de um medicamento, quer permaneça inalterável quer se modifique ou desapareça no decurso do processo;

g) Excipiente: toda a matéria-prima que incluída nas formas farmacêuticas se junta às substâncias activas ou suas associações para servir-lhes de veículo, possibilitar a sua preparação e a sua estabilidade, modificar as suas propriedades organolépticas ou determinar as propriedades físico-químicas do medicamento e a sua biodisponibilidade;

h) Forma farmacêutica: estado final que as substâncias activas apresentam depois de submetidas às operações farmacêuticas necessárias, a fim de facilitar a sua administração e obter o maior efeito terapêutico desejado;

i) Produtos essencialmente similares: todos os medicamentos com a mesma composição qualitativa e quantitativa em substâncias activas, sob a mesma forma farmacêutica e para os quais foi demonstrada bioequivalência com base em estudos de biodisponibilidade apropriados».

Fora do âmbito do artigo 150.º ficarão, segundo Costa Andrade, os métodos de terapia excêntricos em relação à «medicina académica» ou «institucionalizada» (*maxime* os chamados métodos naturalistas, homeopáticos, etc.) e, naturalmente as situações de experimentação pura.[462-463]

Importa, no entanto, ter, actualmente, presente, no que tange a tratamentos homeopáticos, que a Directiva da União Europeia n.º 92/73/ /CEE do Conselho, de 22 de Setembro de 1992, reconheceu a Homeopatia como terapêutica, preconizando para os produtos homeopáticos um regime semelhante ao existente para os medicamentos convencionais, estabelecendo as regras de fabricação, comercialização e rotulagem dos medicamentos homeopáticos.

Na verdade a chamada "medicina homeopática", como reconhece a sobredita Directiva, é hoje uma realidade no espaço da União Europeia com significativa expressão em vários dos seus Estados membros. Na França, na Alemanha, na Itália e na Espanha o ensino da homeopatia é integrado nos currículos das Faculdades de Medicina, quer como Cursos de Pós-Graduação, quer como disciplina opcional, o que permite antever, a não muito longo prazo, um regime análogo em Portugal.

Como se lê no preâmbulo do Dec. Lei 94/95 de 9 de Maio que transpôs para a nossa ordem jurídica a falada Directiva n.º 92/73/CEE, *«Em Portugal, país onde se reconhece o direito de acesso aos produtos homeopáticos, verifica-se a utilização crescente desses produtos, ainda que de alguma forma não generalizada.*

Da realização da plena integração dos Estados membros da União Europeia decorre que estes produtos farmacêuticos tenderão a ser disponibilizados em todo o espaço comunitário, pelo que a Directiva 92/73/ /CEE do Conselho, de 22 de Setembro de 1992, alargou a este tipo de produtos o âmbito de aplicação das Directivas n.ºs 65/65/CEE e 75/319/ /CEE, relativas à aproximação das legislações respeitantes aos medicamentos, estabelecendo ainda disposições específicas para os mesmos, com vista a assegurar a necessária harmonização em matéria de produção, controlo, distribuição e utilização destes produtos»[464]

---

[462] Costa Andrade, *Comentário Conimbricence...* cit. anot. ao art.º 150.º (§ 24), p. 311.

[463] A Declaração de Helsínquia (1954) designa como *experimentação não terapêutica* a experimentação pura e a Declaração de Tóquio (1975) refere-se à *investigação biomédica não terapêutica.*

[464] Para uma melhor compreensão do regime jurídico dos produtos homeopáticos em Portugal convirá transcrever os artigos 2.º a 4.º do citado dec. Lei n.º 94/95 de 9 de Maio que transpôs para a ordem jurídica nacional a Directiva 92/73/CEE, de 22.9.92:

242 Da Responsabilidade Médica em Direito Penal

Ficarão excluídas do âmbito das intervenções médico-cirurgicas penalmente atípicas, as investigações biomédicas, isto é as que integram a experimentação pura ou, por outras palavras, as que têm o paciente como mero objecto e não como beneficiário directo.[465]

«*Artigo 2.º.*
Produtos homeopáticos
*1 – Para efeitos do disposto no presente diploma, são considerados produtos homeopáticos aqueles que, contendo uma ou mais substâncias, sejam obtidas a partir de produtos ou composições denominados «**matérias-primas homeopáticas**», de acordo com o processo de fabrico homeopático descrito na Farmacopeia Europeia ou, quando dela não conste, nas farmacopeias de qualquer Estado membro de União Europeia.*
2 – Os produtos homeopáticos são classificados, quanto às suas características, em:
   a) Medicamentos homeopáticos;
   b) Produtos farmacêuticos homeopáticos.
Artigo 3.º.
Medicamentos homeopáticos
1 – Entende-se por medicamento homeopático qualquer produto homeopático que possua propriedades curativas ou preventivas das doenças do homem e dos seus sintomas, com vista a estabelecer um diagnóstico médico ou a restaurar, corrigir ou modificar as suas funções orgânicas.
2 – Ao processo de introdução no mercado, ao fabrico, comercialização e direcção técnica, à rotulagem, folheto informativo e à publicidade dos medicamentos homeopáticos é aplicável, com as necessárias adaptações, o regime jurídico previsto para os medicamentos de uso humano, constante do dec. Lei n.º 72/91, de 8 de Fevereiro, e os Decretos-Leis n.ºˢ 100/94 e 101/94, ambos de 19 de Abril.
Artigo 4.º
Produtos farmacêuticos homeopáticos
1 – Entende-se por produto farmacêutico homeopático qualquer produto homeopático que reuna, cumulativamente, as seguintes características:
   a) Administração por via oral ou tópica;
   b) Grau de diluição que garanta a inocuidade do produto, não devendo este conter mais de uma parte por 10 000 de tintura-mãe, nem mais de 1/100 da mais pequena dose eventualmente utilizada em alopatia para as substâncias activas, cuja presença num medicamento alopático obrigue a prescrição médica.
   c) Ausência de indicações terapêuticas especiais no rótulo ou em qualquer informação relativa ao produto.
2 – A introdução no mercado dos produtos farmacêuticos homeopáticos está sujeita a um processo de registo simplificado, nos termos do disposto nos artigos seguintes».
   [465] Segundo Costa Andrade «*trata-se, pela positiva, de intervenções que prosseguem finalidades exclusivamente cientificas s c., o aumento do conhecimento, figurando o paciente como mero objecto e não como beneficiário directo. Pela negativa, "inter-*

Pressupostos Sistemáticos da Responsabilidade Criminal do Médico   243

O diploma legal que, entre nós, regula a experimentação não terapêutica é o Dec. Lei n.º 97/94 de 9 de Abril, que no n.º 2 do art.º 1.º define «ensaio clínico» pela forma seguinte:

> «*Para efeitos do presente diploma, entende-se por ensaio clínico todo o estudo sistemático com medicamentos a realizar em seres humanos, saudáveis ou doentes, com o objectivo de investigar ou verificar os efeitos e ou identificar qualquer efeito secundário dos medicamentos e ou estudar a sua absorção, distribuição, metabolismo e excreção, a fim de determinar a sua eficácia e segurança».*

No art.º 2.º o mesmo diploma proclama que o bem individual da pessoa deve prevalecer, em qualquer ensaio clínico, sobre os interesses da ciência e da comunidade.

É, no entanto, absolutamente imprescindível notar que, qualquer tratamento médico contem uma componente experimental, uma vertente de ensaio clínico, já porque cada doente é um caso específico com as suas possíveis reacções adversas e idiossincráticas, já porque, como se viu, o período de farmacovigilância é longo, durante o qual, muitos efeitos iatrogénicos poderão ainda ser detectados além do aprofundamento do conhecimento dos mecanismos farmacodinâmicos e farmacocinéticos do produto medicamentoso, numa pluralidade considerável de organismos diferentes.

Com razão escreve Costa Andrade:

> «*A ideia terapêutica e a ideia experimental não se excluem em absoluto. Por um lado todo o tratamento médico comporta um coeficiente de experiência. Por outro lado, há casos de experimentação a fazer inequivocamente jus ao adjectivo de* terapêutico *e, por vias disso, a reivindicar a pertinência à categoria e ao regime das intervenções médico-cirurgicas».*

E o mesmo ilustre autor, na sua notável dissertação de doutoramento afirma:

> «*As dificuldades começam logo a minar o caminho quando se trata de identificar, em concreto, as experiências que devem, como*

---

venções que não visam curar" (diagnosticar, prevenir, debelar) doenças que atinjam o paciente, antes estão pré-ordenadas à prossecução de valores comunitários e supra individuais» (Comentário Conimbricense... cit, anot. ao art.º 150.º (§17).

tais, contrapor-se à acção terapêutica e excluir-se do pertinente regime. Já porque todo o tratamento médico comporta um coeficiente, mais ou menos explicito mas sempre incindível, de experimentação; já porquanto entre a intervenção inequivocamente terapêutica e a forma extremada de experimentação científica se situa todo um espectro de constelações intermédias que não podem catalogar-se como exclusivamente pertinentes a qualquer das duas categorias. A chamada "Heilversuch" mais não representará do que a expressão paradigmática da concorrência das duas qualificações.»[466]

Critério decisivo e estrutural será sempre, a nosso ver, o da "finalidade terapêutica, requisito subjectivo, como vimos, do artigo 150.º, exactamente porque toda a administração de medicamentos comporta, como se viu o seu coeficiente de experimentação.

Por isso, a razão está inteiramente, uma vez mais, com Costa Andrade quando afirma que «*a marca essencial da intervenção médico-cirúrgica é a sua finalidade terapêutica ou ao menos primordialmente terapêutica concreta: O que a define é, noutros termos, o facto de ser levada a cabo em benefício directo da pessoa concretamente atingida: Ora é precisamente esta finalidade que falta na experimentação humana: Que é empreendida em nome do interesse geral do alargamento do conhecimento científico ou do arsenal de meios terapêuticos ao dispor da comunidade»*[467].

Se o destinatário de tal intervenção é o próprio beneficiário, por via da patologia a que o tratamento se destina em primeira linha, não haverá que excluir esse tratamento ou intervenção do regime da atipicidade penal contido no artigo 150.º do C. Penal.

E dizemos em primeira linha, porque pode concorrer com a finalidade terapêutica também uma finalidade experimental e científica *(investigação curativa)* ou, na expressão germânica, *Heilversuch*.

Ponto é, que a finalidade curativa seja prevalente para que, verificados os demais requisitos, se considere a intervenção médico-cirurgica penalmente atípica.

Outro requisito, agora objectivo, do artigo 150.º é o da observância das regras da arte médica, cuja violação é susceptível de causar o chamado

---

[466] Costa Andrade, *Consentimento e Acordo...* cit. p. 468.

[467] Costa Andrade in *Experimentação Humana: Perspectivas Jurídico – Criminais* in *Universidade de Coimbra, Faculdade de Medicina, Coimbra, A Excelência da Investigação na Essência da Universidade: Homenagem a Egas Moniz, Paradigma da Ciência*/Universidade de Coimbra, Faculdade de Medicina, *1999*, pg. 72.

erro médico (*Ärztlichekunstfehler*) que é genericamente considerado, como adiante melhor veremos quando tratarmos do erro médico, como *"todo o erro em que incorre o médico no tratamento dos seus doentes."*[468]

Trata-se, como bem pondera o ilustre penalista que vimos citando, do *mais parquinsoniano e instável dos momentos, um misto de* objectivo-normativo e objectivo-descritivo.[469] Na perspectiva deste autor o legislador português terá querido associar a violação das *leges artis* à fase da execução do tratamento, enquanto que a *indicação médica* que, em princípio, também integraria a própria observância das *leges artis ad hoc* se inscreverá do lado do estabelecimento do diagnóstico e da escolha da terapia.[470]

Se, segundo o pensamento de G. Schwalm no seu estudo *Zum Begriff und Beweiss des ärztlichen Kunstfehlers (Fest. Bockelmann, 539 ss.)* «o *Kunstfehler* é um elemento normativo objectivo ou, na linguagem jurídico-penal, um elemento da factualidade típica, não um elemento de culpa»,[471] somos levados a concluir que a área da violação das *leges artis* não é inteiramente coincidente com a do erro médico, pois pode haver violação das *leges artis* sem que, necessariamente, ocorra um Kunstflehler (erro médico) e nem todo o erro médico há-de ser consequência necessária de uma violação das *leges artis*.

Por outras palavras, a violação das *leges artis* é um conceito mais amplo e, portanto, não inteiramente sobreponivel ao do erro médico.

Do exposto deflui uma dúvida que requer resposta tão imediata quanto possível: coincide a violação das *leges artis* com a violação do dever de cuidado (*Sorgfaltpflichtverletzung*)?

Também aqui, pelo menos na doutrina germânica, as opiniões dividem-se

Para Bockelmann *é possível referenciar violações dos deveres de cuidado por parte do médico que não configuram uma violação das "leges artis"*[472]

---

[468] Eberhard Schmidt *Der Arzt im Strafrecht*, Leipsig, 1939, 138, afirma peremptoriamente:« *Jeder dem Arzt in der Arbeit am Kranken unterlaufende Fehler soll hier also als "Kunstfehler" angesprochen werden»*.

[469] Costa Andrade, *Comentário Conimbricence...* cit. anot. ao art.º 150.º (§25), p. 312.

[470] Costa Andrade, ibidem e também em *Consentimento e Acordo...*, p. 481, nota de rodapé 345.

[471] Schwalm, apud. Costa Andrade, *Consentimento e Acordo*, p. 481.

[472] Bockelmann, *Strafrecht der Arztes*, apud. Costa Andrade, *Consentimento e Acordo*, p. 432.

246   *Da Responsabilidade Médica em Direito Penal*

E o mesmo autor alemão faz notar que, por outro lado, nem todo o erro médico configura necessariamente uma *Sorgfaltspflichtverletzung*, dada a liberdade de escolha do método terapêutico.

Este entendimento, porém não tem merecido o aplauso da generalidade da doutrina que considera a violação das *leges artis* como «*inobservância de qualquer dos diferentes deveres de cuidado que impendem sobre o médico na diversidade das circunstâncias, modalidades de acção e sucessivos estádios do* iter terapêutico».[473]

O que, inequivocamente, se deve todavia realçar é que a observância das *leges artis* não tem de coincidir com o seguimento de determinada escola médica, uma vez que tal contrariaria frontalmente o princípio de liberdade do método terapêutico nem, como bem refere Paula de Faria, se determina pela referência a um *standard* de conhecimentos já alcançados sob pena de bloqueio de toda e qualquer evolução.[474]

O artigo 125.º do Código Deontológico da Ordem dos Médicos consagra, entre nós a liberdade de escolha dos meios de diagnóstico e tratamento (liberdade terapêutica), tal como acontece com os códigos deontológicos de variadíssimos países, podendo considerar-se tal liberdade uma verdadeira aquisição cultural da Medicina contemporânea.[475]

Questão de relevante interesse que importa equacionar, é a de saber se a observância das *leges artis* constitui requisito *stricto sensu* de exclusão da tipicidade.

Rui Pereira pronuncia-se pela negativa afirmando:

> «*A conclusão de que a observância das "leges artis" não constitui um verdadeiro requisito da exclusão da tipicidade é imposta, com absoluta clareza pelo n.º 2 do artigo 150.º do C. Penal. Com efeito, a violação das "leges artis" (necessariamente dolosa, por força do disposto no art.º 13.º do C. Penal) só é punível como crime autónomo, de perigo concreto, quando acarrete perigo para o corpo,*

---

[473] Costa Andrade, *Consentimento e Acordo*, p. 482.

[474] Paula Ribeiro de Faria, anot. ao art.º 148.º do C. Penal (§15) in *Comentário Conimbricence,...* cit., 1.º vol., p. 266.

[475] É o seguinte o teor do artigo 125.º do Código Deontológico da Ordem dos Médicos:

1. A liberdade de escolha pelo Médico dos meios de diagnóstico e tratamento, não pode ser limitada por disposição estatutária, contratual ou regulamentar, ou por imposição da entidade de prestação de cuidados médicos.

2. O disposto no número anterior não impede o controlo médico hierarquizado do acto Médico o qual, quanto exista, deve realizar-se sempre no interesse do doente.

Pressupostos Sistemáticos da Responsabilidade Criminal do Médico 247

saúde ou vida do paciente. Ora, se a observância das "leges artis" constituísse um efectivo requisito da exclusão da tipicidade, a sua violação deveria postular que a intervenção ou tratamento médico--cirúrgico constituiria intrinsecamente uma ofensa corporal, prevista nos artigos 142.º, 143.º ou 144.º do Código Penal, independentemente do perigo causado pela violação.»[476]

Afigura-se-nos que a observância das *leges artis* e a indicação médica constituem verdadeiros requisitos objectivos consagrados no artigo 150.º do C. Penal para a exclusão da tipicidade das ofensas à integridade física, do mesmo passo que a qualidade do agente (médico ou pessoa legalmente autorizada) e a intenção curativa (no sentido amplo, englobando diagnóstico, a prevenção e o tratamento) constituem verdadeiros requisitos subjectivos.

Porém, só a verificação cumulativa de tais requisitos exclui a tipicidade das intervenções médico-cirurgicas.

No ensinamento de Costa Andrade:

«Os quatro elementos são de verificação necessariamente cumulativa, resultando, por isso, reciprocamente redutores. Noutros termos, qualquer destes elementos dá expressão a um específico programa normativo de demarcação de fronteiras face a áreas fenomenológicas materialmente contíguas, mas a que o legislador não quer estender o regime de benefício dos tratamentos médico--cirurgicos.»[477]

Ora, segundo o arquétipo normativo gizado pelo nosso legislador, parece que, sempre que haja violação das *leges artis* o próprio tratamento ou intervenção médica preencherá a factualidade típica da ofensa à integridade física do paciente, desde que resulte daí uma ofensa no corpo ou na saúde do paciente, para usar a expressão literal do art.º 143.º do Código Penal.

Advirta-se, porém, que, como refere Jean Penneau, na actividade médica contemporânea *"não se saberia exercer eficazmente medicina, sem produzir, quase diariamente, ofensa à integridade corporal dos pacien-*

---

[476] Lesseps Reys e Rui Pereira, *Introdução ao Estudo da Medicina Legal, vol. I, Deontologia e Direito Médico*, AAFDL, 1990, p. 37.

[477] Costa Andrade, *Comentário Conimbricence...* cit. anot. ao art.º 150.º (§ 13), p. 307.

248 Da Responsabilidade Médica em Direito Penal

tes: agressão visível, desde a mais anódina injecção intradérmica à amputação mais mutilante; agressão infinitamente mais subtil realizada através do emprego de drogas ou de radiações ionizantes, utilizadas às vezes para a destruição de células que constituem o corpo da pessoa tratada"[478], o que significa que um simples comprimido pode ter efeitos secundários indesejáveis sobre o corpo ou sobre a saúde do paciente que, no caso de violação das *leges artis* pode constituir a ofensa incriminatória.

Parece ser este também o entendimento de Paula Ribeiro de Faria que, em anotação do artigo 148.º do Código Penal escreve lapidarmente:

> «*Se o agente não observa na execução das intervenções as referidas "leges artis", passa a estar-se tipicamente perante uma ofensa da integridade física (já que se afasta a aplicação do artigo 150.º) que, salvo raras excepções, se deixa enquadrar neste tipo legal (e isto uma vez que, por via de regra, a actuação do profissional de saúde não é dolosa)*».[479]

---

[478] J. *Penneau La Responsabilité Médicale, Sirey, Paris, 1977, p. 149.*

[479] Paula Ribeiro de Faria, *Comentário Conimbricence...* cit. anot. ao art.º 148.º, (§15), p. 266. Pelo seu manifesto interesse transcrevem-se, com a devida vénia, os exemplos apontados por esta ilustre jurista:
Assim sucederá, entre muitas outras hipóteses; se o anestesista não controla devidamente a actividade cardíaca do paciente antes da administração da anestesia e o paciente vem a sofrer um ataque cardíaco durante a intervenção; se o cirurgião se esquece inadvertidamente de uma gaze dentro do campo operatório uma vez terminada a operação que vem a desencadear uma forte infecção; se o radiologista não obedecer a determinadas cautelas na execução de intervenções radiológicas profundas, dando assim origem a fortes lesões da saúde do paciente; se o médico assistente não analisa devidamente os elementos constantes da ficha clínica do seu doente e lhe administra um medicamento errado. Mais duvidosa, dada a possibilidade de intervir aqui um princípio de confiança decorrente da divisão de trabalho, é a situação em que o médico administra uma injecção intravenosa sem confirmar previamente o conteúdo da seringa através da leitura do rótulo da ampola (considerando que a violação do dever de cuidado existe mesmo que a injecção lhe tenha sido apresentada preparada por uma enfermeira, uma vez que sobre o médico incidiria um dever autónomo de fiscalização, BURGSTALLER, WK § 88 22). É responsável por este tipo legal o médico que prescreve estupefacientes a um seu paciente sem que estes sejam medicamente indicados (HIRSCH, LK § 230 12); como o médico que, sendo colaborador directo de um determinado especialista, tendo visitado várias vezes a doente, conversado com os seus familiares e consultado várias vezes a sua ficha clínica onde se indica predisposição para determinado problema, teve oportunidade de duvidar do diagnóstico feito inicialmente pelo seu colega (pancreatite), mas "deixou correr as

E não parece ser diferente a opinião de Figueiredo Dias quando refere que, nem sempre a violação das *leges artis* constituirá uma ofensa corporal, mas só assim o será *quando a intervenção se traduza – como se exprime o Código na definição de ofensa corporal (art.ºs 142.º n.º 1 e 143.º in principio) – em causar uma ofensa no corpo ou na saúde de outrem*[480].

E o mesmo ilustre Professor de Coimbra acrescenta:

> *«Se, pois, do "error artis" não derivar uma ofensa no corpo ou na saúde do paciente a conduta do médico não será, por causa daquele erro criminalmente punível (ressalvada, é claro, a hipótese de punibilidade da tentativa). Se derivar uma tal ofensa, o médico será punível, havendo então a distinguir consoante o crime foi cometido com dolo ou com negligência».*[481]

Cremos que a intervenção médico-cirúrgica ou o tratamento violador das regras da arte médica constitui em si mesmo ofensa à integridade física, fenómeno que nada tem de inédito, pois este é, como é sabido o regime jurídico-penal dos tratamentos e intervenções semelhantes em variadíssimos países e, designadamente na Alemanha, na Áustria, na França, na Espanha etc.

Não se torna necessário, na nossa opinião, a visibilidade de qualquer lesão, visto que a ofensa se consubstancia, como se disse, na intervenção médica com desrespeito pelas referidas regras de arte, sendo certo que uma simples alteração anátomo-morfológica pode ser considerada como lesão, se diminuir, de algum modo, o bem jurídico saúde ou se afectar, ainda que de modo reversível, o organismo do paciente.

---

coisas", vindo a complicar-se seriamente o quadro clínico da paciente (oclusão intestinal); ou o obstetra que perante uma forte hemorragia da sua paciente na sequência de um parte normal, tendo a mesma sido sujeita anteriormente a duas cesarianas, não procede de imediato a um exame e diagnóstico completos, designadamente através da exploração manual do canal do parto e da cavidade uterina depois da expulsão da placenta (dada a elevada probabilidade de se tratar de uma ruptura do útero); ou o médico anestesista que, tendo a obrigação de controlar e comprovar o correcto funcionamento de todos os aparelhos antes de iniciar a sua actuação, omite essas cautelas, tornando-se responsável pela administração ao paciente de protóxido de azoto em lugar de oxigénio devido à troca dos respectivos tubos (STELLA/ZUCALLA/CRESPI ART.º 589 X 1093)».

[480] Figueiredo Dias e Sinde Monteiro, *Responsabilidade Médica em Portugal*, BMJ 332, 72.

[481] Ibi, ibidem,

250   *Da Responsabilidade Médica em Direito Penal*

Assim não será, apenas, quando de tal violação não resultar efectivamente qualquer lesão!

De resto, este tem sido o entendimento da nossa jurisprudência, relativamente à desnecessidade de qualquer lesão corporal, incapacidade, sofrimento ou mesmo dor, mesmo fora do específico campo médico.

Por exemplo o Acórdão do Supremo Tribunal de Justiça de 18 de Dezembro de 1991 publicado no D.R. I-A Série de 8-2-92 firmou com carácter obrigatório a seguinte jurisprudência:

«Integra o crime do artigo 142.º do Código Penal a agressão voluntária e consciente, cometida à bofetada, sobre uma pessoa, ainda que esta não sofra, por via disso, lesão, dor ou incapacidade para o trabalho.»

Como se ponderou nas alegações do Ministério Público proferidas no processo em que foi tirado o referido aresto, ainda à luz da versão originária do Código Penal de 1982, *"a questão da dor, sua existência e intensidade, como a questão das lesões ou da incapacidade para o trabalho, não são questões de tipicidade, excepto quanto aos casos de crime qualificado ou privilegiado, mas sim questões tão só relevantes quanto à escolha da pena e sua medida"*. E o mesmo aresto prosseguiu com esta conclusão:

«A lei pune hoje no artigo 142.º do Código Penal a mera ofensa no corpo e esta tem lugar quando uma agressão voluntária é praticada no corpo de alguém, mesmo quando dela não resulte ofensa na saúde do visado, por ausência de quaisquer efeitos produtores de doença ou de incapacidade para o trabalho».

Trata-se, portanto, de uma concepção teleológica-racional do crime de ofensas à integridade física mas, mesmo do ponto de vista naturalistico, isto é no plano anátomo-fisiológico a administração de qualquer produto produzirá quase sempre uma modificação, por mínima que seja, no organismo do paciente, como refere Jean Penneau, acima citado, e tanto basta para que ocorra tipicamente uma ofensa à integridade física, se não tiverem sido observadas as regras da arte médica.

Preenchido o tipo legal de ofensas à integridade física (ou ofensas corporais como referia o Código anterior) não se segue, como é consabido, que se esteja necessariamente perante uma situação de responsabilização criminal, desde logo porque pode concorrer qualquer causa de justificação que exclua a ilicitude e, mesmo que assim não aconteça, isto é, se mostrar-se realizado o tipo de ilícito, pode ocorrer qualquer situação excludente da culpa.

As dificuldades assumem particular densidade quando, não obstante a aparente violação das regras da arte médica, se logre alcançar o êxito de um tratamento curativo.

Aqui desde logo se depara com a dificuldade de caracterização da violação das *leges artis*, já que a observância das regras de arte médica e, designadamente, das *leges artis ad hoc*, não implica, como se disse, o seguimento de determinada corrente académica, de "escola", mas antes se recorta num pano de fundo de liberdade de métodos terapêuticos.

Na Alemanha, por exemplo, onde, como se sabe, não existe dispositivo análogo ao nosso artigo 150.º, e onde a jurisprudência é invariável no sentido de que toda a intervenção médico-cirurgica preenche a factualidade típica de ofensas corporais, só podendo a respectiva ilicitude ser excluída mediante consentimento eficaz, a chamada *teoria do resultado* (*Erfolgstheorie*) defendida, entre outros, por Bockelmann e por Hirsch, aponta neste sentido. Com efeito, escreve Hirsch:

> «*A relatividade do bem jurídico implica que não lesam o bem jurídico referido as acções que melhorem em sentido médico um estado físico diminuído ou debelem um processo de deterioração e, por isso, recuperam ou garantem total ou parcialmente a saúde. Quem vence ou previne o defeito físico não prejudica a integridade física, antes afasta ou reduz um prejuízo, isto é, realiza o contrário da lesão corporal.*»[482]

Qualquer desvalor de acção traduzido por eventual violação das *leges artis* será, face à teoria do resultado, neutralizada pelo valor do resultado obtido.

Diferente é a opinião de Heinz Zipf. Com efeito, escreve este autor:

> «*Não é em absoluto indiferente atender ao comportamento realizado de acordo com as "leges artis" ou, pelo contrário, ao resultado da intervenção. A contraposição entre desvalor da acção e desvalor de resultado aclara esta distinção. Nestas hipóteses o correcto é conceder supremacia ao específico desvalor da acção (SCHICK, em Die Haftung des Arztes, s. 44). E isto tendo em conta que o conceito "com êxito" levantará problemas, pois que em muitas*

---

[482] Hirsch *Strafgesetzbuch*. Leipzig Kommentar, apud. C. Andrade, *Consentimento e Acordo*, p. 427.

252 — *Da Responsabilidade Médica em Direito Penal*

enfermidades sabe-se de antemão que não se pode esperar um êxito no sentido do restabelecimento do estado de saúde originário do paciente. O êxito do tratamento dependerá também da colaboração do paciente na sua recuperação.

Parece pois correcto considerar que a actividade médica realizada de acordo com as regras da ciência médica não supõe nenhum ilícito da acção que possa conduzir a um responsabilidade por ofensas corporais. O fundamento dogmático de tudo isso pode ver--se no princípio de adequação social: devem entender-se as regras da arte médica como uma hipótese especial de aplicação desta instituição jurídica[483].»

Para o referido autor, a caracterização do acto médico violador das *leges artis* será sempre "*a contrario*", uma ofensa corporal, pois não pode ficar dependente do resultado. Esta é também a nossa posição. Na verdade não há resultados ilícitos mas sim condutas ilícitas. Como escreve Taipa de Carvalho:

«Não há resultados lícitos ou justos mas sim condutas justificadas; traduzindo-se o ilícito no desvalor da conduta (violação da norma de proibição/imposição ou de cuidado por uma conduta adequada a lesar o bem jurídico)[484].»

Muito diferentes serão as coisas, segundo a teoria do resultado, se o estado do paciente se mantiver ou se vier a agravar-se mediante um tratamento com violação das *leges artis*.

Na Áustria, onde não existe dispositivo legal semelhante ao artigo 150.º do nosso Código Penal, também as intervenções e tratamentos médico-cirurgicos são tratados como ofensas à integridade física. Escreve a este propósito Heinz Zipf:

«O § 110 do Código Penal Austríaco diz respeito a todo o tratamento médico que pertença a esse âmbito profissional. O tratamento deverá ajustar-se genericamente, às regras da ciência médica

---

[483] Heinz Zipf, *Problemas del Tratamiento Curativo realizado sin Consentimiento en el Derecho Penal Alemán y Austríaco. Consideración Especial del Transplante de Órganos,* in Avances de la Medicina y Derecho Penal, (AA. VV.) Barcelona, 1988, p. 149-164.

[484] Américo Taipa de Carvalho, *A Legítima Defesa (da Fundamentação Teórico--Normativa e Preventivo-Geral e Especial à Redefinição Dogmática),* dis. de doutoramento, Coimbra Editora, 1995, p. 146.

(Kienapfel, BT 12, § 110, Rz. 27). Esta interpretação longe de prejudicar o médico, favorece-o. A inclusão do tratamento médico realizado sem consentimento no § 110 do Código Penal Austríaco e não no tipo de ofensas corporais beneficia o médico, (não é punível a comissão imprudente e trata-se de um delito privado).

Ao seguir-se a acepção ampla de tratamento curativo não haverá nenhuma necessidade politico-criminal de tratar como lesões corporais os tratamentos médicos realizados de acordo com as "leges artis". Actualmente existe amplo acordo em que o tratamento realizado com êxito segundo as regras da ciência médica não pode dar lugar à responsabilidade criminal por ofensas corporais (LOEBENSTEIN, ÖJZ, 1978, p. 309 ss. De outra opinião LOTHEISSEN, RZ, 1975, 2 ss)[485].»

Consideramos, pois, a observância das *leges artis* requisito essencial das atipicidade dos tratamentos e intervenções médico-cirurgicos.

O artigo 150.º do Código Penal tem como agente o médico ou *"pessoa legalmente autorizada"*. Só as intervenções e tratamentos realizados por tais agentes, desde que obedeçam aos restantes requisitos assinalados no supra- citado normativo, não se consideram ofensas à integridade física, sendo, portanto, penalmente atípicos.

Por médico deve entender-se não apenas o licenciado em Medicina, isto é, habilitado com um curso superior médico-cirúrgico, oficialmente reconhecido como tal mas, nos termos do disposto no art.º 8.º do Estatuto da Ordem dos Médicos (Dec. Lei 282/77 de 5 de Julho), aquele que estiver inscrito na referida Ordem, visto que, em face de tal inciso legal, o exercício da Medicina está condicionado àquela inscrição.

O Código refere-se também, no preceito em análise, "à pessoa legalmente autorizada" e, como tal, deverá ser entendido o pessoal de enfermagem e outros técnicos de saúde com competência para ministrar substâncias medicamentosas e intervir no organismo humano, mediante exercício autorizado por entidade pública com poderes de tutela.

Também relativamente a este elemento, Rui Pereira considera não ser o mesmo um requisito de delimitação negativa do tipo *em toda a sua extensão* afirmando:

«Se alguém levar a cabo a intervenção ou tratamento sem a necessária autorização legal mas com fim curativo o seu compor-

---

[485] Heinz Zipf, *Problemas del Tratamiento Curativo...* cit. in Avances de La Medicina y Derecho Penal, Barcelona 1988, p. 155.

254   *Da Responsabilidade Médica em Direito Penal*

tamento não será típico desde que o fim prosseguido haja sido alcançado. Nessa hipótese, o agente terá provocado uma diminuição de risco e a sua conduta será atípica. O que não obsta, evidentemente, a que seja punível pela comissão do crime de usurpação de funções previsto no n.º 2 do artigo 400.º do Código Penal.[486]»

Em nossa opinião, cremos que uma intervenção de índole cirúrgica ou um tratamento medicamentoso levado a cabo por um leigo, ainda que com finalidade curativa, preencherá sempre o <u>tipo</u> de ofensas à integridade física, desde que tenha havido alteração anátomo-morfológica ou qualquer dano para a saúde, sem prejuízo de ver excluída a sua <u>ilicitude</u> por força do consentimento do ofendido ou, eventualmente, pelo direito de necessidade (estado de necessidade justificante).

Ainda que se considere não ter havido desvalor de acção/ desvalor de resultado, e que, portanto, sem desvalor de resultado (nos crimes de resultado) não haverá ilícito penal[487], tal só releva para efeitos de apreciação da ilicitude e não do tipo.

Com efeito, não se nos afigura argumento bastante, em sentido contrário, isto é, da indissociabilidade dos conceitos de tipicidade e ilicitude, a invocação do conceito do tipo de ilícito ou da ilicitude tipicamente cunhada, para se afastar o preenchimento do tipo, na conduta considerada.

É que, apesar deste conceito, defendido, entre nós, v.g., por Figueiredo Dias, desde os anos 60, na sua magistral Tese de Doutoramento,[488] não

---

[486] Rui Pereira, *Introdução ao Estudo da Medicina Legal,* vol. I, da autoria de Lesseps Reys e Rui Pereira, AAFDL, 1990, p. 37/38.

[487] Assim, entre nós, por exemplo Taipa de Carvalho, *Direito Penal (parte geral) vol II, Teoria Geral do Crime,* Publicações Universidade Católica, Porto, 2004, pg. 52.

[488] Figueiredo Dias, *O Problema da Consciência da Ilicitude em Direito Penal,* 4.ª edição, 1955, pg. 86 e segs. Porém, como o mesmo consagrado autor nota, com a formulação do conceito de tipo-de-ilícito, como individualização, concretização ou tipicização da ilicitude, não se opera a indistinção entre ambas as categorias, louvando--se em Engisch, de que cita a seguinte passagem: «Certo *que, segundo aquela construção, com a tipicidade in toto fica dada também a ilicitude; mas isso só porque ao fundamento está ligada a consequência. De facto, tipicidade e ilicitude estão entre si não só numa relação de objecto e valoração, de matéria proibida e normação, mas também numa relação de fundamento e consequência»*

E o ilustre Professor de Coimbra prossegue: «*Assim temos de novo, de um lado todos os elementos que, no seu conjunto, relevam para a valoração da ilicitude e constituem o tipo, de outro a consequência que juridicamente se liga àquele conjunto de elementos e constitui a ilicitude»* (op. cit, pg 89).

Actualmente, Figueiredo Dias afirma que «*a função que a categoria da ilicitude desempenha no sistema do facto punível e, em suma, definir não em abstracto, mas*

Pressupostos Sistemáticos da Responsabilidade Criminal do Médico   255

identificou nunca o conceito de tipicidade com o da ilicitude, seja como categorias dogmáticas, seja como conceitos instrumentais.

Entre ambos os conceitos existe uma relação de continente/conteúdo ou de fundamento/consequência, que temos por verdadeira relação de complementaridade e nunca de identidade.

Assim, com muito bem refere Taipa de Carvalho, existe autonomia dogmática, político-criminal, sistemática e prático-processual da tipicidade face à ilicitude[489].

Como refere este autor, também do ponto vista prático-processual, a questão da exclusão da ilicitude do facto só será apreciada após se ter analisado e concluído pela tipicidade da conduta[490].

Eventualmente e tratando-se v. g. de situações corriqueiras, isto é, de pequena gravidade, o tratamento ministrado por *"não médico ou pessoa legalmente autorizada"* será atípico por via da própria adequação social.

Na verdade, ninguém se lembrará de imputar um crime de ofensas à integridade física, àquele que, mesmo sem ser médico ou enfermeiro, trata um familiar ou um amigo de uma constipação, extrai-lhe um espinho encravado ou administra um analgésico, sem recurso à intervenção de estabelecimento hospitalar ou de profissional de saúde. É o que traduz a expressão social "medicina caseira!"

---

em concreto, isto é, relativamente a singulares comportamentos – o âmbito do penalmente proibido e dá-lo a conhecer aos destinatários potenciais das sua normas, motivando por esta forma tais destinatários a comportamentos de acordo com o ordenamento jurídico-penal. Só partir daqui ganha o tipo o seu verdadeiro significado» (F. Dias, *Direito Penal, Parte Geral, Tomo I, Questões Fundamentais, A Doutrina Geral do Crime,* Coimbra Editora, 2004, pg. 251.

Mas o mesmo Mestre de Coimbra acrescenta, mais adiante, distinguindo entre tipo incriminador e tipo de ilícito, que «*categoria sistemática, com autonomia conferida por uma teleologia e uma ligação específicas, é só a categoria de ilícito-típico ou do tipo de ilícito: tipos incriminadores e tipos justificadores são apenas instrumentos conceituais que servem hoc sensu sem autonomia recíproca e de forma dependente a realização da intencionalidade e da teleologia daquela categoria constitutiva*» (Direito Penal I, pg. 254/255).

Em qualquer dos casos mantém-se a distinção entre tipicidade e ilicitude e só isso é que explica que, ocorrendo uma causa de justificação, excluída esteja apenas a ilicitude do facto.

[489] Taipa de Carvalho, op. referida na nota 457, pg. 49 e seg., com lauta argumentação.

[490] Ibi, ibidem.

256   *Da Responsabilidade Médica em Direito Penal*

Todavia, a adequação social tem como pressuposto o próprio consentimento relevante do assistido, pois o tratamento de alguém que pode validamente prestar o seu consentimento, não se pode, nos dias de hoje, considerar socialmente adequado, se ocorrer sem esse consentimento, expresso ou presumido, ganhando assim plenitude, como unidade de sentido ético-social, o brocardo *volenti non fit injuria*, que tem sido utilizado apenas para o tratamento do consentimento como causa de justificação.

Destarte, ainda que se entendesse que o tratamento em referência não era socialmente adequado e, por isso mesmo, que não beneficiava da atipicidade que a adequação social confere, ele estaria sempre justificado, isto é veria, a sua ilicitude excluída, por força do consentimento relevante do ofendido, nos termos do art.º 38.º do Código Penal.

Todas estas situações não devem ser previamente delimitadas pois, como bem refere Costa Andrade, têm tendência para a centrifugicidade e para a dispersão, tanto no plano das soluções como no da fundamentação, dependendo assim da avaliação casuística dos contornos concretos da situação.[491]

Desta forma, e após tudo o que ficou dito, haverá que concluir que apenas os médicos e profissionais de saúde em atenção ao carácter eminentemente social da sua funções e à indispensabilidade do tratamento médico, ressalvada o não consentimento do paciente (*voluntas aegroti suprema lex est)*, desfrutam de um tratamento penal específico que lhes concede o art.º 150.º do Código Penal, sendo a qualidade do agente, por isso mesmo, um requisito determinante.

4.1.6. *CULPA MÉDICA*
(nullum crimen sine culpa)

4.1.6.1 *Relevo Dogmático da Culpa*

Com a lucidez e a visão do porvir que sempre o acompanharam, Franz von Liszt afirmava: «*É com o aprofundamento da doutrina da culpa que se mede o progresso do direito penal*».[492]

---

[491] Costa Andrade, *Consentimento e Acordo*, p. 429 ss.

[492] Franz von Liszt, *Lehrbuch des Deutschen Strafrecht* (trad. cast. de J. Asúa, Tratado de Derecho Penal, Tomo II, Reus, Madrid, 1999, p. 390).

Pressupostos Sistemáticos da Responsabilidade Criminal do Médico 257

Esta axiomática verdade mantém plena validade nos dias de hoje, onde quer que se pretenda um direito penal destinado a servir o homem (*omne jus hominum causa constitutum est*) e, portanto, ancorado no princípio intangível da dignidade da pessoa humana. Por outras palavras, onde se pretenda *um direito penal verdadeiramente progressivo e eficaz.*[493]

Mas um direito penal assim, forçosamente há-de assentar na própria liberdade da pessoa humana, corolário da sua dignidade, que não é um conceito metafísico de liberdade indeterminista, tão criticada justamente nos últimos tempos, por, diz-se, não se poder demonstrar a liberdade psicológica do agente de poder agir de outra maneira, na ocasião (*liberum arbitrium indifferentiae*), mas antes uma liberdade existencial do Homem, estrutural da sua *psyquê* e do seu *soma*, se quisermos, da sua dimensão psico-física e espiritual, una e trina ao mesmo tempo, enfim, *característica do ser total que age.*[494]

Efectivamente, ventos de vários quadrantes, sobretudo a partir do sec. XIX, por força dos estudos criminológicos (designadamente daquela criminologia cujo escopo fundamental era o estudo da etiologia criminal), procuram demonstrar (?) que «*"a passagem ao acto" é o resultado de um processo caótico, de uma confusa batalha entre todas as espécies de desejos e de sentimentos, de que o direito penal, permanecido num estado de "química mental" e de "automatismo psicológico", não pretende ter em conta».*[495]

Aos olhos dos clássicos, com efeito, a punição aparecia sempre como justa e legítima, visto que sancionava um acto livre. Configurava--se, também, como útil, dada a pressuposta capacidade de emenda do delinquente, senhor da sua vontade. Era a concepção antropológica da liberdade, da qual derivava linearmente o conceito de poder de agir de outra maneira, ou, na expressão alemã o «*anders-handeln-können*».

Tal concepção postulava «*sob reserva de acidentais defeitos imputáveis à loucura, o livre arbítrio do homem em geral, e mesmo do "homo criminalis". O criminoso, no direito penal clássico, não era nem um monstro, nem um doente, mas o lúcido violador do pacto social: um "bonus*

---

[493] Figueiredo Dias, *A Reforma do Direito Penal Português (Princípios e Orientações Fundamentais)*, Coimbra Editora, 1972, p. 16.

[494] Expressão do teólogo alemão católico e um dos mais proeminentes intervenientes no Concílio Vaticano II, Karl Rahner, na sua obra *Schuld, Verantwortung, Strafe in der Sicht der Katholichen Theologiae"*, cit. por F. Dias, obra cit. na nota anterior, p. 19-22.

[495] R. Merle e A. Vitu, *Traité de Droit Criminel*, T. 1, 7.ª ed., Cujas, Paris, p. 722.

258   *Da Responsabilidade Médica em Direito Penal*

pater familias" que voluntariamente segue a senda do mal, optando deliberadamente por fazer mau uso da sua liberdade».[496]

Nesta ordem de ideias, toda a culpa surge como culpa da vontade.

Assim, Kaufmann considera que *«o poder agir de outra maneira é só o <u>pressuposto</u> de toda a culpa; materialmente, porém, esta reside, não naquele poder como tal, mas na decisão consciente da vontade contra o veto que deriva de representação da produção segura ou possível de um resultado (no mais lato sentido) não punido».*[497]

Mezger, por sua vez, afirmava:

> *«A "concepção normativa da culpa" descansa sobre os dois valores fundamentais de toda a sociedade humana: indivíduo e comunidade. A ideia da "culpa" da actual consciência cultural exige que sejam tidas em conta as exigências da dignidade humana, tanto no terreno do crime, carregado de paixões, como em face da pessoa do próprio delinquente».*

Mais adiante, dizia o emérito Professor de Munique:

> *«...a afirmação da culpa significa sempre o pecado do indivíduo contra a comunidade e, como tal a sua necessidade de responsabilidade.*
>
> *Desde que a culpa mostra o facto penal como expressão de uma personalidade imputável constitui a base legítima da pena».*[498]

Nesta óptica de culpa, como poder de agir de outra maneira, isto é, como capacidade de motivação de acordo com a norma, diversas tentativas foram ensaiadas no sentido de ligar tal poder de agir ao carácter ou à personalidade que o fundamenta,[499] pontificando, entre elas, a teoria da culpa na condução da vida (Mezger),[500] culpa na decisão da vida

---

[496] Op. cit. na nota anterior, p. 115.

[497] Arthur Kaufmann, *Schuldprinzip*, apud. F. Dias, *Liberdade, Culpa, Direito Penal*, 3.ª ed. 1995, p. 60.

[498] Edmund Mezger, *A Culpa no Moderno Direito Penal*, B.F.D.C., vol. XXXII, (1956), p. 195-217.

[499] F. Dias, *Liberdade, Culpa, Direito Penal*...cit., p. 87.

[500] O Prof. Eduardo Correia assim sintetiza esta teoria de E. Mezger: *«através dos seus diversos actos, explica Mezger, o homem, além dos resultados sobre o mundo exterior que se propõe obter, produz sobre si próprio certos efeitos, enquanto cria ou robustece certas tendências, enquanto adquire certos hábitos perigosos. Ao reagir contra tais disposições da personalidade de um delinquente, o direito não precisa,*

Pressupostos Sistemáticos da Responsabilidade Criminal do Médico

(Bockelmann)[501] e culpa na formação da personalidade (Eduardo Correia) e outras que não cabe aqui recensear e, muito menos, desenvolver.

Todas elas com o étimo comum, *rectius*, com o objectivo comum de vencer as aporias intrínsecas à teoria da culpa como decisão consciente da vontade pelo ilícito, assente, como se viu, no *anders-handeln-können*.

Na formulação da sua teoria sobre a "culpa na formação da personalidade", Eduardo Correia, por exemplo, considera que o objecto de valoração não deve ser o resultado, *«ser ou não ser desta ou daquela maneira»*, mas a omissão do dever de correcção, educação ou trato das tendências originárias ou mesmo adquiridas, de modo a tornar o conjunto da personalidade apto a respeitar os valores jurídico-criminais.

Toda esta questão da dificuldade de prova do poder de agir de outra maneira emerge de uma concepção ontológica da própria liberdade individual, herança do positivismo naturalista que nos foi legada e perdurará por longo tempo.

Por isso, toda a razão tem Roxin quando afirma:

> *«Esta liberdade de agir não necessita de prova alguma, porque o papel que ela desempenha no direito penal não é o de um facto real, mas sim o de um dado normativo. A nossa Constituição ao assentar nos princípios de dignidade humana e da realização livre da personalidade, não tomou – nem poderia tomar – posição na disputa entre o determinismo e o indeterminismo; dirige, isso sim, ao poder legislativo, ao poder executivo e ao poder judicial esta injunção: tratai o cidadão como um homem livre e responsável!*
>
> *Admitir-se a liberdade de decisão do homem não é, portanto, uma afirmação reportada ao mundo do ser, mas sim um princípio da regulamentação jurídica»*[502]

---

pois de invocar um pura necessidade de defesa: – pune o criminoso porque ele é culpado de ter adquirido tais hábitos através da condução da sua vida» (Eduardo Correia, *A Doutrina da Culpa na Formação de Personalidade*, R.D.E.S. n.º 1, 1945/ /46, p. 24-35.)

[501] O pensamento de Bockelmann é sintetizado por F. Dias deste modo: *«Bockelmann procura alcançar esta referência da culpa ao carácter total do agente em um momento dado, concebendo-a como "culpa na decisão da vida", através da qual se imputaria ao agente todo o seu carácter desvalioso na base de uma decisão livre de deixar vencer o seu "eu" mau sobre o bom, de seguir o seu "daimon" negro»* (F. Dias, Liberdade, Culpa, Direito Penal, *3.ª ed....* cit. p. 102.)

[502] Claus Roxin, *Acerca da Problemática do Direito Penal da Culpa,* Conferência proferida na Universidade de Coimbra em 11 de Abril de 1983 e publicada no Boletim da Faculdade de Direito de Coimbra, vol LIX, 1983, p. 15 e ss.

260   *Da Responsabilidade Médica em Direito Penal*

Desta forma, a liberdade do homem não é forçosamente uma *ficção necessária para o Estado*, na expressão de Kohlrausch, mas, pelo contrário *um princípio jurídico que preserva a liberdade e põe limites ao poder do Estado.*[503]

Assiste-se hoje, a um renovar das tensões entre as diferentes concepções de culpa, tema esse que foi e será sempre palco das mais conturbadas degladiações, desde os velhos tempos da concepção psicológica e da concepção normativa da culpa.

Não é de admirar que assim seja, pois a temática da culpa conexiona-se iniludivelmente com a dos fins das penas, tema sobre o qual Exner, sagazmente, afirmou que uma das singularidades da história do nosso pensamento é que os homens, desde que se conhecem, tenham punido crimes e que, no entanto, desde que se conhecem também, continuem a disputar entre si acerca do fim para que o fazem.

Ora a temática dos fins das penas, como é sabido, sofreu um *"tournant"* – o termo é de Figueiredo Dias – no nosso tempo,[504] com o que se reacendeu a polémica entre as próprias concepções da culpa, designadamente entre a concepção ético-jurídica e a concepção funcionalista da culpa jurídico-penal.

O étimo ecticizante da culpa, na sua dimensão ético-pessoal, andou sempre ligado à concepção retributiva da culpa (*malum passionis, propter malum actionis*), naquela perspectiva de expiação (*Sühne*) ou retribuição (*Vergeltung*) da mesma (*quia peccatum*), do mesmo passo que a concepção funcionalista se encontra associada à função preventiva (*ne peccetur*) da sanção penal[505].

Só que, equacionadas assim as coisas, um dilema aparente se nos depara, como refere o Prof. Figueiredo Dias:

> «*Ou bem se chega ao ponto de eliminar a culpa como elemento integrante do sistema, substituindo-a porventura por outras categorias, "maxime" a da "proporcionalidade", à qual se quer reconhecer a possibilidade de cumprimento de uma função análoga à da culpa no que toca à limitação da intervenção estadual de carácter penal, em*

---

[503] Idem, ibidem.

[504] F. Dias, *Sobre o Estado Actual da Doutrina do Crime*, 1.º parte, R.P. C.C., ano I, n.º 1, p. 24.

[505] Para maiores desenvolvimentos sobre os fins das penas, a indispensável obra (dissertação de Doutoramento) de Anabela Miranda Rodrigues, *A Determinação da Medida da Pena Privativa de Liberdade*, Coimbra Editora, 1995.

nome da defesa das liberdades individuais; ou bem se mantém a categoria da culpa, mas despida do elemento da censura pessoal a ela co-natural, concebendo-a como um puro "derivado da prevenção" e das específicas exigências desta».[506]

Segundo o mesmo Professor, porém:

«... se as finalidades da pena são, na verdade, exclusivamente preventivas, só o são – só o podem ser legitimamente – se e na medida em que do mesmo passo se chama a debate, para cabal legitimação da intervenção penal, o "princípio da culpa" enquanto elemento limitador do poder e do intervencionismo estatais».[507]

Surge, assim, o primado do princípio da culpa (*Schuldprinzip*), segundo o qual toda a pena pressupõe a culpa e em caso algum a medida da pena pode ser superior à medida da culpa, princípio esse hoje expressamente consagrado no artigo 40.º n.º 2 do nosso Código Penal, não mais visto na perspectiva retributiva, mas na preventiva (geral e especial), como garantia de que a punição há-de fundar-se numa culpa documentada no facto (*Tatstrafrecht*) e não numa simples atitude interior do agente, numa óptica de um Direito Penal da atitude interior (*gesinnung Strafrecht*), cuja má memória, a História se encarregou de fixar para a posteridade.

Deste modo, a pena a aplicar ao agente, terá sempre como pressuposto (não como fundamento), a culpa plasmada no facto ilícito e a medida concreta ou individual dessa pena, nunca poderá exceder a medida da culpa (art.º 40.º, n.º 2 do CP), mas poderá ser inferior à mesma, se tanto se mostrar suficiente para as exigências da prevenção.

Porém, o debate aceso entre os defensores das diversas concepções da culpa e os próprios adversários do princípio da culpa e até do próprio conceito de culpa, *"considerado inservível para o direito penal",*[508] continua a toldar o horizonte do direito penal, havendo até quem, como Baurmann, defenda o abandono do conceito da culpa e a sua substituição pelo conceito de *«permeabilidade ao apelo normativo».*[509]

---

[506] F. Dias, *Sobre o Estado Actual da Doutrina do Crime*, 2.ª parte, R.P. C.C., ano II, n.º 1, p. 9.

[507] Idem, ibidem.

[508] Sobre esta questão, o estudo de Roxin, *Culpa e Responsabilidade (Questões Fundamentais e Teoria da Responsabilidade)*, R.P. C.C., ano I, n.º 4, p. 530 e segs.

[509] Baurmann, *Seminar: Abweichendes Verhalten*, cit. por Claus Roxin no estudo indicado na nota anterior, p. 531.

262 *Da Responsabilidade Médica em Direito Penal*

O nosso direito positivo, porém, consagra, como se disse, o princípio da culpa em letra de lei.

Fá-lo, desde logo, por força da própria construção do actual sistema teleológico-funcional do nosso direito penal, em que o "princípio da culpa" desempenha uma função de elemento limitador do poder e do intervencionismo estatais, comandado por exigências irrenunciáveis de respeito pela dignidade humana.[510]

Nem de outro modo deveria ser, atento o disposto no artigo 1.º da Constituição da República em que tal *dignitas* é elevada à categoria de base ou fundamento da própria República.

Como, com inteira razão, ensina o Prof. Figueiredo Dias se é certo que a culpa não é a única forma pensável da defesa daquela dignidade (como emerge até da legitimidade de aplicação das medidas de segurança que não supõem a culpa), a verdade é que essa forma é a mais perfeita e mais forte até hoje lograda pelo pensamento jurídico-penal, acrescentando que *por isso, deve ver-se do princípio da culpa uma autêntica máxima da civilização e de humanidade.*[511]

Mas não só como limite releva a culpa no nosso ordenamento penal, face ao referido artigo 40.º n.º 2 do Código Penal.

Ela constitui o próprio pressuposto da pena concreta ou individual, exigindo a lei, no seu artigo 71.º n.º 1 que a medida da pena seja encontrada pelo juiz em função da culpa do agente e das exigências de prevenção.[512]

---

[510] F. Dias, *Sobre o estado actual da Doutrina do Crime*, 2.ª parte, cit..., p. 9.

[511] F. Dias, *Direito Penal, Questões Fundamentais. A Doutrina Geral do Crime*, ...cit. p. 270.

[512] Presentemente, dada a prevalência dos fins preventivos das penas (prevenção geral positiva ou de integração e prevenção especial positiva ou de socialização) claramente consagrada no nosso Código Penal no seu artigo 40.º n.º 1, o fundamento das penas será o da tutela dos bens jurídicos, que é também a sua própria finalidade, que não a culpa propriamente. A culpa será, antes, o pressuposto e o limite das penas, mas não o seu fundamento.

A culpa é pressuposto da pena, no sentido de que é o seu requisito lógica e cronologicamente anterior àquela *nulla poena sine culpa.*

A culpa é, assim, condição necessária, (no sentido de que sem culpa não há pena),mas não suficiente (no sentido de que devem verificar-se também as exigências da prevenção para que se aplique a pena, designadamente, a pena privativa da liberdade). Neste sentido, Figueiredo Dias, *Direito Penal II, As Consequências Jurídicas do Crime*, p. 73.

Este parece ser também o pensamento de Anabela Miranda Rodrigues, *A Determinação da Medida da Pena Privativa da Liberdade* (diss. de doutoramento),

Por força de tal dispositivo, a culpa surge como o próprio pressuposto de toda a pena pois sem culpa não há pena.

De acordo com Figueiredo Dias, *«atrás do requisito de que sejam levadas em conta as exigências da prevenção, dá-se lugar à necessidade "comunitária" da punição do caso concreto e, consequentemente, à realização "in casu" das finalidades da pena. Através do requisito de que seja tomada em consideração a culpa do agente, dá-se tradução à exigência de que a vertente pessoal do crime, ligada ao mandamento incondicional de respeito pela eminente dignidade da pessoa do agente, limite de forma inultrapassável as exigências da prevenção».*[513]

A culpa emerge, assim, no nosso ordenamento penal, em toda a sua plenitude, isto é, adequada à função e teleologia de limitar a intervenção estadual em nome da defesa da dignidade da pessoa humana.

Neste sentido, o nosso direito penal pode considerar-se também um direito penal de culpa e não, simplesmente um direito penal do facto e, muito menos, um direito penal do agente.

Por outras palavras, não se pune criminalmente por se ser como se é (direito penal do agente) nem, tão pouco, apenas por se ter realizado um ilícito típico (direito penal do facto, numa das acepções da expressão).

Certo que o direito penal não pode prescindir da atitude interior (*Gesinnung)* do agente, embora, essa atitude interior seja sempre condicionada por várias factores endógenos e exógenos (*Eu sou eu e a minha circunstância* na conhecida expressão de Ortega Y Gasset). Como diria St.º Agostinho, *non possum non peccare,* ou, como S. Paulo *não faço o bem que quero, mas o mal que não quero.* Esta condição finita do homem está plasmada no próprio conceito de culpa, é dizer, é um elemento inarredável do seu conteúdo material e há-de ser tido em conta no juízo de reprovação ético-social e jurídico que ao agente é formulado. Desta forma a atitude interior é mesmo elemento estruturante e referente primordial da própria culpa.

1995, p. 393 e, sobretudo, a nota de rodapé 13.ª do Capítulo 3.º (A culpa no direito penal preventivo). Nesse local da sua dissertação de doutoramento, afirma a ilustre autora:

«Em um direito penal preventivo, tal como o concebemos, apenas como pressuposto de aplicação de uma pena releva a culpa do agente pela violação da norma penal; já as finalidades da pena residem – tendo a pena por fundamento a necessidade de protecção dos bens jurídicos – na prevenção, geral ou especial».

[513] F. Dias, *Direito Penal Português II, As Consequências Jurídicas do Crime,* Aequitas, 1993, p. 215.

264   *Da Responsabilidade Médica em Direito Penal*

Porém, só por si, não pode fundamentar qualquer punição penal. É necessário que esta atitude interior do agente se documente no facto exterior, na realização objectiva do ilícito típico, já que *cogitationis poenam nemo patitur*!

Por isso, o Prof. Germano Marques da Silva escreve:

> «*Num sistema penal moderno e democrático ninguém é qualificado como delinquente ou punido por ter certas qualidades ou defeitos segundo os critérios socialmente dominantes, mas tão-só por ter agido, violando o dever de não agir, por própria opção e com consciência e vontade de desobedecer à lei, isto é, com "culpa"*».[514]

Não obstante o que fica dito, é importante ter em consideração que, constituindo embora a culpa limite inultrapassável da pena e, nesta dimensão, importante barreira limitadora do poder punitivo do Estado, não decorre de tal circunstância que toda a culpa tenha necessariamente que seguir-se à pena.

Como afirma Roxin *«a realização com culpa, de um facto ilícito típico não implica automaticamente a punição. Esta só surge quando é, além disso, exigida do ponto de vista preventivo».*[515]

A culpa surge assim, como já se disse, como condição necessária, mas não suficiente, de aplicação da pena, uma vez que, para a punição ter lugar, é imprescindível que se verifiquem ainda exigências de prevenção especial (positiva ou de socialização) do agente.

Assim também é o pensamento de Anabela Miranda Rodrigues quando escreve:

> «*Verdadeiras situações de conflito entre a pena necessária para satisfazer as exigências de prevenção especial e a pena adequada à culpa poderão verificar-se, de resto, sempre que a realização no ponto óptimo das exigências da prevenção geral coloque maiores exigências de pena do que a culpa e assim também haja conflito entre a pena necessária à satisfação daquelas exigências e a pena da culpa».*[516]

Este entendimento foi sufragado pela jurisprudência alemã, ao pronunciar-se no sentido de que *a pena não tem a função de realizar a*

---

[514] Germano Marques da Silva. *Direito Penal Português II*, p. 135.
[515] Claus Roxin, *Acerca da Problemática...* cit., p. 23.
[516] Anabela M. Rodrigues, diss. de doutoramento, cit. 1995, p. 575.

compensação da culpa como um fim em si, antes é justificada somente quando ao mesmo tempo se apresente como meio necessário para a o exercício da função preventiva do direito penal (BGHS t. 24, 42).[517]

Não vamos esboçar qualquer delimitação conceptual de culpa dado que, em primeiro lugar, *omnis definitio in jure periculosa* e em segundo, importa não olvidar a afirmação de Mireille Delmas – Marty de que «*a noção de culpa é uma das mais misteriosas e obscuras na nossa língua, mesmo para os juristas, não obstante apaixonados pela clareza e geralmente hábeis em definir (Les Chemins de la Répression,* Presses Universitaires de France, 139).*[518]

As considerações tecidas, a propósito da culpa em geral, são inteiramente ajustáveis aos médicos no desempenho da sua profissão, enquanto juízo de censura ético-jurídica dirigida ao agente por ter actuado de forma não consentânea com o direito, pelo que, neste aspecto, nada mais importa acrescentar.

4.1.6.2. Dolo e Negligência como *"TIPOS DE CULPA"*
(Breve Referência ao dissídio doutrinal sobre a Inserção Sistemática destas Categorias na Teoria da Infracção Criminal)

No seu já referido estudo intitulado *A Culpa no Moderno Direito Penal*, Edmund Mezger escreveu:

> «*Tanto no direito penal alemão, como no direito penal estrangeiro, conhecemos duas formas de culpa: uma mais grave que tem o carácter de regra geral, a que chamamos "dolo", e outra mais leve de carácter excepcional que dizemos "negligência"*»[519].

Efectivamente, já no domínio da doutrina clássica e até ao advento do finalismo, pacificamente era aceite que estas duas categorias mais não representavam do que formas ou modalidades de culpa, sem dúvida por se ligarem à atitude interior do agente (*Gesinnung*), como a concepção psicológica da culpa, que a concebia como a ligação psicológica entre o

---

[517] Claus Roxin, op. ult. cit., p. 20.
[518] Mireille Delmas-Marty, apud. Manuel António Lopes Rocha, *A Responsabilidade Penal das Pessoas Colectivas (Novas Perspectivas)* in Direito Penal Económico, CEJ, 1985, p. 126.
[519] Mezger, *A Culpa no Direito Penal*, BFDUC, XXXII, 203.

266 Da Responsabilidade Médica em Direito Penal

agente e o seu facto (von Buri, Liszt, Löffler, Kohlrausch e o próprio Gustav Radbruch) deixava entender.

Para Mezger, lídimo representante da escola neoclássica, que concebia a culpa como um conceito normativo[520] segundo o qual a culpa não é essencialmente uma relação psicológica entre o agente e o seu facto, pois isso é apenas um dos elementos a ter em conta para a formulação de um juízo de censurabilidade, o dolo e a negligência, no entanto, continuavam a configurar-se como formas de culpa.

A culpa passa, então, a ser encarada como um juízo de censura fundada no dolo ou na negligência do agente.[521]

Coube a Welzel e à sua escola finalista, por força da própria concepção de acção final, a configuração do dolo, (mas também da negligência) como elementos do tipo e não da culpa.

Não cabe aqui historiar toda a evolução diacrónica de tais conceitos, o que não deixaria de ser interessante, nem, muito menos, recensear os fundamentos de cada uma das concepções a seu tempo dominantes, já que tal excederia manifestamente o âmbito e a dimensão deste estudo. Importa, isso sim, ressalvar que, ainda hoje, as opiniões dividem-se sobre a inserção sistemática do dolo e da negligência, se na culpa, se no tipo de ilícito.

Eduardo Correia e Cavaleiro de Ferreira consideravam que o dolo (a respeito de que, com maior acuidade, a discussão se levanta) pertenciam à culpa (também designada por culpabilidade).[522]

A Prof. Teresa Beleza opta decididamente pela configuração do dolo e da negligência como elementos do tipo.[523]

---

[520] É considerado pioneiro desta nova concepção de culpa, Frank na sua obra *Über den Aufbau des Schuldbegriffs.* (Sobre a Estrutura do Conceito de Culpa) em 1907.

Nesta obra escrevia Frank: «*Na verdade se o conceito de culpa não abrange mais do que a soma do dolo e da negligência, e se estes consistem na produção, consciente ou imprudente, do resultado, então é incompreensível que a culpa possa ser excluída pelo estado de necessidade. Com efeito, também o agente que actua em estado de necessidade sabe o que faz. É, pura e simplesmente, ilógico negar o seu dolo*» (Roxin, *Culpa e Responsabilidade...* cit, p. 508).

[521] Teresa Beleza, *Direito Penal, 2.º vol.* p. 322.

[522] Cavaleiro de Ferreira, *Direito Penal Português, Parte Geral I,* 1982 e toda a restante obra deste ilustre e saudoso Professor.

Eduardo Correia, no seu *Direito Criminal II,* com col. de Figueiredo Dias.

[523] Teresa Beleza, ibidem.

O Prof. Germano Marques da Silva também parece defender a inclusão do dolo e da negligência na culpa ou culpabilidade, posto que é nesse capítulo que procede ao seu ensino.[524]

Para o Prof. Figueiredo Dias, dolo e negligência não constituem pertença exclusiva nem da culpa, nem do facto, mas antes são conceitos constituídos por elementos de uma e de outra categorias dogmáticas, designando-os por *"tipos-de-culpa"*.

Não se veja, com isso, qualquer *via per mezzo* defendida pelo ilustre Professor de Coimbra, uma espécie de transacção ecléctica entre as duas posições antagónicas.

Com efeito, já na sua dissertação de doutoramento,[525] bem como no seu ensino dos anos 70, Figueiredo Dias afirmava que, materialmente, a culpa é sempre uma culpa da personalidade, *um ter de responder pela personalidade ética, jurídico-penalmente censurável, que fundamenta um facto ilícito-típico.*[526]

Simplesmente, como a lei prevê molduras penais diferentes para os mesmos factos, consoante tenham sido realizados com dolo ou negligência, dado o princípio da culpa (*não há pena sem culpa e a culpa decide da medida da pena),* constata-se, por força da apontada diversidade de molduras penais, uma diferença de culpa.

Daí, segundo o ilustre Professor, também a culpa material nos é dada em "tipos": tipo de culpa doloso e tipo de culpa negligente.

Este pensamento, recorrente no decano dos penalistas portugueses e que Betiol considerou, justamente, como *o maior cultor actual da problemática da culpa do agente,*[527] é sintetizado de forma brilhante na conferência daquele Professor de Coimbra proferida nas Jornadas de Direito Criminal, levadas a efeito pelo Centro de Estudos Judiciários em 1982, por ocasião da publicação do novo Código Penal.

---

[524] Germano Marques da Silva, *Direito Penal Português, II*, p. 138.

Esta questão chegou a assumir na dogmática jurídica tal acuidade que levou Engisch a afirmar: *Mal se acredita, mas a verdade é que este problema sistemático está hoje no centro da investigação criminalista,* cit. por F. Dias, *Direito Penal, Questões Fundamentais...* cit., p. 264)

[525] F. Dias, *O Problema da Consciência da Ilicitude em Direito Penal*, 4.ª edição, Coimbra Editora, 1995, p. 150-171.

[526] F. Dias, *Sumários das Lições de 1975*, polic. e dact. por João Abrantes, Coimbra, p. 129.

[527] Giuseppe Betiol, *Culpa do Agente e Certeza do Direito*, R.O.A., ano 38 (1978). p. 415.

268   *Da Responsabilidade Médica em Direito Penal*

Nessa lição, afirmou Figueiredo Dias que:

> «*O dolo e a negligência são entidades complexas, cujos elementos constitutivos se distribuem pelas categorias da ilicitude e da culpa. O dolo enquanto conhecimento e vontade da realização do tipo objectivo e a negligência, enquanto violação de um dever de cuidado, são elementos constitutivos do tipo-de-ilícito. Mas o dolo é também e ainda, expressão de uma atitude pessoal contrária ou indiferente, e a negligência expressão de uma atitude pessoal descuidada ou leviana, perante o dever-ser jurídico-penal; e nesta parte são elementos constitutivos, respectivamente, do tipo de culpa doloso e do tipo de culpa negligente. É a dupla valoração da ilicitude e da culpa que "concorre" na completa modelação do dolo e da negligência*».[528]

O *punctum saliens* da doutrina referida é o seguinte: em primeiro lugar, é de excluir a ideia de que a "pertinência" do dolo e da negligência ao tipo de ilícito resulte da posição que se sufrague quanto à "doutrina da acção", designadamente da aceitação do conceito welzeliano de "acção final", antes tal pertinência derivará da própria função e teleologia do "tipo de ilícito" e do "tipo de culpa" no sistema, que não da "causalidade" e da "finalidade".

Segundo o Mestre referido, nos quadros dos modernos Estados de Direito a punibilidade não pode decorrer simplesmente de comportamentos causais ou finais, antes de comportamentos <u>culposos</u>.

Tal é a exigência dogmática e politico-criminal do próprio princípio da culpa.

Por outro lado é indiscutível, como, aliás, sempre constituiu o argumento por excelência dos finalistas em defesa da tese de inclusão do dolo no tipo (tipo subjectivo), que o dolo é essencial à tentativa, no sentido de que é impossível fundamentar tipicamente o ilícito na tentativa sem o recurso ao dolo, isto é, cabe ao dolo *realizar, relativamente à tentativa, a função de tipicização do ilícito*.[529]

Exemplo elucidativo será o de um médico que é surpreendido debruçado sobre uma mulher deitada no leito. Só em função da sua "intenção"

---

[528] F. Dias, *Pressupostos de Punição e Causas que excluem a Ilicitude e a Culpa*, Jornadas de Direito Criminal,... cit., 1983, p. 57.

[529] F. Dias, *Direito Penal, Questões Fundamentais...* cit., p. 266, que aqui seguimos de perto.

Pressupostos Sistemáticos da Responsabilidade Criminal do Médico   269

é possível caracterizar a conduta, se um comportamento susceptível de integrar um ilícito penal, se, antes, um exame médico que pretendia realizar.

Só que, se o dolo é essencial à tentativa para tipicização do ilícito, também o é para o crime consumado doloso, pois como diz Figueiredo Dias *também ele passou pelo estádio da tentativa* concluindo que nada mais é necessário para poder considerar-se provado que o dolo do tipo é elemento constitutivo de todo e qualquer tipo de ilícito subjectivo.[530]

Doutra banda, dada a diversidade de molduras penais para o mesmo facto consoante a sua realização por dolo ou por negligência, tal diversidade só pode ser expressão de uma diferença de culpa, o que vale dizer que tais categorias devem ser consideradas *como entidades que em si e por si mesmas exprimem ou revelam diferentes conteúdos materiais de culpa, cada um com os seus significados e critérios próprios.*[531]

Nesta perspectiva, dolo e negligência assumem-se como pertencentes também à culpa.

Da dualidade de planos atrás referidos, comuns ao dolo e à negligência, o penalista coimbrão retira a conclusão de que, antes do mais, verifica-se a exclusão das duas posições extremas reciprocamente degladiantes e, depois, que dolo e negligência, na medida em que primariamente constituem elementos do tipo de ilícito subjectivos e, mediatamente relevam também como graus de culpa, eles estão sujeitos a uma função e valoração <u>duplas</u>, sendo entidades complexas que englobam *um conjunto de elementos constitutivos, dos quais uns relevam ao nível do tipo de ilícito subjectivo, outros ao nível do tipo de culpa.*[532]

De acordo com Figueiredo Dias, esta é a forma teleologicamente mais correcta e funcionalmente mais adequada de decidir a questão sistemática aqui aflorada.

Assim o conhecimento e vontade de realização do tipo de ilícito objectivo (dolo do tipo ou dolo do facto) integram o elemento constitutivo do tipo de ilícito subjectivo doloso, do mesmo passo que a violação não dolosa do dever objectivo de cuidado traduz-se no elemento constitutivo do tipo de ilícito subjectivo negligente.

Todavia, porque as apontadas categorias dogmáticas não se esgotam nem no conhecimento e vontade de realização do tipo (dolo), nem na

---

[530] Idem, ibidem.
[531] Idem, ibidem.
[532] Idem, ibidem.

violação não dolosa do dever de cuidado (negligência), antes se revelando também como expressão de uma atitude interior (*Gesinnung*), documentada no facto, o dolo corresponderia a uma atitude pessoal contrária ou indiferente à violação do bem jurídico penalmente tutelado e a negligência a uma atitude pessoal descuidada ou leviana face a tal violação, não podendo assim ser excluídos da culpa.

Esta posição, devidamente sustentada, afigura-se-nos convincente, desde logo pelo rigor lógico e dogmático da sua construção e fundamentação e, depois, pela notória autoridade científica do seu autor, pelo que é a que sufragamos.[533]

Razão pela qual fica legitimado, pensamos, o tratamento da temática da negligência médica no próprio capítulo relativo à culpa, conceito que também integra, enquanto "*tipo de culpa*," a negligência, sendo certo que a larga maioria das infracções criminais dos médicos são cometidas a titulo de negligência.

4.1.6.3. *O Problema da Negligência Médica*

A afirmação de Jean Penneau de que *a responsabilidade médica é actualmente objecto de uma evolução que inquieta o médico e conduz o jurista a reexaminar os elementos das soluções que pareciam firmemente definidos*[534] é cada vez mais evidente, e no nosso país, se bem que ainda não se possa falar de um número considerável de processos-crime contra médicos no exercício da sua profissão, ao contrário do que sucede em vários outros países, vão progressivamente aumentando os casos de "*negligência médica*" nos nossos tribunais.

É que, como observa Agustín Jorge Barreiro, ninguém duvidará de que a medicina é a profissão cujo exercício comporta, como nenhuma outra, permanente risco de atentado contra a lei civil e penal.[535]

---

[533] Também parece ser esta a posição de Rui Pereira quando afirma: «*Aceitando- -se embora a sua qualificação como elemento subjectivo da ilicitude, o dolo e a negligência constituem um pressuposto indispensável do juízo de censura penal, cujo objecto é o facto típico e ilícito, nas suas dimensões objectiva e subjectiva.*» (Rui Pereira, *O Dolo de Perigo*, Lex., Lisboa , 1995, p. 140).

[534] Jean Penneau, *Lá Responsabilité Médicale*, 1977, p. 1.

[535] Agustín Jorge Barreiro, *La Imprudencia Punible...* cit., p. 13.

Também Hans Lüttger tem razão quando afirma que *não há tratamento cirúrgico curativo no qual, por via de regra, não haja risco; esta é uma realidade que tanto a medicina como o direito devem conhecer.*[536]

A nossa lei penal actual delineia um conceito de negligência ao considerar no seu artigo 15.º que age com negligência quem não proceda *com o cuidado a que, segundo as circunstâncias, está obrigado e de que é capaz.*

Logo nas alíneas a) e b) do sobredito preceito, o Código traça os contornos conceptuais da *"negligência consciente"* e da *"negligência inconsciente"* respectivamente.

Mas o que há-de entender-se pela expressão *"cuidado de que se é capaz"* a que se refere a lei penal?

Poderá tal capacidade ser avaliada em função do critério do homem médio, do *bonus pater familias* como acontece no direito civil?

Não está aqui em causa, como ensina Figueiredo Dias, em primeira linha, a liberdade indeterminista que se traduz na máxima antropológica do "poder de agir de outra maneira" *(anders-handeln-können)* a que fizemos referência neste estudo, ao abordar o problema da culpa, até mesmo na concepção roxiniana atrás referida.

Também o conceito civilístico do homem médio, abstracto, do *reasonable man* ou, no nosso caso, do *reasonable doctor* (médico médio) mostra-se completamente desajustado para servir de parâmetro de apreciação de tal capacidade, dada a profunda e substancial diferença entre os conceitos de culpa civil *(culpa in abstracto)* e criminal *(culpa in concreto)*.

Por isso, ainda segundo Figueiredo Dias, haverá que buscar um critério subjectivo e concreto, individualizante, que há-de partir do que seria de esperar de um homem com as qualidades e capacidades do agente.

> *«Se for de esperar dele que responda às exigências do cuidado objectivamente imposto e devido – mas só nessas condições – é que, em concreto, se deverá afirmar o conteúdo próprio da negligência e fundamentar assim a respectiva punição.»*[537]

O Código pretendeu traçar, como se disse, as linhas mestras de delimitação conceptual da negligência consciente e da inconsciente, mas, se no domínio do direito penal médico tal é relevante, outros conceitos

---

[536] Hans Lüttger, *Medicina Y Derecho Penal*, p. 128.
[537] F. Dias. *Pressupostos de Punição...* cit. p. 71.

272   *Da Responsabilidade Médica em Direito Penal*

como o de negligência simples e negligência grosseira ou temerária importa aqui referir.

Desde logo, parece não haver inteira coincidência entre os conceitos de negligência grosseira e negligência temerária, segundo vários autores.[538]

O próprio conceito de temeridade não é o mesmo entre os diversos autores (Maurach, Maiwald, Roxin etc.),[539] assim como o próprio conceito de negligência grosseira.

Do que não há dúvida, é de que ambas as designações referem-se à negligência grave, e a gravidade da negligência correlaciona-se directamente com o aspecto valorativo-normativo da violação do dever objectivo de cuidado.

Assim, quanto mais grave for tal violação, tanto mais grave será a negligência.[540]

Não é, portanto, inteiramente exacto que a negligência consciente seja mais grave que a inconsciente ou a inversa, já que o coeficiente de gravidade variará em razão directa da própria violação do dever de cuidado.

Segundo Luzón Peña, a negligência temerária ou grave (imprudência temerária) supõe uma elevada perigosidade não controlada, ou insuficientemente controlada e, portanto, violação grave de qualquer norma elementar de cuidado, uma imprudência realizável apenas por um agente muito pouco cauteloso.[541]

De acordo com o artigo 15.º do Código Penal são elementos estruturantes da negligência, também por vezes designada na doutrina por culpa ou mera culpa, a violação do dever objectivo de cuidado (falta de cuidado), a previsão ou previsibilidade do facto ilícito como possível consequência da conduta (representação ou representabilidade do facto) e a não aceitação do resultado.[542]

Artilhados com estes critérios operativos gerais, passemos então a apreciar a problemática da negligência médica.

Desde logo, importa reter duas notas axiomáticas em matéria de responsabilidade penal médica por negligência.

---

[538] Por todos Silva Sánchez, *Medecinas Alternativas e Imprudencia Médica*, Bosch, Editor, Barcelona, p. 20.

[539] Para mais detalhes, Roxin, *Derecho Penal I*, p. 1024.

[540] Luzón Peña, *Curso de Derecho Penal...* cit., p. 515.

[541] Op. cit, p. 517.

[542] Germano Marques da Silva, *Direito Penal Português II*, p. 175.

Prima: Apenas existirá responsabilidade criminal do médico a título de negligência, se este realizar um tipo de ilícito penal.

Isto significa, desde logo, que por maior que seja a gravidade da imprudência ou da indolência do médico, da sua imperícia ou desconsideração, em suma da sua negligência (violação do dever objectivo de cuidado) ele não responderá criminalmente pela sua acção ou omissão, se a sua conduta não estiver tipificada na lei. Com o se sabe, inexiste entre nós um *crimen culpae*, havendo antes *crimina culposa*.

Nas palavras de Enrique Bacigalupo, e no que concerne à lesão da integridade física ou da vida *«no apuramento da responsabilidade criminal do médico por negligência, a questão consiste na determinação das condições, sob as quais, qualquer lesão ou o resultado morte, provenientes de um tratamento médico, pode considerar-se subsumível na previsão do delito de ofensas à integridade física (lesiones) ou de homicídio».*[543]

É por isso que, nem toda a violação das *leges artis* ou mesmo de erro médico se traduz na negligência médica penalmente relevante, pois terá de ser consequência de violação do dever de cuidado objectivo (art.º 15.º do Código Penal) ou, na discursividade jurídico-penal da moderna teoria da imputação objectiva, ter criado um risco não permitido (*verboten Risiko*), que se concretizou no resultado lesivo e que cabe no âmbito da tutela da norma que proíbe ou impõe a conduta.

Secunda: Por outro lado, importará ter sempre em consideração que, de acordo com o disposto no artigo 13.º do nosso compêndio legislativo penal, só é punível o facto praticado com negligência, nos casos especialmente previstos na lei, pelo que ainda que ainda o comportamento do médico, se fosse doloso, se inscrevesse na previsão de um ilícito típico, tal não significa automaticamente que a mesma conduta, praticada com negligência, seja criminosa.

4.1.6.3.1. Previsibilidade

Sendo elemento estrutural do crime negligente a violação do dever objectivo de cuidado, o delito negligente traduz-se na omissão da diligência objectivamente exigível.

---

[543] E. Bacigalupo, *Acerca de la Responsabilidad del Medico ante el Derecho Penal,* Revista de Derecho Publico, apud, Pilar Gomez Pavón, Tratamientos Médicos... cit., p. 324.

274   *Da Responsabilidade Médica em Direito Penal*

É justamente na determinação do *como* e *quando* se verifica tal omissão de diligência, que residem as maiores dificuldades no domínio de uma actividade *ex natura* delicada e pletórica de riscos como é a actividade médica.

Desde logo porque para poder agir com a necessária diligência ou cuidado, o médico deve prever ou poder prever a possibilidade de um facto ilícito, v. g. o agravamento da saúde, uma lesão corporal ou mesmo a morte do doente como consequência da sua conduta.

Ora no domínio da medicina, existem tratamentos e técnicas operatórias que, em si mesmos, não traduzem qualquer perigo objectivo, mas cujo emprego, no caso concreto, poderá gerar consequências desastrosas.

Por outro lado, frequentemente são imprevisíveis determinadas consequências ou reacções do paciente, designadamente as chamadas reacções idiossincráticas, isto é, que traduzem uma *susceptibilidade particular em geral inata, que o indivíduo apresenta relativamente a certos factores físicos ou químicos e se manifesta por uma reacção semelhante à alergia ou anafilaxia.*[544]

A própria intolerância medicamentosa ou o estado orgânico do paciente e até o seu estado anímico podem condicionar ou determinar reacções imprevisíveis, como é sabido.

A previsão ou a previsibilidade do facto ilícito (e não necessariamente apenas do evento material) que também constituem elementos da negligência, só podem ser apreciados casuisticamente em matéria médica.

De resto, é justamente em função dessa previsibilidade que se poderá falar de imputação subjectiva nos crimes negligentes de resultado (homicídio negligente, ofensas à integridade física por negligência, intervenções ou tratamentos médico-cirurgicos arbitrários) só havendo tal imputação nos casos em que o concreto resultado seja <u>previsível</u> por um médico, com a qualificação do agente e colocado nas mesmas circunstâncias deste.

4.1.6.3.2. Evitabilidade

A negligência assenta na previsibilidade, como se viu, mas também na evitabilidade do facto ilícito previsível.

---

[544] Definição contida no Dicionário Médico, Climepsi, 2000, p. 327.

Nas palavras do Prof. Germano Marques da Silva *na possibilidade de o sujeito representar o facto ilícito e na possibilidade de se abster da conduta que o realiza.*[545]

Nem de outra forma poderia ser, uma vez que a função primacial do direito penal é, como tantas vezes se referiu, a da tutela subsidiária dos bens jurídicos essenciais à convivência comunitária e a lesão destes poderá ocorrer tanto mediante uma conduta consciente e voluntária, isto é, dolosa, como por via de um afrouxamento da atenção ou descuido censurável.

O dever objectivo de cuidado é, no fundo, o dever de actuar com a diligência adequada a evitar a produção do evento danoso.

No campo específico da responsabilidade médica, por isso que a obrigação do médico é, na expressão civilística de Demogue, uma "obrigação de meios" e não de "resultado", não se exige do médico, como já se viu, nem a consecução da cura, nem da melhoria do estado do paciente.

Exige-se-lhe porém, de um lado, todo o esforço possível adequado a obter tais resultados, se a própria cura ou melhoria forem clinicamente possíveis e, de outro lado, exige-se-lhe todo o cuidado necessário a evitar a produção de lesão à saúde ou à vida do paciente, lesão que se pode traduzir num agravamento da já existente.

E, por isso que, entre nós, está tutelado o direito à autodeterminação do paciente, isto é, o direito de dispor sobre o seu próprio corpo ou vida (*freien Selbstbestimmungsrecht des Menschen über seinem Körper*, na expressão jurisprudencial alemã[546]), exige-se-lhe ainda, a não lesão de tal direito, mediante o cumprimento do dever de esclarecimento.

Ora é em função de tais exigências da ordem jurídica, o que vale por dizer, da salvaguarda de tais bens jurídicos, que o médico há-de usar da diligência exigida segundo as circunstâncias concretas para evitar o evento,[547] desde que seja evitável, nisto se traduzindo, afinal, o seu dever objectivo de cuidado.

Para tanto, não há-de socorrer-se apenas da lei, mas também das restantes normas jurídicas ou extra-jurídicas e das regras, universalmente

---

[545] Germano Marques da Silva, op. cit. p. 174.

[546] Tal expressão ficou célebre, como posição histórica do BGH, no seu aresto proferido no caso *Myom-Fall* em 28.11.1957 (BGHSt 11,111, apud. C. Andrade, *Consentimento e Acordo*, cit., p. 401 e nota 113).

[547] Eduardo Correia, *Direito Criminal I*, p. 425.

276   *Da Responsabilidade Médica em Direito Penal*

aceites, de cautela, em suma, das regras de prudência e de ponderação.

Deverá socorrer-se, além do mais, das chamadas "regras de arte" (*leges artis*) cuja observância, por força do artigo 150.º do Código Penal, afastará a própria tipicidade de ofensas corporais ou de homicídio.[548]

Como, com inteira razão, refere Faria Costa:

> «As "*leges artis*" que a comunidade médica, ao longo dos séculos, sedimentou, não podem nem devem ser vistas e valoradas ao nível de uma mera regra de cuidado, por exemplo do direito rodoviário. As regras do cuidado cristalizadas nas "leges artis medicinae" sem dúvida que são, primariamente regras de cuidado, na medida em que visam acautelar e defender os bens jurídicos que a ordem penal considera relevantes – sendo à luz deste segmento de apreciação equivalentes às regras de cuidado mais simples do direito rodoviário ou ferroviário –, mas, para além disso, perfilam-se com uma densidade normativa que de modo algum pode ser ignorada, sob pena de, se assim se proceder, amputarmos uma parte substancial da realidade. Com efeito, as "leges artis" médicas visam, não só a manutenção ou a não diminuição dos bens jurídicos, como também prosseguem a finalidade de aumentarem esses mesmos bens jurídicos».[549]

Ao fim e ao cabo, é justamente no desvalor da acção, resultante da falta de cuidado que caracteriza e subjaz a qualquer negligência profissional, que se deve inscrever a negligência médica em geral, que na sua acepção vulgar ou comum, é configurada como «*um grupo de situações que*

---

[548] Faria Costa, *O Perigo em Direito Penal*, cit., p. 532. O ilustre Professor de Coimbra escreve a este propósito: «*O acto médico – e só há verdadeiro acto médico desde que seja levada a cabo segundo as "leges artis" – por mor da sua originária conexão com o cuidado – de – perigo onto-antropológico, é sempre potenciador e mesmo fautor de bens jurídicos.*

Mesmo que o acto médico pressuposto que desempenhado, como sempre, segundo as "leges artis" desencadeie a morte do paciente (v. g. através de uma intervenção cirúrgica), deve considerar-se que o empobrecimento da ordem jurídica por perda do bem da vida, não resulta do próprio acto médico em si – se bem que na imediatidade causalista isso seja indesmentível – mas advém antes do processo ininterrupto e imparável para que tende o ser-aí-diferente. a morte. Por isso mesmo, nesta circunstância, o acto médico sai incólume. E se outras razões não houvesse estas seriam mais do que suficientes para justificar o acerto da decisão politico-criminal que envolve o artigo 150.º n.º 1 do C.P.».

[549] Faria Costa, *O Perigo em Direito Penal*, cit., p. 529-30.

incluindo e podendo mesmo esgotar-se nos tipos legais de homicídio e de ofensas à integridade física negligentes, podem, em função de determinadas opções legislativas, assumir formas não coincidentes com os tipos legais de resultado»,[550] integrando, nesse sentido, a expressão inglesa «*Medical malpratice*» (*Professional misconduct or unreasonable lack of still*), na definição de Black's Law Dictionary.[551]

4.1.6.3.3. Risco Permitido e Negligência Médica

A actividade médica é, como se viu, uma actividade eivada de riscos para a saúde, integridade física e até vida do paciente.

Mas tal não deve nem pode obstar ao seu exercício, atenta a sua função eminentemente social de tendencial restabelecimento da saúde ou do equilíbrio psico-fisiológico das pessoas.

Uma simples intervenção cirúrgica ou tratamento terapêutico comporta riscos para a integridade física do paciente, para já não referir as chamadas *cirurgias melindrosas* ou *tratamentos de risco* (cardio-cirúrgicos, neuroci-rúrgicos, tratamentos quimioterápicos, radioterápicos, etc.)

Tais riscos, todavia, não convertem, sem mais a actividade em ilícita, sendo exemplo paradigmático do ora afirmado, o artigo 150.º do Código Penal português, que exclui mesmo a tipicidade.

O risco permitido ou tolerado (*erlaubte Risiko*) é inerente à actividade médica, sendo lícita a conduta do profissional de medicina que obedeça ao grau de diligência imposto ou, por outras palavras, que se traduza num comportamento conforme ao dever objectivo de cuidado.

Como é opinião dominante da generalidade da doutrina especializada, só se pode falar em ilícito imprudente, quando a acção (conduta ou comportamento) se traduza na criação de um risco não permitido (incremento ou potenciação de risco), previsível ou cognoscível pelo agente e desde que se estabeleça a relevância jurídica penal de tal conduta, que só existirá quando o resultado lhe for objectivamente imputável,[552] isto é, quando se verifica um resultado danoso mediante a actualização do risco, já que, como se sabe, a negligência é incompatível, entre nós, com a tentativa.

---

[550] M.ª de Fátima Galhardas, *Negligência Médica no Código Penal Revisto,* Sub Judice, n.º 11, 1996, p. 163.

[551] Ibidem.

[552] Por todos, Jakobs, op. cit., p. 386.

278 *Da Responsabilidade Médica em Direito Penal*

Em síntese: o risco será não permitido ou intolerado quando for apto a causar lesão à vida ou integridade física do paciente e for exigível e possível ao agente (médico) a sua evitação.

E, desta forma, só haverá negligência penal médica se a violação do dever geral objectivo de cuidado tiver criado um risco não permitido e se o resultado se plasmar na concretização ou actualização de tal risco cabendo no âmbito da protecção da norma.

Um brevíssimo apontamento sobre a imputação objectiva, designadamente nos delitos negligentes comissivos por omissão, embora tenha merecido a nossa atenção anteriormente, tem aqui inteiro cabimento pela sua relevância, correndo, embora, o risco de alguma repetição.

Entre nós, cultiva-se o dogma da casualidade adequada, principalmente na actividade judiciária, não só por força do ensino universitário tradicional até alguns anos, sendo de salientar no campo jurídico-penal a influência da doutrina neoclássica, designadamente de Edmund Mezger e seus discípulos, entre os quais o próprio autor do ante-projecto do C.Penal de 1982, o Prof. Eduardo Correia, como também por via de uma leitura, a meu ver, algo redutora do art.º 10.º do C.P. onde alguns (vários) pretendem ver, não só a consagração legal da teoria da adequação, como a proibição de recurso às demais teorias causais, para o estabelecimento do referido nexo de ligação do resultado ao comportamento do agente.

A teoria da causalidade adequada, *rectius*, da adequação, não resolve o problema da imputação objectiva do resultado ao agente nos crimes omissivos impróprios ou comissivos por omissão, numa perspectiva ontológica, empírica, fenomenológica[553].

Com efeito, *ex nihilo, nilhil fit,* como diziam os naturalistas positivistas, o nada só pode gerar o nada.

Na verdade a omissão não é um *aliud facere* relevante para a atribuição do resultado à conduta desvaliosa, mas um verdadeiro *non facere* para tal efeito.

A mãe que deixa à fome o filho recém-nascido, por ter seguido numa excursão, vindo este a falecer por inanição, do ponto de vista ôntico--naturalístico não causou a morte do filho, que foi devida à inanição, mas por força do forte sentido social de equivalência, o Direito equipara a omissão da acção esperada da referida mãe (dar alimento ao filho) à acção de matar o mesmo.

---

[553] Assim, Figueiredo Dias, *Direito Penal, Parte Geral,* Tomo I, Coimbra Editora, 2004, pg. 694.

No caso do salva-vidas que, por falta de atenção, não socorre o banhista que acaba por morrer afogado, no mesmo plano considerado (ôntico-fenomenológico ou naturalista), não é causador da morte do mesmo, que morreu de submersão, porém, por força do sentido social de equivalência, a ordem jurídica equipara a omissão da acção esperada do salva-vidas à do agente de um crime de homicídio negligente comissivo por acção.

Por estes exemplos de *leading-cases* conhecidos, logo se vê que as doutrinas causalistas, como a da equivalência das condições (*conditio sine qua non*) ou ainda da adequação, dificilmente logram explicar o nexo de causalidade entre o comportamento omissivo e o resultado típico, pelo que importa, nesses casos, aplicar as novas teorias de imputação objectiva, designadamente a da conexão do risco.

Por outro lado, o Direito não pode proibir resultados, mas apenas comportamentos humanos susceptíveis de os provocar e nem o homem tem o poder de impedir determinados acontecimentos, mas apenas o dever de tentar evitá-los.

Como se disse anteriormente, o Prof. Damião da Cunha refere que "os deveres não visam impedir resultados, visam exactamente *diminuir a probabilidade* da ocorrência do resultado"[554], acrescentando que:

> «...*na fenomenologia típica dos chamados deveres de garante – relações pessoais de confiança – nunca se pode excluir que o resultado se venha a produzir mesmo que o agente tenha levado a cabo a sua conduta. Quando muito, o que se poderá dizer, por via de regra, é que quanto mais competente é o que intervém, maior probabilidade há de o resultado não se produzir*»[555].

Porém, como se tem dito e sublinhado, o Direito é uma ciência normativa, pelo que não é de estranhar que crie e se sirva de conceitos normativos e não puramente ônticos ou fenomenológicos, embora pletóricos de sentidos sociais, como é o caso da acção esperada que foi omitida, em incumprimento de um dever jurídico pessoal que recai sobre o garante.

Por isso, onde a teoria da adequação é insuficiente para se determinar o comportamento esperado ou devido para obstar à verificação do resultado, mormente nos delitos comissivos por omissão, não deve o aplicador do

---

[554] Damião da Cunha, *Algumas reflexões Críticas sobre a Omissão Imprópria no Direito Português, in Liber Discipulorum Figueiredo Dias,* p. 499 e segs.

[555] Ibi, ibidem

Direito hesitar em lançar mão de outras doutrinas, designadamente da teoria da conexão do risco, segundo a qual, acção esperada será *"uma tal que teria diminuído o risco de verificação do resultado típico*[556]*"* sem exigir uma probabilidade raiana da certeza, como defende determinada corrente, o que, aliás, a meu ver, e penso que não estarei desacompanhado, é praticamente impossível nos nosso tribunais e creio que não só!

Desta sorte, para que o resultado possa ser atribuído ao agente (médico), como refere Escamilla,[557] é necessário, no plano objectivo, que o resultado a imputar constitua a realização ou o aumento de um risco juridicamente relevante ou risco proibido (*verboten Risiko)* cuja evitabilidade do resultado nefasto seja, precisamente a finalidade, o *thelos*, da norma infringida pelo agente, nisto se traduzindo a doutrina do âmbito de tutela da norma.

Em caso de dúvida razoável, a questão decide-se pela regra universal do direito probatório *in dubio pro reo.*

4.1.6.3.4. Conduta conforme ao dever de cuidado

Não é possível, como claramente se constata, traçar em termos doutrinários um conjunto de regras ou parâmetros pelas quais se pauta a conduta profissional para ser considerada como adequada ao dever do cuidado.

Em todo o caso, de acordo com Jeschek, haverá que distinguir dois aspectos importantes na violação do dever de cuidado: um aspecto interno, que implica a representação do perigo e da sua gravidade aproximada (fundamento da punibilidade da negligência inconsciente em que ocorre tal falta) e um aspecto externo que implica um comportamento conforme a norma de cuidado, previamente representada e da qual emerge o dever de omitir acções perigosas cuja realização supõe a violação do dever de cuidado; o dever de preparação e informação prévia e, por último, o de actuar prudentemente em acções perigosas.[558]

Importa, todavia, ter presente que a determinação da violação do dever de cuidado no específico campo da medicina, implica uma análise

---

[556] Figueiredo Dias, op cit na nota 14, pg. 697.

[557] Martinez Escamilla, *La Imputación Objetiva del Resultado,* apud Selma Pereira de Santana, *Negligência Grosseira, Autonomia Material,* Quid Juris, 2005, pg. 59.

[558] Jeschek, cit. por Pilar G. Pavón, *Tratamientos Médicos,...* cit. p. 332.

criteriosa de todas as circunstâncias em que o acto médico foi praticado pois, frequentemente, o médico vê-se compelido a colocar em perigo de lesão ou mesmo a lesar a integridade física do paciente para a consecução da melhoria do seu estado de saúde, para o restabelecimento do equilíbrio homeostático e até para a salvação da própria vida.

Por outras palavras, para a cura ou melhoria de uma lesão ou de um estado patológico torna-se, muitas vezes, necessária a produção de outra lesão ou dor (sofrimento).

Basta configurar a hipótese dos tratamentos quimioterápicos, de extrema agressividade (alopecias, mucosites, esterilidade, hemorragias), das consequências dos tratamentos imunossupressores ou das amputações necessárias para a salvação da vida.

Nestas hipóteses existe lesão ou perigo de lesão da saúde e da integridade física e, todavia, não há, em regra, qualquer violação do dever de cuidado, até porque tais lesões apresentam-se como inevitáveis para a consecução do fim prosseguido, de acordo com o estado dos conhecimentos da medicina.

Neste sentido escreve Faria Costa:

> «As "leges artis" médicas estão implicadas necessária e indestrutivelmente em um processo de aumento de bens jurídicos. Mais concretamente: Quando o médico cumpre as leges artis e porque as cumpre, realiza um acto médico, ele tem em vista a cura. Se o consegue – e felizmente alcança-o não poucas vezes – então, o acto médico gerou um bem jurídico. Ainda que não cure e diminua tão só a dor o acto médico aumentou o universo dos bens jurídicos inerentes à ordem normativa de um determinado momento histórico»[559].

Nesta óptica, apesar da lesão ou perigo de lesão da integridade física, também não haverá ilícito típico de ofensas corporais, se a intervenção, para além de outros requisitos, tiver obedecido às *leges artis* nos termos do artigo 150.º. Mas, ainda que o citado artigo não existisse, isto é, ainda que não houvesse uma "cláusula legal excludente da tipicidade das intervenções médicas", a conduta do médico seria lícita em relação às ofensas à integridade física, visto que ao recuperar a saúde do paciente, o médico acrescentou ou repôs o bem jurídico saúde, não ocorrendo, portanto, o dano (perda ou diminuição de tal bem) e tendo o perigo de lesão (na definição clássica de Rocco de *aptidão de um fenómeno para*

---

[559] Faria Costa in *O Perigo...* (*cit*), pg. 530.

282   *Da Responsabilidade Médica em Direito Penal*

a produção da perda ou diminuição de um bem, do sacrifício ou restrição de um interesse) sido superado pela eficiência da intervenção médica.

Há mesmo quem afirme que será atípica, não só pela inexistência de um desvalor de acção/resultado, mas pela própria inexistência do elemento típico da infracção criminal *ofensa ao corpo ou a saúde de outra pessoa*.

Esta posição, contudo, afigura-se-nos temerária, desde logo porque faz depender do resultado positivo (sempre aleatório) a acção médica, o que se traduz numa aplicação da teoria do resultado (*Erfolgstheorie*) defendida por alguns sectores da doutrina germânica, e, depois, porque não só existe quase sempre uma lesão-meio para a recuperação da saúde (fim), como é o caso do corte cirúrgico ou da supressão de determinada função por força de determinado tratamento, como no caso das prosta-tectomias ou exérese das gónadas (castração cirúrgica), das supressão salivar nas radioterapias na zona próxima das parótidas, das amputações, etc., como tais lesões, ainda que curada se mostre a lesão ou patologia primária, são, não raro, irreversíveis, permanecendo como lesões secundárias ou sequelas.

Parece-nos, destarte, que inexistindo uma norma legal como a do nosso art 150.º do C.Penal, tais intervenções serão típicas, embora justi-ficadas, isto é, não ilícitas.

Em resumo, para que exista conduta conforme ao dever de cuidado torna-se necessário que o médico proceda a uma ponderação dos interesses em jogo, tendo em conta os seguintes aspectos:

➢ Necessidade de actuação no caso concreto, como por exemplo, o emprego de determinados meios, a ministração de determinados medicamentos ou a realização de determinada intervenção cirúrgica.
➢ Avaliação do risco provável da actuação referida.
➢ Avaliação do risco decorrente da omissão de tal actuação.
➢ Equacionamento crítico dos riscos/benefícios do tratamento ou intervenção médica.

É mediante a avaliação de tais "prós e contras", que o médico, em cada caso concreto, adoptará a conduta que se revelar adequada à realização do acto médico objectivamente indicado.

Resta, por último, consignar que a violação das *leges artis*, só por si, não deve ser traduzida por violação do dever de cuidado objectivo, pois ela só deve ser encarada como mero indício de inobservância do dever de cuidado, a exigir, portanto, um aprofundamento investigatório quanto à determinação concreta dessa violação.

Pressupostos Sistemáticos da Responsabilidade Criminal do Médico   283

No ensinamento de Roxin, *a violação das normas de tráfego são um indício para a constatação da negligência, mas não tornam supérfluo um exame judicial autónomo do risco criado*[560].

O consagrado penalista de Munique esclarece que tais normas, neste caso as *leges artis medicinae*, podem estar incorrectas *ab initio* (ou, pelo menos, não inteiramente exactas[561], acrescentaremos nós) ou podem ser superadas pela evolução técnica ou, ainda, não se adequarem ao caso concreto.

No mesmo sentido se pronuncia Figueiredo Dias ao afirmar que as normas técnicas podem ter na sua base interesses meramente corporativos e *porque o progresso técnico pode ter facilmente determinado a ultrapassagem destas regras técnicas por outras mais perfeitas e actuais, não está o tribunal dispensado, em caso algum, de comprovar a sua adequação ao caso em espécie*[562].

Finalmente, sempre se dirá que no caso de domínios altamente especializados, como ocorre, com inusitada frequência, na medicina contemporânea, a demandar especialização adequada em matéria de sofisticados aparelhos e tecnologia médica, com os conhecidos (e desconhecidos) riscos, vale a regra de que *o agente não deve actuar antes de se ter convenientemente informado ou esclarecido sobre aqueles riscos*[563], exprimindo-se Roxin nestes termos lapidares: «*quem não sabe uma coisa deve informar-se, quem não pode alguma coisa deve abandoná-la*[564]".

O mesmo Mestre alemão, com base na jurisprudência do BGH, apresenta dois exemplos: quando um paciente comunica ao médico que tem "*alguma coisa no coração*", constitui imprudência submetê-lo a anestesia geral sem um prévio exame pelo internista (BGHSt 21,59); o médico que não está perfeitamente ao corrente do tratamento de uma patologia, deve informar-se na literatura médica especializada sobre o mesmo (RGSt 64, 263 [269]; 67, 12 [23])[565].

Assim sendo, desde a anamnese, passando pelo diagnóstico, prognóstico e tratamento, aqui se incluindo a eventual fase da intervenção cirúrgica

---

[560] C.Roxin, Derecho Penal, parte general, I, pg. 1003.

[561] Basta considerar que muitos dos protocolos clínicos são elaborados com base na prática médica de outros países, em populações com características étnicas e socio-económicas diferentes das que são sujeitas aos mesmos protocolos.

[562] F. Dias, Direito Penal, parte geral, t 1, pg. 644.

[563] F. Dias, op, cit na nota anterior, pg. 645

[564] Roxin, op. supracitada, pg. 1010.

[565] Idem, pg 1011.

284 Da Responsabilidade Médica em Direito Penal

e do acompanhamento pós-operatório (controlo e *follow-up* subsequente ao acto cirúrgico), o médico deverá, de acordo com os conhecimentos actualizados da ciência médica, ponderar criteriosamente os riscos da sua actuação e omissão, para se decidir e actuar em conformidade com tal avaliação.

A conceituada penalista da Universidade de Sevilha, Maria del Carmen Gómez Rivero, escreve que os pressupostos da responsabilidade do médico pela sua actuação negligente estão decisivamente condicionados pela característica da *circunstancialidade* e da consequente impossibilidade de plasmar em regras fixas e imutáveis a relatividade dos aspectos a observar no momento da realização do acto médico, posição que, segundo a mesma e louvando-se em Ulsenheimer (*Arztstrafrecht in der Praxis*), recolhe a unanimidade das opiniões doutrinárias[566].

De igual sorte, e ainda segundo a mesma autora, é maioritário o reconhecimento de que o conteúdo do ilícito negligente, gravita em torno da *infracção do dever de cuidado*, o que, só a partir de todas as circunstâncias do caso concreto permite a formulação de um juízo de *probabilidade objectiva* da lesão do bem jurídico, como pressuposto do *dever objectivo de cuidado*, probabilidade essa que, como é também reconhecido pela doutrina penal, terá de delimitar-se pela *cognoscibilidade* do agente[567].

E acrescenta que outra não é a variável que é chamada a limitar a operatividade de critérios que, como o que subjaz ao princípio de confiança (*Vertrauengrundsatz*), se destinam a delimitar, com carácter geral, o plano da discussão da responsabilidade médica por negligências cometidas no âmbito da realização das tarefas em equipa médica.

De resto, nem de outro modo poderia ser, já que a característica fundamental que constitui o eixo de toda a ciência médica é a sua permanente evolução, o que, como diz Rivero, conleva dificuldades adicionais de leitura convergente, acrescentando que, por essa razão, tanto a jurisprudência como a doutrina estão de acordo em que, para a constatação da violação do dever de cuidado objectivo, jamais pode ser decisiva a transgressão de uma regra técnica ou das prescrições deontológicas, nem, ainda, o incumprimento dos protocolos médicos em que se plasmam as directrizes e recomendações estabelecidas por peritos qualificados para orientar a actividade diária dos médicos, pois, para além disso, haverá que

---

[566] Maria del Carmen Gómez Rivero, *La Responsabilidad Penal del Médico*, Tirant lo Blanch, Valencia, 2003, pg. 334.

[567] Idem, ibidem.

atender-se ao concurso das circunstâncias do caso concreto, pelo que apenas através da ponderação global de todos os factores, se logra emitir um juízo adequado sobre a correcção do acto médico[568].

Importa, porém, vincar, que não obstante, se requeira esta ponderação global das circunstâncias concorrentes, em caso algum, o juízo adequado sobre a correcção do acto médico, pode ser um juízo arbitrário, o que a apreciação puramente casuística pode implicar, antes impondo-se sempre o traçado de normas e limites, de margens de segurança e critérios, para a defesa do próprio médico e do paciente, pois de contrário, a espectral *medicina defensiva* será uma realidade, não fazendo sentido que, em sociedades democráticas, onde médicos e juristas, em vez de manterem uma guerra fria (*kalte Krieg*) podem e devem convergir em busca das soluções mais adequadas e realistas, haja necessidade de recurso a métodos que paralisem a evolução da ciência médica, prejudiquem o tratamento do paciente e a dignidade dos profissionais de saúde e envolvam dispêndio de recursos que a comunidade dificilmente poderá suportar!

Por tudo o que um comportamento negligente no domínio da actuação médica implica, num terreno em que, mais do que qualquer outro, talvez, se exige a maior atenção possível e em que tudo depende do juízo e da actuação do médico assistente, mas onde espreitam reacções desfavoráveis do próprio organismo, possivelmente não controláveis, além de outros factores imprevisíveis ou inevitáveis, o Direito não pode ficar alheio à intervenção médica que, desde que, de uma forma comprovada, venha a revelar uma atitude de descuido ou leviandade perante as normas jurídicas, sem olvidar nunca a margem do risco implícita a toda a actividade médico-cirúrgica.

Por isso, ajustadamente escreve Maria de Fátima Galhardas «*Se é certa a circunstância de um médico ser frequentemente colocado perante situações limite e autênticos dilemas, exigindo respostas imediatas, em termos pouco propícios a uma apreciação, à posteriori, numa perspectiva de responsabilização penal; se é certo, igualmente, que a intervenção do legislador penal, neste campo, deve processar-se em "doses homeopáticas" num plano muito restritivo, não é menos verdade que o acto médico não pode ser completamente insindicável pela lei penal e que o rigor na construção dos tipos penais correspondentes não possa manter essa indispensável margem de risco tolerado ao acto médico*».[569]

---

[568] Ibidem.
[569] Maria de Fátima Galhardas, op. cit., p. 166.

286   *Da Responsabilidade Médica em Direito Penal*

4.1.6.4. *Negligência e Dolo de Perigo*

Alguma tendência de identificação (e de confusão) surge, por vezes, entre a negligência consciente e o dolo de perigo (*Gefährdungsvorsatz*), dada, justamente, a aparente identidade substancial destas categorias dogmáticas. Se tal confusão surge no plano teorético, as dificuldades sobem de tom no campo prático.

Efectivamente, tanto na negligência consciente como no dolo de perigo, o agente representa a possibilidade de dano. Existe, portanto, um nódulo comum a ambas as figuras dogmáticas, mas, embora parcialmente coincidentes, tais figuras não são, de forma alguma, sobreponíveis.

Assim, enquanto na negligência consciente a possibilidade de dano *é imediatamente desalojada da consciência ou sucedida de um juízo reflexivo de negação do dano,*[570] pois só assim se inscreverá a situação factual *sub judice* na alínea a) do artigo 15.º do C. Penal (representação como possível da realização do facto correspondendo-lhe actuação não conformativa com tal realização), no dolo de perigo, o agente também prevê como possível ou mesmo provável o dano, "não tendo razões para não confiar na sua não produção",[571] pelo que, necessariamente, conforma--se com ele.

De acordo com K. O. Rabl *(Der Gefährdungsvorsatz, 1933) «o dolo de perigo caracteriza-se, ao nível intelectual, por conter um juízo problemático sobre o dano e, simultaneamente, um juízo assertório positivo quanto ao perigo e, no plano emocional, por incluir um sentimento de desprazer relativo ao dano, em paralelo com um sentimento contrário referente ao perigo. A negligência consciente contem hipóteses exteriores a uma tal estrutura, por ser compatível com um juízo assertório negativo em relação ao dano».*[572]

Desta forma, o dolo de perigo que nem é um *"monstro dogmático"* na expressão de Zielinski,[573] nem uma fantasia, não se identifica com a

---

[570] Rui Pereira, *O Dolo de Perigo*, Lex. Lisboa, 1995, p. 133.

Trata-se de um estudo (dissertação de Mestrado em Ciências Jurídicas) de alto nível, indispensável não só para o estudo do tema em análise, mas para a própria dogmática do dolo e da negligência e, além do mais, enriquecido com importantes indicações bibliográficas e até historiográficas sobre esta delicada temática.

[571] Op. cit. na nota anterior, p. 141.

[572] Idem, p. 47.

[573] Zielinski, cit. por Rui Pereira, idem, p. 132.

negligência consciente temerária (luxúria), mas, dado que o agente aceita o risco (prevendo como provável o dano) não tendo razões para confiar na não produção do dano, ele identifica-se, na área do dolo, com a modalidade de dolo necessário, segundo refere Rui Pereira.[574]

Dolo necessário em relação ao perigo, evidentemente, que não ao dano.

Como se sabe, foi a criação dos chamados crimes de perigo (*Gefährdungsdelikte*) que permitiu a autonomização da figura dogmática do dolo de perigo em relação à negligência, e tal autonomização afigura-se essencial no domínio do direito penal médico, onde frequentemente se colocam questões susceptíveis de integrar condutas de negligência consciente temerária (dita "luxúria"), havendo necessidade de criterioso exame dos limites de ambas as figuras contíguas, designadamente, na actividade jurisprudencial, até porque, como se sabe, os crimes cometidos a titulo de negligência, só excepcionalmente são puníveis e, muitas vezes, situações ocorrem que, a serem enquadradas na negligência indevidamente, pela fluidez aparente dos limites da circunvizinhança de tais conceitos, podem conduzir a injustas e imerecidas absolvições.

4.2. **Erro Médico**

4.2.1. *Aspectos Gerais*

Conhecida a já clássica e ampla definição de erro médico delineada por Eberhard Schmidt *Jeder dem Arzt in der Arbeit am Kranken unterlaufenden Fehler soll hier also als "Kunstfehler" angesprochen werden,*[575] não é difícil entrever que, face a tal conceito, nem todo o erro médico, como falha profissional, assume relevância jurídico-penal, mas apenas aquele que é susceptível de integrar ou determinar o preenchimento de um tipo de ilícito criminal.

Por isso, Eb. Schmidt escrevia: «*Um procedimento errado pode ficar sem qualquer consequência e, deste modo, ser insignificante do ponto de vista penal.*

---

[574] Idem, ibidem.

[575] *Todo o erro, cometido por um médico durante a assistência a um doente, deve ser aqui abordado como sendo um "erro profissional"* (Eberhard Schmidt, *Der Arzt im Strafrecht,* Leipzig, 1939, p. 138, referido supra, nota 438.

Mesmo assim, o "erro profissional" persiste, embora sem relevância penal. Os aspectos da negligência podem não estar presentes».[576]

O erro médico configura-se, deste modo, como uma falha profissional, independentemente da sua valoração jurídica e, portanto, um erro do ponto de vista técnico.

O mesmo ilustre Jurista e Médico que vimos de citar, acrescenta que o *Kunstfehler*, neste sentido, não encerra qualquer juízo de valor jurídico, mas é somente uma designação para um facto. Segundo Eb. Schmidt, trata-se somente da confirmação, de que num determinado caso particular, algo aconteceu do ponto de vista médico e que, desse mesmo ponto de vista, está errado. (*Der Arzt im Strafrecht*, 137).

Também este continua a ser o entendimento actual de grande parte da doutrina especializada.

Assim, por exemplo, para Romeo Casabona o erro médico traduz--se num «*defeito de aplicação de métodos, técnicas e procedimentos nas distintas fases de actuação do médico (técnica exploratória, diagnóstico, prognóstico, realização do tratamento)».*[577]

O mesmo autor acrescenta que, de acordo com tal linha de pensamento, o erro médico não supõe uma valoração jurídica, posto que se trata unicamente da comprovação fáctica de que um determinado acto clínico ou cirúrgico não está correcto do ponto de vista técnico.[578]

Não parece ser de acolher, assim, por demasiado restrita, a definição de Schwalm que, na esteira de uma corrente alemã mais recente, propõe mesmo a substituição da já clássica expressão germânica *"Kunstfehler"* (erro técnico) por outro mais restrito *"Behandlungsfehler"* (erro de tratamento) considerando-o como o tratamento médico não indicado ou não realizado de acordo com a técnica curativa para a consecução de uma determinada finalidade terapêutica, segundo os conhecimentos da ciência médica, tendo em conta as circunstâncias cognoscíveis do caso concreto no momento do tratamento. Mas também, englobando no conceito de erro de tratamento a omissão do tratamento curativo correcto, que surge como o objectivamente indicado para a obtenção de uma deter-minada finalidade terapêutica, segundo os conhecimentos da ciência médica nas circunstâncias do caso concreto, no momento da verificação

---

[576] Eb. Schmidt, ibidem.
[577] C.M. Romeo Casabona, *El Médico ante el Derecho*, p. 79.
[578] Idem, ibidem.

Pressupostos Sistemáticos da Responsabilidade Criminal do Médico   289

da necessidade de tal tratamento e sendo possível tal realização, afastando, assim, a extensão do conceito de erro médico à fase de diagnóstico.[579]

O erro médico, em suma, sendo um conceito atinente à esfera da matéria de facto, um elemento da factualidade típica,[580] abrange o erro intelectual ou erro de percepção, definido pelos escolásticos como a falta da *«conformitas intellectus cognoscentis cum re cognita»* e o erro na execução.

Importa, todavia, vincar que nem todo o erro médico *(ärztliche Kunstfehler)* é consequência necessária da violação (dolosa ou negligente) das *leges artis*, como será o caso do mero erro de execução acidental, que pode ocorrer independentemente de todos os cuidados tomados, que é o que acontece, por exemplo, quando ocorre a secção indesejada de uma artéria friável durante o acto cirúrgico, a lesão do nervo facial na remoção cirúrgica de um tumor da parótida ou, ainda uma decorrência de uma complicação não esperada, uma intercorrência fortuita resultante do estado do paciente, como, v.g., uma complicação cardíaca durante o acto anestésico[581] ou a estenose de uma coronária (por espasmo) durante o curso de uma angioplastia transluminal percutânea, e, inversamente, nem toda a violação de tais regras determina necessariamente a produção de erro médico, como sucederá no caso de obtenção de êxito terapêutico, não obstante, por exemplo, o afastamento do consignado num protocolo ou *guideline* médico.

Aspecto importante é o de saber se, face ao princípio da liberdade de escolha do tratamento (liberdade terapêutica), entre nós consagrado, como é sabido, no artigo 125.º do C.D.O.M., haverá erro médico, se for desrespeitada a opinião maioritária sobre determinada técnica ou procedimento.

---

[579] Schwalm, cit. por A. Jorge Barreiro, *La Imprudencia Punible,* p. 44.

[580] Esta é a expressão de Schwalm, op. cit., como se referiu supra, nota 441.

[581] Os exemplos citados foram extraídos, com a devida vénia, da magistral obra de Irany Novah Moraes, *Erro Médico e a Lei*; 4.ª edição, Lejus, S. Paulo, Brasil, pg 312 e ss.

O ilustre autor citado, dá ainda o seguinte exemplo: *«Em operação em local delicado, embora com toda a habilidade e cuidado do cirurgião, a fragilidade do tecido poderá levá-lo a rompe-se e inviabilizar aquele acto: Uma sutura em artéria extremamente friável, feita de acordo com a mais correcta técnica, com a maior habilidade, se os pontos se rompem, inviabilizam também aquele acto. Outro exemplo é o envolvimento de um vaso por um tumor maligno que se quer extirpar: a adesão entre ambos é tal que, para se retirar o tumor, o cirurgião lesa a artéria»*

290   *Da Responsabilidade Médica em Direito Penal*

A medicina é uma ciência em permanente evolução e, portanto, incompaginável com regras estratificadas e invariáveis,[582] mas o médico há-de estar sempre atento à necessidade da indicação objectiva do tratamento, aos conhecimentos essenciais e regras de cuidado que devem pautar a sua profissão (*leges artis*), pois, uma inusitada e temerária inovação poderá ser causa de um trágico erro médico (de diagnóstico e, essencialmente, de tratamento) que, mediante a violação do dever de cuidado (*Sorgfaltpflichtverletzung*), é susceptível de lesar ou de colocar em perigo de lesão eminentes bens individuais, tais como a saúde, a integridade física e a própria vida, porventura, de forma irreparável.

Disse-se que o erro médico só é penalmente relevante na medida em que, por via dele, o médico preenche a factualidade típica de um ilícito penal, ou seja, na medida em que o erro médico é determinante da realização de um crime.

Com efeito, nem sempre o erro médico anda associado à prática de crimes.

Como refere Guy Nicolas *todo o médico cometeu erros de diagnóstico, enganado por vezes por sintomas atípicos ou falsamente tranquilizadores, desconcertado por uma evolução imprevisível, surpreendido por uma reacção desusada ou ainda enganado pelo resultado erróneo de um exame complementar.*[583]

O erro de diagnóstico é, frequentemente, causal do erro da terapêutica, pois sem a identificação da patologia não é possível a adequação do tratamento.

Nem sempre há, no entanto, violação do dever de cuidado, nem é preenchida sempre qualquer factualidade típica criminal.

Outras vezes, porém, o erro médico causa determinado resultado tipicamente relevante, traduzindo-se na violação daquele dever.

Esta é a situação mais frequente, comumente designada por «negligência médica», de que variadíssimos exemplos se poderiam indicar, tais como no caso do médico que enceta determinado tratamento sem o estabelecimento prévio do diagnóstico mediante a observação e exame do paciente ou quando o médico procede a uma anestesia geral sem previamente se certificar do estado cardíaco do paciente ou ainda quando procede à amputação de um membro ou à ablação de um órgão, sem a avaliação exacta da patologia e do estado do enfermo.

---

[582] Agustín J. Barreiro, op. cit., p. 45.
[583] Guy Nicolas, *A Responsabilidade Médica* ... cit., p. 29.

Igual situação verificar-se-á no, infelizmente não raro, caso de "esquecimento" de instrumentos cirúrgicos e de compressas no organismo do paciente, mormente por superveniência de abundante hemorragia e da necessidade de o paciente não permanecer anestesiado por longo tempo.

Nos crimes materiais negligentes dos médicos (como aliás nos restantes), que constituem mais de 80% dos delitos destes profissionais, no exercício da sua actividade, que chegam à barra dos tribunais é necessária a verificação cumulativa de:[584]

a) Violação de um dever objectivo de cuidado.
b) Possibilidade objectiva de prever o preenchimento do tipo.
c) Produção do resultado típico quando este seja a consequência da criação ou potenciação pelo agente, de um risco proibido de ocorrência do resultado.

Para Germano de Sousa erro médico é *a conduta profissional inadequada resultante de utilização de uma técnica médica ou terapêutica incorrectas que se revelam lesivas para a saúde ou vida do doente.*[585]

Tal definição engloba, se bem vemos as coisas, também o erro de diagnóstico, já que, também nesta fase, o médico deve recorrer à técnica adequada para se abalizar a emitir tal juízo, a par, naturalmente, da observância das regras de cuidado.

De acordo com o citado autor, importa *«diferenciar o erro médico culposo do erro resultante de acidente imprevisível, consequência de caso fortuito, incapaz de ser previsto ou evitado».*[586]

Considera ainda que não é erro o *resultado incontrolável, isto é, o que decorre da situação incontornável de curso inexorável quando até ao momento da ocorrência a ciência médica e a competência profissionais não dispõem de soluções.*

Finalmente, o autor referido exclui ainda do conceito de erro médico o resultado adverso, quando o médico emprega todos os meios disponíveis sem obter o sucesso pretendido.

---

[584] Pedro Caeiro/Cláudia Santos, *Negligência Inconsciente e Pluralidade de Eventos: Tipo-de-ilícito Negligente-Unidade Criminosa e Concurso de Crimes-Princípio da Culpa,* R.P. C.C., ano 6, Fasc. 1, p. 127 a 142.

[585] J. Germano de Sousa, *Negligência e Erro Médico*, Boletim da Ordem dos Advogados, n.º 6, p. 12-14.

[586] Idem, p. 12.

No domínio do erro médico é usual a doutrina da especialidade distinguir entre a forma como o erro ocorre, isto é, a qualificação do comportamento causal do erro e as diversas modalidades do mesmo.

Assim, refere-se a erros cometidos por imperícia, imprudência e negligência.[587]

Em boa verdade, no plano jurídico não há qualquer vantagem na distinção apontada, uma vez que imperícia e imprudência são modalidades da própria negligência (*Fahrlässigkeit*).

Trata-se, todavia, de uma distinção de longa tradição, remontando ao código penal francês de 1810 (código napoleónico) e também constante do código português de 1886, que no seu artigo 368.º referia a imperícia, inconsideração, negligência e falta de destreza como formas causais do homicídio por negligência.[588]

Em todo o caso importa consignar que a imperícia traduz-se na falta de conhecimentos técnicos ou a sua não utilização segundo as regras da arte, a falta de destreza na carência de aptidões para o exercício da profissão médica, a inconsideração traduz-se na falta de atenção devida e na falta de cuidado imposto pelos deveres gerais, que o agente pode e deve ter, e a negligência será a falta de cuidado em se prever o que deveria ser previsto ou em tomar precauções para evitar resultados antijurídicos, segundo Maia Gonçalves.[589]

Na expressão de Germano de Sousa:

> «... a imperícia resulta de uma preparação inadequada que consiste em fazer mal o que deveria, de acordo com as "leges artis", ser bem feito, não devendo o médico ultrapassar os limites das suas qualificações e competências (artigo 29.º n.º 1 do C.D.O.M.), a

---

[587] Idem, ibidem.

[588] Em 1930, Elina Guimarães no seu estudo Dos Crimes Culposos escrevia: «*A inconsideração e a negligência (neste artigo é tomado em sentido estrito), consistem ambas na omissão ou na prática descuidada de um acto. A primeira tem mais um carácter de leviandade moral e a segunda de intenção material.*

A imperícia e a falta de destreza diferem do grupo anterior em o dano não ser causado pela falta de atenção do agente, mas pela sua ignorância. Há talvez menor elemento de voluntariedade.

A diferença entre elas – um tanto subtil – é que ao passo que a imperícia revela um falta de conhecimentos permanente, a falta de destreza é uma falha de habilidade, que pode ser meramente ocasional.» (Elina Guimarães, *Dos Crimes Culposos*, Lisboa, 1930, p. 52.

[589] Maia Gonçalves, *Código Penal Português (na Doutrina e na Jurisprudência)*, 3.ª ed., Coimbra 1977, anot. ao artigo 368.º, p. 592).

Pressupostos Sistemáticos da Responsabilidade Criminal do Médico 293

imprudência consiste em fazer o que não devia ser feito (artigos 45.º e 46.º do C.D.O.M.) e a negligência é deixar de fazer o que as "leges artis" impunham que se fizesse (artigo 26.º do C.D.O.M.)».[590]

Na doutrina brasileira, Edmundo de Oliveira considera como exemplo de imperícia o caso do médico que vai proceder a uma intervenção cirúrgica sem os necessários conhecimentos da especialidade ou sem efectuar os imprescindíveis exames de diagnóstico do paciente, o qual, por isso, acaba por morrer.

Como exemplos de imprudência, cita o caso do médico que, na ânsia de testar um novo produto farmacológico perigoso, administra-o a um doente, sem absoluta necessidade de fazê-lo.[591]

No caso dos erros médicos cometidos por chefes de equipa médica, violando o seu dever de vigilância, figurará o exemplo do cirurgião que, numa intervenção cirúrgica em que integra tal equipa um auxiliar sem experiência ou um estagiário, não vigia o trabalho deste, daí ocorrendo uma situação lesiva do paciente.

4.2.2. *Modalidades de Erro Médico*

De acordo com grande parte da doutrina médica e jurídica especializada, é usual distinguir três modalidades de Erro Médico: o erro de diagnóstico, o erro de tratamento ou erro terapêutico e o erro na relação com o paciente.[592]

O erro de diagnóstico ocorre quando o médico, por falsa representação da realidade, enquadra os sinais e os sintomas do paciente num esquema patológico conhecido que não corresponde ao efectivamente existente ou quando o médico, omitindo a observação ou os exames necessários, diagnostica uma situação nosológica diferente da realidade.

---

[590] J. Germano de Sousa, *Negligência e Erro Médico* ... cit., p. 12.

[591] Edmundo de Oliveira, *Deontologia, Erro Médico e Direito Penal*, Forense, Rio de Janeiro, 1998, p. 93.

[592] Indispensável sobre esta matéria o excelente estudo de Wanderby L. Panasco *A Responsabilidade Civil, Penal e Ética dos Médicos*, 2.ª ed., Forense, Rio de Janeiro, 1984, designadamente a pgs. 59 e ss.

Também o já clássico *Direito Médico* de Genival Veloso de França, F. Editorial BYK-PROCIENX , S. Paulo, Brasil e o igualmente clássico *La Responsabilité Medicalé* de Jean Penneau, já citado.

294 *Da Responsabilidade Médica em Direito Penal*

É esta divergência entre o diagnóstico estabelecido e a realidade nosológica que caracteriza o verdadeiro erro de diagnóstico, subjazendo a tal conceito a ausência da correspondência entre o juízo formulado pelo médico e a realidade.

Dele devem ser afastadas, portanto, as situações de ausência do diagnóstico por, v.g., desconhecimento, incapacidade ou faltas de meios necessários. Nestas situações haverá falta de diagnóstico, mas não erro propriamente dito.

A diagnose, escreve Edmundo de Oliveira, não deve ser apenas a soma dos resultados dos testes e pesquisas, pois, há nela uma componente que ilumina todas as demais: a perspicácia do médico baseada na sua experiência clínica.

Todavia, importa ter em atenção que o "olho clínico" não é hoje (cada vez o é menos) elemento exclusivo para a formulação do diagnóstico, embora seja indispensável para a cabal avaliação dos resultados fornecidos pelo meios auxiliares de diagnóstico.

Tanto a jurisprudência como a doutrina, designadamente francesa, espanhola e brasileira, propendem maioritariamente para a não censurabilidade penal do erro médico de diagnóstico, ressalvadas as situações de negligência grosseira.

E entre nós, J. Germano de Sousa escreve:

> *«A maioria dos autores e legisladores é de opinião que o erro de diagnóstico não é culpável desde que não tenha sido provocado por manifesta negligência; que o médico não tenha examinado o seu doente convenientemente, que não tenha utilizado as regras e técnicas actuais recomendáveis e disponíveis, que não tenha levado em conta os resultados dos exames complementares de diagnóstico, valendo--se apenas do chamado "olho clínico", ou que tenha optado por uma hipótese diagnóstica remota ou absurda ou que tenha ainda adoptado uma terapêutica errada ou desajustada».*[593]

No plano jurídico-penal, como é sabido, o erro de diagnóstico *eo ipso*, isto é, independentemente do preenchimento de determinado tipo de ilícito, não assume relevância, mas assim já não acontecerá relativamente aos delitos negligentes de resultado, designadamente de ofensas à integridade física e de homicídio em que o erro de diagnóstico é susceptível de conexão causal adequada com a lesão verificada.

---

[593] J. Germano de Sousa, op. cit. ult. lug., p, 14.

A tendência desculpabilizadora do erro de diagnóstico deve-se, não tanto à habitual dificuldade de prova de tal erro, mas à dificuldade de demonstração do nexo causal entre o erro de diagnóstico e a lesão verificada, já que usualmente constata-se um concurso de factores causais dos resultados deletérios verificados.

Por isso, Klaus Ulsenheimer, na sua conhecida obra *Arztstrafrecht in der Praxis* refere que a dificuldade que, por vezes, se coloca para a identificação rigorosa da entidade nosológica, apesar da realização dos testes que se consideram apropriados, assim como a consequente necessidade de admitir uma margem razoável de erro, fazem com que o diagnóstico errado, que não possa qualificar-se como grosseiro, escape com facilidade à qualificação do acto médico como negligente.[594]

Gómez Rivero, por sua vez, na sua obra já citada *La Responsabilidad Penal del Médico*, observa que tal asserção é tão válida para os casos em que o erro de diagnóstico consiste na falta de diagnóstico da enfermidade de que o paciente padece efectivamente e, por via da qual, vê alterada a sua saúde, como para os casos em que o paciente não padece da doença que se lhe atribui e o dano, assim provocado, é de índole psíquica, indicando, como exemplo de tal afirmação, o caso do paciente a quem foi comunicado o diagnóstico de seropositividade, quando o mesmo ainda estava pendente da confirmação por provas posteriores, que, contrariando a lógica das probabilidades, vieram a resultar negativas[595].

Relativamente ao erro de tratamento *(Behandlungsfehler)*, ele pode decorrer, como vimos, de um prévio erro de diagnóstico de que será, nesse caso, efeito ou consequência ou ser independente do diagnóstico.

Cometido a titulo de negligência (previsibilidade do resultado e violação do dever de cuidado) e traduzindo-se numa ofensa à integridade física do paciente ou à vida deste, o erro de tratamento pode ser causal de um crime de ofensas à integridade física por negligência ou de homicídio involuntário, por parte do médico inábil ou imprudente.

Também pode estar na base de tais delitos cometidos a título de dolo, designadamente de dolo eventual e de dolo necessário.

Como se sabe, também neste plano, as coisas não foram sempre assim, pois durante longo tempo, o insucesso ou mau êxito do tratamento eram encarados como obra do destino, da fatalidade, segundo o velho brocardo latino, ainda hoje referido, *"medicus curat, natura sanat morbus"*.

---

[594] K. Ulsenheimer, *Arzstrafrecht in der Praxis*, Heidelberg, 1988, pg. 37.
[595] G. Rivero, op. cit, pg. 339.

Quintano Ripolles, na sua conhecida obra *Derecho Penal de la Culpa* (Imprudencia) escreve a propósito do erro de tratamento:

«*Muito mais frequentes que no campo do diagnóstico, são os casos de responsabilidade na terapêutica, entre outras razões, porque os resultados lesivos são mais imediatos na relação causal. São os casos típicos de anestesia sem prévio exame do coração, ou a cirurgia sem análise do sangue ou urina do diabético, ou tratar uma ferida sem injecção antitetânica, de aplicação em crianças de doses medicamentosas próprias dos adultos e tantos mais erros crassos determinantes de desenlaces fatais facilmente evitáveis com um mínimo de perícia ou diligência.*

Ao invés, costuma ser decisivo nesta matéria, para efeitos de exculpação, a idiossincrasia do doente, provocando uma reacção anómala a um tratamento objectivamente adequado».[596]

Dado que o erro médico, por mais lamentável que seja, não releva penalmente em si mesmo, mas apenas na medida em que constitui causa de lesão à integridade física ou à vida do paciente ou, pelo menos, na medida em que coloque em perigo a vida ou constitua perigo grave para a integridade física daquele, tal erro há-de traduzir-se necessariamente na violação das *leges artis*, pois como se sabe, no nosso ordenamento penal as intervenções médico-cirúrgicas e os tratamentos realizados com observância de tais regras, desde que verificados os restantes requisitos a que se refere o artigo 150.º do Código Penal, não se consideram ofensas à integridade física.

Assim, por exemplo, o chamado erro acidental, que ocorre na execução de um tratamento, devido a causas incontroláveis pelo médico, como, v. g., a ruptura de um aneurisma durante uma intervenção cirúrgica ou o desencadeamento de um pneumotórax iatrogénico durante uma punção venosa infra ou supraclavicular, com cateter vascular, não obstante todo o cuidado do médico, não só não será culpável (por ausência de culpa, dada a inexistência de violação do dever de cuidado), como até penalmente atípico, por força do referido artigo 150.º n.º 1 do Código Penal, se ocorrerem os demais pressupostos da referida disposição legal.

Recordemos os exemplos atrás citados, extraídos da obra *Erro Médico e a Lei,* de Irany Novah Moraes, de erros acidentais (secção de uma

---

[596] Quintano Ripolles, *Derecho Penal de la Culpa (Imprudencia)*, Bosch, Barcelona, p. 502 e ss.

Pressupostos Sistemáticos da Responsabilidade Criminal do Médico   297

artéria friável, inevitável apesar de todo o cuidado, lesão do nervo facial durante uma cirurgia a um tumor da parótida, espasmo de uma artéria coronária durante uma angioplastia, etc.) que, verdadeiramente, devem ser considerados, com mais propriedade, <u>acidentes médicos</u> e não erros.

Estes acidentes não se assemelham, por exemplo, aos erros que, infelizmente, com maior frequência do que seria para desejar, ocorrem na prática clínica, tais como o do cirurgião que esteriliza parcialmente o doente por secção do canal deferente em cirurgia de hérnia inguinal, do cirurgião maxilo-facial que, em cirurgia do malar, na exploração da órbita, secciona um segmento do globo ocular, cegando, consequentemente o enfermo; do ginecologista que contamina a paciente por falta de cuidados de assepsia; troca de produto a administrar, como adrenalina por atropina, podendo desencadear a morte, em anestesia geral[597]; exemplos estes que Wanderby Panasco considera como erros grosseiros e que, sem qualquer dúvida, indiciam, ao menos, negligência (grosseira) do agente médico.

Numa terceira constelação de exemplos de erros médicos, podemos inserir a perfuração ou secção inadvertida de um órgão, de um vaso ou de um nervo durante a cirurgia ou até no manuseio de instrumental durante um acto médico não cirúrgico, as lesões cutâneas do paciente provocadas, durante uma sessão de radioterapia (radiodermites), por exposição excessiva às radiações, o esquecimento de compressas ou de instrumentos na cavidade abdominal do operado, a concentração exagerada dos anestésicos durante a fase de indução anestésica, todos eles a exigir uma cuidada comprovação das circunstâncias em que tais falhas médicas ocorreram.

Seria, assim, de toda a conveniência adoptar uma terminologia mais rigorosa para estes diferentes tipos de falhas médicas, não as englobando numa única e geral denominação de erro médico.

Segundo Novah Moraes[598], há que distinguir entre erro propriamente dito e acidente e entre este conceito e de complicação.

O <u>acidente</u> é a ocorrência desagradável não esperada mas previsível, como as intercorrências que acontecem, tanto no processo diagnóstico, como no terapêutico, como são, por exemplo, os acidentes radiológicos, anestésicos e cirúrgicos.

<u>Complicação</u> é o aparecimento de uma nova condição mórbida no decorrer de uma doença, devida ou não à mesma causa. O referido autor

---

[597] Exemplos respigados da obra, já mencionada de W. Panasco, *A Responsabilidade Civil, Penal e Ética dos Médicos*, pg. 63.

[598] I. Novah Moraes *Erro Médico e a Justiça,* 5.ª edição, Editora Revista dos Tribunais, S.Paulo, 2005, pg. 493 e ss.

298   *Da Responsabilidade Médica em Direito Penal*

apresenta como exemplos de complicações, o caso do paciente arterios-clerótico, que tendo sido tratado de uma gangrena, falece de enfarte do miocárdio, no dia da alta hospitalar, ou da complicação que ocorre nos doentes mal nutridos no pós-operatório de uma cirurgia abdominal, designada por evisceração, pois a sutura rompe-se e as vísceras ficam expostas.

Em todo o caso, importa não olvidar que por detrás de acidente ou de uma complicação, pode estar um erro *stricto sensu*, de percepção ou cognitivo [como um erro de diagnóstico ou de terapêutica decorrente da ausência de conhecimentos técnico-científicos (ausência de representação da realidade) da errada interpretação da sintomatologia do paciente ou de dados laboratoriais ou imagiológicos (representação deformada ou distorcida da realidade)] ou de execução, como o manejo indevido de instrumentos na realização do acto clínico ou cirúrgico ou troca de produtos farmacológicos no tratamento do paciente.

Porém, como atrás se deixou consignado, o erro médico só será penalmente relevante, quando, por meio dele, se preencher a factualidade típica dos crimes de ofensas à integridade física ou homicídio e, mesmo assim, sempre tendo em atenção o disposto no art.º150.º do C.Penal, e ainda desde que o resultado infausto seja imputável ao médico a título de dolo ou negligência.

Finalmente, no caso de erro na relação médico/paciente, que podemos considerar como qualquer falha que ocorre no relacionamento do médico com o utente dos seus serviços ou os familiares deste, assumem relevância penal os determinantes para a realização dos ilícitos penais típicos como, v. g. a revelação do segredo médico (artigo 195.º do Código Penal) o aproveitamento indevido de tal segredo (artigo 196.º do Código Penal), a passagem de atestados médicos falsos (artigo 260.º do Código Penal), exigindo-se, para a punibilidade de tais ilícitos-típicos, o dolo, por força do disposto no art.º 13.º do C.P, situação, infelizmente, mais frequente do que seria de desejar, em que de forma indiferente perante o dever – ser juridico-penal, alguns profissionais de medicina não hesitam em emitir declarações e atestados de factos sem correspondência com a realidade.[599]

---

[599] Para a distinção entre atestados falsos e atestados não verificados, isto é, os atestados que não têm por conteúdo e objecto uma falsidade, e os que, certificando um facto verdadeiro, não correspondem a uma verificação do médico, é de todo o interesse o estudo do Dr. Alberto de Castro Pita, *Atestados Falsos e Atestados não Verificados,* publicado na Scientia Iuridica, Tomo III, n.º 11, p. 285.

Em todo o caso, face ao artigo 260.º do actual Código Penal que corresponde, com ligeiras alterações formais, ao artigo 234.º da versão originária, só os atestados que tenham por objecto um facto falso integram ilícito penal.

Pressupostos Sistemáticos da Responsabilidade Criminal do Médico   299

Tais situações, para a realização das quais é suficiente o dolo eventual, isto é, basta que o médico actue prevendo que o facto atestado pode não corresponder à verdade e, mesmo assim, conformando-se com a sua emissão, constituem, em nossa opinião, verdadeiros erros de relação médico/paciente, pois não pode nem deve o médico aceitar praticar actos, a pedido do paciente ou familiares, e por mais premente e angustiante que se lhe afigure tal solicitação, que se traduzam na realização de actos proibidos pelo Direito.

O Prof. Lobo Antunes afirma, expressivamente, que há erros que afectam a saúde do doente e outros que comprometem a saúde da profissão[600]!

Decerto, de entre estes últimos, estarão os que a própria lei penal considera como crimes, na medida em que, além de afectarem a relação médico-paciente, atentam contra bens jurídicos essenciais à vida comunitária, tornando os agentes de tais comportamentos censuráveis merecedores de penas criminais[601].

Outro exemplo típico de erro na relação, penalmente relevante, será o relativo aos tratamentos e intervenções médico-cirúrgicas arbitrárias (artigo 156.º n.ºs 1 e 3 do Código Penal).

Se, por exemplo, o médico, por motivos de antipatia ou qualquer incompatibilidade com o paciente, decidir não pedir o consentimento do paciente ou, por exemplo, por falta de paciência, não esclarecer devidamente o paciente ou o seu legal representante nos termos do artigo 157.º do Código Penal, haverá um erro ou falha na relação susceptível de determinar um facto criminalmente ilícito.

Deste tipo de ilícito nos ocuparemos quando tratarmos do Consentimento Informado na parte final deste estudo.

Também no caso da recusa dolosa do médico prevista no artigo 284.º do Código Penal, motivada por erro de diagnóstico sobre a gravidade nosológica da situação em que o paciente se encontra, pode determinar a morte ou ofensa à integridade física grave deste, o que importará a

---

[600] João Lobo Antunes, *Sobre o Erro*, in *Um Modo de Ser*; Gradiva, Lisboa, pg. 81.

[601] O mesmo Ilustre Médico Neurocirurgião e Professor, afirma que, nos EE.UU pelo menos 5 % a 10% dos médicos falsificam as suas credenciais. Num estudo sobre o uso do título de especialista, nas chamadas «Páginas Amarelas» verificou-se que 12% dos médicos utilizavam abusivamente aquela designação (op. cit., na nota supra, pg. 82.)

Em Portugal inexistem estatísticas fidedignas sobre tal aspecto.

realização de um crime de recusa de médico agravada pelo resultado, nos termos das disposições combinadas dos artigos 284.º e 285.º do nosso compêndio substantivo penal, salvo, claro, ocorrendo causa de exclusão de ilicitude ou de culpa.

Importa, sobretudo, ter consciência permanente da enorme evolução, melhor, transformação, que sofreu a relação médico/paciente desde os tempos hipocráticos até aos nossos dias.

O paternalismo médico praticamente acabou! A relação de tipo tradicional entre o médico e o doente, em que aquele dispunha sobre a saúde e a integridade física deste, que ficava, deste modo, inteiramente submetido às determinações do médico sem, frequentemente, qualquer esclarecimento sobre o diagnóstico e o prognóstico da sua enfermidade ou sem qualquer indicação sobre a terapêutica instituída, não cabe já nos modernos esquemas da actualidade.

Também a liberdade do paciente, o seu direito à autodeterminação, vale dizer, o direito de dispor sobre a sua saúde e a própria vida tem, como contrapartida, o dever de o médico respeitar tal direito do seu paciente. Só assim *a actividade médico-sanitária funda-se sobre uma relação interpessoal, de natureza particular, de forma a ser um enlace entre a confiança e a consciência* na afirmação impressiva do Conselho Pontifício para a Pastoral dos Agentes da Saúde.

Só assim, assumirão plenitude as palavras de João Paulo II aos participantes no Congresso Mundial dos Médicos Católicos em 3.10.982 *Cada um de vós não pode limitar-se a ser médico de um órgão ou de um aparelho, mas antes deve fazer-se médico da pessoa integral*.

5. CAUSAS DE JUSTIFICAÇÃO E DE EXCULPAÇÃO

5.1. **Generalidades**

Antes de encerrarmos o presente estudo sobre a responsabilidade criminal do médico, importa tratar, de forma necessariamente abreviada, atenta a dimensão limitada da presente dissertação, o problema das causas de justificação e de exculpação, isto é, dos tipos justificadores e dos obstáculos à culpa.

Do património hereditário dos velhos "elementos negativos do tipo" a cujo estudo se procedeu quando abordamos o pressuposto da tipicidade, provêm os tipos justificadores, também chamados, contra-tipos.

Não basta, com efeito, que o tipo incriminador seja o portador ou interposto da valoração jurídico-criminal, para que o seu preenchimento comporte, irrefragável e automaticamente, a afirmação da ilicitude de uma conduta, sendo antes necessário também que tal conduta não possa ser enquadrada num tipo justificador ou, por outras palavras, para a afirmação da ilicitude torna-se necessário que não se verifique qualquer causa de exclusão da ilicitude indiciada pelo preenchimento da factualidade típica.

No domínio de um apelidado direito penal médico, as causas de justificação comuns, isto é, aquelas que como tal são consideradas no direito penal clássico ou geral, são absolutamente as mesmas, até porque, como se sabe, os crimes específicos próprios dos médicos estão catalogados na parte especial dos códigos penais, inscrevendo-se, portanto, sem autonomia dogmática ou legal, na esfera da doutrina geral do crime.

Tal não significa, no entanto, que algumas das causas de justificação legais, não se revistam de um diluído ou difuso interesse neste específico âmbito, enquanto outras ganham um adensamento dogmático e uma valência normativa compagináveis com o seu relevo prático, constituindo, destarte, nódulos problemáticos a merecerem especial atenção.

Como exemplo dos primeiros, apontaremos a legítima defesa que, no nosso específico campo de observação, não logra contornos destacáveis enquanto, como o paradigma dos segundos, pontifica, sem dúvida, o consentimento do ofendido.

302   *Da Responsabilidade Médica em Direito Penal*

Por esta razão dedicaremos a esta última causa de justificação especial destaque, a ponto de configurar um estudo autónomo de mais aturada investigação.

Abordaremos aqui, de forma necessariamente sumária, já que a extensão do presente estudo corre o risco de ultrapassar largamente os limites regulamentares, para além da relevância do consentimento do ofendido conexionado com o instituto do consentimento informado, pedra angular do direito penal médico, do direito de necessidade ou estado de necessidade justificante e, no domínio dos delitos negligentes, largamente maioritários nesta específica faixa jurídico-penal, da adequação social e, no que tange às equipas médicas, designadamente cirúrgicas, do princípio de confiança e do da divisão de trabalho.

É discutível a admissibilidade das causas de justificação no domínio dos crimes negligentes mas, com Roxin, diremos que a impunidade da realização típica não dolosa apenas se pode explicar, em alguns casos, sob o pressuposto de uma situação de justificação e que, contudo, não se pode considerar como excludente do tipo.[602]

5.2. O Direito de Necessidade

(Estado de Necessidade Justificante)

No domínio do nosso direito positivo anterior ao Código Penal de 1982, afirmava o Prof. Figueiredo Dias que *«o direito vigente não consagra em parte alguma, em termos amplos e gerais comparáveis v. g. aos do artigo 37.º do Projecto, o princípio justificador da preservação de um interesse ou de um dever mais valioso do que aquele que a acção sacrifica».*[603]

Também o saudoso Professor Cavaleiro de Ferreira escrevia em 1939:

«O estado de necessidade está deficientemente regulado na nossa legislação penal. São também poucos os arestos dos tribunais que expressamente versam o problema. Com a deficiência da lei e a parcimónia de exemplos da jurisprudência contrasta, porém, a abundância de estudos doutrinais. Tem este facto, que se afigura de

---

[602] Roxin, *Strafrecht A.T.*(trad. cast. cit., p 1031).

[603] Figueiredo Dias, *Aditamentos aos Sumários das Lições de Direito Penal,* 1975, policopiado, p. 35.

facto algo estranho, explicação simples. O problema do estado de necessidade raras vezes se coloca em toda a sua nitidez; é de aplicação prática relativamente rara.

Pelo contrário, a sua importância dogmática é enorme. É, para o penalista, um microcosmo jurídico, como afirmou Henkel. Para sua solução importa submeter a criteriosa crítica de revisão os conceitos mais basilares do direito penal».[604]

As coisas, porém, mudaram! Actualmente o artigo 34.º do Código Penal regula a disciplina do direito de necessidade, em termos muito mais consentâneos com a mais actualizada dogmática.

Já nas sessões da Comissão Revisora, o Prof. Eduardo Correia depois de se referir às três posições que se perfilam relativamente ao problema do estado de necessidade justificante, a que o encara como causa de exclusão da ilicitude, a que o concebe como causa de exclusão da culpa e uma terceira, a "teoria diferenciada" que o considera como obstáculo à ilicitude quando o interesse protegido é sensivelmente superior ao sacrificado e como obstáculo à culpa nas outras hipóteses, referiu alguns problemas concretos desse instituto, tais como o dos critérios de valoração da superioridade dos bens protegidos e ainda o do limite da existência do próprio direito de necessidade mediante a efectiva possibilidade de indemnização ao lesado. (Actas da Comissão Revisora, 234).

No domínio da medicina, o estado de necessidade justificante (direito de necessidade) funciona como dirimente v. g., nos casos em que se torna necessária a amputação de um membro para salvar uma vida, embora seja exigível o consentimento do ofendido ou, nos casos de aborto terapêutico quando é necessário sacrificar a vida do filho nascituro em favor da vida da mãe.

Actualmente, face ao disposto no artigo 150.º do Código Penal, a amputação do membro ou a ablação de um órgão, desde que se verifique a indicação médica objectiva, a intenção curativa e se realize por médico com observância das *leges artis*, nunca configurarão, como ficou dito, ofensas à integridade física.

Porém, nos casos em que v. g., o médico se encontra em socorro a um doente em perigo de vida e, por esse facto deixa de atender um paciente como é seu dever, também o direito de necessidade pode funcionar como causa de exclusão da ilicitude.

---

[604] Cavaleiro de Ferreira, *O Estado de Necessidade em Direito Penal*, publicado em Justiça Portuguesa, ano 6.º, (1939), p. 83, 97-98 e 113 e ss., e também em *Obra Dispersa* I (1933/1959), U.C.P., Lisboa, 1996, p. 83 a 90.

304 — Da Responsabilidade Médica em Direito Penal

De notar, todavia, que se também o paciente não atendido estiver em perigo de vida, dada a inexistência de superioridade de qualquer vida em relação a outra, funcionará eventualmente a dirimente do conflito de deveres a que se refere o artigo 36.º do Código Penal, devendo o médico dar prevalência ao doente que já está a atender.

É claro que só as circunstâncias concretas de cada caso permitem uma cabal avaliação das situações.

5.3. O Princípio de Divisão de Trabalho (*Das Prinzip der Arbeitsteilung*) e de Confiança (*Der Vertrauengrundsatz*) como excludentes da Ilicitude na Actividade das Equipas Médicas.

Das questões que mais atormentam os juristas, na esfera da actividade colectiva, uma consiste em saber que funções desempenha cada um dos intervenientes, outra traduz-se na determinação de qual a contribuição de cada elemento para o desenvolvimento e cumprimento do trabalho de equipa e ainda uma terceira que se refere ao apuramento da forma de tratamento jurídico das relações pessoais organizadas em regime de trabalho de equipa.[605]

A dogmática jurídico-criminal concebe o princípio de divisão de trabalho articulado com o princípio de confiança, como critério delimitador dos deveres de diligência na actividade desenvolvida pelas equipas médicas, designadamente médico-cirúrgicas, integrando-se tal princípio no chamado "cuidado externo".

A divisão de trabalho, como reconhece a doutrina da especialidade apresenta várias vantagens no desenvolvimento da actividade médico-cirúrgica, sendo certo que, na actualidade, o trabalho de equipa é cada vez mais uma constante na pluridisciplinaridade e inter-relação entre as diversas especialidades e, designadamente, entre as actividades laboratoriais, de diagnóstico e os clínicos, mas, por outro lado, como assinala Carstensen *«à medida em que avança a divisão de trabalho e a especialização aumentam os perigos».*[606]

---

[605] Wilhlem, *Verantwortung und Vertrauen*, apud. Agustín Jorge Barreiro, *La Imprudencia Punible...* cit, p. 115.

[606] Carstensen, cit. por A. J. Barreiro, op. cit., p. 116.

Causas de Justificação e de Exculpação 305

Segundo a doutrina mais abalizada, referida por Agustín Jorge Barreiro[607] as fontes de perigo da divisão de trabalho na actividade médico-cirúrgica são as seguintes:

1.º ◆ *Qualificação deficiente* dos colaboradores que deve ser tida em consideração oportunamente pelo médico. O cirurgião há-de prestar a devida atenção a tais colaboradores pondo em prática as medidas de precaução necessárias, tais como a vigilância, o controlo e a instrução dos mesmos.

2.º ◆ *As falhas de comunicação*, as quais ocasionam, frequentemente prestações médicas incorrectas. Tal acontece quando o médico formula de modo impreciso as indicações aos seus colaboradores ou quando estas não são devidamente interpretadas. Daí, segundo A. J. Barreiro a necessidade de adopção das medidas de segurança adequadas, tais como deixar escritas ordens e instruções de medicação ou de tratamento para evitar essas falhas previsíveis.

3.º ◆ *A coordenação defeituosa* que surge com maior intensidade em certas actividades médicas, como a cirurgia, em que intervêm vários especialistas e pessoal auxiliar, o que pressupõe a necessidade de sintonizar as medidas diagnósticas e terapêuticas, sobretudo em casos de urgência.

4.º ◆ *As falhas de organização* cuja evitação cabe à direcção da estrutura sanitária através das adequadas medidas de controlo.

5.º ◆ *A avaliação deficiente* da capacidade ou dos conhecimentos médicos dos diversos intervenientes na equipa médico-cirúrgica para efeitos do desempenho das tarefas assinaladas.

Relativamente à divisão de trabalho, é usual a distinção de dois planos: a *divisão de trabalho horizontal*, que acontece entre os diversos colegas de profissão, e que por força da sua formação, competência e independência encontram-se em plano de igualdade, como sucede no caso do cirurgião e do anestesista que trabalham em conjunto com funções complementares no campo dos conhecimentos das respectivas especialidades[608], e a *divisão de*

---

[607] Op. cit., p. 116.

[608] Frequentemente constitui grande dificuldade dos tribunais recortar as responsabilidades relativas aos dois grandes compartícipes de qualquer acto cirúrgico: o cirurgião e o anestesista.

Segundo Rabinovich-Berkman, na Argentina teria ficado famoso o caso Beltrán, no qual uma mulher jovem foi internada para submeter-se a uma operação aparentemente muito simples que constituía na extirpação de *hallux valgus* mais conhecido por joanete, cujo risco cirúrgico é relativamente baixo, e do qual resultaram sequelas gravíssimas (quadriplegia e drástica regressão mental, ambas irreversíveis). Tratou-se de um lamentável problema anestesiológico.

Segundo o parecer dos peritos, a complicação derivou de uma injecção anestésica peridural numa posição incorrecta originando o derramamento do líquido na região cérvico-occipital intra-raquídia, ocasionando uma paragem cárdio-respiratória e inclusive uma quadriplegia de tipo espinal. Sobreveio uma anóxia de 45 minutos que foi decisiva para a produção da encefalopatia. Por força de tal quadro clínico, a paciente começou a dar sinais de dor e dificuldade respiratória, sinais de um edema pulmonar agudo. Todavia, o anestesista enganou-se na interpretação de tais sinais e atribuiu-os (dor e dificuldade respiratória) à ansiedade da doente. Deste modo, sem realizar maiores comprovações e exames, resolveu praticar uma nova anestesia, desta vez de tipo geral. Segundo a perícia, ao ter-se detectado a situação, a operação devia ter sido suspensa e toda a equipa médica devia ter-se dedicado imediatamente à recuperação dessa gravíssima complicação cárdio-pulmonar.

O tribunal considerou responsáveis ambos os médicos, cirurgião e anestesista, pois, o quadro clínico exteriorizado pela paciente devia ser iniludível para os profissionais intervenientes, cirurgião e anestesista, e deviam ter tratado de descobrir as suas causas imediatamente a fim de poderem estar em condições de as tratar oportuna e adequadamente.

O mesmo autor cita também o caso de uma criança, vítima de situação semelhante ocorrido na cidade de San Nicolás. A criança entrou no hospital para ser operada a uma hérnia inguinal, e ficou com uma incapacidade total e definitiva, por força de uma paraplegia espástica. Esta, por sua vez, derivou de uma paragem respiratória que se produziu no decurso da operação, estando o paciente anestesiado.

A paragem não podia ser detectada a tempo, pois em vez de utilizar um monitor, o anestesista usava um estetoscópio.

O cirurgião, fiel a um padrão estratégico, que segundo o autor citado é usual nesta matéria, organizou a sua defesa mediante a atribuição da responsabilidade ao anestesista. O tribunal aceitou que este *«este goza de autonomia científica e técnica. As suas tarefas escapam às possibilidades de controlo e, inclusivamente, poderá dizer--se que, em princípio, está à margem da ingerência do cirurgião».*

Em todo o caso, Berkman considera o cirurgião negligente por força da omissão do seu dever de vigilância decorrente do seu carácter de chefe de equipa. (Ricardo D. Rabinovich-Berkman, *Responsabilidad del Médico, ASTREA, Buenos Aires, 1999, p. 443-445).*

Ainda segundo o referido autor, o conhecido jurista e médico Bustamante Alsina, na sua obra *Mala Praxis Médica* refere: *«O médico anestesista é um dos colaboradores do cirurgião chefe que tem a delicada missão de colocar o paciente num estado de insensibilidade apta à prática do cruel acto operatório desde o seu começo até à sua finalização. Em consequência, é da responsabilidade do anestesista controlar as eventuais alterações cardíacas que o paciente pode experimentar durante o curso da*

Causas de Justificação e de Exculpação   307

trabalho vertical, que supõe uma relação hierárquica entre o pessoal da equipa interveniente e que supõe a subordinação de uns agentes a outros. É o caso v.g., das relações entre o cirurgião, chefe de equipa e o pessoal de enfermagem que o auxiliam na operação.

Relativamente ao princípio de confiança, de criação jurisprudencial, o mesmo constitui um critério delimitador importante do dever objectivo de cuidado.

Oriundo do direito penal da circulação rodoviária, em que para a circulação do tráfego se entende que àqueles que cumprem as regras de trânsito é licito esperar que outros também as cumpram, nada fazendo prever o contrário, o princípio de confiança, que Figueiredo Dias formula como «*quem se comporta no tráfego de acordo com as normas deve poder confiar que o mesmo sucederá com os outros, salvo se tiver razão concre-*

---

intervenção, com a finalidade de detectar precocemente os pródromos de uma paragem cardíaca para estabelecer imediatamente o diagnóstico e aplicar eficazmente o tratamento necessário para a sua recuperação.(Op. cit., p. 444).

A divisão do trabalho médico implica que na medicina moderna cada interveniente médico assuma sua própria responsabilidade. Assim cabe ao cirurgião decidir do tempo, lugar e o como da operação, de acordo com o paciente e ao anestesista actuar com plena autonomia em todas as matérias da sua competência e especialidade (tudo o relacionado com a preparação, execução e vigilância do procedimento da narcose).

Em todo o caso, situações ocorrem em que cabe ao chefe de equipa, precisamente pelas suas funções de superintendência e coordenação, decorrentes da posição de chefia, vigiar e adoptar medidas relativamente a outros profissionais que integram a equipa por si dirigida, visto que o resultado final é, em última análise, não atribuído a cada médico individualmente, mas à equipa em geral. Assim, por exemplo, no caso referido por A. Jorge Barreiro que o Tribunal Supremo de Espanha julgou em 10.10.79 o cirurgião levava a cabo uma intervenção de cesariana com a colaboração do anestesista que assistia simultaneamente a duas salas de operações. Quando o cirurgião se encontrava a suturar a intervencionada, após o decurso normal da intervenção cirúrgica revelou-se um quadro cianótico da paciente e houve necessidade de chamar o anestesista. Regressado o anestesista, chamado pelo cirurgião e que se encontrava na outra sala, ambos os médicos verificaram que a paciente havia falecido e foram inúteis os seus esforços de reanimação. Segundo J. Barreiro no caso vertente teria havido uma co-autoria negligente em virtude de ter sido pactuado entre ambos os médicos a realização, de forma tão irregular e descuidada, da operação de cesariana – do cirurgião e do anestesista, sendo aquele responsável por uma conduta activa perigosa e por omitir as precauções devidas por um cirurgião cuidadoso – operar sem a presença do anestesista e, relativamente a este, uma comissão por omissão (posição de garante resultante da assunção efectiva do tratamento anestésico, criação ou incremento do risco atribuível e a situação de dependência do bem jurídico relativamente ao anestesista). (Agustín Jorge Barreiro, *La Imprudencia Punible...* cit., p. 139.

308   *Da Responsabilidade Médica em Direito Penal*

tamente *fundada para pensar de outro modo»,*[609] de há muito ultrapassou o âmbito de tal direito, sendo hoje frequentemente aplicado no direito penal e, designadamente no que tange à actividade médica em equipa.

Com efeito, segundo refere Roxin tal princípio serve para a negação de um incremento de perigo inadmissível.

De acordo com este autor, o BGH reconhece que numa operação cirúrgica *«os médicos especialistas que nela intervêm podem confiar na colaboração correcta do colega de outra especialidade».*[610]

É, no entanto, necessário estar atento para a advertência de Figueiredo Dias, segundo o qual os tribunais têm muitas vezes tendência para concluir sem mais que não pode socorrer-se do princípio da confiança aquele que se comporta em violação do dever. Ensina o referido Professor de Coimbra que feita assim, tal afirmação é inexacta, bem podendo acontecer que, por exemplo, o acidente – e no caso que interessa, a morte – não possa ser objectivamente imputada àquela violação do dever. E, o mesmo Professor, apresenta o seguinte exemplo: *«se o automobilista A, com uma taxa de álcool proibida, conduz por uma via prioritária com respeito pelas regras de transito, deve poder continuar a contar, apesar da situação ilícita (e até porventura criminosa) em que conduz, com que a sua prioridade será respeitada pelos outros, nos termos preditos; verificando-se um acidente por violação da prioridade, do qual resulta a morte do violador, o tipo de ilícito do homicídio negligente não foi preenchido pela conduta de A».*[611]

Importa, todavia, notar que o princípio de confiança não terá lugar relativamente aos intervenientes na equipa médica sobre os quais o chefe de equipa exercerá a necessária vigilância, por força das circunstâncias que a isso obrigam, como, por exemplo a inexperiência de um jovem estagiário ou a reconhecida pouca habilidade e destreza de um dos assistentes, numa actividade de supervisão inerente à sua posição de chefia e que constitui mesmo seu dever ético-profissional.

Em bom rigor, o princípio de confiança não deve ser considerado uma causa de justificação supralegal, mas antes uma causa de exclusão ou de delimitação da própria tipicidade, pois a confiança permitida é excludente da própria negligência, nos delitos imputáveis a tal título.

---

[609] Figueiredo Dias, *Comentário Conimbricence do Código Penal*, Tomo I, p. 109, anot. (§ 8) ao artigo 137.

[610] BGH, NJW 1980, 649 (650), apud. Claus Roxin, *Strafrecht A.T.* (trad. cast. *Derecho Penal...* cit., p. 1006 e nota de rodapé 37.

[611] F. Dias, cit. na nota 549.

Por último podemos referir como causa de exclusão da tipicidade e, em certas circunstâncias podendo mesmo ser considerada uma causa de justificação, a chamada adequação social e que foi desenvolvida por Welzel (*soziale Adäquanz*) e cuja ideia básica é que as acções que se movem dentro do que historicamente chegou a ser a ordem ético-social da vida em comunidade e que, portanto, são "*socialmente adequadas*" nunca podem integrar-se num tipo penal, mesmo que pelo seu teor literal tal subsunção fosse possível.[612]

Como exemplo que constitui *caput scholae*, indica-se o caso do barbeiro que ao cortar a barba ou o cabelo não comete qualquer ofensa corporal, do ponto de vista jurídico-penal.

É a adequação social que, em essência, em nossa opinião, fundamenta a atipicidade de algumas das intervenções médicas sem um aprofundado esclarecimento, como acontece por exemplo nos *tratamentos de rotina*, como o tratamento de um dente cariado ou a ministração de uma injecção de complexo vitamínico ou até na chamada medicina caseira, em que, como reconhece o nosso Povo, de médico, todos temos um pouco![613]

Note-se, ainda, que esta posição sobre a adequação social não é uniforme na dogmática penal, embora seja maioritária, pois, mesmo entre os que atribuem relevância jurídico-penal a esta figura, há quem considere a adequação social uma causa de atipicidade, uma causa de justificação ou, até, simples critério de aferição da ilicitude ou critério hermenêutico (sobre este tema, indispensável a excelente dissertação de Doutoramento de Maria Paula Ribeiro de Faria, *A Adequação Social da Conduta no Direito Penal (ou o valor dos sentidos sociais na interpretação da lei penal)*, Teses, Publicações Universidade Católica, 2005, (só depois da discussão pública da presente dissertação), especialmente a pgs. 473-500 e também o estudo de Câncio Meliá, *La teoría de la Adecuación Social en Welzel*, in ADPCP, T. XLVI fasc. II (Mayo-Agosto) 1993, 697-729.

É sabido que o próprio Welzel modificou, várias vezes, a sua concepção sobre a adequação social, navegando entre a atipicidade e justificação, como se pode ver no bosquejo histórico efectuado no estudo de Câncio Meliá que se deixou referido.

Muitas outras situações susceptíveis de enquadrar causas de justificação supralegais poderiam ser aqui indicadas mas, nem a extensão nem

---

[612] Claus Roxin, op. ult. cit., § 10.º, 33, p. 293.

[613] Sobre este ponto, indispensável Costa Andrade, *Comentário Conimbricence...* cit., anot. ao artigo 157.º (§ 14, p. 400).

310   *Da Responsabilidade Médica em Direito Penal*

o âmbito deste estudo consentem excursos mais profundos. Passaremos, pois, ao estudo do consentimento do ofendido e aspectos conexos.

Relativamente às causas de exclusão de culpa, importa salientar a cláusula geral de inexigibilidade actualmente configurada como o estado de necessidade desculpante a que se refere o artigo 35.º do Código Penal como sendo a mais importante no campo específico que constitui o objecto deste estudo.

Não iremos discorrer sobre tal estado de necessidade desculpante, a fim de não prejudicar a já considerável amplitude assumida pelo presente estudo que, todavia, teria ficado prejudicado se procurasse conferir-lhe maior brevidade.

5.4 O Consentimento do Paciente – Pressuposto Basilar da Conduta Médica Juridicamente Adequada

Pressuposto irrenunciável de toda actividade médica lícita, o consentimento juridicamente relevante do paciente é, sem qualquer sombra de dúvida, um tópico de proeminente relevância na área jurídico-criminal e, designadamente, no nosso ordenamento penal, como, de imediato, se passa a demonstrar.

Efectivamente, como sublinha Gómez Rivero[614], «*desde que o paciente "confessa" ao médico a sua sintomatologia e, através disso, faculta-lhe o acesso aos seus dados íntimos, até que se submete ao tratamento prescrito, com o que se afecta o suporte material da sua própria existência – a sua integridade física –, ficam implicadas como em nenhuma outra actividade, as diversas vertentes da esfera mais íntima e pessoal do indivíduo*».

Como se sabe, nos textos atribuídos a Hipócrates de Cós, recomendava-se ao médico que escondesse tudo o que pudesse ao paciente, devendo mesmo desviar a atenção deste do que fazia e ocultando o prognóstico que formulara[615], o que ficou conhecido pela designação de *paternalismo médico*, fenómeno que subsistiu durante séculos e que, ainda nos dias que passam, pode dizer-se que não se dissipou de todo.

---

[614] Maria del Carmen Gómez Rivero, *La Responsabilidad Penal del Médico--Doutrina y Jurisprudencia*, Tirant lo Blanch (Tratados), Valencia, 2003, pg. 35.

[615] Guilherme de Oliveira, *Estrutura Jurídica do Acto Médico, Consentimento Informado e Responsabilidade Médica* in Temas de Direito da Medicina, 1, edição do Centro de Direito Biomédico, Coimbra Editora, n.º 1, pag. 60.

A este respeito escreveu Fernanda Fragoso[616] «*este paternalismo médico é ainda actualmente assumido por uma grande parte dos clínicos e pela maioria da população portuguesa. Com efeito, são raros os doentes que conhecem os seus direitos de questionar e autorizar o médico para a respectiva intervenção.*

Raros são também os médicos que procuram informar e obter do doente o necessário consentimento. Conformados com a prática secular da sua missão de garante pela saúde e vida dos seus doentes, é-lhes estranha a ideia de compartilhar com o doente as actuações que tecnicamente entendem prosseguir».

Se isto é assim na prática quotidiana, já o mesmo não se pode dizer no plano legal, pois desde os anos 80, o consentimento informado ganhou merecido destaque na nossa legislação penal, tipificando a sua falta um ilícito penal de crime contra a liberdade pessoal, previsto no art.º 156.º do Código Penal e punível com pena de prisão até 3 anos ou com pena de multa.

Nem de outro modo poderia ser, já que a Constituição da República Portuguesa, ao proclamar a dignidade da pessoa humana, como base da própria Republica soberana que é Portugal, no seu art.º 1.º, e de no art.º 25.º outorgar dignidade constitucional à integridade moral e física das pessoas, e não obstante os preceitos constitucionais respeitantes aos direitos, liberdades e garantias serem directamente aplicáveis, traçou um quadro axiológico-normativo de que resultou um imperativo inexorável para o legislador ordinário e especialmente para o legislador penal, de este tutelar jurídico-penalmente os bens jurídicos a que o relevo constitucional conferiu tal dignidade (*Strafwürdigkeit*) de acordo com o princípio de analogia substancial entre a ordem jurídico-constitucional e a ordem legal.

Doutra banda, hoje, mais do que nunca, os modernos meios e técnicas de diagnóstico e terapêutica, muitas vezes invasivos e agressivos, susceptíveis de danificar os tecidos do organismo ou de produzirem alterações iatrogénicas ou efeitos idiossincráticos de efeitos não menosprezáveis e, quiçá, irreversíveis, impõem *ex natura rerum* a revelação ao paciente dos riscos e benefícios do tratamento a seguir, para que este, mediante suficiente ponderação, possa decidir em inteira liberdade, se consente ou

---

[616] Fernanda Maria Pombo Fragoso, *O Consentimento Informado para Efeitos de Tratamento e Intervenções Médico – Cirúrgicas*, estudo de pós graduação em Direito de Medicina, ao que sabemos não publicado e que a Autora gentilmente nos facultou em texto informatizado, no ano de 1999, aqui se consignando o nosso reconhecimento.

não em submeter-se às técnicas de diagnóstico e/ou aos tratamentos que vão ser ministrados ao seu próprio corpo, assim exercendo o seu incontestável e indisponível direito de autodeterminação.

Por isso, o nosso legislador não considerou o consentimento informado, como mera causa de justificação ou mesmo de atipicidade de um crime contra a integridade física, como ocorre na maior parte dos ordenamentos penais europeus, pela razão, como vimos, de que, no nosso ordenamento penal, os tratamentos e as intervenções médico-cirúrgicas, desde que exercidos com os requisitos a que se refere o art.º 150.º n.º 1, não constituem ofensas corporais, mas antes tipificou a violação da autodeterminação do paciente, como um crime contra a liberdade pessoal, colocando o tipo legal de intervenções e tratamentos médico-cirúrgicos arbitrários (art.º 156.º), na sistematização do Código Penal de 1982, entre os crimes de coacção (art.º 154.º) e de sequestro (art.º 158.º) do referido compêndio penal substantivo.

Dado que o nosso estudo incide sobre a responsabilidade penal do médico, não interessa estar aqui e agora discretear em pormenor sobre a relevância do consentimento do ofendido no direito penal em geral, pois afastar-nos-íamos do essencial sobre o consentimento informado!

Todavia, não nos é possível abster de tecer as considerações reputadas necessárias sobre aquela causa de justificação, a título propedêutico sobre esta palpitante temática do consentimento informado, importando, após isso, debruçarmo-nos sobre a relevância do consentimento informado, quer quanto ao tipo legal a que se refere o art.º 156.º como infracção penal contra a liberdade pessoal, quer procurando salientar a refracção de tal figura no próprio direito penal médico, particularmente onde não existe um ilícito penal similar ao tipificado no art.º 156.º do nosso Código Penal e os tratamentos não consentidos constituem ofensas contra a integridade física, pondo, destarte, em evidência, o carácter da vantajosa vanguarda do nosso direito penal médico, que tantos aplausos mereceu justamente das maiores autoridades científicas sobre a matéria.

Interessará, outrossim, a este estudo, por via do compromisso assumido e ainda que não com o merecido desenvolvimento, aferir se o *consentimento informado* é, no nosso ordenamento jurídico, uma causa de justificação ou antes de pura exclusão de tipicidade, para efeito de enquadramento dogmático, uma vez que esta figura médico-jurídica é o tema central deste capítulo e, embora não tanto em Portugal, a questão assume particular candência, especialmente nos países onde não foi talhado, no plano do direito constituído, o tipo incriminatório das *intervenções médico-cirúrgicas arbitrarias*, por isso que a intervenção médica *não consentida* é vertida,

Causas de Justificação e de Exculpação   313

face àquela omissão dos compêndios legislativos, nos apertados cadinhos do tipo de ofensas corporais, na busca de um forçada fusão hermenêutica da (violação) do direito à autodeterminação individual (na óptica de um direito sobre o próprio corpo) na (violação) do direito à integridade física, como veremos, em breve.

Este envasilhamento de *vinho novo em odres velhos* de origem jurisprudencial, mas com algum aplauso doutrinal, especialmente na Espanha[617] e na França[618] constitui manifestamente como refere A. Jorge Barreiro um *factor de confusão*[619] como teremos oportunidade de ver adiante.

Na verdade, a quase totalidade dos Estados europeus não inscreveu (ainda) nos respectivos códigos penais (ou legislação extravagante) preceito análogo ao do art.º 156.º do actual Código Penal português[620] nem um inciso semelhante ao do art.º 150 n.º 1[621] do nosso diploma criminal fundamental, este último vedando *expressis verbis* a subsunção dos tratamentos e intervenções médicas, ainda que sem o consentimento do ofendido, na previsão do ilícito criminal de ofensas corporais, desde que se verifique a existência de elementos subjectivos (médico ou pessoa legalmente autorizada) e objectivos (indicação terapêutica e conformidade com as *leges artis*) e aquele tipificando o ilícito penal de tratamentos e intervenções médico-cirúrgicas arbitrários.

Até mesmo na Alemanha, onde a doutrina penalista, aprofunda a questão deste e de outros aspectos da responsabilidade criminal médica e onde a maioria dos vultos da ciência jurídico-penal de renome mundial (Eberhard Schmidt, Arthur Kaufmann, Edmund Mezger e mais recentemente

---

[617] Na Espanha, v. g. Berdugo G. de la Torre in "El consentimiento en las lesiones", Cuadernos de Politica Criminal n.º 14, 1981 pag. 203-220. Este autor defende que o bem protegido no crime de ofensas corporais (delito de lesiones) é a saúde pessoal que compreende a "capacidade de dispôr da própria saúde" e o "suporte material da mesma".

[618] Na França, por todos, Jean Penneau *"Responsabilité Medicále"* Sirey, 1977.

[619] Agustin Jorge-Barreiro "La imprudencia punible en la actividad medico--quirurgica", Tecnos, Madrid, 1990, p. 82

[620] O preceito indicado corresponde à versão resultante da revisão levada a cabo pelo Dec. Lei 48/95 de15/03. Na versão originária (1982), o artigo correspondente era o art.º 158.º que, por sua vez, correspondia ao art.º 163.º do Projecto Eduardo Correia (1966-Parte Especial).

[621] A violação das "leges artis" que estava contemplada no n.º 2 do art.º 150.º quando da mesma "resultasse um perigo para o corpo, saúde ou vida do paciente" foi eliminada da previsão legal pela supressão do referido n.º 2, operada pela Reforma/ /95 e finalmente repristinada pela Lei 65/98 de 2/9 embora sem a referência à vida.

314   *Da Responsabilidade Médica em Direito Penal*

Claus Roxin, entre outros) defende a tutela de um autónomo bem jurídico que é a liberdade de autodeterminação individual, através da incriminação das intervenções médicas arbitrárias num tipo legal com autonomia em relação às *Körperverletzung* (ofensas corporais), a verdade é que, talvez por falta de revisão da parte especial do Código Penal (*Strafgesetzbuch*), o legislador, até hoje, não concretizou tais reclamações insistentes da doutrina mais abalizada, gizando um tipo legal análogo ao nosso art.º 156.º ou ao § 110.º do OStGB (*Österreichische Strafgesetzbuch*), o Código Penal austríaco, o que tem determinado uma corrente jurisprudencial que, remontado ao *Reichgericht*, tem levado os tribunais alemães, designadamente o *Bundesgerichtshof*, a uma forçada preocupação hermenêutica de «*encaixar*» tais casos na previsão (*Tatbestand*) das Ofensas Corporais *(Körperverletzung)*, com vista a não deixar impune a violação do direito da pessoa dispor livremente do seu próprio corpo[622], contrariando, deste modo, os ensinamentos da melhor doutrina, em que se inclui Mezger, que afirmava, como já atrás anotámos:

> *"Eingriffe und Behandlungen, die der Übung eines gewissenshaften Arztes entsprechen, sind keine Körperverletzungen, können aber als eigenmächtige Heilbehandlungen bestraf werden"*[623].

Alicerça-se, para tanto, na equiparação da liberdade pessoal do paciente, atingida pela intervenção não consentida a uma dimensão específica da própria integridade corporal, assim procurando *inscrever na área da tutela das Ofensas Corporais a protecção directa de autonomia pessoal, como um bem jurídico típico, ao lado da integridade física*[624].

O Prof. Costa Andrade assim sintetiza o entendimento que, segundo refere aquele Mestre de Coimbra, tem dominado a *praxis* jurisprudencial alemã, há quase um século: «*Toda a intervenção médico-cirúrgica preenche a factualidade típica do crime de Ofensas Corporais, só podendo a respectiva ilicitude ser excluída mediante consentimento eficaz».*[625]

---

[622] Na expressiva proposição do BGH no seu acórdão de 28-11-1957 (caso Myom-Fall).

[623] As intervenções e tratamentos que correspondem ao exercício consciente da actividade médica não constituem quaisquer "ofensas corporais" mas podem ser punidos como tratamentos arbitrários (Ed. Mezger citado por Eberhard Schmidt in "Der Arzt im Strafrecht", Leipzig, 1939, pag. 123. Cfr. também Costa Andrade in "Consentimento e Acordo", pag. 418), como atrás se referiu, a pg. 193 deste texto.

[624] Costa Andrade "Consentimento e Acordo" pag. 424.

[625] Ibidem.

Causas de Justificação e de Exculpação

É certo que à jurisprudência alemã se atribui, através deste forçado entendimento hermenêutico, o mérito de procurar tutelar penalmente a autodeterminação pessoal e, no seu conjunto, *assegura a punibilidade de todos os atentados à liberdade com dignidade penal.*[626]

É este o mérito que lhe aponta, entre outros, Albin Eser. Claus Roxin, todavia, ajustadamente observa que nas intervenções médicas, realizadas com finalidade curativa e *lege artis,* não se pode falar em deterioração da saúde (*Gesundheit schädigt*) no sentido do § 223 do StGB (Código Penal Alemão)[627] mas, mesmo que assim não se entenda, tal constitui apenas uma questão hermenêutica sobre o apontado preceito legal. Nada autoriza, nem numa interpretação literal, nem teleológica, inscrever tais intervenções clínicas na factualidade típica de ofensas corporais[628].

Não restam dúvidas de que para além de duvidosa bondade da sustentação dogmática (apenas se explicando por argumentos de índole politico-criminal) tal *leitura jurisprudencial* tem pesados custos sociológicos e ético-profissionais posto que é susceptível de protagonizar uma temerária "equiparação do cirurgião ao faquista", na sugestiva expressão de Binding.

Nos ordenamentos europeus, em que existe tutela penal do bem jurídico liberdade pessoal de autodeterminação ou *direito de a pessoa dispor livremente sobre o seu próprio corpo (freien Selbstbestimmungsrecht des Menschen über seinen Körper)* na expressiva fórmula BGH no aresto proferido no caso Myom-Fall[629], mas inexiste tipo incriminador idêntico

---

[626] Costa Andrade, op. cit, pag. 425. O mesmo Autor aponta que no caso Myom-Urteil o aresto refere expressamente *"agressão ilícita à liberdade e dignidade da pessoa humana.*

[627] Claus Roxin, "Strafrecht. Allgemeiner Teil,... cit, pag. 524.

[628] Note-se que a questão não é, todavia, tão líquida, se considerarmos o consentimento como causa da atipicidade, atenta a teoria dualista, que distingue entre consentimento e acordo, pois situações existem em que não é possível, fazer tal distinção na prática, como sublinha Roxin na obra referida na nota anterior.

Esta questão assume particular melindre e complexidade nos países que não adoptaram, como nós, um tipo autónomo de ilícito de intervenções e tratamentos médico-cirúrgicos arbitrários, pois a violação da autodeterminação do doente sobre o seu próprio corpo ou vida, a não se seguir a posição jurisprudencial que considera tais violações como ofensas corporais e antes perfilhando a posição da doutrina maioritária, mas extremada, que defende que nunca poderá haver ofensas corporais em tais situações, ficam desprovidas de tutela penal as violações do referido direito de autodeterminação, como salienta o próprio Roxin (op. et loc. cit na nota anterior).

[629] Sobre o caso Myom-Fall, Cfr. C. Andrade *"Consentimento e Acordo"*, pg. 401, nota 113.

316   *Da Responsabilidade Médica em Direito Penal*

ao do art.º 156.º do CP português, a intervenção médica no tratamento arbitrário é incriminada como ofensa à integridade física, funcionando o consentimento como causa de justificação, ou expressamente prevista como tal na parte especial dos códigos penais e, em regra, apenas quanto ao crime de ofensas à integridade física, ou, como causa supralegal que pode concorrer com outras ou, nem sequer, funcionar como tal, podendo ser, nestes casos, como acontece na França, o exercício de um direito que derime a responsabilidade criminal do médico.

Recordemos, para tanto, as palavras de Jean Penneau:

> *«Na nossa época, não se saberia exercer eficazmente a medicina, sem produzir, quase diariamente, ofensa à integridade corporal dos pacientes: agressão visível, desde a mais anódina injecção intradér-mica à amputação mais mutilante; agressão infinitamente mais subtil realizada através do emprego de drogas ou de radiações ionizantes, utilizadas às vezes para a destruição de células que constituem o corpo da pessoa tratada[630].»*

E o ilustre médico e jurista francês, na sua obra *La Responsabilité du Médecin* acrescenta:

> *«Ora, ainda que todos os elementos das incriminações definidas pelos artigos 222-7 e seguintes do C. Penal se achem reunidos, o médico escapa normalmente a toda a punição. É que, na medida em que ele prossegue uma finalidade terapêutica, a sua acção está justificada pela autorização implícita da lei (que fica assim equiparada ao mandamento legal referido no art.º 122-4 al 1.ª do C. Penal). Desde o instante em que a lei investiu os médicos na função sanitária que é a deles a ofensa voluntária causada à integridade corporal do seu doente pelo médico que preenche o condicionalismo legal do exercício, está justificada na medida em que tal ofensa é o preço da finalidade prosseguida no exercício do acto médico: a cura ou o alívio do paciente[631]»*

É claro que o cumprimento do dever só terá eficácia justificante se o tratamento ou intervenção respeitar as *leges artis*, pois, de outro modo, não se poderá falar propriamente no *cumprimento de um dever*, pelo menos quanto ao modo de execução.

---

[630] J. *Penneau La Responsabilité Médicale, Sirey, Paris, 1977, p. 149.*
[631] J. Penneau *La Responsabilité du Médecin*, 2.ª éme -ed. Dalloz, Paris, 1996, p. 85.

No entanto, inexistindo no C. Penal francês qualquer referência ao consentimento, como causa de justificação, no caso de ter havido *ofensa corporal* por violação do cuidado profissional ou por desconhecimento ou imperícia (a chamada *negligência médica)*, o assentimento do portador do bem jurídico violado poderá funcionar como causa de justificação supra legal[632]

Note-se, no entanto, pois nunca é demais realçar, que, nestes casos, o consentimento do doente só terá eficácia justificativa se o tratamento ou intervenção tiverem finalidade curativa.

É que, como realça M. Veron «*le consentement ne saurait justifier le médicin lorsque son intervention ne poursuit pas un but thérapeutique*»[633].

De anotar, todavia, que na França parece existir uma aversão generalizada a que o consentimento da vítima possa constituir uma causa de justificação, não só pela omissão legislativa, como também de acordo com alguma doutrina, como referem Roger Merle e Andre Vitu. Estes autores salientam que o anterior C. Penal punia o aborto praticado em mulher grávida *quer ela consentisse ou não* e afirmam: *O consentimento da vítima faz desaparecer a infracção nos casos excepcionais em que a vítima tem a livre disponibilidade do interesse protegido pela lei penal*[634].

Em 1969 um tribunal de Rouen por decisão de 26 Fev69 (J.CP 71, ed. G, II 16849) afirmava que a inexecução da obrigação profissional de obter o consentimento esclarecido do doente era equiparável à violação das regras decorrentes dos art.ºs 319 e 320 do C. Penal e que, por tal razão, tal inexecução deveria pertencer ao foro criminal. Contudo, este aresto, foi revogado pela Cour de Cassation com o argumento de que *a advertência prévia constitui uma obrigação profissional de ordem geral anterior à intervenção médica ou cirúrgica e distinta destas.*

A falta de tal advertência não justificaria uma acção penal pois o art.º R. 40 do C. Penal diz respeito apenas às faltas do médico na execução dos cuidados de saúde que ele se comprometeu a ter com o

---

[632] Neste sentido também Jean Pradel *Droit Pénal Général 11éme edition, Ed. Cujas, Paris, 1966, pag. 608 e 609.* Este autor, todavia, refuta a aceitação genérica da eficácia justificativa do consentimento, com o argumento de que *le consentiment de la victime n'est pas un fait justificatif car n'efface donc pas le caractére delictueux de l'infraction.*

La répression a en effect, pour but d'assurer la satifaction de l'intérêt général non celle des intérêts particuliers.

[633] M. Veron *La responsabilité pénale en matière médicale*, 1994,p. 20 e ss.

[634] R. Merle e A. Vitu *Traité de Droit Criminel...cit*, p. 599.

318 Da Responsabilidade Médica em Direito Penal

doente como, concretamente, exames preparatórios, a própria operação e os cuidados pós-operatórios[635].

O consentimento informado é no entanto referido pela generalidade da jurisprudência, mas essencialmente no âmbito da responsabilidade civil.

No que especificamente respeita aos tratamentos e intervenções médico – cirúrgicas, note-se mesmo que boa parte da doutrina penal francesa recusa eficácia justifica ao consentimento do paciente, pelo menos, como causa exclusiva, como referem Roger Merle e André Vitu na sua citada obra[636], antes considerando que tal eficácia decorre da autorização que a ordem jurídica confere aos licenciados em Medicina para intervirem no organismo humano, a fim de aliviar ou curar os seus padecimentos.

---

[635] M. Harichaux *Les fautes contre l'humanisme*, Paris, 1993, p. 18 ss.

[636] Para uma cabal compreensão desta questão na dogmática francesa, permitimo--nos, com a devida vénia, transcrever uma passagem do *Traité de Droit Criminel* (7 ième édition) dos citados autores, a pag. 603:

«Ce n'est pas le consentement du malade qui justifie, à lui seul, l'atteinte médicale ou chirurgicale à l'intégrité corporelle. C'est la loi qui, par une permission spéciale, autorise le titulaire du diplôme de docteur en médecine à accomplir sur le corps humain les actes nécessaires au traitement des maladies. Il en résulte qu'en principe la justification est exclue, en dépit du consentement donné par le patient, toutes les fois qu'un médecin ou un chirurgien n'agit pas dans un but curatif.

Cette solution, très sage dans son principe, requiert cependant certains assouplissements dans quelques cas particuliers.

Il y a d'abord des actes paramédicaux qui, tout en procurant au patient un avantage appréciable, ne nuisent pas à Intérêt général: la chirurgie esthétique, notamment. A condition qu'une opération de chirurgie esthétique ne soit génératrice d'aucun danger ou d'aucun dommage disproportionné avec le but à atteindre[5], rien ne s'oppose à la justification du chirurgien qui l'a pratiquée avec le consentement de son client[6].

D'autres interventions paramédicales, qui comportent un préjudice irréparable ou un risque pour le patient, sont utiles à l'intérêt général: tel est le cas de expérimentation humaine ou des prélèvements d'organes humains en vue des greffes. La matière a été réglementée, en prenant compte du consentement de l'intéressé ou de la famille: L. 20 décembre 1988, article 223-8, C.P. N.; cf. GRENOUILLEAU, La L. 22 décembre 1976 relative aux prélèvements d'urgence, D., 1977, Chr. p. 213; ALT-MAËS, R.S.C., 1991, p. 244; sur le droit pénal et les techniques biomédicales modernes: Travaux de l'institut des Sciences Économiques de Poitiers, 1979, R.I.D.P., 1988».

5.4.1. *"VOLENTI NON FIT INJURIA"* – *Um Vinho Velho em Odres Novos* (Breve Retrospectiva Temporal)

Desde os imemoriais tempos da velha Roma, o Direito vem reconhecendo relevância à vontade do ofendido pelo comportamento ilícito de outrem.

O velho brocardo jurídico *volenti non fit injuria* conformado a partir da máxima atribuída a Ulpiano *nulla injuria est quae in volentem fiat* (D. 47.10 de inj. 1 § 5), atravessou a barreira dos tempos, singrando pelas brumas da memória até aos nossos dias, como eterna verdade jurídica, embora com algumas vicissitudes que lhe afectaram a amplitude[637].

Claro que subjacente à valoração do consentimento como manifestação da vontade individual ou mais exactamente «*manifestação de concordância do portador do bem jurídico à hetero-lesão do mesmo por outrem*»[638] está a própria valoração da pessoa humana, do indivíduo, no seu inter-relacionamento social e com o Estado.

Nos regimes autoritários, as manifestações de vontade individual cedem o passo ao proclamado e quase absoluto primado do interesse social sendo, por isso, restringidas, enquanto que nos regimes liberais e nas democracias, a vontade do homem, desde que não ponha em causa as regras mínimas de convivência social, assume significativo relevo jurídico, não só no domínio do direito privado (civil, comercial etc.) como ainda no próprio direito público (administrativo, penal etc.).

É consabido que após a 2.ª Guerra Mundial, a maior parte das constituições europeias proclamou oficialmente o reconhecimento da dignidade da pessoa humana, como reacção contra os regimes totalitários que precederam o conflito.

Assim, por exemplo a Constituição da República Federal Alemã, a chamada *"Grundgesetz"* (Lei Fundamental), em 23 de Maio de 1949 solenemente declarou no seu art.º 1.º:

«*1. A dignidade da pessoa humana é inviolável. Todas as autoridades públicas têm o dever de a respeitar e proteger.*

---

[637] O Prof. Eduardo Correia, citando Honig (*"Die Einwilligung des Verletzten"*, 2ss) afirma que *"nem sequer no direito romano o sistema era inteiramente válido"* in Direito Criminal II, 20, nota 1.

[638] Costa Andrade "Consentimento e Acordo ..." .

320　　Da Responsabilidade Médica em Direito Penal

*2. O Povo Alemão reconhece, por isso, os direitos invioláveis e ina-
lienáveis da pessoa humana, como fundamento de qualquer
comunidade humana de paz e justiça no mundo.»*[639]

De igual modo se podem apontar os exemplos da Constituição
Italiana de 1947, da Constituição Grega de 1975 ou ainda da Constituição
de Espanha de 1978 e, finalmente, da Constituição da República Portuguesa
de 1976[640]

Também nos países que emergiram da dissolução da ex União
Soviética e dos regimes comunistas da Europa Central, a *"dignitas"*
humana é erigida em princípio constitucional solenemente proclamado.

Não basta, no entanto, a simples proclamação de princípios, ainda
que em diploma com força de Lei Fundamental, para que a realidade de
um país se apresente conforme a tais princípios.

É justamente através da lei ordinária, em especial do Direito Penal
e do Processo Penal, este, com razão, apontado por Henkel como *"sismó-
grafo ou espelho da realidade constitucional"* ou como *«direito constitucional aplicado»*, que as proclamações constitucionais, de maior ou
menor densidade semântica, têm o ensejo de se transpor para a realidade
sociológica de cada pais, caldeada pelas instâncias formais de controle
social permitindo, desta sorte, que os comandos constitucionais não se
quedem em propósitos louváveis, mas sempre distantes da realidade social
subjacente.

Claro que, como nota M.ª da Conceição Cunha:

*«...é evidente que o Direito Penal de um Estado totalitário não
poderá ser o mesmo de um Estado democrático; enquanto naquele
se tenderão a impor padrões de comportamento mesmo a nível ideo-
lógico e moral, neste, a palavra de ordem será o máximo de pluralismo
e tolerância compatíveis com a preservação das condições essenciais
de solidariedade social (e de desenvolvimento da pessoa humana)»*[641]

---

[639] Em 3 de Outubro de 1990 consumou-se a unidade do Estado alemão, passando
a GG a ser a Constituição de toda a Alemanha.

[640] Cfr. a interessante lição de Franck Moderne *"La Dignité de la Personne dans
la Constitution Portugaise et Française"* in *"Perspectivas Constitucionais. Nos 20
anos da Constituição de 1976"* vol. I, Coimbra Editora onde o Autor traça um perfil
das várias Constituições europeias do pós-guerra.

[641] M. Conceição F. Cunha *«Constituição e Crime. Uma perspectiva de Criminalização e Descriminalização» U.C.P. Porto, 1995, p. 131.*

Em todo o caso, da conformação do ordenamento jurídico-penal aos parâmetros e injunções constitucionais, é dizer à ordem axiológica-jurídica da Constituição (analogia substancial), decorre a aplicação prática e realizada dos direitos fundamentais que assenta na dignidade da pessoa humana.

Erigido, pois, em trave-mestra de toda a arquitectura jurídica dos ordenamentos do pós-guerra, proclamado solenemente nos diplomas supranacionais e, depois, nas próprias constituições e legislação ordinária, o conceito de dignidade da pessoa humana passou a ser a placa giratória de toda a ciência do direito penal, não só da dogmática jurídico-penal mas também da própria política criminal e do que se afirmou serem as *«ciências auxiliares»* do direito penal, como a criminologia e a sociologia criminal, projectando-se no próprio direito penitenciário e de execução das penas, enfim, constituindo o denominador de toda e ciência global do direito penal *«gesamte Strafrechtswissenschaft»*[642].

Como ensinava o Prof. Eduardo Correia:

> *«Colocado o problema nesta sede, compreende-se que os limites de relevância do consentimento como conceito específico do direito penal hão-de naturalmente variar em função da importância que se dê, na descrição dos vários tipos legais de crime, aos interesses, bens ou direitos dos indivíduos singulares»*[643]

O mesmo saudoso Mestre de Coimbra acrescentava:

> *«Não teria sido por acaso que os direitos romano e inglês de feição eminentemente individualista- dão o maior relevo ao princípio "volenti non fit injuria" e que a escola histórica e o jusnaturalismo influenciados por Wolff (deste foi discipulo Martini) tanto nas legislações que provocaram – v.g. a "Constitutio Theresiana" e depois o Código Austriaco etc. – como nos criminalistas que formaram – v.g. sob a influência de Wolff, no século XVIII, Boehmer, Quistorp, Puettmann etc. – tendessem a negar eficácia ao consentimento do ofendido.»*[644]

---

[642] Para maior desenvolvimento sobre este aspecto, cfr. o estudo da nossa autoria *"Reflexões em torno do sistema sancionatório no Direito Penal Económico"*, relatório do Curso de Pós-Graduação em Direito Penal Económico e Europeu, existente no Instituto de Direito Penal E. Europeu da F.D.U.C.

[643] Eduardo Correia *"Direito Criminal"* II, c/col. Fig. Dias, 1963, p. 22.

[644] "Ibidem"

322   *Da Responsabilidade Médica em Direito Penal*

E se o axioma antropológico da dignidade da pessoa humana[645] que hoje figura em letras de ouro nas constituições dos Estados democráticos, fundamenta a emergência de novos bens jurídicos individuais e supra-individuais em contínuos movimentos de descriminalização, recriminalização e neocriminalização[646], a verdade é que, como decorrência de tal princípio axiomático, os próprios interesses, quer das vítimas dos crimes, quer dos afectados pela acção típica, quer simplesmente dos indivíduos susceptíveis de serem atingidos pela conduta de outrém, passa a assumir indiscutível dignidade, sob certas condições, como nos Estados de Direito democráticos *"rectius"* nos seus ordenamentos jurídico-penais (substantivos e proces-suais), pela concessão da possibilidade do perdão, da renúncia ao proce-dimento criminal, da desistência da queixa, do consentimento justificante ou, pura e simplesmente, do consentimento excludente da própria tipicidade de várias constelações de crimes que figuram nos catálogos penais, em que é justamente esse interesse, (a privacidade[647] a autodeterminação sexual ou liberdade de expressão sexual, e tantos outros) que é penalmente tutelado.

É claro que num discurso punitivo onde o *"ofendido"* ou vitima do crime tem cadeira de alto espaldar, não admira que o próprio *"modus aedificandi criminis",* numa vasta panóplia de situações onde se atende à disponibilidade dos interesses tutelados, preste homenagem ao consen-timento (ou dissentimento) do afectado pela conduta alheia, já como elemento do tipo incriminador, já como causa de justificação susceptível de afastar a ilicitude (tipo justificador), neste caso quer por acção directa do legislador, quer por via da jurisprudência e doutrina (causa supra legal de justificação).

Relativamente à incriminação (neocriminalização ou recriminalização) a categoria do *"bem jurídico",* cunhada por Birnbaum e decantada por Binding e especialmente por Von Liszt que, como advertia este ilustre penalista *"é encontrado pela norma jurídica e não criado por ela",* veio modelar ou enformar o interesse penalmente relevante, sem que se façam

---

[645] A expressão é do Prof. Barbosa de Melo in "Democracia e Utopia", 1980, p. 17

[646] Cfr. o notável estudo do Prof. Costa Andrade "Sobre a Reforma do Código Penal Português" R.P. C.C., ano 3 , 2.º a 4.º, p. 427 sgs.

[647] Na sugestiva expressão de Luckmann *«entrincheiramento do homem contemporâneo na esfera da vida privada»* "La religión invisible. El problema de la religión en la sociedad moderna" apud Costa Andrade in Sobre a Reforma do C. Penal Português (Cfr. nota anterior).

apelos à considerações de ordem moral, como num passado ainda não muito distante, vinha acontecendo[648].

É hoje consensualmente aceite que como refere Roxin *«ao legislador falta em absoluto a legitimidade para punir condutas não lesivas de bens jurídicos, apenas em nome da sua imoralidade.»*[649]

O mesmo Mestre de Munique acrescenta:

> *«O Estado tem de salvaguardar a ordem externa, mas não possui qualquer legitimidade para tutelar moralmente o particular. A Igreja que cuida da salvação das almas e da boa conduta moral dos seus fiéis, encontra-se numa situação completamente diferente: porém, a sua autoridade não lhe advém do homem.*
>
> *Infelizmente o legislador nem sempre reconheceu claramente esta inegável diferenciação: mesmo no Projecto de 1962, nos preceitos compreendidos entre o tipo de bestialidade (§ 1218) e um novo § 220,a) sobre o «strip-tease», penaliza-se toda uma série de meros atentados à moral que não se podem discutir agora em detalhe. E a jurisprudência é culpada de ter ultrapassado tais limites mesmo nos casos em que o conteúdo da lei não a força a fazê-lo».*[650]

5.4.2. *Brevíssimo Excurso Comparatístico*

O direito comparado dos países do sistema continental trata do consentimento como causa de justificação apenas das ofensas corporais, havendo mesmo legislações penais omissas quanto a tal figura, como é o caso da francesa.

No entanto, o Nouveau Côde Pénal de 1994, refere o consentimento informado como elemento do tipo do crime de pesquisa biomédica estabelecendo no seu art.º 223-8:

---

[648] Pelo seu manifesto interesse transcreve-se a seguinte passagem do estudo de Costa Andrade referido na nota 33, pag. 440 *«...as nossas Ordenações tratavam como "Crimes Imorais"* (os crimes sexuais) e o C. Penal de 1982 como *"Crimes contra a honestidade"*. Isto à semelhança do que acontecia com a generalidade das codificações europeias: O StGB alemão falava de *Verbrechen und Vergehen gegen die Siltlichkeit*; o Código francês *"Atentats aux moeurs"*, o belga *"Crimes et délits contra la moralité publique"*; o italiano *"Delitti contra la moralita publica e il buon costume"*, o espanhol *"Los delitos contra la honestidad"*.

[649] C. Roxin "Problemas Fundamentais do Direito Penal" Vega/Universidade, 1986, p. 30.

[650] Roxin, ibidem.

«Le fait de pratiquer ou de faire pratiquer sur une personne une recherche biomédicale, sans avoir recueilli le consentement libre éclairé et exprès de l'intéressé, des titulaires de l'autorité parentale ou du tuteur dans les cas prévus par les dispositions du Code de la santé publique est puni de trois ans d'emprisonnement et de 300.000 F d'amende»

O Código Espanhol (1995) estabelece no seu art.º 155.º que o consentimento é uma atenuante modificativa das penas, das ofensas corporais ao prescrever:

«En los delitos de lesiones, si ha mediado el consentimiento válido, libre, espontâneo y expressamente emitido del ofendido, se impondrá la pena inferior en uno o dos grados.

No será válido el consentimiento otorgado por un menor de edad o un incapaz».

No entanto o art.º 156.º considera o consentimento como causa de exclusão de ilicitude nos casos de transplantes, esterilização e transexualismo.

O Código Italiano (Codigo Rocco de 1930, com modificações) estabelece no seu art.º 50.º:

«Non è punibile chi lede o pono in pericolo un diritto, col consenso della persona che può validamente disporne»

De grande interesse também o art.º 59.º (*circostanze del reato non conosciute o erroneamente supposte*).

Não nos iremos alongar neste excurso dado o carácter limitado em extensão deste capítulo.

5.4.3. *Um Olhar Português*

Já no domínio do livro V das Ordenações, Pereira e Sousa escrevia, a propósito das «*circunstâncias relevantes à pessoa do ofendido*» que o vetusto diploma contemplava, sobre «*modificações particulares dos crimes*» que *apesar de o crime ser algumas vezes mais grave por o ofendido ser certa pessoa, não deve medir-se tanto pela injúria do ofendido, como pela malícia do agressor* e afirmava que *o axioma «volenti non fit injuria» não respeita à pena, mas só ao interesse particular*[651]. Concluía no sentido da punibilidade da ofensa.

O Código de 1852 igualmente referia que contra a disposição de lei penal, o consentimento do ofendido não era causa justificativa[652]. Para tanto Levy Maria Jordão apresentava como fundamentos *"a intangibilidade da natureza humana e dos direitos que lhe respeitam* e que *a pena não pune só o dano causado ao ofendido, antes tem uma natureza e um fim, que interessa a toda a sociedade"*[653].

Esta linha de pensamento foi nitidamente dominante na nossa legislação penal anterior ao advento do Código de 1982, especialmente no art.º 29.º 5.º do Código Penal de 1886, embora mais tarde, designadamente após o aparecimento do, a todas as luzes notável, estudo de Hugo Cabral de Moncada em 1942, que foi a sua tese de licenciatura intitulado *"Do Conceito, Natureza e Espécie do Consentimento do Ofendido em Direito Criminal"* e publicado sob o título *" O Problema do «Consentimento do Ofendido» em Direito Criminal"*[654] e, sobretudo, após a entrada em vigor do n.º 1 do art.º 340.º do C. Civil de 1966 que *expressis verbis* veio dispor que *«o acto lesivo dos direitos de outrém é lícito, desde que este tenha consentido na lesão»* veio a verificar-se uma abertura da nossa jurisprudência à aceitação da relevância do consentimento do ofendido, sob certas condições, como causa supralegal de justificação.

Ao nível do ensino universitário e, portanto, da dogmática jurídico--penal portuguesa, são substancialmente diferentes as posições dos dois insignes penalistas que, por muitos anos, foram os únicos Mestres do ensino do Direito Penal no nosso país, os professores Eduardo Correia em Coimbra e Cavaleiro de Ferreira em Lisboa.

Eduardo Correia, na esteira, aliás, dos ensinamentos de Beleza dos Santos de quem foi discípulo e herdeiro da cátedra de Coimbra, atribuía eficácia justificativa ao consentimento, desde que se verificassem os pressupostos de capacidade para consentir, direcção de vontade de quem

---

[651] Pereira e Sousa *"Classes dos Crimes"* citado no belíssimo estudo de Raul Soares da Veiga "Sobre o Consentimento Desconhecido: Elementos de Direito Português Antigo e Direito Estrangeiro" RPCC Ano I, 3, 327-367.

[652] Era o art.º 13.º do Código de 1852 que dispunha *Contra a disposição da lei penal não são causas justificativas as circunstâncias de o ofendido pelo crime dar o seu consentimento ou aprovação».*

[653] Levy M. Jordão *"Commentário ao Código Penal Portuguêz"* 1853 p. 28 apud R. Soares da Veiga op. cit em 38.

[654] Hugo C. Moncada *«O problema do "Consentimento do Ofendido" em Direito Criminal»*, Coimbra, 1942.

326 Da Responsabilidade Médica em Direito Penal

consente, que a acção consentida não contrarie os bons costumes e que seja dado para uma situação concreta[655].

Cavaleiro de Ferreira, mesmo nos anos tardios do seu ensino sobre o Código anterior ao de 1982, não aceitava o consentimento do ofendido como causa geral de justificação (ou de exclusão de ilicitude).

O saudoso Professor de Lisboa afirmava mesmo que «*a redução a uma fórmula genérica da eficácia do consentimento do ofendido é falaz e perigosa*»[656]

Com argumentos de tomo, sustentava que o art.º 340.º do C.Civil não é directamente aplicável em matéria penal, sendo que *"a responsabilidade penal acarreta a civil, mas o inverso não é verdadeiro"*[657] e acrescentava *"não corresponde à natureza do Direito Penal que a valoração penal se conforme automaticamente com a vontade do titular do interesse ofendido, pois que não é apenas a lesão do interesse alheio, mas também o modo dessa lesão que fundamenta a incriminação.*

Quanto à responsabilidade civil, em princípio, só importa a lesão do interesse e este é, frequentemente, objecto de direito disponível".[658]

E quanto ao *"volenti non fit injuria"*contido no n.º 1 do art.º 340.º do C. C., Cavaleiro de Ferreira fazia notar que o consentimento, mesmo no nosso diploma substantivo civil fundamental, não tem relevo excludente de ilicitude no caso em que o acto consentido for contrário a uma proibição legal, o que se verifica nos casos em que o acto praticado é proibido pela lei penal.

O Prof. Eduardo Correia ensinava que o art.º 29.º n.º 5 do antigo Código Penal de 1886 ao estatuir que o consentimento do ofendido, salvo os casos especificados na lei, não exime de responsabilidade criminal, permitia que o intérprete e o aplicador do direito se socorressem de todos os elementos interpretativos e integrativos, para achar o comando legal que dava relevância ao consentimento, pois, dizia aquele Mestre *"A lei fala em casos* especificados *e não em casos* expressos *na lei"*

O argumento não parecia, efectivamente, de fácil aceitação face à *"littera legis"* do falado preceito legal, como, aliás, refere Maia Gonçalves (Código Penal Português na doutrina e jurisprudência, 3.ª ed., 1977 pg. 80).

---

[655] Eduardo Correia, *"Direito Criminal"* II, p. 32-34.

[656] Cavaleiro de Ferreira *"Direito Penal Português"* Parte Geral, I, Verbo, 1982, p. 408.

[657] C. Ferreira, op. cit., p. 404.

[658] Ibidem

Causas de Justificação e de Exculpação 327

A concepção fundamentadora de Eduardo Correia, colhe-se com nitidez das Actas das Sessões da Comissão Revisora do C. Penal quando, em 31 de Janeiro de 1964, o ilustre Autor do Projecto, depois de afirmar que se tem de partir de aforismo *"volenti non fit injuria"* para se averiguar das limitações que nele se devem inserir, que serão mais ou menos amplas consoante a concepção mais "individualista" ou mais "socializada" dos bens jurídicos (que aumentará ou diminuirá o âmbito da sua disponibilidade), sendo que o âmbito da relevância do consentimento se aquilatará pelo âmbito da disponibilidade dos bens jurídicos, conclui dizendo *"E porque se entende que a grande maioria dos direitos são disponíveis sendo a indisponibilidade a excepção, deve ver-se o consentimento do ofendido como causa geral de exclusão de ilicitude, embora especificando os limites da sua relevância"*[659]

O Prof. Figueiredo Dias, nas suas lições proferidas em 1975, seguia os ensinamentos do seu Ilustre Mestre e predecessor afirmando que, no domínio do art.º 29.º n.º 5 do velho Código (1886) a lei, ao referir *"casos especificados na lei"*, só impunha que se determinasse que um preceito conferia, expressa ou implicitamente, relevância ao consentimento, nada impedindo que se recorresse a todos os elementos interpretativos e integrativos, para a sua obtenção. Para o Ilustre Professor, o requisito fundamental da relevância do consentimento *«é o de que este diga respeito a um interesse individual que seja como tal protegido»*[660]

O Código Penal de 1982 veio inserir claramente o consentimento do ofendido no elenco das causas que excluem a ilicitude (art.º 31.º n.º 2 al. d) e art.º 38.º).

Restringiu, porém, a sua eficácia justificante aos *"interesses jurídicos livremente disponíveis"* e à cláusula geral dos *"bons costumes"* (art.º 38.º n.º 1) – pressupostos materiais – e traçou como seus pressupostos formais:

a) Capacidade natural para consentir (não sobreponivel nem iden-tificável com a capacidade jurídico-civil (capacidade de exercício) sendo suficiente o *discernimento* do consentente (embora a lei trace um *limite etário* que não tem a ver com a maioridade nem com qualquer outro critério jurídico-civil (como v. g. a nubilidade) pois é um limiar bio-psíquico de aquisição de capacidade de discernimento).

---

[659] Actas das Sessões da Comissão de Revisão do C. Penal, parte geral, vols. I e II ed. AAFDL, p. 224.

[660] Figueiredo Dias *"Sumários das Lições de Direito Penal"*, 1975, p. 20-25.

328 Da Responsabilidade Médica em Direito Penal

b) Seriedade e liberdade do consentimento (não sendo eficaz uma declaração de concordância do portador do bem jurídico proferida *"animo ludendi vel jocandi"* ou inquinada por vício relevante da vontade, tal como erro ou coacção o que tem como correlato o dever de esclarecimento (*aufklärungspflicht"*) especialmente, no que concerne ao consentimento informado do paciente, o dever de informação, *rectius*, de esclarecimento por parte do médico (*"ärztliche Aufklärungspflicht"*) como teremos ocasião de melhor observar adiante.

Note-se que, quanto ao erro susceptível de invalidar o consentimento (erro vício), parece que hoje não se deve sufragar a tese de Arzt[661], segundo o qual apenas o erro referido ao bem jurídico teria tal relevância. Para este Autor, apenas o erro *«referido ao se, à natureza e à medida da lesão ou* gravidade da doença *inviabilizaria o consentimento, pelo menos quanto à violação da integridade física».*

Assim será, por exemplo, se A ministra a B uma injecção para dormir, ocultando que ela tem efeitos nocivos sobre a saúde.

De acordo com o ensinamento do Prof. Costa Andrade (citando Roxin)[662] parece que é inegável que há erros não referidos ao bem jurídico que têm também tal virtualidade.

E o mesmo Mestre de Coimbra escreve *"Nesta linha, e acolhendo--nos à lição de Roxin, deve ter-se como inválido o consentimento assente em erro-não referido-ao bem- jurídico (e fraudulentamente induzido) numa extrema casuística que tem em comum:*

1. Tratar-se de erro sobre a finalidade altruísta
2. Tratar-se de erro que coloca o autor do consentimento numa situação análoga à do direito de necessidade».[663]

c) Anterioridade do consentimento ao acto. Este consentimento eficaz terá de ser anterior ao comportamento ou conduta lesiva ou, pelo menos, simultâneo, pois, como entende a generalidade da doutrina, o consentimento posterior é *perdão* e, por isso, só no quadro do regime legal de perdão poderá ter relevância.

---

[661] Arzt *"Willensmängel bei der Einwilligung 1970"* apud Costa Andrade in Comentário Conimbricense ao Código Penal, parte Especial, Tomo I, sob a direcção de Figueiredo Dias, Coimbra Editora 1999, p. 286.

[662] Roxin, Noll-GS 1984, 292 cit. por Costa Andrade na obra referida na nota anterior.

[663] Ibidem.

A livre revogabilidade do consentimento até à execução é claramente permitida pelo n.º 2 do art.º 38.º do C. P. o que, a nosso ver, deverá ter o alcance de revogabilidade até ao momento inicial das execuções protraídas no tempo.

Como novidade legislativa, tanto no direito pátrio como no direito comparado (ressalvado o caso do C. Penal austríaco), o facto de o legislador de 1982 ter introduzido no nosso ordenamento a relevância penal da vontade presumida ou hipotética do ofendido, nos mesmos moldes da sua vontade real, tal como, aliás, embora de forma híbrida (consentimento do ofendido e estado de necessidade) o fez o n.º 2 do § 110 OStGB (Código Penal austríaco).

Desta sorte, não é o princípio de ponderação de interesses subjacente à figura do estado de necessidade que justifica, v. g., a intervenção do médico em caso de doente inconsciente ou impossibilitado de prestar consentimento, mas antes a relevância da sua vontade hipotética, embora, como certeiramente afirma o Prof. Costa Andrade, a ponderação de interesses *pode naturalmente funcionar como índice importante na procura e identificação da vontade presumida*[664].

Só que, como incisivamente observa o mesmo Mestre de Coimbra, a ponderação de interesses nunca pode, todavia, sobrepor-se ao que se apura ser a vontade hipotética do ofendido, por mais irracional que esta se afigure.

Por isso é que, já o vimos, o médico não pode opor-se aos propósitos de um doente decidido a suicidar-se, nem impor-lhe, mesmo que em estado de inconsciência, formas de tratamento que este em estado lúcido com certeza recusaria.[665]

5.4.4 Cláusula dos "Bons Costumes" – *Hetero-Regulação da* liberdade individual ou fonte de arbítrio?

Tal como acontece com o § 226 do StGB e § 90 do diploma austríaco (OStGB), também o Código Penal Português refere a cláusula geral de *«bons costumes»* como pressuposto material ou como limite à eficácia do consentimento[666]

---

[664] Costa Andrade *"O Consentimento do Ofendido no novo Código Penal"* p. 124.

[665] Ibidem

[666] Costa Andrade *"Comentário Conimbricense ... 289"* Também em "Consentimento e Acordo" p. 539.

330   *Da Responsabilidade Médica em Direito Penal*

A lei não define, nem poderia definir, um conceito tão indeterminado com o de *"bons costumes"*. Este, aliás, um problema que se inscreve na compatibilização das cláusulas gerais *"Generalklauseln""* com o Direito Penal.

Daqui decorre, desde logo, o problema da própria constitucionalidade de tão amplo e vago conceito que, justamente pela sua vacuidade, é susceptível de colidir com o princípio da legalidade, trave mestra de toda a arquitectura incriminatória.

Como escreve C. Schmitt *"trata-se de um caso paradigmático das cláusulas gerais inadmissíveis em direito penal, sendo evidente a colisão com o § 1.º do Código Penal e o art.º 103.º n.º 2 da Lei Fundamental"*.[667]

A doutrina dominante na Alemanha é, no entanto, pela compatibilidade do § 226 a) do StGB com a Grundgesetz (Lei Fundamental), com um arsenal de argumentos que não cabe aqui recensear, dada a limitação deste estudo.

No entanto, e pondo de lado a questão da (in) constitucionalidade, nenhuma dúvida pode subsistir de que tal cláusula deve ser interpretada restritivamente, na tensão dialógica entre a legalidade e a determinabilidade do conceito, a favor do arguido.

Assim sentenciou o Supremo Tribunal Alemão no seu aresto de 1978 referido pelo Prof. Costa Andrade (Comentário Conimbricense ao Código Penal anot. ao art.º 149.º do C. Penal): «*Para ser compatível com as exigências do Estado de Direito, uma prescrição tão indeterminada tem de ser interpretada restritivamente a favor do arguido*»

Ainda segundo o ensinamento de Costa Andrade o que tem de se provar é, antes, que o facto contraria os bons costumes devendo superar-se a favor do arguido – – isto é da validade do consentimento – – os casos de dúvida[668].

Outra vertente importantíssima a ter presente na hermenêutica dos *"bons costumes"* é a sua depuração de quaisquer valores ou referências de índole ética ou religiosa. Aqui, mais uma vez, a lição de Roxin, segundo o qual *"ao legislador falta em absoluto a legitimidade para punir condutas não lesivas de bens jurídicos, apenas em nome da sua imoralidade"*[669]

---

[667] C. Schmitt, § *226 a ist überflüssig? In Gedächtniss Schröeder, apud* Costa Andrade, como na nota anterior.

[668] Ibidem

[669] Roxin, *Problemas Fundamentais do Direito Penal*, Vega /Universidade, 1998, pg. 30.

Desta forma, também se devem repudiar quaisquer concepções de índole puramente ética, quer na sua formulação subjectivista, como a que se refere a *"todos os que pensam com equidade e justiça"*, quer na sua formulação objectivista, como a que vinha sendo defendida no Direito Penal da extinta República Democrática Alemã, apelando para a *"legalidade socialista"* ou *"consciência jurídica dos trabalhadores"*.

O que se procura, no fundo, é evitar o puro arbítrio do julgador, pois, como referia Schünemann o que, na sua decisão, o julgador representa como materialmente justo mais não significa do que o reflexo das suas atitudes eminentemente pessoais e, por isso, um puro arbítrio, no sentido já a seu tempo denunciado pelos teóricos do iluminismo[670]

Excluídas, portanto, da cláusula dos bons costumes quaisquer referências éticas, individuais ou colectivas, e portanto quaisquer valores extra-sistémicos, isto é, estranhos ao próprio ordenamento jurídico-penal que se pauta pela tutela exclusiva dos bens jurídicos, é, pois, no próprio interior do sistema que se hão-de buscar os elementos interpretativos dos bons costumes. Tal pode ser feito quer por via negativa, afastando qualquer punição de lesões corporais com base na sua imoralidade (tatuagens de desenhos obscenos, pequenos ferimentos sado- masoquistas nas relações privadas entre adultos etc.), e bem assim punindo lesões corporais só porque preordenadas à prática de condutas ilícitas (caso do médico que produz uma lesão para que o ofendido possa receber uma indemnização indevida por parte da seguradora)[671], quer por via positiva que, no que concerne às ofensas corporais, passará, necessariamente pelo traçado da linha divisória entre ofensas ligeiras e graves. Assim, as lesões ligeiras escaparão à censura dos bons costumes, sendo apenas punidas as ofensas corporais em que o bem jurídico seja lesado de forma grave e irreversível, salvo os casos em que "interesses de superior e inquestionável dignidade, reconhecida pela ordem jurídica"[672] o justifiquem.

---

[670] Schünemann *"Nulla pena sine lege..."* cit. por Costa Andrade "Consentimento..." p. 542.

[671] C. Andrade *"Comentário Conimbricense" p. 291.*

[672] Costa Andrade, *"Comentário Conimbricense"* 291 e desenvolvidamente "Cons. e Acordo" p. 543e sgs.

6. CONSENTIMENTO INFORMADO E INTERVENÇÃO MÉDICA

6.1 Introdução ao tema

Após termos esboçado, embora a traço grosso, os aspectos essenciais da relevância do consentimento do ofendido em direito penal, procuremos agora, com a extensão e densidade possíveis, tecer algumas considerações sobre este conceito nuclear do Direito da Medicina, consagrado nos textos normativos, doutrinários e na prática médica sob a designação de *consentimento informado*.

Expressão, a todas as luzes, minimalista e redutora, proveniente da designação anglo-americana *informed consent* que, com vantagem, deveria ser traduzida por *consentimento esclarecido* ou, melhor ainda, por consentimento livre e esclarecido[673]

Na verdade, a manifestação de concordância do portador do bem jurídico que é o paciente com a intervenção ou tratamento médico, para ser válida, pressupõe, não apenas uma simples informação, mas um verdadeiro e tão completo quanto possível esclarecimento, decorrente de um dever especial e funcional do médico (o *ärztliche Aufklärungspflicht* na expressão alemã) de prestar ao seu paciente esclarecimentos com lealdade, em linguagem acessível e apropriados ao seu estado sobre os meios de diagnóstico, inconvenientes, diagnóstico estabelecido, prognóstico, tratamentos indicados, alternativas terapêuticas, efeitos colaterais etc.

Como escreve o Prof. Quintana-Trias, membro do Comité Director de Biomédica do Conselho da Europa *A nova maneira de exercer a medicina, supõe que os esquemas que foram válidos até há algumas décadas foram substituídos por uma forma radicalmente distinta de abordar a saúde e a doença. O paternalismo médico tornou-se, em grande medida, obsoleto, assim com o trabalho individual, substituído pelo trabalho em equipa.*[674]

---

[673] Tal como na França onde se fala em *"consentement éclairé"*

[674] Octavi Quintana – Trias, prefácio ao livro de Paula Martinho da Silva *"Convenção dos Direitos do Homem e de Biomedicina, anotada"*, Cosmos, 1997, p. 21-24.

334   Da Responsabilidade Médica em Direito Penal

Mais adiante, anota que a Convenção sobre os Direitos do Homem e de Biomedicina, adoptada pelo Conselho da Europa, estabelece que o interesse do ser humano deve prevalecer sobre o interesse da ciência e, inclusivamente, da sociedade «*o que evidentemente constitui uma novidade que reflecte o conceito de que o ponto de vista do indivíduo é o que prevalece quando se trata da sua saúde ou da sua participação na investigação.... Este princípio implica que todo o indivíduo deve ser informado quanto a qualquer intervenção assistencial ou de investigação e que nenhuma intervenção pode levar-se a cabo sem que o indivíduo esteja de acordo uma vez compreendidos todos os aspectos relevantes*»[675]

O consentimento informado, tornado juridicamente obrigatório para as intervenções e tratamentos médicos, traduz o que, sugestivamente, o Prof. Guilherme de Oliveira refere como «*o fim da arte silenciosa*»[676] dos médicos, pondo assim fim a séculos de «*paternalismo médico*», que constituiu uma bandeira desfraldada desde os temos do grande mestre de Cós, que se chamou Hipócrates.

Tudo isto, naturalmente, é corolário lógico das profundas transformações sociais a que vimos assistindo.

Com razão afirma o Dr. Costa e Sousa[677] falando de clínica geral que «*o exercício da clínica geral tradicional decorrendo dentro de uma base de conhecimento pessoal e humano, por médicos cuja preocupação e interesse era o tratamento dos indivíduos doentes se transformou numa assistência pública a cargo do Estado, exercida por funcionários anónimos cuja formação e preocupação são as da saúde da comunidade e não, por mais que se diga, de cada indivíduo em particular*».

O Prof. Daniel Serrão é incisivo: «*O simples encontro médico-doente, o diálogo ou colóquio singular como lhe chamou Duhamel, já não é mais do que o princípio do acto médico. Logo a seguir vêm as tecnologias de diagnóstico cada vez mais complexas e mais manipuladoras da pessoa do doente.*

Depois vem a decisão terapêutica que pode ser tão grave e ameaçadora como: vou tirar-lhe o seu coração e colocar-lhe outro. Finalmente chega o estado terminal que conduzirá necessariamente à morte»[678]

---

[675] Ibidem

[676] Guilherme de Oliveira, "*O Fim da «Arte Silenciosa» (O dever de informação dos médicos)*" RLJ, 128, 70-72; p. 101-104.

[677] Fernando Costa e Sousa "*O Futuro da Clínica Geral*", Rev. Ordem dos Médicos, Jan. 92, p. 14.

[678] Daniel Serrão "*Desafios Hipocráticos da Medicina Moderna*" ROM, Jan. 92, 8.

Consentimento Informado e Intervenção Médica   335

Numa sociedade onde a relação médico-doente deixou de ser pessoal e humanizada, na generalidade dos casos, para ser geral e quase *massificada*, e numa época em que, como escreve Guy Nicolas «*a medicina moderna é capaz de êxitos especulares e de fracassos. A noção de doenças iatrogénicas, isto é, de doenças criadas pela acção médica, pertence à terminologia da medicina contemporânea, de que traduz os limites a as más acções.*

A doença faz correr um risco e a medicina nem sempre está em condições de o atenuar e, por vezes, pode até, pela sua acção criar outro»[679], não é de admirar que a liberdade de autodeterminação individual, o direito de dispor livremente sobre o seu próprio corpo e a vida seja erigido pelo Direito em bem jurídico e que, por força do próprio princípio de congruência ou de analogia substancial entre a ordem axiológico-jurídica constitucional (constituição material) e a legal, sejam incriminados procedimentos médicos que atentem contra tal bem jurídico.

Daí que, quer nos países em que existe um preceito incriminatório autónomo que tutela directamente a violação da autodeterminação individual levada a efeito por médico (ou equiparado) mediante intervenção (ou tratamento) não precedido de consentimento livre e esclarecido do paciente, como é o caso de Portugal (art.º 156.º do CP) e da Áustria (§ 110.º do C. P. austríaco), quer naqueles onde tal preceito não existe, o tratamento sem consentimento do doente (livre e esclarecido) é susceptível de preencher a factualidade típica de outras figuras jurídico-criminais como as de coacção ou, mais geralmente, de ofensas à integridade física, havendo quem considere tratar-se mesmo de violação das *"leges artis"*[680].

Por outro lado, a generalidade dos Códigos Deontológicos e leis que regem a deontologia médica impõem a estes profissionais a obtenção do consentimento do paciente, mediante prévio esclarecimento, antes de procederem a qualquer intervenção ou tratamento.

Assim, por exemplo, a Ley General de Sanidad de 25.4.86 na Espanha, e o Código Deontológico da Ordem dos Médicos em Portugal de 1985 que substituiu o anterior aprovado pelo Decreto 32.171.

---

[679] Guy Nicolas *"La responsabilité medicale"* Trad. portuguesa do Instituto Piaget, p. 63.

[680] Assim, v. g. na Espanha, importante sector da doutrina entre os quais Bajo Fernandez, Muñoz Conde e A. Jorge Barreiro. Este último autor escreve lapidarmente *"el consentimiento del paciente es un pressupuesto y elemento integrante de la «lex artis»* in *"La imprudencia punible"*, p. 72.

Este último texto normativo da O. Médicos, estabelece o dever de esclarecimento do paciente no seu art.º 38.º e permite que o médico, em caso de recusa de exames ou tratamentos por doente devidamente informado, se negue a assisti-lo.

O código deontológico francês aprovado pelo Décret 95-1000 de 6 de Septembre de 1995 estabelece no seu art.º 35.º: «*le médicin doit à la personne qu'il examine, qu'il soigne ou qu'il conseille, une information loyale, claire et approprieé sur son état, les investigations et les soins qu'il lui propose*».

Segue-se a regulamentação do chamado *"privilégio terapêutico"* de que trataremos, mais desenvolvidamente, adiante.

No art.º 36.º, este diploma estabelece «*Le consentement de la personne examineé ou soignée doit être recherché dans tous les cas.*

Lorsque le malade, en état d'exprimer sa volonté, refuse les investigations ou le traitement proposés, le medicin doit respecter le refus, aprés avoir informé le malade de ses consequences»

Também o Código de Deontologia Médica italiano de Junho/95 estabelece no seu art.º 31.º «*Il medico non deve intraprendere attività diagnostica o terapeutica senza il consenso del paziente validamente informato*» e, previamente, no seu art.º 29.º regula minuciosamente as *"informazioni al paziente"*.

O consentimento informado, pré-requisito de toda a intervenção ou tratamento médico, não é um simples acto, mas antes um processo *que tem de ser perspectivado como um diálogo entre o doente e o médico em que ambas as partes trocam informações e se interrogam reciprocamente; diálogo que há-de culminar na concordância ou anuência do doente à realização de certo tratamento ou intervenção* como escreve João Álvaro Dias[681].

Por tudo isto, Barja de Quiroga considera que, actualmente discute-se e, frequentemente, recusa-se aceitar que o Estado disponha de poderes tão amplos, defendendo-se a necessidade de limitar e definir os referidos poderes e a conveniência absoluta de reconhecer ao cidadão um maior protagonismo nas sociedades.

Segundo o mesmo autor, tudo isto resultou do facto, como nos demonstra a História, de o Estado ter pretendido, no dia a dia, um maior intervencionismo em todos os âmbitos, ao ponto de ter sido necessário

---

[681] J. Álvaro Dias *"Procriação Assistida e Responsabilidade Médica"*, p. 281.

Consentimento Informado e Intervenção Médica   337

reivindicar uma esfera de actuação em que cada pessoa possa exigir o direito de não estar acompanhada (*right to be alone*)[682].

Na Espanha dos anos 50, um exemplo de um aresto do Tribunal Supremo, de 1959, permitirá destacar a relevância, que, já então, se dava, naquele país, ao consentimento informado.

A referida decisão judicial, cujo texto, retirado da obra que se indica, vai transcrito em nota de rodapé, delimita o alcance do consentimento do paciente ao procedimento para o qual foi concedido[683].

---

[682] Jacobo López Barja de Quiroga, *El Consentimiento Informado* in *Responsabilidad del Personal Sanitario*, ed. do CGPJ/Ministerio de Sanidad y Consumo, Madrid, 1995, pg 274.

[683] Sentença da Sala Criminal do Tribunal Supremo de 10 de Março de 1959, apud *El Consentimiento Informado del Usuario de los Servicios Públicos*, de Galán Cortés, ed. Colex, 1997, pg. 65 e ss.

«*Vinha provado nos autos que o denunciante, de 38 anos de idade e que nunca sofrera de nenhuma doença ou moléstia no seu trato génito-urinário, a conselho do seu médico assistente, apresentou-se na consulta do cirurgião processado por lhe ter reaparecido uma hérnia, de que sofrera e fora operado anteriormente, tendo o referido cirurgião se limitado a olhar para a cicatriz que apresentava no abdómen, palpar a região da mesma e comunicar-lhe que, para efeitos de cirurgia, se apresentasse ao cabo de uns dias, em determinado centro hospitalar.*

Uma vez hospitalizado, no referido centro, sem que durante o dia do internamento e no seguinte, até às 18 horas, hora a que foi chamado para a operação, tivesse sido visitado por médico, lhe fosse efectuada qualquer análise, nem de urina nem de sangue, lhe tivesse sido examinado o coração ou verificado o estado pulmonar, nem, sequer, lhe tivessem tomado a temperatura, sem que tivesse sido adoptada qualquer medida para comprovação do estado do seu organismo na referida altura; uma vez na sala de operações, foi praticada, pelo próprio cirurgião arguido, anestesia raquídea ou local, que o não privou dos seus sentidos de visão e audição, nem da faculdade de se aperceber do que se passava em seu redor.

Assim anestesiado, decidiu o cirurgião arguido, assistido pelo próprio filho, também médico, levar a cabo a operação da hérnia inguinal por ele diagnosticada ao enfermo e a cuja exclusiva intervenção, este se havia expressamente submetido.

Uma vez aberta a cavidade abdominal, o processado, a pretexto de ter observado uma suposta massa tumoral, que em seu parecer era reveladora de um sarcoma do pénis, levou a cabo a amputação, a partir da raiz, do membro viril do enfermo, sem que para tal, fosse efectuada a oportuna biópsia para confirmação do seu precoce diagnóstico e sem que obtivesse do paciente ou dos familiares deste, mulher ou irmão, que sabia encontrarem-se na altura no referido hospital, o correspondente consentimento ou autorização para a amputação de tão importante membro do corpo humano, em resultado do que, o referido paciente tornou-se sexualmente impotente. E tanto mais que, como o próprio arguido reconheceu na altura da observação da referida massa, podia limitar a intervenção cirúrgica à operação da hérnia inguinal e deixar de intervir no suposto sarcoma do pénis, relegando tal cirurgia para um momento ulterior, por se tratar de campos operatórios distintos, ainda que próximos, não ser necessária a do suposto sarcoma do pénis para realizar a operação do mal diagnosticado (hérnia) e não correr perigo, naquela ocasião, a vida do paciente, enquanto não fosse aberta a suposta massa tumoral.

Tudo isto, não obstante, como o próprio arguido reconhece, o sarcoma do pénis ser uma situação raríssima, a ponto de na sua larga vida profissional, não ter tido ocasião de defrontar-se com nenhum, fiando na sua existência pelo diagnóstico precoce que em tantos momentos críticos fizera e, concluída que foi a ablação, não conservou o órgão decepado, afectado pelo hipotético sarcoma, para que do mesmo fosse efectuada uma biópsia pós-operatória, que comprovasse, no caso, a existência do referido tumor maligno.

Não comunicou, nem ao paciente, nem aos familiares aí presentes, nem aos colegas médicos, a realização desta última intervenção, nem aplicou à ferida que foi provocada pelo corte do pénis, radioterapia alguma.

Depois desta amputação, o doente sofreu de retenção de urina que pôs em perigo a sua vida, até ao momento em que, decorridos uns meses, teve de ser operado de novo, de urgência, pois carecia de alargamento do meato uretral.

A partir desta operação, o intervencionado goza de bom estado de saúde, sem que haja apresentado qualquer sintoma revelador de que tenha sofrido, na sua vida, de um sarcoma do pénis, ficando permanentemente impotente, por força da cirurgia praticada pelo processado.

O cirurgião arguido foi condenado a seis meses e um dia de prisão, como autor de um delito de negligência temerária previsto nos artigos 565.º § 1.º e 420, n.º 1, ambos do Código Penal espanhol. O Tribunal Supremo julgou improcedente o recurso interposto pelo cirurgião condenado.

O acórdão em referência considerou que, além do mais, a «impressão puramente subjectiva sobre a certeza do cancro, obtida por simples observação visual, sem antecedentes patológicos conhecidos, apenas autoriza o cerceamento instantâneo do órgão respectivo em casos de extrema gravidade e intervenção inadiável, onde a demora coloque em risco seguro e imediato a vida do presumido enfermo, porque, não sendo assim, a mais elementar cautela impõe a espera até se efectuarem as comprovações necessárias de que disponha a ciência médica, a obtenção da autorização expressa da pessoa interessada, maior e na plenitude do seu juízo, como dona da sua integridade corporal e, inclusivamente, recorrer ao concurso de outros médicos em demanda de garantias de acerto, pelo que, ao não seguir o arguido tal conduta recomendável para o médico e ao alcance de toda a inteligência média, antes, pelo contrário, precipitando-se a efectuar aquela cruel mutilação evitável, pelo menos naquele momento, e ao desembaraçar-se, depois, do órgão afectado, como se de um despojo inútil se tratasse, sem tentar, ao menos, a oportuna biópsia pós-operatória, veio a incorrer, de modo evidente, na imprudencia temerária que é sancionada pelo parágrafo primeiro do art.º 565 do Código Penal, tanto mais que o culpado operava, até então, numa zona distinta, ainda que próxima, do corpo humano,

Consentimento Informado e Intervenção Médica   339

Substancialmente não muito diferente é o caso narrado por Werner Niese, no seu estudo *Ein Beitrag zur Lehre vom ärztlichen Heileingrif*[684] que se passa a resumir, em nota de rodapé[685] ocorrido na Alemanha, em

---

o que lhe permitia concluir a operação da hérnia, a única que lhe fora solicitada pela vítima deste acontecimento».

Por sua vez, Galán Cortés, assim comenta este caso: *«El hecho de no tratarse de un caso urgente para la vida, ni de una actuación medico – quirúrgica que resultara inaplazable, justifica con creces la condena del médico, haciendo abstración de la temeridad de su conducta, tecnicamente hablando, por cuanto sin confirmar un diagnóstico, mediante la preceptiva biopsia, lleva a efecto una operación tan mutilante»* (ibidem).

[684] Publicado em *Festschrift für Eberhard Schmidt (zum 70.Geburtstag)* (Herausgeben von P. Bockelmann und W.Gallas), Vandenhoeck & Ruprecht, Göttingen, 1961, pg. 364-382.

[685] O nascimento ocorreu em casa da parturiente, com a assistência de uma parteira familiar afastada da referida senhora, tendo o parto corrido bem, mas tendo resultado uma pequena fissura do intestino à parturiente.

O médico A. que mais tarde foi acusado criminalmente, suturou essa fissura mas, passadas duas semanas, numa Quinta-Feira Santa, de repente deu-se uma hemorragia.

Chamada a parteira, a mesma ministrou à enferma uma injecção ginecológica hemostática e aconselhou que chamassem o Dr. A., o qual, por sua vez, ministrou-lhe outra injecção e recomendou o internamento da paciente em estabelecimento hospitalar próximo do seu consultório, que esta recusou.

Assim, o médico determinou que fosse informado regularmente sobre o estado da paciente, e no dia 16.04.54 (Sexta-Feira Santa), comunicaram telefonicamente ao médico que a hemorragia tinha estancado.

Na manhã do dia 17 apareceu, de novo, uma pequena hemorragia, mas que, rapidamente, desapareceu.

Porque a referida senhora temesse que, nos dias festivos da Páscoa, pudesse ter complicações e daí resultassem dificuldades de chamar o médico, mandou chamar o Dr. A, por telefone, para que, naquele mesmo dia, a observasse mais uma vez.

A esposa do médico informou de que o marido não podia ausentar-se do consultório devido a um furúnculo nasal e que, por isso, a referida senhora devia ir ao consultório.

Por volta das 11 horas ela apareceu no consultório, na companhia do marido e da parteira, mas sem a ajuda destes, entrou no referido consultório e sentou-se na cadeira ginecológica sem a ajuda de ninguém.

A observação efectuada com ambas as mãos provocou à paciente dores fortes (starke Schmerzen).

Por isso, o médico anestesiou a senhora com cloretil, na presença da parteira, continuou a observação e verificou que o colo do útero estava suficientemente dilatado para permitir a passagem de dois dedos sem dificuldade, mas constatou que o útero ainda não se tinha regenerado, estando do tamanho da cabeça de uma criança, muito

340 *Da Responsabilidade Médica em Direito Penal*

que uma senhora, de 26 anos de idade, tendo tido um aborto espontâneo em 1952 e, dois anos depois, dado à luz uma criança, veio a sofrer uma hemorragia uterina, cerca de duas semanas após o parto, ocorrido em casa, com a assistência de uma parteira.

O médico que a tratou, procedeu a uma raspagem do útero, sem o consentimento da paciente, nem do marido, decorrendo de tal raspagem e da forma como foi efectuada, a perfuração da parede uterina, motivando a necessidade de uma histerectomia e até de exérese parcial do intestino delgado.

O texto é sugestivo de alguma acção médica menos cuidadosa e, eventualmente violação das leges artis ou falta de indicação médica para a curetagem (raspagem) efectuada, mas, o que aqui importa, é a relevância do consentimento da paciente, que não foi obtido, como se colhe do texto resumido que aqui se insere, merecendo tal aspecto a atenção da melhor doutrina penal e da jurisprudência alemãs.

Note-se, porém, que, Carl Stoos, em 1893[686], afirmava, em caso semelhante (*Exstirpation des Uterus wegen eines erst in der Narkose nach Öffnung des Leibes erkannten Karzinoms ohne Einwilligung der Pazientin*) que a extirpação do útero sem a autorização do doente, por causa de um carcinoma que só foi detectado quando a paciente estava sob narcose e de barriga aberta, não constituía ofensa corporal no quadro normativo.

Esta posição, todavia, não mereceu o aplauso de Goldhahn – Hartmann que, em comentário ao aresto do *Reichsgericht* (RGSt. 25, 375) afirmaram que «*aqui o cirurgião, segundo a nossa ideia actual, agiu de forma leviana e irresponsável*»[687].

---

amolecido (*como manteiga (butterweich)*) e que, nas próprias palavras do Dr. A, este não estava a compreender o tamanho e a posição do útero.

Depois deste exame, ele achou que tal seria devido à placenta ou a algum resto do tecido de ovário e que seria melhor fazer uma pequena raspagem e, aqui, nem o marido da senhora, nem a parteira disseram nada.

Ao efectuar a raspagem, o Dr. A bateu por duas vezes com o instrumento pontiagudo (cureta) na parede do útero, afastou o intestino delgado do mesentério, puxou-o através das duas aberturas da perfuração (6 cm e 1,5-2 cm) e, através da vagina, para fora (*Scheide heraus*).

Então, o referido médico ordenou imediatamente o internamento da senhora no Hospital próximo do seu consultório e foi-lhe retirado o útero e cerca de 1, 40 metros de intestino delgado, em consequência do que, advieram à referida senhora a impossibilidade de engravidar e, desde, então, sérias dificuldades de evacuação intestinal.

[686] Carl Stoos, in *Schweizerische Zeitschrift für Strafrecht/ Révue Pénale Suisse*, 6, 54 de 1893.

[687] Werner Niese, *Ein Beitrag...* (cit.) pg. 365.

Porém, o quadro normativo alemão não possuía então, como até hoje, uma incriminação adequada e própria para a intervenção médico – cirúrgica arbitrária, pelo que, ou a mesma quedava impune, ou era (como é), subsumida no tipo legal das *Körperverletzung* a que se refere o já falado § 223 e segs. do Código Penal alemão, o que leva a Jurisprudência a tratar as violações do direito de autodeterminação do paciente, como se de crimes contra a integridade física (*Straftaten gegen die körpeliche Unversehrheit*) se tratassem.

Werner Niese salienta, contudo, que «*mesmo que a paciente tivesse dado o seu assentimento para a raspagem, enquanto lúcida, tal assentimento seria juridicamente inválido, pois à paciente teria sido explicada a intenção pretendida, mas não os riscos*».

E o referido autor acrescenta: «*É conhecido de todos os médicos que uma raspagem do útero "mole como manteiga" tem o risco de perfuração e das suas consequências*»[688].

Conclui no sentido de que, devido ao elevado risco e ao relativamente baixo grau de urgência da intervenção, o médico deveria ter esperado que a senhora recobrasse os sentidos e proceder a uma explicação detalhada.

E faz notar que, na contestação processual, o médico arguido alegou que a senhora recusou-se a ir para o Hospital mas, diz Niese, segundo a experiência, deve-se compreender que ela tinha medo da intervenção cirúrgica (*Angst vor operativen Eingriff*), pelo que a sua recusa deveria ter sido interpretada como o contrário de um consentimento pleno e incondicional à intervenção do citado médico.

Dado que o mesmo facultativo apenas tinha duas alternativas de tratamento, a cirurgicamente interventiva e a do internamento, ele apenas carecia de dizer à sua paciente que poderia fazer uma raspagem, mas que esta seria perigosa, dado o diagnóstico.

Por isso, aconselharia a que se decidisse pelo internamento, porque no hospital, com outro tipo de tratamento, talvez tudo se processasse sem necessidade de intervenção cirúrgica.

Caso a senhora ainda continuasse a manter-se na sua recusa de internamento e solicitasse a intervenção de risco, afirma W. Niese que o médico, tomaria a responsabilidade de a operar, sem necessidade de chocar a paciente com os pormenores de uma revelação brutal.

O médico, todavia, nada disse e com isto, violou grosseiramente o seu dever de esclarecimento.

---

[688] W. Niese, op. cit, pg.

6.2. Pressupostos de Validade do Consentimento e Conteúdo e Limites do Esclarecimento

Já tivemos ocasião de ver que, desde 1982, o Código Penal português tutelando expressamente *"a liberdade de dispor do corpo e da própria vida"* (Figueiredo Dias, *"O Problema da Ortotanásia, 1973)*, traçou em configuração autónoma das ofensas corporais, o tipo de ilícito de *«Intervenções e tratamentos médico-cirúrgicos arbitrários»* – art. 156.º do CP/95 (anterior 158.º).

Desta forma, o *"consentimento do paciente"* por isso que é elemento do tipo referido, configura uma causa de exclusão da própria tipicidade (acordo ou *"Einverständniss"* na teoria dualista de Geerds)[689] e não de ilicitude como acontece v. g. na Alemanha, onde o médico preencherá a factualidade típica das ofensas corporais, não ocorrendo facto ilícito por força do consentimento do paciente.

Em todo o caso, tal como acontece no domínio do consentimento do ofendido como causa de justificação ou de exclusão de ilicitude, prevista expressamente no art.º 31.º n.º 2 al. d) e 38.º do C. Penal (ut. supra pg. 13) também quanto ao consentimento do paciente se colocam questões relativas aos pressupostos do consentimento e limites quanto ao dever de esclarecimento dos médicos, o que passa, necessariamente, pelo exame do seu conteúdo.

6.2.1. *Pressupostos do Consentimento do Paciente*

Como pressupostos formais do consentimento do paciente, também referidos por alguma doutrina como *requisitos*[690] costumam os autores indicar:

a) Capacidade natural do consentente que terá como referência no caso do ordenamento jurídico português, o limite etário de 14 anos (que, como se disse, nada tem a ver com a capacidade de exercício jurídico-civil ou com a nubilidade ou mesmo com a

---

[689] Sobre esta matéria e com muito interesse o artigo de Claus Roxin *"Über die Einwilligung im Strafrecht"* in Estudos em Homenagem ao Prof. Eduardo Correia, III, 397 ss., onde o Autor após afirmar que a opinião actual na Alemanha, faz distinção, como Geerds, entre o Consentimento e Acordo, exemplifica situações de um e do outro elementos do paradigma dualista.

[690] Barja de Quiroga *"El consentimiento informado"* CPC n.º 56 1995, p. 447 a 479.

imputabilidade) prevista no art.º 38.º n.º 3 do C. Penal e *discernimento necessário para avaliar o seu sentido e alcance no momento em que o presta* como reza este último preceito.

b) Esclarecimento do paciente, como claramente resulta do art.º 157.º do C. Penal nos termos aí definidos e que serão melhor abordados quando tratarmos do conteúdo do esclarecimento.

c) Liberdade e seriedade do consentimento, no sentido de não ser inquinado por erro-vício, isto é, *"erro que, em concreto, compromete a liberdade de dispor do corpo e da vida, naquele núcleo irredutível e último cuja integridade o legislador (penal) se propõe salvaguardar"* (Costa Andrade, *Consentimento*, 664) ou na expressão de Bockelmann *"sobre o significado médico da intervenção"*[691].

d) Actualidade do consentimento. Com efeito, o consentimento relevante é concedido para um determinado tratamento ou intervenção médica e, nos termos gerais, deve ser anterior e revogável livremente até à execução dessa intervenção terapêutica. Sendo assim, tal consentimento carecerá de actualidade.

Daí que, os chamados *"testamentos do paciente"*[692] ou *"desejos previamente expressos"* conhecidos na língua inglesa por *"living-will"* que são declarações de vontade corporizadas em documentos previamente elaborados, prevendo futuras situações de inconsciência ou incapacidade de expressão de vontade, se revistam de reduzido valor, sendo apenas meros indícios para a presunção do dissentimento, o que, pelo menos à luz da al. b) do n.º 2 do art.º 156.º do C. Penal, não permitem a *"conclusão com segurança que o consentimento seria recusado"*.

A eficácia deste consentimento para efeitos de exclusão de tipicidade, nos moldes apontados, respeita ao ilícito típico do art.º 156.º do C. Penal, em que, como vimos, a concordância do paciente configura um acordo que exclui o tipo.

Trata-se de uma figura jurídico-penal que, sem margem para dúvidas sobre a determinação concreta do bem jurídico tutelado, não legitima a hesitação alemã, sobre a configuração como *"Körperverletzung oder Freiheitsdelikt"*. No caso português, o art.º 156.º tutela claramente a liberdade pessoal do paciente e, por via disso, o seu direito à autodeter-

---

[691] Bockelmann, cit por C. Andrade *"Comentário Conimbricense" 387.*

[692] Também designados *"testamentos biológicos"* ou *"testamentos vitais"* Cfr. Paula Martinho da Silva *"Convenção..."*, pg. 46 (comentário ao art.º 9.º da C.D.H.B.)

minação, por mais irracional que possa parecer a sua recusa ao tratamento ou intervenção médica.

Aqui o médico deverá ter como *"suprema lex"* se quiser evitar ficar sob a alçada do direito penal (justamente designado por *"Leviathan"* da Ordem Jurídica) a *"voluntas aegroti"*, respeitando a opção do paciente, contanto que este se mostre devidamente esclarecido e disponha da necessária liberdade de opção.

Já assim não sucederá, v. g. no caso em que o tratamento ou intervenção, consentida ou não, viole a *"lex artis"* ou não tenha escopo terapêutico (sendo v. g. meramente experimental) em que, a intervenção lesante preencherá o tipo de ofensas à integridade física, podendo o médico não ser punido por via de uma causa de exclusão de ilicitude (ou eventualmente de exculpação). Note-se que a hetero-colocação em perigo grave do paciente, pelo médico, mediante violação das *"leges artis"*, é hoje incriminada pelo n.º 2 do art.º 150.º do C. Penal repristinado parcialmente pela Lei 65/98 de 02/09.

A repristinação parcial deste preceito, que figurava na versão primitiva (1982) do art.º 150.º, tendo sido suprimido pela Reforma/95, não parece recolher aplausos por parte da doutrina.

Assim, v. g. o Prof. Costa Andrade recorda que as intervenções médico-cirúrgicas efectuadas com violação, sobretudo se dolosa, das *"leges artis"* configura sempre ofensas corporais típicas que, todavia, podem ser justificadas v. g. pelo consentimento. Ora o art.º 144.º al. d) já prevê e pune o facto que provoca *um perigo para a vida*, pelo que só quanto ao *"perigo para o corpo ou para a saúde"* o preceito *"terá conteúdo normativo próprio e novo"*.[693]

Note-se que o alargamento do espectro de infracções criminalmente puníveis, verdadeiro leque de crimes específicos próprios do exercício da medicina académica, deve exigir por parte do legislador muita prudência e alguma contenção, tal como acontece, aliás, em muitos outros ramos das actividades sociais, *"maxime"* no domínio da economia, sob pena de se espartilhar ou, porventura, bloquear, a própria actividade de alta relevância social, pelo que a politica criminal deve estar atenta de modo a impedir que um *"direito penal de terror"* possa ter efeitos contraproducentes, promovendo situações de verdadeira danosidade social, motivada por excesso de cautelas, sempre perniciosas no combate pela vida e saúde, pelo aparecimento, além do mais, de uma *"medicina defensiva"*[694].

---

[693] Costa Andrade *"Comentário Conimbricense"* p. 313.

[694] Que levaria os profissionais, antes da formulação do diagnóstico e mesmo no decurso da terapêutica, a exigir exames e provas (análises, radiografias, ecografias,

6.2.2. *Conteúdo do dever de esclarecimento*

Nos Estados Unidos da América, onde proliferam acções destinadas a efectivar a responsabilidade médica e onde até há pouco (1996) eram frequentes as demandas cíveis com base na insuficiência do esclarecimento[695] ou mesmo nas chamadas *«soft answers»* (respostas adocicadas) que sendo meias verdades são susceptíveis de provocar situações de erro-vício no consentimento do paciente e, por isso, de ilicitude penal e civil do médico.

Na verdade o *«quantum»* informativo não está, como nem deve estar, determinado em ordenamentos normativos, legais ou deontológicos, e daí que, especialmente nos EE. UU se comece já a falar no *"decline of the informed consent"* (Plante, *"The Decline of the Informed Consent"* Wash & Lee Review, 1978) pelo uso e abuso de expedientes destinados a obter indemnizações.

Os tribunais americanos referem a *"informação razoável" (reasonable disclosure)* segundo o qual o critério tradicionalmente seguido para aferir do *«quantum»* informativo necessário que era o de *"reasonable doctor"* cede passo ao do *"reasonable patient"*.

Como se decidiu no caso Canterbury V. Spence (1972) *«devem considerar-se riscos relevantes aqueles a que uma pessoa razoável colocada na posição do doente – posição que o médico conhece ou deveria conhecer – haveria de atribuir importância, no conjunto dos riscos, para decidir submeter-se ou não ao tratamento proposto»*[696].

O médico deverá sempre equacionar os riscos e benefícios que da intervenção poderão advir para o paciente, devendo informá-lo, *"rectius"*, esclarecê-lo dos riscos das consequências da doença (o que implica a revelação do diagnóstico e prognóstico) do tratamento (especialmente no caso de sofisticados tratamentos invasivos como as angioplastias transluminais das coronárias, a revascularização cirúrgica ou da terapêutica medicamentosa susceptível de graves efeitos colaterais e secundários, de sequelas etc.) e dos tratamentos alternativos.

---

exames imagiológicos diversos e técnicas invasivas) porventura objectivamente não exigíveis e até surpéfluas. Assim, Bajo de Quiroga, op. cit., p. 449.

[695] É ampla a bibliografia sobre o tema que se pode ver sintetizada na obra de grande interesse de João Álvaro Dias *"Procriação Consentida e Responsabilidade Médica"*, Coimbra Editora, p. 277-317.

[696] J. Álvaro Dias *"Procriação Assistida"*, 283 nota de rodapé.

346   *Da Responsabilidade Médica em Direito Penal*

O nosso Código Penal refere alguns *"topoi"* relativos ao esclarecimento médico no art.º 157.º em que se inclui o *diagnóstico,* apesar de toda a polémica gerada sobre a inclusão irrestrita de tal tópico, dando razão a Kern/Lawfs quando afirma que *«o primeiro pressuposto da autodeterminação do paciente é precisamente saber que está doente e conhecer o essencial da sua doença»*[697]

Note-se, finalmente, que o esclarecimento relevante para os efeitos do art.º 156.º do C. Penal e a que se refere o art.º 157.º é, como acentua o Prof. Costa Andrade o *«esclarecimento para a autodeterminação»* que não se confunde com o *«esclarecimento terapêutico»* isto é, aquele que se destina a *"afastar os medos e preocupações do doente, reforçar a sua atitude positiva e o seu apoio à terapia e acautelá-lo contra os perigos em que ele próprio pode incorrer com condutas contra-indicadas pela terapia"* (*"ärztliche Aufklärung"*)[698].

A este propósito, Barja de Quiroga adverte que o destinatário da informação é, em primeiro lugar o paciente e, só depois, os familiares ou pessoa de confiança que, consequentemente, são detentoras de um direito derivado e que, quando se afirma que o médico tem o dever indeclinável de esclarecer o paciente, tal não significa que se lhe deva ministrar um " *curso abreviado de medicina"*.

A informação completa significa, segundo o referido autor, o esclarecimento que revele o diagnóstico, as possibilidades terapêuticas, as previsões, os resultados prováveis, as alternativas, tudo mediante uma linguagem apropriada para o leigo e com o cuidado de não atemorizar o doente, por forma a que este decida, em seu livre critério, se deve ou não submeter-se ao tratamento indicado.[699]

Quanto aos efeitos secundários, sequelas e riscos do tratamento a doutrina recomenda o esclarecimento daqueles que se verificam com frequência, não havendo necessidade de focar riscos de carácter excepcional na sua verificação.

Mais uma vez, aqui, como em tudo na vida, o melhor critério será o da ponderação dos interesses em jogo, mediante uma atitude ética e consienciosa, que procurando devolver a saúde ao paciente, tenha sempre no horizonte o direito deste à sua liberdade de decisão convenientemente esclarecida.

---

[697] Kern/Lawfs *"Die ärztliche Aufklärungspflicht"*, cit. por Costa Andrade "Comentário ...." p. 398.

[698] Costa Andrade op. cit.p. 395.

[699] J. Barja de Quiroga, op. cit. 287

6.2.3 *Limites ao dever de esclarecimento*

Como limites ou mesmo excepções ao dever de esclarecimento dos médicos, aponta-se em primeiro lugar o chamado *«privilégio terapêutico»* que a nossa lei penal acolheu no art.º 157.º onde se dispensa a *"comunicação de circunstâncias que a serem conhecidas pelo paciente poriam em perigo a sua vida ou seriam susceptíveis de lhe causar grave dano à saúde, física ou psíquica»*.

Trata-se, ao fim e ao cabo, de uma ponderação de interesses imposta pela lei e pela generalidade dos autores e decisões jurisprudenciais. Não faz, efectivamente, qualquer sentido que, em homenagem ao direito de autodeterminação do paciente, em suma, da sua liberdade, o médico lhe cause, por via dos esclarecimentos prestados, um traumatismo ou outra situação patológica que ponha em perigo ou agrave o risco da sua vida ou saúde.

Nesse caso, toda a razão teria Ihering quando se referia ao *"serviço de Moloch da verdade"* que as *"hienas da virtude"* tanto enaltecem.

Para além das situações de privilégio terapêutico, também se devem considerar excepções ao dever de esclarecimento, os simples tratamentos de rotina e os estados terminais, estes na medida em que produzem perda de autonomia da pessoa, o que legitima a omissão do esclarecimento.

No caso das incapacidades de facto transitórias, como a de um doente inconsciente ou privado da fala e movimentos, deverá o médico recorrer ao regime do consentimento presumido previsto no n.º 2 do art.º 39.º do C. Penal, tendo o nosso legislador optado, em caso de dúvida sobre os tratamentos médicos de doentes incapacitados de prestarem o seu consentimento, por um regime de *«favor vitae et salutis»* ao exigir a verificação de circunstâncias que permitam concluir *com segurança* que o consentimento seria recusado para a punição do médico em tais casos.

Por outras palavras, nestes casos *"salus aegroti suprema lex est"*!

6.3. Intervenção Médico-Cirúrgica Arbitrária e Intervenção Judicial

A Revista da Ordem dos Médicos de Junho de 1997 dava público conhecimento de um caso, ocorrido num hospital do país, em que uma

348   *Da Responsabilidade Médica em Direito Penal*

grávida com feto morto foi intervencionada cirurgicamente para a extracção do dito feto[700].

Antes da intervenção a doente teria sido informada de provável necessidade de uma transfusão sanguínea.

A referida senhora, Testemunha de Jeová, recusou, verbalmente e por escrito, qualquer transfusão.

Em plena operação ocorreu intensa hemorragia por provável situação de coagulopatia, com indicação absoluta de uso de sangue e plasma.

Informado o marido de tal urgência e explicada devidamente a situação, o mesmo recusou transfusão de sangue para a mulher, vindo a doente a falecer.

Esta situação não é, infelizmente, inédita, nem entre nós, nem nos outros países.

É sabido que, apoiando-se numa interpretação de Génesis (9,3 a 5), Levítico (17,10) e Actos (15,20) os seguidores de tal credo religioso consideram que é um princípio cristão não consumir sangue, não havendo qualquer diferença em consumi-lo por via oral ou intravenosa.

Qual o dever do médico em tal situação, já que tremendo conflito intrasubjectivo se instala na sua consciência, entre o dever de salvar uma vida consentâneo com a própria função e a recusa do doente?

Cremos que haverá que distinguir se se trata de um doente menor ou que já tenha atingido a maioridade, pois há diversidade de regimes.

Tratando-se de menor, a recusa dos pais, por convicção religiosa ou outra, pode e deve ser suprida, pelos competentes meios legais, estando em risco a saúde ou a vida do menor.

Com efeito o art.º 1918.º do Código Civil é de meridiana clareza ao estabelecer que*" quando a segurança, a saúde, a formação moral ou a educação de um menor se encontra em perigo... pode o tribunal a reque-rimento do Ministério Público ou de qualquer das pessoas indicadas no n.º 1 do art.º 1915.º, decretar a providência adequada"*.

Entre as pessoas indicadas no art.º 1915.º do C. Civil, figura a pessoa a cuja guarda ele esteja confiado, de facto ou de direito.

Tratando-se de um hospital, embora se discuta a verdadeira natureza jurídico-administrativa dos hospitais do Estado, parece que o director do hospital, como representante da pessoa jurídica e que pertence a tal unidade, ou mesmo como pessoa singular à guarda de quem o menor está de facto, poderá e deverá requerer as citadas providências ao tribunal competente.

---

[700] Revista da Ordem dos Médicos, Junho de 1997, p. 44.

O mesmo se dirá de um director de uma clínica privada ou do médico assistente se o doente estiver internado.

Em caso de perigo iminente de vida, não havendo tempo para tal providência, pensamos que a eventual ilicitude de actuação médica deverá ser excluída por recurso ao disposto no art.º 34.º (direito de necessidade) ou art.º 36.º (conflito de deveres) do C. Penal.

É que, em primeiro lugar, é pacificamente aceite que as crianças não são propriedade dos pais (veja-se *"inter alia"* a Recomendação n.º 874 (79) da Assembleia Parlamentar do Conselho da Europa, de 4 de Outubro de 1979).

O menor é sujeito de direitos e não mero objecto destes.

Depois, é também hoje generalizado consenso que o chamado *«poder paternal»* não é mais a *«patria potestas»* romana, que daria ao pai, nos tempos primitivos, o *«jus vitae necisque»* sobre os filhos, mas antes um poder funcional, vinculado e controlado, que deve ser exercido no interesse do desenvolvimento harmonioso do menor, a ponto de hoje se preferir a expressão *«função parental»*.

Sendo assim, é manifesto que não é lícito aos pais, seja em nome de que valores forem, privar os filhos do direito à saúde e à vida.

Por isso mesmo, neste sentido, se pronunciou o Parecer da PGR n.º 8/91 publicado no D. R. II Série de 18.9.92, embora aí a questão seja algo duvidosa, pois tratava-se de um internamento de menor, efectuado contra a vontade dos pais. (Veja-se o voto de vencido do Ilustre Conselheiro Dr. Lucas Coelho).

Se a situação, embora demandando urgência permite aguardar decisão por algumas horas, um expediente brevíssimo está assinalado nos art.ºs 91.º e 92.º da Lei 147/99 de 1 de Setembro (Lei de Protecção de Crianças e Jovens em Perigo) que consiste na comunicação do facto ao Ministério Público nos Tribunais de Família e Menores ou às Comissões de Protecção de Crianças e Jovens[701] e, onde não existem tais tribunais de competência

---

[701] A situação estava prevista anteriormente no art.º 19.º da Organização Tutelar de Menores (Dec. Lei 314/78 de 27 de Outubro), que permitia que o Juiz dos Tribunais de Menores onde os houvesse, ou o Juiz da comarca onde inexistissem Tribunais de Menores determinasse as medidas tidas por convenientes respeitantes à segurança, saúde, formação moral ou educação de um menor em perigo. No n.º 2 al. b) do referido preceito, permitia-se que o Tribunal decretasse que os pais, tutor ou pessoas a quem o menor estivesse confiado se submetessem às directrizes pedagógicas ou médicas de estabelecimento de educação ou de saúde.

Trata-se de processos muito céleres e, havendo dificuldade de contactar o Magistrado do Ministério Público ou as Comissões atrás referidas, pode dar-se conhe-

350 *Da Responsabilidade Médica em Direito Penal*

especializada, ao MP junto do tribunal da comarca, que requererá ao Juiz a adopção de providências urgentes, designadamente a suspensão do exercício do poder paternal, sempre no interesse superior da criança (*«The best interest of the child»* a que se refere o art.º 3.º da Convenção sobre os Direitos da Criança aprovada pela O.N.U. em Novembro de 1989).

Já no que tange aos individuos de idade igual ou superior a 18 anos, não pode o médico contra a vontade livremente expressa do doente maior, devidamente esclarecido, praticar qualquer intervenção médico-cirúrgica, incluindo transfusão, situação que poderá fazê-lo incorrer em responsabilidade criminal e civil (com eventuais danos não patrimoniais como os resultantes de ofensa à integridade moral) se não for observada a proibição. Note-se porém que o consentimento relevante é a partir dos 14 anos, desde que o menor tenha o necessário discernimento (art.º 38.º, n.º 3 do C.Penal).

No que se refere aos reclusos em greve de fome, o dissídio doutrinal gravita, sobretudo, em torno do problema da constitucionalidade dos preceitos legais que como o art.º 127.º da Reforma Prisional portuguesa (Dec. Lei 275/79 de 1/09 com as alterações introduzidas pelo DL 49/80 de 22/03) permite a imposição coerciva aos reclusos de exames médicos, tratamentos ou alimentação em caso de perigo para a sua vida ou grave perigo para a sua saúde.

Na Alemanha, onde existe preceito paralelo ao da lei portuguesa (*§ 101 da Strafvollzugsgesetz*), pode afirmar-se que a maioria dos autores não questiona a legitimidade constitucional deste regime.

No entanto, como nota o Prof. Costa Andrade no seu estudo sobre o tema que figura como nota de rodapé n.º 129 da amplamente referida obra *"Consentimento e Acordo em Direito Penal"*[702] nomes como os de J. Wagner e H. Ostendorf defendem claramente e com argumentos de tomo a sua inconstitucionalidade material por violação do direito fundamental da liberdade pessoal, havendo quem como A. Eser, defenda a própria inconstitucionalidade formal e não faltando posições intermédias como as defendidas por Bottke.

---

cimento do facto que consubstancia uma situação de perigo para a criança ou jovem, directamente à autoridade policial mais próxima, dando-se noticia da urgência requerida, devendo essa entidade transmitir o facto, pela via mais célere ao Tribunal territorialmente competente para adopção das necessárias providências.

[702] Costa Andrade *"Consentimento e Acordo"* pg. 408, nota de rodapé, onde se documentam amplamente as posições referidas no presente texto.

Entre nós, os Profs. Figueiredo Dias e Sinde Monteiro no seu estudo já clássico *"Responsabilidade Médica em Portugal"*[703] consideram ser de duvidosa constitucionalidade o disposto na Reforma Prisional sobre o tratamento e alimentação coerciva.

Muito mais incisivo é Augusto da Silva Dias quando afirma que *"em caso algum é juridicamente requerido o cumprimento de um dever que comporta uma lesão da autonomia ética do paciente"* acrescentando que, *" de outro modo, conceder-se-ia ao médico um poder de decidir sobre interesses alheios, o que representava um «desprezo olímpico» pela autonomia de decisão do individuo, mais ajustado ao perfil de uma sociedade totalitária do que de outra respeitadora das liberdades e dos direitos das minorias"*[704].

É evidente que, face ao disposto no art.º 127.º da Reforma Prisional, o médico que imponha alimentação forçada ou tratamento a recluso em greve de fome, sem o consentimento deste, comete o crime p. p. no art.º 156.º do C. Penal, caso não ocorra *"perigo para a sua vida ou para a sua saúde"*.

Em caso de tal ocorrência, designadamente em circunstâncias em que, após prolongada falta de alimentos, sobrevenha estado geral de desnutrição, com as inerentes consequências, a acção do médico estará justificada por força do disposto no art.º 31.º n.º 1 do C. Penal, não sendo, portanto, ilícita.

No plano jurídico-constitucional, porém, somos de opinião de que o disposto no art.º 127.º da Reforma Prisional não padece de inconstitucionalidade material.

É que, como nota a Doutora Anabela Miranda Rodrigues *não constituirá hoje fonte de dúvidas que, à partida, todos os indivíduos, seja qual for a situação em que se encontram, gozam de direitos fundamentais, sendo já ultrapassada a concepção que encara os reclusos como desprovidos de direitos*[705].

E, mais adiante, aquela ilustre Jurista acrescenta:

No entanto, a expressão de tal legalidade não deixa de exigir, por isso mesmo, – porque se trata de garantir a existência de uma relação

---

[703] F. Dias e S. Monteiro *"Responsabilidade Médica em Portugal"* in BMJ 332, 70, nota de rodapé 134.

[704] A. Silva Dias *"A Relevância Juridico-Penal das Decisões de Consciência"*, Almedina, 131.

[705] Anabela M. Rodrigues *"A Posição Jurídica do Recluso na Execução da Pena Privativa de Liberdade"*. Coimbra, 1982 p. 170.

352 *Da Responsabilidade Médica em Direito Penal*

de vida especial – uma regulação elástica; pode – e deve – admitir-se que "a ordenação de certos sectores de relações (especiais) entre os indivíduos e o poder possa fundar (dar motivo) a restrições (também especiais) de alguns direitos – o bem estar da comunidade, a existência do Estado, a segurança nacional, a prevenção e repressão criminal, etc., são valores comunitários com assento ou reconhecimento constitucional que não podem ser sacrificados a uma concepção puramente individualista dos direitos fundamentais".[706]

Aliás, já em 1960 o Conselho da Europa, afirmando o princípio da liberdade dos direitos fundamentais, previa que o seu exercício pudesse ser limitado desde que incompatível com as finalidades de privação da liberdade ou com a manutenção da ordem e da segurança nos Estabelecimentos Prisionais[707].

Nos Estados de Direito democráticos, o ordenamento axiológico-jurídico constitucional permite a compressão dos direitos fundamentais, desde que limitados ao necessário para a salvaguarda de outros direitos e interesses constitucionalmente protegidos, tal como dispõe o art.º 18.º n.º 2 da nossa Lei Fundamental.

Desta forma, desde que o ordenamento legal observe a congruência com aquele diploma fundamental (analogia substancial), como parece ser o caso da falada Reforma Prisional portuguesa, não se vislumbra a apontada inconstitucionalidade.

---

[706] Como na nota anterior, p. 171.

[707] *"Récommandation relative aux droits électoraux, civils et sociaux du détenu, prévenu on condamné"* cit. por Anabela Rodrigues " A Posição Jurídica..." p. 172, nota de rodapé.

7. CONCLUSÕES

Num horizonte temporal não muito distante, vislumbra-se um exponencial adensamento do volume de processos criminais que, na barra dos tribunais portugueses, levará alguns médicos a responder por delitos profissionais, tal como os seus congéneres de vários países da Europa e da América.

Sinal premonitório de tal augúrio é o intenso fluxo de notícias na Comunicação Social sobre os casos de "*negligência médica*" em Portugal, com uma inusitada frequência.

É com vista a um contributo teorético – dogmático mas, simultaneamente, de relevo praxiológico, em matéria tão pouco explorada entre nós, como é a da responsabilidade criminal do médico, que foi elaborado o presente estudo, do qual permitimo-nos recensear algumas conclusões, pois, *nisi utile est quod facimus, stulta est gloria.*

Sempre que tal se justifique, remete-se para o texto da investigação o respectivo apoio argumentativo.

1.ºAo médico não se exige a cura ou a salvação da vida do paciente, pois a evolução do curso patológico depende de uma pluralidade de factores endógenos e exógenos, frequentemente incontroláveis pela intervenção médica.

Do médico espera-se apenas a realização do tratamento adequado a proporcionar ao paciente a cura (tratamento curativo) ou o alívio do seu sofrimento (tratamento paliativo) o que significa que, na tradicional dicotomia da conhecida fórmula civilística, a sua obrigação é de meios, não de resultado.

Porém, sendo embora uma obrigação de meios, a mesma tenderá incontestavelmente a atingir a melhoria do estado sanitário do paciente (mantendo ou aumentando os bens jurídicos saúde, integridade corporal e vida), sempre que tal esteja ao alcance do médico ou das instituições de saúde.

Por isso, a acção esperada do médico *garante* há-de ser a da instituição e desenvolvimento do tratamento adequado, segundo as *leges artis*, à

354 *Da Responsabilidade Médica em Direito Penal*

alteração do estado mórbido do paciente, sendo tal clinicamente viável, ou à mitigação dos seus padecimentos (em caso de inviabilidade de cura) e não a evitação da lesão ou do seu agravamento ou da morte do doente, nos casos em que tais resultados sejam clinicamente inevitáveis (III-p. 44--46).

2.º O crime de violação das *leges artis* tipificado no n.º 2 do art.º 150.º do C. Penal, na versão de 1998, é um crime de perigo concreto e com dolo de perigo, sendo o perigo «o *resultado típico normativo*», como defendem Faria Costa e Horn ao contrário do que acontecia na versão primitiva do Código de 1982.

Fora do enquadramento do falado n.º 2 do art.º 150.º, dado que o mesmo constitui um crime tipo legal doloso, a violação das legis artis, pode ocorrer a título meramente negligente (e é o que acontece em geral), pois sendo as *leges artis* as regras generalizadamente reconhecidas pela ciência médica *(Bockelmann)*, a sua violação traduz, em princípio, a vulneração do dever de cuidado *(Sorgfaltspflichtverletzung)* que impende sobre o médico, que, pode ou não, causar um resultado ou, segundo a doutrina da conexão do risco, criar um risco que se materialize num resultado típico.

3.º O erro médico é, assim, um «elemento da factualidade típica» *(G. Schwalm)* que nem sempre é consequência necessária da violação das *leges artis* e, por outro lado, nem toda a violação das *leges artis* determina o surgimento de um erro médico (idem).

4.º Haverá, no entanto, que ter sempre presente que o exercício prático da medicina, na sua realidade diária, não se molda totalmente a normas pré-estabelecidas, na medida até em que estas cristalizam os procedimentos, constituindo entraves ao avanço da ciência médica e prática clínica.

Por isso, os códigos deontológicos de quase todos os países proclamam a *«liberdade terapêutica»* como trave mestra da *ars curandi*.

Mas a liberdade terapêutica não poderá deixar de observar os limites do acantonamento que são traçados pelo conceito de tratamento e intervenção médico-cirúrgica gizado pelo artigo 150.º n.º 1 do C. Penal português vigente, designadamente no que tange às faladas regras generalizadamente reconhecidas pela ciência médica (IV. 3.1.2, p. 208) e, sempre que o médico se afastar das *guidelines* ou protocolos terapêuticos, deverá justificar a razão tal afastamento, no seu próprio interesse e do doente, pois tal conduta é susceptível de consubstanciar procedimento não medicamente indicado.

5.ºEm matéria de imputação objectiva, importa ter em consideração que o comportamento objectivamente ilícito do médico, por comissão ou omissão, geralmente não é a causa única da lesão ou do decesso do paciente.

Assim, por exemplo, na Bélgica, se tal comportamento constituir a causa inicial de um processo lesivo, por tê-lo desencadeado ou favorecido, a jurisprudência inclina-se no sentido de imputar o evento ao médico, por aplicação da teoria da equivalência das condições ou da *conditio sine qua non*[708].

Também na Itália, a conduta do médico que constitua a concausa do facto é considerada para efeitos punitivos penais, por força do disposto no art.º 41 do Código Penal italiano *(Concorso di cause)*[709]

Em Portugal, por força do disposto no n.º 1 do artigo 10.º do C. Penal, que consagra em letra de lei a doutrina da causalidade adequada, a conduta do médico só será causal do resultado se for considerada adequada a produzi-lo, segundo o método da prognose póstuma.

Em todo o caso, caberá ao Juiz, com recurso, se necessário, à prova pericial (art.ºs. 151.º e ss. do C. Processo Penal), averiguar se o facto praticado pelo médico foi a causa adequada da morte, da lesão ou do agravamento desta ou da doença pré-existente.

6.ºEm matéria de liberdade de dispor sobre a sua própria vida ou saúde, é dizer da autodeterminação individual, que implica a necessidade do consentimento do paciente, art.ºs 156.º n.º 1 e 157.º do C.P. tal consentimento não é justificante da lesão, (até porque, mesmo sem o consentimento do paciente, o tratamento médico (ou a intervenção cirúrgica) realizado em conformidade com o disposto no art.º 150.º nunca configura, entre nós, o ilícito típico das ofensas corporais), mas antes constitui uma causa de exclusão da própria tipicidade do tratamento do médico ou intervenção cirúrgica arbitrária (acordo: *Einverständniss).*

---

[708] Christiane Hennau-Hublet, *L'Activité Médicale et le Droit Pénal*, 1987, p. 413.

[709] Gianfranco Iadecola, apud Maria de Fátima Galhardas, *Negligência Médica no Código Penal Revisto*. Sub-Judice, n.º 11, p. 163.

356   *Da Responsabilidade Médica em Direito Penal*

7.º Porém, na falta de um dos requisitos do referido art.º 150.º n.º 1, designadamente se o tratamento médico (ou intervenção cirúrgica) for levada a efeito com ofensa das «leis da arte», então o consentimento válido do paciente pode funcionar como causa de exclusão da ilicitude, sujeita, todavia, ao respeito pela cláusula dos bons costumes – art.º 38.º n.º 1 do C. Penal.

8.º Em caso de sobreposição das áreas normativas relativamente aos crimes de recusa de médico (crime formal) e de homicídio ou ofensas à integridade física (crimes materiais) por omissão, nos casos em que o médico seja *garante*, verifica-se apenas um concurso aparente, aplicando--se a pena cominada para o crime de homicídio ou de ofensas corporais (IV. 1.4.1, p. 118-120 e 1.4.3, p. 145).

9.º Em matéria de ilicitude típica e, principalmente, da culpa médica, há-de ter o julgador especial ponderação no que concerne ao conflito entre o dever de esclarecimento (*Aufklärungspflicht*) e o dever de assistência (*Fürsorgepflicht*).

Se é verdade que o ancestral princípio *salus aegroti suprema lex esto* cedeu lugar ao contemporâneo *suprema lex voluntas aegroti esto,* não é menos apodíctico que toda a actividade médica deve ter como eixo estruturante o inarredável princípio hipocrático *primum non nocere*, de modo a que a finalidade precípua de todo o acto médico deva ser a de evitar qualquer prejuízo para o doente.

Assim sendo, o primeiro juiz do equacionamento risco/benefício e da consequente delimitação do conteúdo e da extensão do dever de esclarecimento deverá ser o próprio médico, cabendo-lhe exclusivamente a correcta focagem das situação justificativas do privilégio terapêutico.

10.º Em todo o caso, tais situações deverão ser objectivamente determináveis, não se traduzindo apenas em meras suposições ou impressões psicológicas do médico.

11.º No que concerne às equipas médicas, está a fazer carreira, nos países da Common Law e não só, a doutrina da responsabilização pessoal do chefe da equipa cirúrgica por violação do seu dever de vigilância sobre os elementos da equipa a ele ligados por divisão de trabalho vertical, segundo a *«captain of the ship's doctrine»*[710]

---

[710] Black's Law Dictionary, St. Paul/MInnesota, 1990, apud. Maria de Fátima Galhardas, *Negligência Médica no Código Penal Revisto,* cit. p. 166.

Deste modo, os crimes de ofensas à integridade física e de homicídio cometidos por negligência por um dos elementos da equipa, vinculado ao poder de direcção e de fiscalização do cirurgião que a chefia, são susceptíveis de ser imputados ao próprio chefe de equipa em co-autoria, se se tiver verificado falta notória da vigilância deste.

A doutrina anglo-americana *«captain of the ship's doctrine»* terá como contrapeso o princípio de confiança *(Vertrauensgrundsatz)* que, como se sabe constitui causa de justificação nos crimes negligentes, cabendo ao tribunal encontrar o ponto de equilíbrio entre estes dois princípios aparentemente antitéticos.

12.º O erro médico só é penalmente relevante na medida em que, por via dele, o médico preenche a factualidade típica de um ilícito penal ou seja, na medida em que o erro médico é determinante da realização de um crime.

Sendo assim, não deve o conceito de erro médico cingir-se apenas ao erro de tratamento *(Behandlungsfehler)*, pois relevante é também o erro de diagnóstico que, frequentemente, é causal da falha terapêutica, pois sem correcta identificação da entidade patológica não é possível a adequação do tratamento (IV. 4.5 A), p. 242.

13.º Todavia, haverá que ter em atenção que, como salienta Guy Nicolas *«todo o médico cometeu erros de diagnóstico»,*[711] pelo que, principalmente no domínio deste tipo de erro, a jurisprudência alemã, belga, francesa e inglesa só nos casos de negligência grave ou grosseira (*"faute lourde"*, *"palpabily wrong"*), tem condenado o médico por ofensas corporais ou mesmo homicídio.

Não assim nos casos de *«culpa levis»* ou *«faute légère»,* desde logo pela dificuldade intrínseca de delimitação prática da culpa leve nas causas judiciais relativas ao exercício da medicina, onde campeia o princípio de liberdade terapêutica e, depois, pela própria dificuldade de prova da conexão causal entre tal modalidade de negligência e o resultado material deletério.

14.º A ausência de consentimento informado ou esclarecido do paciente jamais constitui, no nosso ordenamento jurídico-penal, um tipo legal de crime médico contra a integridade física ou a saúde, com acontece na

---

[711] Guy Nicolas, *A Responsabilidade Médica,* cit. p. 29.

358   *Da Responsabilidade Médica em Direito Penal*

generalidade dos países europeus, mas é elemento típico do crime de intervenções e tratamentos médico – cirúrgicos arbitrários, p.p. no art.º 156.º do Código Penal, ressalvada a situação do privilégio terapêutico prevista na parte final do art.º 157.º ou, ainda, nas situações previstas no n.º 2 do art 156.º.

Como última e, talvez, a mais importante conclusão, importa vincar que o desenvolvimento teorético-dogmático e sistemático do Direito Penal relativo à temática da actuação médica (Direito Penal Médico), numa época em que o sucesso terapêutico da células estaminais está cada vez mais próximo, como refere Daniel Serrão, em que a tecnologia genética proclama e promete novos avanços científicos relevantíssimos no campo da saúde humana, numa época, em suma, em que novos e insuspeitados horizontes, com novas e desafiantes perspectivas, se abrem à Medicina dos nossos tempos, não pode nem deve ser visto tal desenvolvimento jurídico, como um contributo para o exercício de um pesado controlo sobre a actividade médica, pois nunca pode ser esse o escopo do Direito e da Justiça nos Estados de Direito democráticos.

Bem pelo contrário, tal desenvolvimento visa precipuamente delimitar, com o rigor e a segurança possíveis, as fronteiras de um terreno defendido pela nossa ordem jurídica em atenção ao sentido altamente humanitário e social da profissão médica e de quantos fazem do seu devotamento ao paciente, o seu mister profissional (art.º 150.º do Código Penal), de molde a evitar incautas incursões em terrenos de areias movediças, de consequências quase sempre indesejáveis.

Para além disso, visa proporcionar a que tem o difícil munus de administrar Justiça, instrumentos adequados para um caminhar seguro em terreno acidentado, com a humildade lúcida de quem quer servir, sem nunca deixar de ser justo.

É tempo de terminar! Num estudo sobre a responsabilidade do médico associada, inevitavelmente, aos seus erros e insucessos, que muitos insistem em apelidar invariavelmente de «*Negligência Médica*», importa dedicar alguma reflexão às palavras lapidares de Eduardo Barroso, por inteiramente ajustadas à realidade, com lucidez e coragem, mas não temeridade:

> «*Tem de haver na nossa sociedade espaço para o insucesso.*
> *Eu continuo a querer tratar doentes muito graves e com poucas chances de sobrevivência sem ter de me preocupar, face ao insucesso muito provável, com futuras acusações de procedimento menos ético de negligência ou mesmo de má prática.*

O abstencionismo terapêutico, hoje tão praticado, é, esse sim, um acto de cobardia e uma falta de ética grave que não pode ser fomentada. As percentagens de sucesso de certas terapêuticas ou intervenções cirúrgicas podem ser reduzidas, mas é preciso tentar praticá-las muitas vezes. Muitos doentes em todo o mundo dito civilizado, com o expoente máximo nos Estados Unidos da América, são hoje abandonados à sua sorte porque os médicos por «razões legítimas» da sua protecção, não têm coragem de enfrentar as suas doenças quase invencíveis. Apenas pelo medo de serem acusados injustamente de comportamentos menos éticos ou mesmo de negligência ou má prática»[712].

---

[712] Eduardo Barroso, *Coragem, Eduardo!* Oficina do Livro, 1999, p. 162.

8. BIBLIOGRAFIA

ALBOR, (Agustin Fernandez) ***Assistencia Médica y Omission del deber de socorro*** *Estudios Penales y Criminologicos, VII, 1984.*

ALBUQUERQUE, (Paulo Sérgio Pinto de) ***O Conceito de Perigo nos crimes de Perigo Concreto*** *Direito e Justiça, vol. VI 1992.*

— ***Introdução à actual discussão sobre o Problema da Culpa em Direito Penal*** *Almedina, Coimbra, 1994.*

ÁLVAREZ, (García Pastora) ***La Puesta en Peligro de la Vida y/o Integridad Física Asumida Voluntariamente por su Titular*** *Tirant lo Blanch, Valencia, 1999.*

ALVES, (Sénio dos Reis) ***Crimes Sexuais, Notas e Comentários aos art.ºs 163.º e 179.º do Código Penal*** *Almedina, Coimbra, 1995.*

AMARAL, (Jorge Pessoa) ***A Responsabilidade Profissional dos Médicos e Enfermeiros*** *Coimbra, 1985.*

AMERICAN COLLEGE OF SURGEONS (AA.VV.) ***Tratamiento Pre y Posoperatorio*** *México, Ed. Interamericana, SA.*

ANDRADE, (José Carlos Vieira de) ***Os Direitos Fundamentais na Constituição Portuguesa de 1976***, *Almedina, Coimbra 1987*

ANDRADE, (Manuel da Costa) ***Consentimento e Acordo em Direito Penal*** *Coimbra Editora 1991 (dissertação de Doutoramento)*

— ***O Consentimento do ofendido no Novo Código Penal*** *in "Para uma Nova Justiça Penal", Coimbra 1983*

— ***Direito Penal e Modernas Técnicas Biomédicas*** *RDE 1986, pag. 99 e segs.*

— ***A Vítima e o Problema Criminal,*** *Coimbra, 1980.*

— ***A "dignidade penal" e a "carência de tutela penal"*** *ano II, 2.º p. 173 e ss.*

— ***"Sobre a Reforma do Código Penal Português"*** *RPCC, Ano 3, 2.º a 4, pag. 427 e ss.*

— ***O Novo Código Penal e a Moderna Criminologia*** *in Jornadas de Direito Criminal, CEJ, Lisboa, 1983.*

— ***Liberdade de Imprensa e Inviolabilidade Penal*** *(Uma Perspectiva Jurídico-Criminal), Coimbra Editora, 1996*

362   *Da Responsabilidade Médica em Direito Penal*

ANTOLISEI, (Francesco) **Manual de Derecho Penal (parte general)** trad. esp. de Manuale di Diritto Penale – parte generale, 8.ª ed. Editorial Temis – Colombia. Bogotá, 1988

— *Manuale di Diritto Penale* parte speciale II – Milano Giuffrè Editore, 1995

ANTÓN, (Tomás S. Vives e Outros) **Comentarios al Código Penal de 1995** *2 vols., Tirant lo Blanch, Comentarios, Valencia, 1996.*

ARIGÓS, (Carlos R) **El Dolor y el Derecho Penal** *Problemas Actuales de las Ciencias Penales y del Filosofia del Derecho, B. Aires, 78-104.*

ASSUNÇÃO (Maria Leonor) **Contributo para a interpretação do art.º 219.º do Código Penal (O crime de omissão de auxílio)** *Studia Iuridica, Universidade de Coimbra Ed. – Coimbra Editora, 1994.*

ASÚA, (L. Jiménez de) **Tratado de Derecho Penal, T. IV** *Ed. Losada, S.A- -Buenos Aires 1961*

BACIGALUPO, (Enrique) **Conducta Precedente y Posición de Garante en el Derecho Penal** *Problemas Actuales de las Ciencias Penales y del Filosofia del Derecho B. Aires, 1970, 105-121.*

BARNI, (Mauro /Amadeo Santosuosso) **Medicina e Diritto (Prospettive e responsabilitá della professione medica oggi)** *Giuffré Editora,Milão 1995*

BARREALES, (María A. Trapero) **Los Elementos Subjetivos en las causas de justificación Y de atipicidad penal** *Ed. Comares, Granada, 2000*

BARREIRO, (Agustín Jorge) **La imprudencia punible en la actividad médico- -quirurgica,** *Tecnos,Madrid, 1990.*

— *Aspectos básicos de la imprudencia punible en la actividad medico- -quirurgica in Estudios Penales Y Criminologicos, XIV, Santiago de Compostela, 1991, pg. 139 ss.*

— **"La relevancia jurídico-penal del consentimiento del paciente en el tratamiento médico-quirúrgico"** *Cuadernos de Politica Criminal, 16 (1982) pg. 5-33.*

BARROS, (António Coelho de) **Sobre os crimes omissivos, em especial o dever de agir nos crimes omissivos impróprios**, *Revista Jurídica, n.º 2, 1983, AAFDL.*

BELEZA, (Teresa Pizarro) **Direito Penal** *2 vols. AAFDL (Lições 79/80) Lisboa*

— **A estrutura da autoria nos crimes de violação do dever-titularidade "versus" domínio do facto?** RPCC, ano II, 3.º, p. 337.

— **Ilicitamente Comparticipando (O Âmbito de Aplicação do art.º 28.º do Código Penal)**, *Sep. do n.º Especial do BFDC, Estudos em homenagem ao Prof. Doutor Eduardo Correia, Coimbra, 1988.*

Beleza, (Teresa Pizarro/ Frederico de Lacerda da Costa Pinto) *O Regime Legal do Erro e as Normas Penais em Branco (Ubi lex distinguit)* *Almedina, Coimbra 1999.*

Benitez *El Exercicio Legitimo del Cargo* Universidad Complutense de Madrid, 1980.

Bettiol, (Giuseppe) *Direito Penal* 4 vols. *Coimbra Editora, I-1970, II--1970, III-1973 e IV-1977.*

— *Culpa do Agente e Certeza do Direito* ROA, ano 38, p. 415.

Brito, (António José dos Santos Lopes de/ José Manuel Subtíl Lopes Rijo *Estudo Jurídico da Eutanásia em Portugal (Direito sobre a Vida ou Direito de Viver)* Almedina, 2000.

Brito, (José de Sousa) *Estudos para a Dogmática do Crime Omissivo* *(dissertação apresentada no Curso Complementar de Ciências Jurídicas da Faculdade de Direito de Lisboa, 1964/85).*

Brito, (Teresa Quintela de) *A Tentativa nos Crimes Comissivos por Omissão: Um Problema de Delimitação da Conduta Típica,* Coimbra Editora, 2000.

Burgoa, (Elena) *A cabeça de Jano e a negligência médica. O caso português* Sub-Judice 13, Julho de 1988, pg. 75.

Caeiro, (Pedro)/Cláudia Santos *Negligência Inconsciente e Pluralidade de Eventos: Tipo de Ilícito Negligente – Unidade Criminosa e Concurso de Crimes- Princípio de Culpa,* RPCC, Ano VI fasc. I p. 127-142.

Calón, (Eugenio Coelho) *Derecho Penal,* 4 vols., Bosch Barcelona, 1980

Carvalho, (A. Taipa de) *Responsabilidade Criminal* Polis vol. V, p. 482.

— *Condicionalidade Sócio-Cultural do Direito Penal* Separata do n.º especial do BFDC, Estudos em homenagem aos Profs. M. Paulo Merêa e G. Braga da Cruz, Coimbra 1985.

— *A Legítima Defesa* dissertação de doutoramento, Coimbra Editora, 1995.

— *Anotações diversas* in Comentário Conimbricense ao Código Penal, organizado sob orientação de Figueiredo Dias, Vols. I e II.

— *Direito Penal – parte geral – volume II (teoria geral do crime)* Publicações Universidade Católica, Porto 2004.

Carvalho, (Neto de) *Direito, Biologia e Sociedades em rápida transformação,* Almedina, Coimbra, 1992.

Carvalho, (Pedro Pitta Cunha Nunes de) *Omissão e dever de agir em Direito Civil* Almedina, Coimbra, 1999

Casabona, (Carlos M. Romeo) *El Medico Ante El Derecho (La responsabilidad penal y civil del medico)* Ed. Min.San. y Consumo, Madrid, 3.ª reimp. 1990

364   *Da Responsabilidade Médica em Direito Penal*

— *El Derecho y La Bioética ante los limites de la vida humana*, Ed. Centro de Estudios Ramón Areces, S.A., Madrid. 1994.

— *El médico y el Derecho Penal I. La actividad curativa (licitud y responsabilidad penal)* Bosch, S.A., Barcelona, 1981.

CASTAÑO, (Elena Núñez) *Responsabilidad Penal en la Empresa*, Tirant lo Blanch, Valencia, 2000

CASTAÑÓN, (José Manuel Paredes) *El riesgo permitido en Derecho Penal*, *(Régimen jurídico-penal de las actividades peligrosas)*, Ministerio de Justicia e Interior, Centro de Publicaciones, Madrid, 1995.

CAVALEIRO DE FERREIRA *Da Participação Criminosa* (Dissertação de Doutoramento), Lisboa, 1934.

— *A Tipicidade na Técnica do Direito Penal*, Lisboa, Imprensa Lucas & C.ª, 1935

— *Direito Penal Português* Parte Geral, I, Verbo, 1982.

— *Lições de Direito Penal (Parte Geral) I (A Lei Penal e a Teoria do Crime no C.P. 1982*) Verbo, 1992

— *Lições de Direito Penal* (Parte Geral) II, Verbo 1989

— *Obra Dispersa I (1933/1954)* Univ. Católica Editora 1996, 1.ª Ed.

CEREZO MIR, (José) *El Consentimiento como causa de exclusión del tipo e como causa de justificación* Estudios de Derecho Penal Y Criminologia, UNED, Madrid, 1990.

— *Curso de Derecho Penal Español (parte general) II* Tecnos, Madrid 1999

CHORÃO (Mário Bigotte) *Temas Fundamentais de Direito* Almedina, Coimbra, 1991

COBO DEL ROSAL,/(Vives Anton) *Derecho Penal, parte general* 5.ª ed. Tirant lo Blanch, Valência, 1995.

CONDE, (Francisco Muñoz), *Teoría general del delito*, 2.ª edc., Tirant lo Blanch, Valencia, 1991

— *Derecho Penal, parte especial*, 12.ª ed. Tirant lo Blanch, Valência, 1999.

— *Do Vivo e do Morto na obra de Armin Kaufmann*, in R.P.C-C., ano II, 2.ª p.269-279.

CONDE, (F. Munõz/M Arán) *Derecho Penal, parte general* Tirant lo Blanch, Valencia, García 2000.

CONSEJO GENERAL DEL PODER JUDICIAL/MINISTERIO DE SANIDAD Y CONSUMO *Responsabilidad del Personal Sanitario* de Coord. Martinez-Martin

CONTRERAS, (Joaquín Cuello) *Culpabilidad e imprudencia* Ministerio de Justicia, Centro de Publicaciones, Madrid, 1990.

Costa, (António Manuel de Almeida) ***Aborto e Direito Penal, algumas considerações a propósito do novo regime de interrupção voluntária da gravidez*** R.O.A. ano 44. p. 545 e ss., 1984

Costa, (José Francisco de Faria) ***O Perigo em Direito Penal,*** (dissertação de Doutoramento)Coimbra, Editora 1992

— ***Direito Penal da Comunicação (alguns escritos)*** Coimbra Editora, 1998.

— ***Omissão(Reflexões em Redor da Omissão Imprópria),*** Bol. Fac. Direito de Coimbra, vol. LXXII, 1996, p. 391/402.

— ***Aspectos Fundamentais da Problemática da Responsabilidade Objectiva no Direito Penal Português***, Estudos em Homenagem ao Prof. Doutor J. J. Teixeira Ribeiro, III, Iuridica, Coimbra, 1983, p.351 a 405.

Correia, (Eduardo) ***Direito Criminal*** *Lições ao Curso do IV ano Jurídico coligidas por Pereira Coelho e Rosado Coutinho, 1949*

— ***Direito Criminal I (reimp. 1997) e II(reimp. 1996)*** *com a col. de J. Figueiredo Dias*

— ***A Doutrina da Culpa na Formação da Personalidade*** *Rev. Dir. Estudos Sociais n.º 1 1945/46 24-35*

Cortés, (Julio Cesar Galán) ***El consentimiento informado del usuario de los servicios sanitarios***, *Colex, 1997*

Coutinho, (Léo Mayer) ***Responsabilidade Ética, Penal e Civil do Médico*** *Brasilia Jurídica, 1997*

Crespi, (Alberto) ***La Responsabilitá Penale nel trattamento medico- -chirurgico con esito infausto*** *G. Priula Editore, Palermo, Itália, 1955.*

— ***La Responsabilité du Médicin*** *Rapport Italien aux Septièmes Journées Juridiques Franco-Italiennes 21-24 Mai 1971, Paris- Périgueux in Revue de Science Criminelle et de Droit Comparé 883-905.*

Cunha, (M.ª da Conceição Ferreira da) ***Constituição e Crime. Uma Perspectiva de Criminalização e Descriminalização.*** *Universidade Católica Editora,1995*

Cunha, (Paulo Ferreira da) ***A Constituição do Crime. Da Substancial Constitucionalidade do Direito Penal***, Coimbra Editora, (Argumentum) 1998.

Cunha, (J. M. Damião da) ***Anotações ao Artigo 285.º,*** *in Comentário Conimbricence do Código Penal, Parte Especial, Tomo II, sob dir. Figueiredo Dias (AA.VV.), Coimbra Editora, ano 1999, p. 1027 a 1034.*

Davies, (Michael) ***Textbook on Medical Law,*** *Blackstone Press Limited, London, 1996.*

DEL CANO (Ana Maria Marcos) *La Eutanásia, Estudio Filosófico-Iurídico,* Marcial Pons, MadridBarcelona, 1999

DEVESA, (Jose Maria Rodriguez/Alfonso Serrano Gomez) *Derecho Penal Español,* 2vols. Dykinson, Madrid,1995.

DIAS, (Augusto Silva) *A relevância jurídico-penal das decisões de consciência,* Almedina, Coimbra, 1986.

DIAS, (João Álvaro) *Procriação Assistida e Responsabilidade Médica* Studia Iuridica, Ed. BFDC – Coimbra Editora, 1996.

— *Responsabilidade, Informação, Consentimento e Confidencialidade* Rev. Port. Dano Corporal, ano III n.º 4 p.9-32

DIAS, (Jorge de Figueiredo) *O Problema da Consciência da Ilicitude em Direito Penal* Coimbra, 1969

— *Liberdade Culpa Direito Penal* 3.ª Ed. Coimbra Editora 1995.

— *O Problema da Ortotanásia – Introdução à sua Consideração Jurídica* in «As Técnicas Modernas de Reanimação, Conceito de Morte, Aspectos Médicos, Teológico-Morais e Jurídicos», Porto, 1973, pag. 29 e segs.

— *Direito Penal,* (Lições Policopiadas com Aditamento) Coimbra, 1975

— *Pressupostos da Punição e Causas que Excluem a Ilicitude e a Culpa,* in "Jornadas de Direito Criminal", CEJ pag. 30 e segs.

— *Direito Penal. A Infracção Penal,* relatório para apreciação nas provas do concurso para Professor Catedrático, Coimbra 1976.

— *A Reforma do Direito Penal Português. Princípios e Orientações Fundamentais* Coimbra, 1972. Sep. do vol. XLVIII do BFDUC.

— *Responsabilidade pelo Resultado e Crimes Preterintencionais* (policopiado) Coimbra, 1961.

— *Dos factos de convicção aos factos de consciência: uma consideração jurídico-penal* Ab uno ad Omnes (75 anos da Coimbra Editora), Coimbra Editora, Coimbra 1998, pg. 663-705.

— *Sobre o estado actual da doutrina do crime,* RPCC Ano I, 1 p. 9--53, e RPCC, Ano II, 1 p. 7-43

— *"A Propósito da "Ingerência" e do Dever de Auxílio nos Crimes de Omissão"* (Anotação ao Acórdão de 28 Abril de 1982 do STJ) in Rev. Leg. Jur. n.ºs 3706 e 3707 p. 23,24 e 52 a 57.

— *Para uma Dogmática do Direito Penal Secundário* Coimbra Editora, 1984.

— *Os Novos Rumos da Política Criminal* ROA, ano 43, Jan a Abril 83.

— *Direito Penal Português (Parte Geral) II, (As Consequências Jurídicas do Crime,* Aequitas, 1993.

— *Direito Penal – Parte Geral – Tomo I (Questões fundamentais, a doutrina geral do crime)*, Coimbra Editora, 2004.

— *Direito Penal, parte geral, Tomo I*, Coimbra Editora, 2004*

DIAS, (Jorge de Figueiredo/ Monteiro, J. Sinde) *Responsabilidade Médica em Portugal* BMJ 332, Lisboa, 1984.

DIAS, (Jorge de Figueiredo e Andrade, (Manuel da Costa) *Direito Penal. Questões Fundamentais. A Doutrina Geral do Crime. (Fascículos em curso de publicação) Faculdade de Direito de Coimbra, 1996*

DIAS, (Jorge de Figueiredo e vários Col) *Comentário Conimbricense do Código Penal. Parte especial, T. 1 e T. 2 Coimbra Editora 1998 e 1999.*

DIEZ, (Fabiana) *Responsabilidad del Anestesista* in Responsabilidad Profesional 3 (AA.VV.), sob direcção de Carlos Alberto Ghersi, Editorial Astrea, Buenos Aires, Argentina, 1996.

DOHNA, (Alexander Graaf zu) *La ilicitud como caracteristica general en el contenido de las acciones punibles. Contribución á la doctrina juridico-penal general, México, 1959.*

DOLCINI, (Emilio/ Giorgio Marinucci) *Constituição e escolha dos bens jurídicos*, RPCC, Ano IV, 2, 151-197.

DUARTE, (Joaquim Cardoso) *Responsabilidade*, Polis, vol. V

ESER, (Albin) *Entre la santidad y calidad de vida.* Anuario de Derecho Penal y Ciencias Penales. 1984, pg. 749

— *Problemas de Justificación y Exculpación en la Actividad Médica*, Avances de la Medicina y Derecho Penal (AA.VV.), PPU, Barcelona, 1988.

ESER, (Albin/Björn Burkhardt) *Derecho Penal. Cuestiones Fundamentales de la Teoria del Delito sobre la base de casos de sentencias Colex,* Madrid, 1995.

FAIVRE, (Yvonne Lambert) *Droit du Dommage Corporel, Systèmes d'indemnisation* 3.ª ed. 1996, Dalloz

FARIA, (Maria Paula Bonifácio Ribeiro de) *Aspectos Jurídico-Penais dos Transplantes, Dissertação de Mestrado.* U. Católica Portuguesa-Editora, Porto, 1995.

— *Anotações aos art.ºs 143.º a 148.º do C. Penal in Comentário Conimbricense do C. Penal. Parte especial, T.1 Coimbra Editora,* 1998.

FARRAJOLI (Luigi) *Diritto e ragione (teoria del garantismo penale) trad. esp. P Ibañez e outros "Derecho Y Razón" Ed. Trotta, S.A., Madrid* 1995.

FERNANDES, (Arinda) *Crimes Médicos U. Federal do Rio de Janeiro, Fac. Direito, 1982.*

FERNANDEZ, (Miguel Bajo) *La intervención médica contra la voluntad del paciente (A propósito del auto de la Sala Segunda del Tribunal Supremo de 14 Marzo de 1979) Anuario de Derecho y Ciencias Penales, Enero/Abril 1979, T.32, 1*

— *"Agressión Médica y Consentimiento del Paciente"* in *Cuardernos de Politica Criminal n.º 25, 1985.*

FERREIRA, (Faustino) *A Medicina Interna e o Futuro, in Rev. Ordem do Médicos, Ano 14 (Junho de 1998), n.º 6, p. 14-18.*

FRAGOSO, (Fernanda Maria Pombo)* *O Consentimento Informado para efeitos de Tratamentos e Intervenções Médico – Cirúrgicas (estudo não publicado, gentilmente cedido pela Autora)*

FROGÉ, (Ettienne) *Anesthésie et Responsabilité Masson, Paris, 1972.*

GALHARDAS, (M.ª de Fátima) *Negligência Médica no Código Penal Revisto in "Sub Judice" 11 – 1996 pag. 163*

GASPAR, (António Silva Henriques) *A Responsabilidade Civil do Médico Colectânea de Jurisprudência, ano III, 1978, Tomo 1, p. 335-355.*

GAYLIN, (Willard e Outros) *Os Médicos não devem matar in Eutanásia, As Questões Morais, Org. Robert M. Baird e Stuart E. Rosenbaum, Bertrand, 1997*

GIMBERNAT ORDEIG, (Enrique) *Tiene un futuro la dogmatica juridicopenal? Estudios de Derecho Penal, Madrid, Civitas 1976, p. 57-82.*

— *Sobre los Conceptos de Omisión y de Comportamiento Anuario del Derecho Penal, 1987, 579e ss.*

GIUSTI, (Giusto) *Trattato di Medicina Legale e Scienze Affini, Vols. I e V, Cedam, Padova, 1998.*

GÓMEZ DE LA TORRE (Ignacio Berdugo/L.Arroyo Zapatero, Nicolas Rios, F Olivé, José Piedecasas) *Lecciones de Derecho Penal, parte general, II Ed.,* Ed. Praxis, Barcelona, 1999.

GOMEZ, (Juan Jose Carrasco) *Responsabilidad Medica Y Psiquiatria Colex, 1990*

GÓMEZ RIVERO, (Maria del Carmen)* *La Responsabilidad Penal del Médico Tirant Lo Blanch, Valência, 2003*

GOUVEIA, (Aires) *Culpa Polis vol. I*

GUIMARÃES, (Ana Paula) *Alguns Problemas Jurídico-Criminais da Procriação Medicamente Assistida Coimbra Editora, 1999.*

GUIMARÃES, (Elina) *Dos Crimes Culposos Lisboa 1930*

HABERMAS, (Jürgen) *Direito e Moral, 1986, publicado em Portugal pelo Instituto Piaget, em 1998*

Bibliografia 369

HARICHAUX, M. *Les Fautes Contre L'Humanisme* Paris, 1993.

HARRISON *Harrison's Principies of Internal Medicine* 14 edition (ed. portuguesa "Medicina Interna-Compendio"), Editora McGraw-Hill de Portugal, Ld.ª, 1999.

HASSEMER, (Winfried) *Fundamentos del Derecho Penal*, (trad. cast. de Muñoz Conde Y L. Zapatero), Bosch, Barcelona, 1984.

— *Persona, Mundo Y Responsabilidad* (Bases para una teoría de la imputación en Derecho Penal), Tirant lo Blanch, alternativa, Valencia, 1999.

HENNAU-HUBLET (Christiane) *L'Activité Médicale et le Droit Pénal,* Bruylant, Bruxelles, 1987.

HIERRO, (Jose Manuel Fernández) *Sistema de responsabilidade medica 2.ª* ed., Comares, Granada, 1998

HUERTA, (Mariano Jiménez) *Los Transplantes de Corazón y la Tutela Penal del Bien Juridico de la Vida* Problemas Actuales de las Ciencias Penales y del Filosofía del Derecho, B. Aires 1970, 525--538.

JAKOBS, (Günther) *Derecho Penal, parte general – Fundamentos y teoria de imputación*, trad. de Cuello Contreras e de G. de Murillo Marcial Pons, Madrid, 1995 do alemão "Strafrecht Allgemeiner Teil. Die Grundlagen und die Zurechnungslehre"

— *Suicidio, Eutanasia y Derecho penal*, Tirant lo Blanch, Valencia, 1999.

JESCHEK, (Hans-Heinrich) *Tratado de Derecho Penal*, trad. de S. Mir Puig e Muñoz Conde 2 vols Bosch, Barcelona, 1981(Titulo original: Lehrbuch des Strafrechts)

JUNG, (Heike) *Introduction au Droit Médical Allemand,* in Revue de Science Criminelle et de Droit Pénal Comparé, 1996, Sirey.

KAMPS, H. *Ärztliche Arbeitsteilung und Strafrechtliches Fahrlässigkeitdelikte*, 1981.

LAMERCHE, (Lucie/Boisset Pierre) *Les Droits de la personne et les enjeux de la médicine moderne,* Presses Universitaires, Laval, 1996.

LAUFS/(Uhlenbruck) *Handbuch des Arztrechts*, München, 1992.

LEFLAR, (Robert B) *The Cautious Acceptance of Informed Consent in Japan,* Medicine and Law,vol. XVI – 4, 1997

LIMA, (Madalena) *Transplantes Relevância Jurídico-Penal (Legislação actual),* Almedina

LISZT, (Franz von) *Lehrbuch des deutschen Strafrechts*, trad. esp. de Jiménez Asúa "Tratado de Derecho Penal" T2 Ed. Reus, Madrid, 1999

370   Da Responsabilidade Médica em Direito Penal

LOUREIRO, (J. Carlos Simões Gonçalves) *Transplantações: Um Olhar Constitucional*, Argumentum, C. Editora 1995
— *Recensão sobre a obra, La cessation de traitement au carrefour du droit et de la medicine – Cowaw (Quebec) Les Editions Yvon Blais, Inc. 1990*, BFDUC, LXVIII, 465 ss.
LOPES (José Mouraz) *Os Crimes contra a Liberdade e Autodeterminação Sexual no Código Penal*, 2.ª Ed., Coimbra Editora- 1998.
LOPEZ (Angel Torío) *Reflexión critica sobre el problema de la eutanasia* in Estudios Penales Y Criminologicos XIV, Santiago de Compostela, 1991-pg. 219 ss.
— *El conocimiento de la antijuricidad en el delito culposo* in Anuario de Derecho Penal y Ciencias Penales, Tomo XXXIII, fasc. 1, 79-92.
— *Sobre los Limites de la Ejecución por Imprudencia* Anuario de Derecho Penal y Ciencias Penales, Tomo XXV fasc. I, 53-88
LÜTTGER, (Hans) *Medicina Y Derecho Penal*. Serv. Pub. Instituto de Criminologia, Madrid, 1984
MACHADO, (Miguel Nuno Pedrosa) *Circunstâncias das infracções e sistema do Direito Penal Português (Ensaio de Introdução Geral)* dissertação de Mestrado, Lisboa, 1989.
— *Nótula sobre a relação de concurso ideal entre burla e falsificação*, Direito e Justiça vol. IX, T. 1, 1995.
— *Formas do Crime (textos diversos)*, Principia, Cascais 1998.
MAGALHÃES, (José Calvet de) *Responsabilidade Penal do Médico(em caso de morte do doente)*, Arménio Amado, Coimbra, 1945
MAGALHÃES, (Teresa) *Estudo Tridimensional do Dano Corporal: Lesão, Função e Situação"*, Almedina Coimbra, 1998.
MALICIER, D/(A. Miras, Feuglet, P. Faivre) *La responsabilité médicale. Données Actuelles*. Ed. Lacassagne, Lyon, 1992.
MARTINEZ, (Luis/ Calcerrada y Gómez) *La Responsabilidad Civil Medico-Sanitaria* Martins,(António Carvalho) *Bioética e Diagnóstico Pré-Natal*. Coimbra Editora, 1996
MAURACH, (Reinhart/ Heinz Gössel e Heinz Zipf) *Strafrecht Allgemeiner Teil. Teilband 2* trad. esp. de Genzsch e E. Donna "Derecho Penal, parte general II" Astrea, B. Aires 1995.
MELO, (A. Barbosa de) *Democracia e Utopia*, Almedina,1980
MÉMETEAU, (Gérard) *Droit Médicale*, Paris, Ed. Litec, 1986
MÉNARD, (Jean -Pierre /Denise Martin) *La responsabilité médicale pour la faute d'autrui*, Ed. Yvon Blais Inc, Canadá, 1992
MERLE, (Roger/André Vitu) *Traité de Droit Criminel* Tomo I, 7.ª ed. Cujas, Paris, 1997.

Mezger, (Edmond) *A Culpa no Moderno Direito Penal*, BFDC XXXII, 1956, 196

Mir Puig (Santiago) **Bien Juridico Y bien juridico-penal como limites del jus puniendi** *in Estudios Penales Y Criminologicos XIV, pg. 205 ss. Santiago do Compostela, 1991.*

Miranda, (Jorge) **Ética Médica e Constituição"**, *Rev. Jurídica n.ᵒˢ 16/17 Julho 91/Jan 92*

Miranda, (Jorge/ Miguel Pedrosa Machado) **Constitucionalidade da Protecção Penal dos Direitos de Autor e da Propriedade Industrial**, Publicações D. Quixote, 1995, Lisboa.

Moderne, (Franck) **La Dignité de la Personne dans la Constitution Portugaise et Française** *in Perspectivas Constitucionais. Nos 20 anos da Constituição de 1976, vol. I. Coimbra Editora.*

Molinario, (Alfredo **Los Delitos** *(texto actualizado por E. Obarrio) TEA, Buenos Aires J) 1996.*

Moncada, (Hugo Cabral **O Problema do «Consentimento do Ofendido»em Direito Criminal.** *Tese de licenciatura, Coimbra, 1942.*

Monteiro, (Henrique Salinas) **A Comparticipação em Crimes Especiais no Código Penal**, *U. Católica Editora, Lisboa 1999.*

Monteiro (Jorge Ferreira Sinde) **Responsabilidade por Conselhos, Recomendações ou Informações**, *dissertação de Doutoramento, Teses, Almedina, Coimbra, 1989.*

Monzein, (Paul) **La Responsabilité du Médicin**- *Rapport Français aux Septièmes Journnés Juridiques Franco Italiennes 21-24Mai 1971, Paris-Perigueux in Revue de Science Criminelle et de Droit Pénal Compoaré, 1971, n.º 4, p. 861-882.*

Moraes, (Irany Novah) **Erro Médico e a Lei**, *4.ª edic. Légus, S. Paulo, Brasil 1998*

Murillo, (José Luis Serrano González de) **Teoria del delito imprudente (Doctrina general y Regulación legal)**, *Ministerio de Justicia, Centro de Publicaciones, Madrid. 1991.*

Nasser, Seyed Mohsen **L'Influence du Consentement de la Victime sur la Responsabilité Pénale**. *Université de Grenoble, 1933.*

Natscheradetz, (Karl Prelhaz) **O Direito Penal Sexual. Conteúdo e Limites,** *Almedina, 1985.*

Negrão, (Maria do Céu Rueff de Saro) **Sobre a omissão impura no actual Código Penal Português e em especial sobre a fonte do dever que obriga a evitar o resultado**, *in RMP, ano 7.º, n.ᵒˢ 25 e 26.*

Neto, (Miguel Kfouri) **Responsabilidade Civil do Médico** *2.ª edic. Ed. Revista dos Tribunais, S. Paulo, Brasil 1996*

NEVES, (António Castanheira), *O princípio da legalidade criminal*, in "Digesta", Coimbra Editora, Coimbra 1995, pg. 349 e ss.
— *Pessoa, Direito e Responsabilidade* RPCC VI, fasc. I p. 9-43.
NICOLAS, (Guy) *Lá Responsabilité Médicale* (trad. por. A Responsabilidade Médica, Instituto Piaget, Lisboa, 1999)
NIESE, (Werner)* *Ein Beitrag zur Lehre vom ärztlichen Heileingriff* publicado in Festschrift für Eb. Schmidt (zum. 70. Geburtstag), Vandenhoeck & Ruprecht, Göttingen, 1961, pg. 364-382
NYS, (Herman) *La médicine et le droit*, Kluwer, Ed. Juridiques, Belgique, 1995.
OLIVEIRA, (Edmundo) *Deontologia, Erro Médico e Direito Penal* Forense, Rio de Janeiro, 1998
OLIVEIRA, (Filomena J. Marques de) *A Tentativa Inidónea no actual Código Penal*, L. Petrony, Lisboa 1991.
OLIVEIRA, (Guilherme Freire Falcão de) *Mãe há só uma/duas*, Coimbra Editora, Argumentum, 1992
— *O Fim da "Arte Silenciosa"* (*O dever de informação dos médicos*) R.L.J. ano 128, (1995) p. 70-72, 101-104.
— *Aspectos Juridicos da Procriação Assistida*, R.O.A., ano 49, Dezembro 1989.
— *Estrutura Jurídica do Acto Médico, Consentimento Informado e Responsabilidade Médica*, R.L.J. 3815, ano Também em Temas de Direito da Medicina 1, Coimbra Editora, 1999, p. 59-72.
— *O Direito do Diagnóstico Pré-Natal*, R.L.J., ano 132, 1999, p. 6--13. Também em Temas de Direito da Medicina 1, Coimbra Editora, 1999, p. 203-223.
PACIORNIK, (Moyses) *Essa não incomoda mais ninguém.* Femina – Revista da Federação Brasileira das Sociedades de Ginecologia e Obstetrícia, Janeiro 82, vol. 10, n.º 1
PALMA, (Maria Fernanda) *Direito Penal, parte especial* (Crimes contra as Pessoas), Sumários desenvolvidos das aulas proferidas ao 5.º ano de opção jurídicas, 1982/83, ed. polido. (fascículos) AAFDL.
— *Constituição e Direito Penal* (As *Questões Inevitáveis*), 20 anos da Constituição, II vol. 1997, p. 227 a 237.
— *A Teoria do Crime como Teoria da Decisão Penal* (Reflexção sobre o Método e o Ensino do Direito Penal), Revista Portuguesa de Ciência Criminal, ano 9 Fasc. 4.º p. 523 a 603.
PALMA, (Maria Fernanda(coord) e Outros). *Casos Imateriais de Direito Penal*, (AA. VV.) Almedina, 2000

PALOS, (Fernando Diáz) *Culpabilidad juridico-penal Nueva Enciclopedia Juridica, T. VI, Barcelona, 1954, 128-152.*

PANASCO, (Wanderly Lacerda) *A responsabilidade civil, penal e ética dos médicos, Rio de Janeiro, Forense, 2.ª edic., 1984*

PAVÓN, (Pilar Gómez) *Tratamientos medicos: su responsabilidad penal y civil" Ed. Bosch, Barcelona 1997*

PEÑA, (Diego Manuel Luzón) *Curso de Derecho Penal, Parte General 1, Ed. Universitas, Madrid, 1996.*

— *Estado de necessidad y intervención medica (o funcionarial, o de terceros) en casos de huelga de hambre, intentos de suicidio y de autolesion. Algunas tesis. In Revista de Estudios Penitenciarios n.º 238, 1987 (tb. in Avances de la Medicina y Derecho Penal, PPU, Barcelona, 1988).*

PENNEAU, (Jean) *La responsabilité du médecin, 2.ª edition, Dalloz, 1996*

— *Faute et erreur en matière de responsabilité medicale, Libr. Gen de Droit et Jurisprudence, Paris 1973.*

— *La responsabilité médicale, Toulouse, Editions Sirey, 1977*

PEREIRA, (José António Teles) *As Novas Liberdades Sub Judice, n.º XI, 1996, p. 73 ss.*

PEREIRA (Rui Carlos) *O Dolo de Perigo, Lex, Lisboa, 1995*

— *Crimes de Mera Actividade,* Revista Jurídica, AAFDL, n.º 1 (Out//Dez82) pg. 7 a 53.

— *Justificação do facto e erro em Direito Penal, in Jornadas de Homenagem ao Prof. Doutor Cavaleiro de Ferreira, Separata da Revista da Faculdade de Direito da Universidade de Lisboa, 1995, pg. 25 e ss.*

— *O Consentimento do Ofendido e as Intervenções e Tratamentos Médico-Cirúrgicos Arbitrários in Introdução ao Estudo da Medicina Legal, vol. I de Lesseps Reys/Rui Pereira, AAFDL, 1990 pag. 21-39.*

— *Liberdade Sexual. A sua Tutela na Reforma do Código Penal, Sub Judice n.º XI, 1996, p. 41ss.*

— *Os Crimes Contra a Integridade Física na Revisão do Código Penal in Jornadas sobre a Revisão do Código Penal, (AA.VV.) Org. por Fernada Palma e Teresa Beleza, Ed. AAFDL, 1998.*

PÉREZ, (Sergio Yáñez) *Renforcement de la Responsabilité professionnelle par le Droit Pénal? in Responsabilité Pénale et Responsabilité Civile des Professionnels – Actualité et Avenir des Notions de Négligence et de Risque, 22.º Colloque de Droit Européen, Conselho de Europa (AA.VV.) La Laguna, 17-19, Novembro, 1992, p. 40-63.*

PINA, (J. A. Esperança) *A Responsabilidade dos Médicos*, *LIDEL, Ed. Técnicas, 1994.*

PITA, (M.ª del Mar Díaz) *El dolo eventual, Tirant lo Blanch, Valencia, 1994*

PINTO, (Frederico Lacerda da Costa) *Relevância da desistência em situações de comparticipação, Almedina, Coimbra 1992.*

— *Desistência de um comparticipante e imputação do facto cometido, RPCC, ano 7, 1997.*

— *O Iílicito de mera ordenação social e a erosão do princípio da subsidiariedade da intervenção penal in RPCC, 7 (1997) pg. 77.*

PLANTÉ *The Decline of Informed Consent in 35 Wasch Law Review, 1978, pag. 91.*

POMMEROL, (Adrien) *La Responsabilité Médicale devant les Tribunaux, Paris 1931*

Powers, (Michael/Nigel Harris) *Medical Negligence, Butterworths, London and Edinburgh, 1990.*

PRADEL (Jean) *Droit Pénal Géneral 11 ième ed. Cujas, Paris, 1996.*

PUIG, (Santiago Mir) *Derecho Penal Parte General, 4.ª ed. Barcelona 1996*

— *Problemas Juridico Penales del Sida Bosch, Barcelona, 1993.*

QUIROGA, (Jacobo Lopez Barja de) *El Consentimiento Informado. Cuadernos de Politica Criminal n.º 56, 1995.*

RABINOVICH-BERKMAN, (Ricardo D.) *Responsabilidad del Médico, Aspectos Civiles, Penales y Procesales, ASTREA, Buenos Aires, 1999.*

RADBRUCH, (Gustav) *Filosofia do Direito II, 1953*

REGAÑON (Díaz Calixto/ Garcia Alcalé) *El regimen de la prueba en la responsabilidad civil medica, Aranzadi, 1996*

REYS, (Lesseps Lourenço e Rui Pereira) *Introdução ao estudo de Medicina Legal vol. I, A.A.F.D.L., 1990*

RIPOLLES, (A. Quintano) *Derecho Penal de la Culpa (Imprudencia) Ed. Bosch, Barcelona 1958.*

— *Autoría Penal, Nueva Enciclopédia Juridica, Tomo III, p. 145, Barcelona 1951.*

— *Culpa Penal, Nueva Enciclopédia Juridica, Tomo IV, pag. 117, Barcelona 1954.*

— *Relevancia del Consentimiento de la Víctima en Matéria Penal in Anuario de Derecho Penal y Ciencias Penales, 1950, pag. 21-32.*

RIPOLLES, (Jose Luis Diez) *Los elementos subjetivos del delito. Bases metodológicas. Tirant lo Blanch, Valencia 1990.*

— *La Huelga de Hambre en el Ambito Penitenciario, Cuadernos de Politica Criminal, 30, Madrid, 1986*

ROBERT, (Jacques-Henry) *Droit Penal Géneral, 4eme Edition, PUF, 1988.*
ROBERTSON, (G) *Informed Consent to Medical Treatment, (1981) 97, LQR, 102.*
ROCHA, (Manuel António Lopes) *A Responsabilidade Penal das Pessoas Colectivas (Novas Perspectivas)*, Direito Penal Económico,(AA.VV:) CEJ,Coimbra, 1985, p. 107- e ss.
RODRIGUES, (Álvaro da Cunha Gomes) *Reflexões em torno da responsabilidade cível dos médicos* Direito e Justiça, vol. XIV, Tomo 3
RODRIGUES, (Anabela Miranda) *Temas Fundamentais da Execução Penal,* in Revista Brasileira de Ciencias Criminais, Ano VI, n.º 24 (Out/ /Dez98) 11-37, S. Paulo, Brasil.
— *A Posição Jurídica do Recluso na Execução da Pena Privativa de Liberdade (seu fundamento e âmbito)*, Coimbra, 1982.
— *Novo Olhar sobre a Questão Penitenciária (Estatuto Jurídico do Recluso e Socialização. Jurisdicionalização, Consensualismo e Prisão)* C. Editora, 2000.
RODRIGUES, (Marta Felino) *A Teoria Penal de Omissão e a Revisão Crítica de Jakobs,* Almedina, 2000
RODRIGUEZ, (J. Manuel Martinez Pereda) *La Responsabilidad penal del médico y del sanitario. 3.ª Ed. Colex, 1997.*
— *La responsabilidad civil y penal del médico y del anestesista,* Comares, Granada, 1995.
ROXIN, (Claus/Günther Arzt, Klaus Tiedemann) *Introducción al Derecho Penal Y al Derecho Penal Procesal,* Ariel, Derecho, Barcelona,1989
ROXIN, (Claus) *Culpa e Responsabilidade (Questões Fundamentais da Teoria da Responsabilidade)*, trad. de M.ª C. Valdágua, in RPCC, ano I, 4.º p. 503 a 541.
— *Strafrecht. Allgemeiner Teil, Band I: Grundlagen. Der Aufbau der Verbrechenlehre (trad. esp. "Derecho Penal-Parte General. T. I-Fundamentos. La estructura del delito" de Luzón Peña).*
— *Über die Einwilligung im Strafrecht,* Estudos em homenagem ao Prof. Eduardo Correia, vol. III, pág. 397 ss.
— *Problemas Fundamentais de Direito Penal,* 3.edição, Vega/Universidade, 1998.(trad. do alemão "Strafrechtliche Grundlagenprobleme")
— *"Schuld" und "Verantwortlichkeit" als Strafrechtliche Systemkategorien im Grundlagen des gesamten Strafrechtwissenchaft,* Berlim. New York 1973.
— *Acerca da Problemática do Direito Penal da Culpa* Conf. proferida na F.D.Coimbra em 11Abril 1983 pub. no BFDC vol. LIX (1983) 1--29.

376   *Da Responsabilidade Médica em Direito Penal*

— **Sobre la Autoria Y Participación en el Derecho Penal** *In Problemas Actuales de las Ciencias Penales Y de Filosofia del Derecho (Homenage al Prof. Jiménez de Asúa, Ed. Panadille, B. Aires 55--70 (trad. de E. Bacigalupo).*

— **Strafrecht und Strafrechtform** (excerto) *in Das Ficher Lexikon, Recht 3.ª ed. pp. 229-246, trad. da Doutora Teresa Beleza sob o título "Teoria da Infracção" in Textos de Direito Penal, AAFDL 1983/84.*

— **Culpabilidad Y Prevencion en Derecho Penal** *trad. de Muñoz Conde, Reus S.A., Madrid, 1981.*

— **Autoría y Dominio del Hecho en Derecho Penal**, *7.º ed., Marcial Pons, Madrid, 2000.*

Royo-Villanoxa **La Responsabilidad Profesional del médico** *Madrid 1958*

Sá, (Fernando Oliveira) **Clínica Médico-Legal da Reparação do Dano Corporal em Direito Civil,** *APADAC, 1992*

Sainz-Cantero (Jose Antonio) **El desenvolvimiento historico-dogmatico del principio de no exigibilidad,** *in Anuario de Derecho Penal Y Ciencias Penales, Tomo XII, fasc. III.*

Sala, (Paolo della) **La Responsabilitá Professionale Medicina e Diritto,** *Giufré, Milão 1995, p. 369.*

Sánchez, (Jesús-María Silva) **La Responsabilidad Penal del Medico por Omisión** *in Avances de la Medicina y Derecho Penal (AA.VV.), Barcelona, 1988.*

— **Medicinas Alternativas e Imprudencia Médica.** *JM Bosch Editor, Barcelona, 1999.*

Santos, (J. Beleza dos) **Lições sobre a Culpa,** *Apontamentos das lições ao 5.º ano Jurídico 1940/41, por M.Castro e F. Seabra*

— **Lições de Direito Criminal,** *lições policopiadas col. por S. Magalhães e Correia das Neves, 1955.*

— **Lições de Direito Penal (Causas de Justificação do Facto)** *Apontamentos coligidos por Maria de Nazareth Lobato Guimarães, Coimbra 1946*

Savatier, (René) **La Responsabilité Medicale** *Paris 1948*

Schmidt, (Eberhard) **Der Arzt im Strafrecht,** *Leipzig, 1939*

— **El médico en el Derecho Penal,** *in Manual de Medicina Legal de Albert Ponsold, Ed. Cientifico Médica, Madrid, 1955*

Schünemann, (Bernd) **Insuffisances du concept classique de la responsabilité pénale pour faute dans la societé contemporaine: Tendences nouvelles et perspectives**, *in "Responsabilité pénale et responsabilité* *civile des professionnels-actualité et avenir des notions de négligence et de risque", Conseil d'Europe, (AA.VV.), La Laguna 17-19 Nov. 92.*

— ***Las regras de la técnica en Derecho penal**, in Anuario Derecho Penal Y Ciencias Penales, 1994, tomo XLVII, fasciculo III, pg. 307 a 341.*

SERRA (Teresa) ***Problemática do Erro sobre a Ilicitude**, Almedina, Coimbra, 1985, reimp. 1991.*

— ***Os Crimes de Homicidio na Revisão do Código Penal** in Jornadas sobre a Revisão do Código Penal (A.A.V.V.), Org. por Fernanda Palma e Teresa Beleza, AAFDL, 1998.*

SILVA, (Paula Martinho da) ***Convenção dos Direitos do Homem e da Biomedicina, Anotada**, Cosmos, Lisboa 1997.*

SILVA SÁNCHEZ, (Jesús- María) ***La responsabilidad penal del medico por omisión,** in Avances de la Medicina Y Derecho Penal (AA.VV), PPU, Barcelona, 1988.*

BOSCH, ***Medicinas Alternativas e Imprudencia Médica**, J. M. Editor, Barcelona, 1999.*

SILVA, (Germano Marques da) ***Direito Penal Português,** Parte Geral – vol. I 1997 e vol. II – 1998 – Ed. Verbo, Lisboa.*

— ***Da Tutela dos Direitos/da Acção Directa,** Revista da Ordem dos Advogados Ano 33 (1973)*

— ***Crimes Rodoviários/Pena Acessória e Medidas de Segurança,** U. Católica Editora, Lisboa – 1996.*

— ***Regime Jurídico-Penal dos Cheques sem Provisão** Lisboa – 1997.*

SILVEIRA, (Maria Manuela Valadão) ***Sobre o Crime de Incitamento ou Ajuda ao Suicídio** 2.ª Ed. AAFDL – Lisboa 1997*

— ***A Participação no Suicídio e a Criminalização da Propagando do Suicídio na Revisão do Código Penal** in Jornadas sobre a revisão do Código Penal (A.A.V.V.), Org. por Fernanda Palma e Teresa Beleza, AAFDL, 1998.*

SOUSA, (J. Germano de) ***Negligência e Erro Médico**, in Bol. Ordem dos Advogados n.º 6/99, 12-14.*

SOUSA BRITO, (José de) ***Sentido e Valor da Análise do Crime** in Textos de Direito Penal, AAFDL, Tomo I, pag. 65-125, 1983/84.*

— ***Para Fundamentação do Direito Criminal** in Textos de Direito Penal, AAFDL, Tomo I, pag. 127-233, 1983/84*

SOUSA, (Marcelo Rebelo de/Sofia Galvão) ***Introdução ao Estudo do Direito,** Publicações Europa América, Mem Martins, 1991.*

STRATENWERTH, (Günter) ***Strafrecht, Allgemeiner Teil I. Die Straftat** 1976 (trad. esp. de Gladys Romero, Instituto de Criminologia de Madrid)*

378   *Da Responsabilidade Médica em Direito Penal*

sob o titulo *"Derecho Penal. Parte General I. El hecho punible".
Edersa, Madrid, 1982.*

Surós (J.) **Semiologia Medica Y Tecnica Exploratoria** *Salvat Editores
S.B., 4.ª edición, Madrid.*

Tavares, (Juarez)* **Alguns aspectos da estrutura dos crimes omissivos**
RBCC, Ano 4, n.º 15 (Julho – Setembro), 1996, pág. 125-157

Torneau, (Philippe le/ Loïc Cadiet) **Droit de La Responsabilité,** *Dalloz
Action*

Urrutia, (Gustavo A. /Deborah/Aníbal) **Responsabilidad del Equipo
Quirúrgica. Limites de la Responsabilidad** *Revista Argentina de
Quirúrgica, B. Aires 1993 vol. 65-66.*

Veron, M **La Responsabilité Pénale en Matière Médicale,** *Paris, 1994.*

Veiga, (Raul Soares da) **Sobre o consentimento desconhecido (Elementos
de Direito Português antigo e de Direito Estrangeiro)** *RPCC, ano
1, 1991, T. 3*

Veloso, (José António Cardoso) **Erro em Direito Penal,** *Lisboa, 1993*

Ulsenheimer, (Klaus)* **Arzstrafrecht in der Praxis** *C.F. Müller Verlag,
1998, Heidelberg*

Wanzer, (Sidney H. e Outros) **A Responsabilidade do Médico para com
os Doentes em Estado Desesperado: Um Segundo Olhar,** *in Eutanásia, As Questões Morais, Org. Robert M. Baird e Stuart E.
Rosenbaum, Bertrand 1997.*

Welzel, (Hans) **Das deutsche Strafrecht**, *11.ª Ed. 1969 (trad. Esp.
"Derecho Penal Alemán" de J. Ramírez e Sergio Perez) – Ed.
Jurídica de Chile, 1997.*

Wicker, (Christine) **Condenado a viver,** *in Eutanásia, As Questões Morais,
Org. Robert M. Baird e Stuart E. Rosenbaum, Bertrand, 1997*

---

* *Obras utilizadas para a actualização da presente obra após a discussão da
tese*

9. ÍNDICE

1. Introdução	11
2. Da Responsabilidade Médica em Geral	21
2.1. A Responsabilidade Médica em 3 Planos de Refracção Jurídica; Civil, Disciplinar e Criminal	21
2.1.1. Responsabilidade Civil	25
2.1.2. Responsabilidade Disciplinar	27
2.1.3. Responsabilidade Criminal	29
2.2. Os *"Topoi"* Fundamentais para a Teoria da Responsabilidade Criminal do Médico	30
2.2.1. Diagnóstico Clínico	31
2.2.2. Prognóstico Clínico	37
2.2.3. Dever de Esclarecimento *(Aufklärungspflicht)*	38
2.2.4. Tratamento Médico Curativo *(Ärztliche Behandlung)*	44
2.2.5. Dever de Assistência *(Fürsorgepflicht)*	50
2.2.6. *"Leges Artis"* Um Tópico Fundamental da Responsabilidade Médica	53
3. Relevo da Dicotomia Civilística *"Obrigações de Meios/Obrigações de Resultado"* no Plano da Responsabilidade Jurídico--Criminal do Médico	61
4. Pressupostos Sistemáticos da Responsabilidade Criminal do Médico	67
4.1. Acção Delituosa *(nullum crimen sine actione)*	70
4.1.1. Em Torno da Conduta Activa Criminal	70
4.1.2. Breve Excurso sobre a Questão da Compatibilidade da Tentativa com o Dolo Eventual	82
4.1.3. Considerações sobre o Relevo da Omissão em Direito Penal	96
4.1.3.1. Generalidades	96
4.1.3.2. A Problemática da Equiparação da Omissão à Acção nos Crimes Omissi vos Impróprios	106
4.1.3.3. Circunlóquio em Torno da Figura de "Garante"	122

380 Da Responsabilidade Médica em Direito Penal

4.1.4. O Médico e o Ilícito Penal Omissivo 129
    4.1.4.1. A Especial Posição de "Garante" do Médico ... 129
    4.1.4.2. O Médico Omitente na Perspectiva de Jakobs . 148
    4.1.4.3. Recusa de Médico (Sentido, Compreensão e Alcance do art.º 284.º do Código Penal 175
    4.1.4.4. O Crime de Recusa de Médico e o seu Inter-relaciona-mento com outros Delitos, designada-mente com o de Omissão de Auxílio (art.º 200.º do C. Penal) 182
4.1.5. Ilicitude Penal Médica *(nullum crimen sine lege)* 189
    4.1.5.1. Uma Abordagem Propedêutica sobre a Ilicitude Penal em Geral...................... 189
    4.1.5.2. «Bem Jurídico», Conceito Estruturante da Ili-citude Material...................... 196
    4.1.5.3. Antijuridicidade e Tipo de Ilícito (Relações entre Ilicitude e Tipo) 210
    4.1.5.4. Panorâmica da Ilicitude Penal Médica em Especial 218
        4.1.5.4.1. Generalidades 218
        4.1.5.4.2. O Art.º 150.º do Código Penal (Baluarte Inexpugnável de um Direito Penal Médico) 229
4.1.6. Culpa Médica...................... 256
    4.1.6.1. Relevo Dogmático da Culpa 256
    4.1.6.2. Dolo e Negligência, como *"Tipos de Culpa"* (Breve Referência ao Dissídio Doutrinal sobre a Inserção Sistemática destas Categorias na Teoria da Infracção Criminal) 265
    4.1.6.3. O Problema da Negligência Médica 270
        4.1.6.3.1. Previsibilidade 273
        4.1.6.3.2. Evitabilidade...................... 274
        4.1.6.3.3. Risco Permitido e Negligência Médica..... 277
        4.1.6.3.4. Conduta conforme ao dever de cuidado ... 280
    4.1.6.4. Negligência e Dolo de Perigo 286
4.2. Erro Médico 287
    4.2.1. Aspectos Gerais 287
    4.2.2. Modalidades de Erro Médico 293
5. Causas de Justificação e de Exculpação 301
    5.1. Generalidades 301
    5.2. O Direito de Necessidade (Estado de Necessidade Justi-ficante) 302

Índice 381

5.3. O Princípio da Divisão de Trabalho (*Das Prinzip der Arbeitsteilung*) e o Princípio de Confiança (*Vertrauengrundsatz*) como Excludentes da Ilicitude na Actividade das Equipas Médicas 304
5.4. Relevância do Consentimento do Ofendido na Esfera da Responsabilidade 310
    5.4.1. Volenti *non fit injuria"* – Um Vinho Velho em Odres Novos – Breve Retrospectiva Temporal 319
    5.4.2. Brevíssimo Excurso Comparatístico 323
    5.4.3. Um Olhar Português 324
    5.4.4. Cláusula dos *"Bons Costumes"* Hetero-Regulação da Liberdade Individual ou Fonte de Arbítrio? 329
6. Consentimento Informado e Intervenção Médica 333
6.1. Introdução ao Tema 333
6.2. Pressupostos de Validade do Consentimento e Conteúdo e Limites do Esclarecimento 342
    6.2.1. Pressupostos do Consentimento do Paciente 342
    6.2.2. Conteúdo do Dever de Esclarecimento 345
    6.2.3. Limites ao Dever de Esclarecimento 347
6.3. Intervenção Médico-Cirurgica e Intervenção Judicial 347

7. CONCLUSÕES 353

8. BIBLIOGRAFIA 361

9. INDICE 379